Karl-Heinz Forneberg

Glauben alle Religionen an denselben Gott?

- Eine Antwort zur Annäherung der Religionen – heute –

Verlag für Reformatorische Erneuerung
Wuppertal

Karl-Heinz Forneberg

Glauben alle Religionen an denselben Gott?
Oder: Ökumene – wohin?

Verlag für Reformatorische Erneuerung,
Kaiserstr. 78, D-42329 Wuppertal
Satz: K.-H. Forneberg
1. Auflage 2005
ISBN-Nr. 3-87857-333-2
Printed in Germany

Oder:
Ökumene – wohin?

Rom

Protestantismus

Buddhismus

Hinduismus

Mormonenkirche

Astrologie

Meditationspraktiken

Esoterik

Yoga

Mystik

- Eine selbstkritische Auseinandersetzung -

Inhaltsverzeichnis

Einleitung

Wir glauben doch alle an e i n e n Gott!
Kommt Ihnen dieser Satz nicht auch bekannt vor?
Vielleicht vertreten Sie ebenfalls diese Meinung.

Im Zeitalter der Globalisierung und Vernetzung, des Zusammenrückens der großen Religionen und dem Suchen nach einem gemeinsamen Sprecher und Oberhaupt aller Glaubensrichtungen, scheint die Frage nach einer **großen Ökumene** immer aktueller und brennender geworden zu sein.

Verfolgt man die Presseberichte und Fernsehsendungen, so glaubt man, oft im falschen Zug unterwegs zu sein. Es geht alles drunter und drüber. Eine Linie ist nicht mehr erkennbar. Es gibt nur noch Konturen, Verwischungen und einen erschreckend großen und stinkenden Einheitsbrei.

Da bekennt die **Präsidenten-Ehefrau Laura Bush** gegenüber einem US-Fernsehmann freizügig, dass sie diesen Sommer alle **Harry-Potter-Bücher** gelesen, die Autorin ein großes Vorstellungsvermögen habe und die Geschichten sehr kreativ seien. Wörtlich: „Ja, ich liebe diese Bücher". Ein Raum des Weißen Hauses war dann auch mit Potter-Motiven geschmückt.

Im gleichen Haus wurde erstmals in der Geschichte des Weißen Hauses durch einen **hinduistischen Zeremonienmeister** (einem Mitarbeiter von Vize-Präsident Cheney) **das Fest der Lichter** eröffnet. Bei diesem Fest verehren die Hindus unterschiedliche Gottheiten, etwa Kali, Rama und Krishna, oder auch den Dämonenkönig Bali. Präsidenten-Berater Karl Rove zündete ein Lämpchen vor hinduistischen Gottheiten an, um deren Segen zu erbitten. Die Anregung hierzu erhielt Bush von dem Präsidenten der Vereinigung der Inder in Amerika.[1]
Presseberichten ist zu entnehmen, dass im Jahre 2001 das **Ehepaar Bush in Japan einen Shinto-Tempel besuchte**.

---

[1] Quelle: TOPIC, 57206 Kreuztal, Nr. 1/2004

Dieser Tempel beherbergt angeblich die Geister des früheren japanischen Kaisers Meiji. Den Gebetsvorschriften folgend, klatschten die Bush die Dämonen herbei und ehrten sie mit einer tiefen Verneigung. Anschließend trugen sie ihren Namen in das Anbetungsbuch ein. Briefe von entsetzten US-Gläubigen an das Weiße Haus blieben unbeantwortet.

„Wer oder was hat eine ehrwürdige Institution, deren Ahnenreihe von Martin Luther über Johann Sebastian Bach und Sören Kierkegaard bis zu Dietrich Bonhoeffer reicht, dazu gebracht, sich kritiklos linksliberalem Zeitgeist anzupassen?“, fragt in einem Artikel, erschienen in **„Die Welt“**, Januar 2004, **Dr. Hans Christoph Buch**, „Abtreibung, Schwulen-Ehe, Blasphemie – alles kein Problem! Und wenn sich ausnahmsweise Unmut regt, wie gegen die als Kultur-Event getarnte **Verhohnepipelung der zehn Gebote** im Bremer Dom, wird das Tanztheater ein paar Straßen weiter in die Friedenskirche verlegt. So einfach geht das ...“

Während der Domprediger Peter Ulrich das Skandalstück mit seinen Nacktszenen kritisierte und davon sprach, dass damit die Kirche „in den Dreck gezogen“ wird, stellte sich der Pastor der Friedensgemeinde, Bernd Klingbeil-Jahr, hinter die Inszenierung: „Kresnik (Regisseur des Theaterstückes und bekennender Atheist) lässt die Schwebe zu. Zweifel und Glaube, beides, das finde ich großartig.“[2]
(Johann Kresnik hat übrigens auch das Skandalstück „Hannelore Kohl“ inszeniert, das in der Bonner Oper aufgeführt wurde.)

2004 machte eine **Islam-Ausstellung** in einer evangelischen Kirche in Tübingen von sich reden. Unter dem Titel **„Moschee in der Kirche“** wurden drei Wochen lang Fotos aus der Yavus-Sultan-Selim-Moschee in Mannheim gezeigt, darunter Bilder betender Moslems.

---

[2] Quelle: ideaSpektrum 5/2004

Rolf Hille (Rektor des Albrecht-Bengel-Hauses) kritisierte die Ausstellung und meinte, dass sich gottesdienstliche Gebäude nicht zur Selbstdarstellung anderer Religionen eignen. Damit würden eindeutig die Unterschiede zwischen Islam und Christentum verwischt.

Wir leben in einer Zeit der großen **Religionsvermischungen**, in der die Konturen immer verschwommener geworden sind. Andererseits stellen wir eine große Unsicherheit, ein verstärktes Fragen und Suchen nach der Wahrheit und Lebenserfüllung fest.

Nicht von ungefähr greifen deshalb die Menschen immer mehr zu **Ersatzreligionen**, sei es zur **Esoterik** (Fachleute schätzen den Umsatz auf zehn Milliarden Euro jährlich. Allein in Deutschland gibt es etwa 10.000 haupt- und nebenberufliche Heiler mit geschätzten Einnahmen von 250.000 Millionen EURO im Jahr), zu Meditationspraktiken, Yogaübungen, Feng Shui und Tantra-Übungen, Atem-Meditationen und zu Lichtessern, Schamanen und Geisteswesen, **Astrologie** (mit einem jährlich erwirtschafteten Umsatz von 150 Millionen Euro), **Antroposophie, Geistheilern** **(s.a. Ergänzungen 1-6)**, und der **Zauberei** bis hin zum **Spiritismus**, **Okkultismus** **(s.a. Ergänzungen 7-12)** und **Satanismus** **(s.a. Ergänzungen 13-14)**, nicht zuletzt auch deswegen, weil sie von ihrer eigenen Kirche und Religion im Stich gelassen wurden.

Religionslehrer pendeln im Unterricht, **Ärzte** bieten Edelstein- und Bachblütentherapie an, **Managementseminare** arbeiten mit Autosuggestion, Heilpraktikerschulen bieten Astrologie als „ganzheitliches Diagnosemittel“ an, oder „Spirituelle Astrologie“ als Lehrfach, und inzwischen bietet fast jede **Volkshochschule** Yoga-Kurse an.

Schätzungen zu Folge gibt es bis zu 10 000 **Satanisten** in Deutschland, und bis zu 1000 in der Schweiz. Vor allem junge Menschen bekämpfen den christlichen Glauben, schänden Friedhöfe, zelebrieren Tieropfer und feiern schwarze Messen.

Inzwischen wurde bei der **britischen Marine der Satanismus bereits als Religion anerkannt** und das, obwohl die Marine der britischen Königin untersteht, die zugleich Oberhaupt der anglikanischen Kirche ist. Die Anerkennung als Religion hat unter anderem zur Folge, dass Satanisten nicht mehr an christlichen Zeremonien teilnehmen müssen, offen die „Satansbibel“ verwenden dürfen und ein Anrecht auf ein Begräbnis nach eigenem „Ritus“ haben. Wie ein Marine-Sprecher erläuterte, sollen mit der neuen Regelung „alle Arbeitnehmer die gleichen Chancen haben“.

Alfred Singer, katholischer Sektenbeauftragter, berichtet von einer **neuen Okkultismuswelle unter den Jugendlichen**. Dabei gehe es vor allem ums Pendeln, Gläser- und Tischchenrücken, und **Prof. Hartmut Zinser**, Religionswissenschaftler in Berlin, weist in seinem neuen Buch **„Wahrsagerei – nur ein harmloser Zeitvertreib?“** nach, dass bei jedem siebten Schüler in Deutschland Wahrsagepraktiken, wie Kartenlegen, Pendeln und Gläserrücken zum Alltag gehört. Jeder zweite Jugendliche hat bereits Erfahrungen damit gemacht.

Eine von staatlichen, kirchlichen und privaten Sektenberatungsstellen durchgeführte aktuelle Studie aus Österreich ergab, dass **jeder zweite Jugendliche keinen Bezug mehr zu seinem eigenen Religionsbekenntnis** hat, mehr als 60 Prozent aller Jugendlichen halten Gespräche über religiöse Themen für unwichtig. Vielmehr gilt die Aufmerksamkeit junger Leute okkulten Phänomenen wie Telepathie und Wunderheilungen und deren medialer Verarbeitung in okkulten Serien im Fernsehen oder Fantasyfilmen im Kino.

„Welche Trends bestimmen das neue Jahr 2005?“, überschreibt idea-Reporter **Marcus Mockler** seinen Beitrag und führt hierzu u.a. folgendes aus:

„**Das Übersinnliche hat Konjunktur** – auch wenn es sich dabei in aller Regel nicht um die Begegnung mit dem Gott der Bibel, sondern um ‘Tante-Emma-Esoterik’ (Horx) handelt. Der moderne Mensch sucht sich irgendetwas, um sein religiöses Bedürfnis zu stillen. Der Markt esoterischer Literatur wächst und wächst – derzeit jährlich um rund 20 Prozent auf einem ansonsten stagnierenden Buchmarkt. Das Magazin **„Esotera“** hat nach eigenen Angaben eine Druckauflage von 100.000, das Magazin **„Grenzenlos“** über 80.000.“.[3]

In ihrer mitternächtlichen Fernsehsendung „**Lämmle live**“, ausgestrahlt vom Südwest-Fernsehen, gewährt uns die Lebensberaterin jedesmal einen tiefen und oft erschreckenden Einblick in das esoterische Leben und Gedankengut.

Am 1. Juni 2004 nahm das **Astrologische-Fernsehen (Astro TV)** seinen Sendebetrieb auf.

„Seitdem boomt das Geschäft mit der okkulten Lebenshilfe“, berichtet der Referent für Esoterik, Okkultismus und Spiritismus der Evangelischen Zentralstelle für Weltanschauungsfragen (EZW), **Matthias Pöhlmann**. Der Sender Astro TV strahlt sein Programm rund um die Uhr digital über den Satelliten Astra aus. Zu empfangen sind vor allem Sendungen zur Lebenshilfe sowie Einführungen in Techniken der Astrologie. Auf der Internet-Leitseite des Senders gibt es eine Datenbank, in der sich Astrologen als Experten für Lebenshilfe registrieren lassen können. Ende Juni waren dort nach Angaben Pöhlmanns 800 Astrologen registriert, wobei es völlig unklar sei, nach welchen Qualitätskriterien der Betreiber des Senders, die Questico AG (Berlin), die Sterndeuter in seine Datenbank aufnahm.[4]

Unter der Überschrift „Bilder der Seele“ wirbt in einem Flyer eine gewisse „Raman“ aus Köln für ihre **„Seelenbilder“** und schreibt dazu: „Seit mehr als 20 Jahren arbeite ich als **hellsichtiges Medium**. Als Autodidaktin habe ich Freude nicht nur an der Malerei, sondern an jedweder kreativer Arbeit. Immer wieder wurde ich darauf

[3] Quelle: ideaSpektrum, Ausgabe 51/2004

[4] Zitiert nach ideaSpektrum, Ausgabe 33/34/2004

gestoßen, dass meine Bilder eine besondere Energie ausstrahlen. Eine Kundin drückte es so aus: 'Immer wenn ich auf dieses Bild schaue, dann geht mir das Herz auf'. Nun habe ich meine **Tätigkeit als Medium** mit der Malerei verbunden, dass heißt, ich nehme Kontakt mit Ihrem höheren Selbst, Ihrer Seele auf und setze dies in Form und Farbe um. Für Sie hat das den Vorteil, dass Sie sich bewusster Ihres Selbst und Ihrer Fähigkeiten werden können. Manche Kunden nennen meine Bilder auch Heilbilder." (nachzulesen im Internet unter: www.hohepriesterin.online.ms)

Während die Zahl der Kirchenmitglieder schwindet, steigen die Umsätze der Esoterik-Branche. Wie groß die Nachfrage nach spirituellen Erfahrungen ist, zeigte der **„7. Weltkongress für Geistiges Heilen"**, der vom 26. bis 29. November 2004 in Basel stattfand. Rund 7.000 Besucher nahmen dort die Hilfe von Geistheilern in Anspruch.

Von den 15 Millionen Bürgern der neuen Bundesländer gehören nur 4 Millionen einer Kirche an. Die Hälfte der Ex-DDR-Bürger kennt - so ein Umfrageergebnis - die Bedeutung von Weihnachten, Ostern und Pfingsten nicht. Dieses Vakuum scheinen offensichtlich Irrlehrer, Sektierer und Esoteriker auszufüllen.

„Bei Anruf Hexe": „Esoteriker kassieren per Telefon", so titelte die Evangelische Zentralstelle für Weltanschauungsfragen (EZW) ihren Beitrag und macht darauf aufmerksam, dass Astrologen und Wahrsager zunehmend in Inseraten mit kostenpflichtigen 0190-Telefonnummern ihre Dienste anbieten. Anzeigen für solche kommerziellen esoterischen Telefonberatungen finde man etwa in der Zeitschrift „wicca" (früher „Sternenwelt"), die im Astrostarverlag (Eberswalde/Brandenburg) erscheint.
Zwischen Kreuzworträtseln, Gesundheitstipps und TV-Programmen bieten etwa die „hellsichtige Angelina", die „Voodopriesterin und Schamanin Sinaid" oder „Hexchen und Seherin Serafin" zum Minutenpreis von meist 1,86 Euro ihre Hilfe an. Offenbar gebe es hinsichtlich „vulgärastro-

logischer kommerzieller Offerten“ nach wie vor einen großen Bedarf, so die EZW. [5]

Die ***Frankfurter Allgemeine Sonntagszeitung*** kommentierte: „Käme der Menschensohn nach Alteuropa, fände er die Kirchen leer und Esoterikkurse voll. Hier ein ‚exkulturiertes‘ kirchliches Christentum, dort eine pluralistische, aber unverbindliche Spiritualität.
Die Gläubigen suchen Frieden beim Dalai Lama eher als beim gekreuzigten Heiland.“

Die Berliner **„Stiftung Warentest“** untersuchte das Angebot der **Astrologen** und fand heraus: „Etwa jeder fünfte Bundesbürger befolgt sein Horoskop“, obwohl das „Zentrum für Wissenschaft und kritisches Denken“ der „Gesellschaft zur wissenschaftlichen Untersuchung von Parawissenschaften e.V. (GWUP)“ (Roßdorf bei Darmstadt) festgestellt hat, dass fast alle Vorhersagen für 2003 falsch waren. Es verglich 100 Prognosen mit der Wirklichkeit. Die Bilanz für die Hellseher war ernüchternd. Auch 2004 war für Deutschlands Astrologen kein gutes Jahr. „Von 90 Prognosen“, so der Mathematiker **Michael Kunkel** von der „Gesellschaft zur wissenschaftlichen Untersuchung von Parawissenschaften“, „die Sterndeuter Ende 2003 für den Verlauf des nächsten Kalenderjahres abgaben, habe nicht **eine** Vorhersage ins Schwarze getroffen“.

Zum ersten Mal gab es am 14. November 2002 in Hamburg den **„Tag der Welt-Religionen“**, an dem zehn Religionsgemeinschaften ihre Stätten zu Gesprächen und Gottesdiensten öffneten. Darunter waren Hindutempel, das Tibetische Zentrum und Kirchen.

Rund 700 Besucher kamen in das islamische Zentrum und wohnten einer Koranstunde auf Deutsch bei. Mehr als 2.500 Menschen besuchten Kirchen, Tempel, Moscheen und Synagogen.

Die **Evangelische Akademie im Rheinland** hat in Kooperation mit der Evangelischen Zentralstelle für

---

[5] Quelle: ideaSpektrum, Ausgabe 29/2004

Weltanschauungsfragen der EKD und dem Landespfarramt für Sekten- und Weltanschauungsfragen vom 8. bis 10. April 2005 zu ihrer 8. Tagung nach Bonn eingeladen. Thema der Tagung: „Christentum und Buddhismus in Europa – **Karma oder Gnade**?“
Aufschlussreich und vielsagend für die Vermischung der Religionen sind die angekündigten christlich-buddhistischen Dialog-Unterthemen, wie:
„Meditation im Buddhismus –
Eine Oase auf demWeg zur Erlösung“;
„Mein Glaube und Weg zur Erlösung -
Gläubige des Buddhismus erzählen“;
„Karma oder Gnade? Unterschiede und Gemeinsamkeiten im buddhistischen und christlichen Glauben“.

Der **„Buddhistischen Gesellschaft“ in Deutschland** (ein Teil der „Buddhistischen Union“) ist es mittlerweile gelungen, in zwei öffentlichen Berliner Schulen buddhistischen Religionsunterricht zu erteilen. 90 Prozent der Kosten zahlt der Steuerzahler, getragen durch das Land Berlin.

Bad Godesberg ist Zentrum für Hunderte von Buddhisten aus Bonn und der Region geworden. Zu ihnen zählen Ärzte, Lehrer, Sozialberater, Psychologen und Hausfrauen. Oder auch Richter a.D., wie Klaus Greiner, der kurz nach Weihnachten 1957 zum Buddhismus kam.
„Paul Köppler, der Meditationslehrer, der mit seiner Frau das Haus seit 1999 in Bad Godesberg leitet, stammt aus einem katholischen Elternhaus in Österreich. Er hat Kontakt zu den buddhistischen Mönchen des Tempels in Bad Godesberg ebenso wie zum Katholischen Bildungswerk.“[6]
(s.a. Ergänzungen 15)

Was haben die Christen dem Vormarsch von Buddhisten und Muslimen entgegenzusetzen?

„Die Religionen könnten die großen Friedensstifter für die Menschen sein, wenn sie behutsam miteinander umgingen“,

[6] Frank Vallender im „Generalanzeiger Bonn“ vom 9.4.2003

äußerte sich hierzu der frühere niedersächsische **Landtagspräsident Rolf Wernstedt (SPD).**

Mitmenschlichkeit, Toleranz - sind das nicht die Leitmotive für Annäherung und Versöhnung der Konfessionen, indem man den Bruder der anderen Konfession achtet wie sich selbst?
Toleranz - mit der man auch im theologischen Streitgespräch selbst im Zweifler, Andersgläubigen den Bruder Mensch sieht und so den unerquicklichen Auseinandersetzungen ein Ende macht - wer würde das nicht begrüßen?

Hatte nicht in früheren Zeiten Unduldsamkeit und Polemik zu hässlichen Streitigkeiten unter den Gläubigen und Andersdenkenden, selbst zu Hexenprozessen, Hinrichtungen und Religionskriegen geführt? Gewiss hatten Humanismus und Aufklärung schon mit solcher Unduldsamkeit gebrochen und versucht, der Toleranz Bahn zu brechen.
Doch heute ist die Toleranz in ganz anderer Weise Allgemeingut geworden. Die **„Gemeinsamkeit an sich"** ist entdeckt - sollte das nicht eine gewaltige Stunde für die Kirche sein?

Ein in Deutschland einzigartiges **ökumenisches Projekt** hat in **Freiburg** zwischenzeitlich Gestalt angenommen.
Nach zweijähriger Bau- und Einrichtungszeit haben der evangelische Landesbischof Ulrich Fischer und der katholische Weihbischof Paul Wehrle am 25. Juli 2004 in Freiburg ein **gemeinsames Kirchenzentrum** eingeweiht. Der Bau kostete 5,7 Millionen Euro. 71 Prozent der Kosten hat die katholische und 29 Prozent die evangelische Kirche gezahlt. Der katholische Pfarrer und sein evangelischer Amtsbruder erklärten bereits zu Beginn des Bauvorhabens: „Heute kann man nicht mehr zwei verschiedene Kirchtürme nebeneinander stellen." [7]

Bereits 1997 bekräftigte die Hamburger **Bischöfin Maria Jepsen** beim Kirchentag in Leipzig: **„Wer den Absolutheitsanspruch des Christentums vertritt und**

[7] Zitiert nach dpa

zugleich andere Religionen, Andersgläubige herabsetzt, kann den Herausforderungen in einer säkularisierten, multireligiösen Welt nicht gerecht werden."[8]

In seinem Bericht an die Landessynode schrieb der evangelische württembergische **Landesbischof Dr. Gerhard Maier** im Juli 2002: „In Freude und Dankbarkeit erinnere ich mich an die zahlreichen ökumenischen Gottesdienste, die ich im vergangenen Jahr mitfeiern und mitgestalten konnte. Wir werden in der Gesellschaft immer noch gehört, wenn wir zusammenrücken und mit einer Stimme sprechen. Gespannt blicke ich auf den ökumenischen Kirchentag in Berlin vom 28. Mai bis 1. Juli 2003. Ich ermutige Sie, diese Chance wahrzunehmen".
Kein geringerer als Dr. Maier erklärte ebenfalls unlängst: **„Es muss sich auf allen Ebenen durchsetzen, dass es zur Ökumene keine Alternative gibt."** Bischof Maier ist offizieller Vertreter des Prokurators Kardinal Kasper, der vom Verein „Initiative Unita dei Christiani" beauftragt wurde, die Einheit der Christen nach katholischen Vorstellungen und katholischem Programm zu fördern und voranzutreiben.

Ziel des Vereins ist u.a., „die Arbeit und das Wirken von **Kardinal Kasper** als Präsident des päpstlichen Rates zur Förderung der Christen in Rom weltweit zu unterstützen." **„Die in den letzten 10 bis 20 Jahren und schon länger großartige Arbeit in der Ökumene ist unserer Ansicht nach so weit fortgeschritten, dass eine Einheit der Christen und vor allem bei uns in Deutschland zwischen der evangelischen und katholischen Kirche in absehbarer Zeit möglich sein könnte."**[9] **(s.a. Ergänzungen 16-19)**

Kardinal Kasper selbst sieht das **Zeitalter der Konfessionen bereits am Ende**. Es beginne jetzt das „ökumenische Jahrtausend in einer versöhnten Verschiedenheit in der einen Kirche Jesu Christi". Durch die Globalisierung rücke die Menschheit als „große

[8] Zitiert nach ideaSpektrum
[9] Zitiert nach Topic 11/2002

Schicksalsgemeinschaft“ zusammen, deshalb „ist die **Ökumene die christliche Antwort auf die Zeichen der Zeit, zu der es keine realistische Alternative gibt**“.
Anlässlich seiner Rußlandreise Februar 2004 sagte Kasper: **„Ein geeintes Europa braucht dringend eine geeinte Kirche!“** Kasper sprach vor Hunderten kirchlichen Vertretern in Moskau. Er führte dabei aus, dass der Heilige Geist die Ökumenische Bewegung entstehen ließ, um die Spaltung der Kirche in Ost und West zu überwinden.

Die Katholische Kirche wolle jetzt die Beziehungen zur Orthodoxen Kirche neu beleben, weil die Wiederherstellung der Kircheneinheit für ein geeintes Europa 'dringend nötig‘ sei.“ [10]

Anlässlich einer ökumenischen Feier zum **300. Geburtstag von Johann Wesley**, dem Mitbegründer der methodistischen Kirche (ihr gehören weltweit etwa 80 Millionen Gläubige an) hatte die Methodistenkirche in Rom **Kardinal Kasper** zur Predigt eingeladen. Kaspar begann seine Predigt mit den Worten: „Brüder und Schwestern ...“ Zum Schluss übermittelte er den päpstlichen Segen und betonte, dass Johannes Paul II. die „Einheit der Kirche sehr am Herzen liege“.[11]

„Lasst uns gemeinsam aufstehen für ein Europa, in dem Gott sich in seiner Kraft bewegen kann und Zeichen, Wunder und Heilungen Raum haben“, so hieß es in der Einladung zur Großveranstaltung am 8. Mai 2004, dem **„Europatag“ in Stuttgart**. Rund 10.000 Personen sollen die Veranstaltung besucht haben, die in 150 europäische Städte per Satellit übertragen wurde.

„Was sich hinter dem in der Sache lästerlichen Aufruf, Gott durch unser Zutun ein Wirken in Europa zu ermöglichen, verbarg“, so der Schriftleiter im Mitteilungsblatt **„Aufbruch“** (Mitglieder- und Freundesbrief des Evangeli-schen Aufbruchs in Deutschland [EAD], Juli 2004) war in der Tat nichts anderes als der Versuch einer Mobilisierung bestimmter christlicher Milieus für die

---

[10] Quelle: Topic 5/2004

[11] Zitiert nach TOPIC, Nr. 7/2003

politische Europa-Idee, der seit langem die 'Seele' und Motivationskraft fehlt, verbunden mit der Absicht, **die Einheit der Konfessionen und auch Religionen gleich mit voranzubringen.“**

2006 soll in den USA eine Super-Allianz gegründet werden. Diese Allianz, z. Zt. „**Christian Churches Together**“ genannt, soll nicht nur Vertreter fast aller evangelischen Kirchen der USA umfassen, sondern auch Evangelikale, Pfingstler, Katholiken, Anglikaner und Orthodoxe. [12]

Wohin wird das Schiff der Ökumene segeln? Was wird am Ende der großen ökumenischen Entwicklung stehen? (s.a. Ergänzungen 20)

Werden wir eine allumfassende **Welteinheitskirche**, oder sogar **Welteinheitsreligion**, vielleicht unter der Oberherrschaft und **Führung des Papstes,** erhalten? Entsprechende Äußerungen sind im evangelischen Lager bereits laut angedacht worden.
Oder brauchen wir gar eine **universale Weltreligion**, unter deren Dach alle Platz haben? **(s.a. Ergänzungen 21-22)**
Der frühere EKD-Ratsvorsitzende **Eduard Lohse** äußerte sich bereits euphorisch im „Rheinischen Merkur“: „De facto ist der Papst schon so etwas wie ein Sprecher der gesamten Christenheit. Ich habe im vorigen Jahr längere Zeit in Israel und Palästina sein können und gesehen, welche positive Wirkung der Besuch des Papstes in beiden Ländern erzielt hat. Ob die Protestanten kirchenrechtlich den Papst anerkennen können, ist eine offene Frage“.[13]

Bereits 1999 unterzeichneten Vertreter des Vatikans und des Lutherischen Weltbundes eine „**Gemeinsame Erklärung zur Rechtfertigungslehre**“.
Nunmehr hat auch der **Methodistische Weltrat** angekündigt dieser Erklärung beizutreten. Auf das Verhältnis zum Papst angesprochen verwies der frühere Superintendent der Evangelisch-methodistischen Kirche in

---

[12] Quelle: „Ökumenische Nachrichten-Agentur“ lt. TOPIC 3'04/3
[13] Quelle: ideaSpektrum, Ausgabe 9/2004

Österreich, Prof. Helmut Nausner, in einem Interview darauf, dass bereits 1986 eine methodistisch-katholische Erklärung unterzeichnet worden sei.
Hiernach sei es „keineswegs undenkbar, dass zu einem zukünftigen Zeitpunkt innerhalb einer wiederhergestellten Einheit römisch-katholische und methodistische Bischöfe in einem Bischofskollegium verbunden sein könnten und dass die gesamte Gemeinschaft eine Art wirksamer Leitung und Primat in dem Bischof von Rom anerkennen würde“. [14]

Siegfried Großmann (Seesen), Präsident des Bundes Evangelisch-Freikirchlicher Gemeinden (Baptisten- und Brüdergemeinden), glaubt nach einem informellen Gespräch zwischen hohen Vertretern des Vatikans und des Baptistischen Weltbundes Anfang Dezember 2003 in Rom, dass die **evangelischen Freikirchen und die katholische Kirche** sich in manchen Aspekten näher stehen als Lutheraner und Katholiken.
In dem Buch „Rechtfertigung in freikirchlicher und römisch-katholischer Sicht“ (erschienen im Bonifatis Verlag [Paderborn] und im Christlichen Verlagshaus [Stuttgart]) verweisen in einem gemeinsamen Vorwort der katholische **Ökumeniker Prof. Wolfgang Thönissen** und der **methodistische Bischof Walter Klaiber** (Frankfurt) ausdrücklich darauf, dass die katholische Kirche und die Freikirchen zwar keine Kirchengemeinschaft hätten, aber auch **keine Lehrverurteilungen** zwischen ihnen stünden.

Bemerkenswert an dieser Stelle ist auch die mittlerweile bereits **fortgeschrittene Öffnung der sogenannten klassischen Sekten in die Ökumene**, allen voran die „Zeugen Jehovas“ und die „Neuapostolische Kirche“. Hatten die „Zeugen Jehovas“ den Staat bisher als antichristlich abgelehnt, so buhlen sie zwischenzeitlich um die Anerkennung ihrer Religionsgemeinschaft und stellten den Antrag auf den Status zur Körperschaft des Öffentlichen Rechtes.

Hatte der Stammapostel Walter Schmidt die Ökumene 1963 noch strikt abgelehnt, so gründete der heutige

---

[14] Quelle: TOPIC, Nr. 2/2005

Stammapostel Richard Fähr 1999 die „Projektgruppe Ökumene“, die eine Mitgliedschaft in der Ökumene vorbereiten soll.

Die Folge dieser ökumenischen Öffnung ließ dann auch nicht lange auf sich warten. So lud die Gemeinde Eitorf bei Bonn einen Vorbeter einer islamischen Gemeinde ein. Zum Gebet erhoben sich alle Neuapostolischen ehrfurchtsvoll und der anwesende Bürgermeister soll beeindruckt und begeistert gewesen sein.

Eine ausgesprochene **Ökumene der Religionen, Sekten und Kirchen** gibt es schon längst auf lokaler Ebene in Berlin und Hamburg.

Dort arbeiten Landeskirchen, Freikirchen, Freimaurer, Moslems, Zeugen Jehovas, Mormonen und Neuapostolische (Apostelamt Jesu Christi) zusammen. Die AKR ist ein Pilotprojekt, das zunächst auf lokaler Ebene erprobt wird und zum Vorbild einer weltweiten Arbeitsgemeinschaft aller Religionen dient. Gegründet wurde die AKR von B`nai B`rith-Freimaurer Sigmund Weltinger nach dem Zweiten Weltkrieg im Auftrage des Berliner Senats. Aber auch die Adventisten wollten sich der ökumenischen Annäherung nicht länger versagen und schickten auf Grund einer Einladung einen ihrer Pastore erstmalig zur Predigt in eine Hamburger Moschee. **(s.a. Ergänzungen 23)**

Joseph Kardinal Ratzinger antwortete in dem Buch „Gott und die Welt“ (Deutsche Verlags-Anstalt) seinem Interview-Partner Peter Seewald auf die Frage: „Die Kirche betet für die Wiedervereinigung der Christen. Aber wer soll sich eigentlich wem anschließen?“: „Die Formel, die nun von den großen Ökumenikern gefunden worden ist, ist die, dass wir nach vorwärts gehen. Es geht nicht darum, dass wir bestimmte Anschlüsse wollen, sondern wir hoffen, dass der Herr überall den Glauben so erweckt, dass er ineinander mündet und die eine Kirche da ist. **Wir sind als Katholiken davon überzeugt, dass diese eine Kirche in ihrer Grundform in der katholischen Kirche gegeben ist**, aber dass auch sie auf Zukunft weitergeht und sich vom Herrn erziehen und führen lässt. Insofern stellen wir uns auch hier keine Anschlussmodelle vor, sondern einfach ein gläubiges Weitergehen unter der Führung des Herrn - der den Weg weiß. Und dem wir uns auch anvertrauen.“ **(s.a. Ergänzungen 24-26)**

Im Blick auf den ökumenischen Kirchentag 2003 in Berlin bat der frühere EKD-Ratsvorsitzende **Manfred Kock** als ranghöchster evangelischer Geistlicher darum, das „Nein“ der katholischen Kirche zu gemeinsamen Eucharistiefeiern zu respektieren.

Laut Kock vertiefen sich die ökumenischen Beziehungen kontinuierlich. Sie seien inzwischen auch gefestigt genug, „um Missverständnisse und Streit auszuhalten“. „Zwar gebe es einige ungelöste Probleme im Verhältnis der evangelischen und katholischen Kirche, aber ihre Lösung könne um so eher gelingen, je größer der Schatz an Gemeinsamkeiten und je tiefer das gegenseitige Vertrauen sei“, so Kock anläßlich der Jahrestagung der Synode der evangelischen Kirche in Deutschland (EKD) im Ostseebad Timmendorfer Strand im November 2002.[15]

Zum ersten Mal haben vom 28.5. - 1.6.2003 Katholiken und Protestanten einen Kirchentag gemeinsam ausgerichtet. Ein Plakat vor dem Berliner Reichstag warb dann auch für die **Koexistenz von Islam, Juden- und Christentum**. **(s.a. Ergänzungen 27)**

Koexistenz; Toleranz - das sind die Schlagworte, die uns fast täglich im Miteinander um die Ohren geschlagen werden. Nur ein Beispiel über die Verlogenheit und Einseitigkeit dieser Schlagworte sei hier erlaubt anzuführen.

„Das Kreuz muss weg“, entschied das Verwaltungsgericht in Dortmund, wenn die Abgeordnete einer bestimmten Partei an Kreistagssitzungen teilnimmt. Zwei Tage zuvor erlaubte das Bundesverfassungsgericht einer muslimischen Lehrerin das **Tragen eines Kopftuches** - für sie ein islamisches Symbol - im Unterricht.

In Deutschland können Muslime ungehindert und offen ihren Glauben bekennen, wie in praktisch allen westlichen Ländern. Dagegen gibt es kein muslimisches Land, in dem Christen nicht mit brutaler Gewalt daran gehindert werden,

---

[15] Generalanzeiger Bonn vom 06.11.2002

ihren Glauben zu bekennen. Bei uns werden die Schüler im Islam unterrichtet, sogar im christlichen Religionsunterricht, noch dazu oft schönfärberisch. Seine Schattenseiten werden meist verschwiegen. Gegen etwaige negative Falschinformationen können Muslime Rechtsmittel einlegen - in muslimischen Ländern in Bezug auf das Christentum undenkbar.

Zwei Beispiele, wie Muslime und Atheisten massiv Einfluss auf Politik, Gesetzgebung und Gesellschaft in unserem Land nehmen.

Das Buch **„Der Krieg in unseren Städten - Wie radikale Islamisten Deutschland unterwandern“** (erschienen im Frankfuter Eichborn-Verlag und geschrieben vom Redakteur der „Frankfurter Allgemeinen Zeitung“, **Udo Ulfkotte**) wurde auf Druck eben dieser radikalen Moslems sogar kurzzeitig verboten und musste aus den Läden entfernt werden. Obwohl das Buch in der Öffentlichkeit kaum erwähnt wurde, verkaufte es sich bis zu seinem Verbot mehr als 25.000 Mal und schaffte es auf Platz 13 der SPIEGEL-Bestsellerliste Sachbuch. Dennoch hat der Autor die Waffen gestreckt. Der gesundheitlich schwer angeschlagene Mann will sich gegen die in ganz Deutschland eingereichten Klagen nicht zur Wehr setzen. „Selbst wenn ich alle Verfahren gewinnen würde, müsste ich jahrelang prozessieren“, sagte Ulfkotte, der nach mehreren Morddrohungen inzwischen unter Personenschutz steht. Auch der Eichborn-Verleger, Peter Wilfert, ist verzweifelt angesichts der Prozesslawine, die aus Hamburg, München, Berlin und Köln auf ihn zurollt. „Unter Zuhilfenahme erlaubter Mittel wird systematisch finanzieller Druck aufgebaut, um beliebige Berichte zu zensieren“, sagt Wilfert. Ulfkotte warnt vor einer naiven Verbrüderung mit Islamisten: „Mein Buch stört das Gespräch zwischen Muslimen und Christen. Aber nicht jeder, der einem die Hand schüttelt und vom Dialog spricht, meint das auch ehrlich.“[16]

„Steht die Welt Kopf? Sind wir schon so tief gesunken, dass niemand mehr den Islam kritisieren darf,

[16] Zitiert nach ideaSpektrum 20/2003

ohne sein Leben zu riskieren? Wir hören ständig, daß Christen in den moslemischen Ländern umgebracht werden. Wer tut seinen Mund auf oder ruft zum Gebet für die Christen in den islamischen Ländern?
Wer sagt den Moslems, welche Verbrechen die Selbstmordattentate darstellen?", empört sich eine Leserin aus Düsseldorf in der ebenfalls hier zitierten Zeitschrift ideaSpektrum (Ausgabe 21/2003), und ein weiterer Leser stellt mit Erstaunen und Ärger fest, „wie schnell ein Buch auf den Index kommt, weil der Druck islamischer Seite dahintersteckt, während Blasphemie und Verhöhnung des christlichen Glaubens nahezu ungehindert gestreut werden können".

Hier scheint die Koexistenz und Toleranz allerdings gewaltig auf der Strecke geblieben zu sein. Andere Beispiele ließen sich beliebig anreihen. **(s.a. Ergänzungen 28-31)**

„Wo bleiben die Lichterketten?", fragt der **Chef-Redakteur Helmut Markwort** in der Focus-Ausgabe 13/2004. „Der Zentralrat der Muslime in Deutschland warnt davor, die Muslime und ihre Organisationen nach den Terroranschlägen stärker zu überwachen. Der Vorsitzende Elyas sollte lieber seine Glaubensbrüder auffordern, sich demonstrativ von denjenigen zu distanzieren, die im Namen ihrer Religion bomben und morden.
Wie wäre es mit Lichterketten von Muslimen in Deutschland und Europa für Frieden und Integration? Hören wir von Gebeten in den europäischen Moscheen gegen islamistischen Terror? Wäre es nicht ein Zeichen von praktizierter Solidarität und guter Nachbarschaft, wenn friedliebende Bürger muslimischen Glaubens warnen würden, sobald sie von todbringenden Plänen erfahren?
Wenn die schweigende Mehrheit Farbe bekennt, könnten einzelne Schwankende vielleicht für Toleranz und den Sinn von Menschenrechten gewonnen werden. Wenn der Zentralrat der Muslime diesen Weg empfiehlt, wird er in Deutschland viel Sympathie wecken. Und vielleicht Menschenleben retten."

Mehr als einmal bot der Deutsche Evangelische Kirchentag dem Gottkönig von Tibet, dem **Dalai Lama**, eine Plattform als Redner, so auch der erste ökumenische Kirchentag.
Im November 1999 organisierte der Dalai Lama in Dresden das **„Weltfest der sakralen Musik"**, bei dem er sich selbst als Gottkönig (Götze) verehren ließ. Er selbst war Ehrengast und Festredner bei der Mitgliedsorganisation des evangelischen Landes- und Freikirchen umfassenden Diakonischen Werkes. Er sprach über die „universelle Kultur des Helfens" und rief zu mehr Barmherzigkeit auf. Jeder einzelne - gleich welcher Religion er angehört - solle „positive innere Kraft" entwickeln und verglich die Seligpreisungen des Neuen Testaments mit der buddhistischen Sichtweise. Sie könnten „als Grundlage eines spirituellen Weges" angesehen werden. **Der Landesvorstand der Johanniter-Unfall-Hilfe (JUH)** hatte die Jubiläumsfeier mit den Worten angekündigt: „Wir wollen mit dieser Veranstaltung in Zeiten internationaler Krisen ein Zeichen der Ökumene zwischen den Religionen und der Völkerverständigung setzen."[17]

Die Verehrung des Dalai Lama kannte fast keine Grenzen, als er - ewig lächelnd - nach seiner Festrede ein Bad in der Menge nahm: Passanten jubelten ihm zu, streckten ihm mit verklärtem Blick ihre Hände oder Rosen entgegen. Einige hatten ihre Kinder mitgebracht, um sie vom Oberhaupt des tibetischen Buddhismus segnen zu lassen. Fast unterwürfig hatten zuvor führende Repräsentanten aus Kirche und Politik den Buddhisten-Führer hofiert. Der Vertreter der Hessen-Nassauischen Kirche, **Probst Siguad Rink**, redete ihn mit „Eure Heiligkeit" an. Dankbar nutzte der Religionsführer die Gelegenheit, buddhistische Sichtweisen weiter zu geben und dafür auch Jesus Christus zu vereinnahmen.

In **Graz** (Österreich) fand vom 11. - 23.10.2002 das **größte europäische Buddhisten-Treffen** statt, an dem etwa 8.000 Besucher teilnahmen. Anlass war ein Kalachakra-Tantra-Ritual des tibetischen Religionsführers Dalai Lama, der gemäß buddhistischer Lehre die Gottheit Kalachakra

[17] Zitiert nach ideaSpektrum 42/2002

verkörpert (deshalb die Anrede „Seine Heiligkeit") – er übertrug auf seine Schüler den Einfluss unsichtbarer Gottheiten. Dabei wurden die Beteiligten u.a. angeleitet, sich unsichtbare spirituelle Wesen so lange leibhaftig vorzustellen, bis sie real erscheinen.
So verspricht fälschlicherweise die Kalachakra-Lehre, dass alle Teilnehmer an den Einführungsritualen zu Friedensstiftern werden, denn in Wirklichkeit propagiert sie einen Religionskrieg gegen die drei monotheistischen Religionen (Judentum, Christentum und Islam) und die Errichtung einer Buddhisten-Weltherrschaft. (s.a. unter „Weiterführende Literatur" die Buchempfehlungen von Martin und Elke Kamphuis: „Buddhismus auf dem Weg zur Macht" und „Ich war Buddhist"). **(s.a. Ergänzungen 32-33)**

Mehr als 200 000 Menschen waren bei dem „religiösen Jahrmarkt" (*FAZ*) in Berlin dabei. *idea-Spektrum* titelte „spirituelle Tourismus-Messe" (Ausgabe 23/03) und „*Die Welt*" sprach von einem „Religionsmischmasch". Hierzu die ***Frankfurter Rundschau***: „Mehr als sonst auf dem Treffen wurde der Austausch mit anderen Religionen gepflegt, mit Juden, Muslimen, Buddhisten." „***Die Tagespost***" schrieb unter der Überschrift: „**Ein Allerweltsgeplauder**": „Ursprünglich als Gesprächsforum für Christen beider Konfessionen gedacht, drohte die Veranstaltung an banalem Allerweltsgeplauder und der Unfähigkeit vieler Referenten, sich zu Christus zu bekennen, zu ersticken."
Auffallend war, dass lediglich in zwei oder drei Veranstaltungen über die Ökumene der verschiedenen Konfessionen diskutiert wurde. Das Kirchentagsprogramm mit Slogans wie „Einheit suchen - in Vielfalt einander begegnen" signalisierte bereits im Vorfeld, dass der Ökumeneprozess der Konfessionen als abgeschlossen betrachtet wurde. **(s.a. Ergänzungen 34)**

Einer der Höhepunkte des ökumenischen Kirchentages (ÖKT) war sicherlich auch die Unterzeichnung der „**Charta Oecumenica**" (Urkunde der Kirchen).

Das Kirchenpapier wurde bereits am 22. April 2001 von über 100 verschiedenen Kirchen Europas in Straßbourg ausgehandelt und feierlich von Metropolit Jérémie, Präsident der Konferenz Europäischer Kirchen, und Kardinal Vlk, Präsident des Rates der Europäischen Bischofskonferenz, unterschrieben, und in Berlin letzten Jahres setzten die führenden Vertreter der christlichen Kirchen in Deutschland (Landes- und Freikirchen) ihre Unterschrift unter das „**Dokument der Hoffnung**", wie es genannt wurde; darunter die Vorsitzenden des Rates der EKD und der (katholischen) Deutschen Bischofskonferenz, Manfred Kock und Karl Kardinal Lehmann, sowie führende Repräsentanten der orthodoxen und der anglikanischen Kirchen und der Freikirchen in Deutschland.

Als einen wichtigen Schritt auf dem Weg zur Einheit der Christen haben am Pfingstmontag 2004 **neun Bonner Kirchen** die „Charta Oecumenica" unterschrieben. Hierzu schrieb der Bonner Generalanzeiger in seiner Ausgabe vom 24.05.2004: „Die Einheit der Christen soll in Bonn nun noch verbindlicher gefördert werden: Für die erste deutsche Stadt unterschreiben neun Bonner Kirchen bei einem feierlichen Gottesdienst in der Rheinaue am Pfingstmontag die „Charta Oecumenica", die vor einem Jahr auf dem ersten Ökumenischen Kirchentag in Berlin von sechzehn Repräsentanten der christlichen Kirchen für Deutschland unterzeichnet wurde und Leitlinien für die wachsende Zusammenarbeit unter den Kirchen in Europa enthält. 'Als gegenseitige Verpflichtung **hat die Charta einen sehr verbindlichen Charakter**', erklärt Martina Deutsch von der Arbeitsgemeinschaft Christlicher Kirchen (ACK) Bonn. Wichtig sei jedoch letztendlich, dass die Leitlinien auch von den einzelnen Gemeinden in Bonn umgesetzt werden. Als größte Herausforderung betrachtet ACK-Vorsitzender Burkhard Müller die letzten drei Punkte der Charta, die zur Vertiefung der Gemeinschaft mit dem Judentum, engerer Beziehung zum Islam und der Begegnung mit anderen Weltanschauungen **verpflichten**.
Zu den unterzeichnenden Bonner Kirchen gehören die Altkatholische Kirche, die Evangelisch-Freikichliche Gemeinde (Baptisten), die Evangelische Kirche im Rheinland, die Evangelisch-Methodistische Kirche, die Francophone Gemeinde, die Griechisch-Orthodoxe Kirche,

die Anglikanische Gemeinde in Bonn, die Römisch-Katholische Kirche und die Selbständige Evangelisch Lutherische Kirche. Nachträglich wird auch die Heilsarmee, die an Pfingstmontag anderweitige Verpflichtungen auf dem Bundeskongress in Hannover hat, die Charta unterzeichnen." [18]

Und in einem weiteren Beitrag ist in der Ausgabe vom 22.06.2004 unter der Überschrift: „**Das Miteinander wird jetzt verbindlich**" folgendes nachzulesen:

„Premiere in Bonn: In dieser Stadt und der Region, das weiß Pastor Alfons Adelkamp genau, ist die Unterzeichnung der Partnerschaftsvereinbarung zwischen seiner katholischen Gemeinde Maria Magdalena und der evangelischen Trinitatis-Kirchengemeinde einmalig. Den Anstoß dazu gab die in Straßburg 2001 geborene Charta Oecumenica ...". „Es ist ihnen und ihren Gemeinden sehr ernst mit dieser Vereinbarung, die später alle Gottesdienstbesucher unterschreiben. Sie soll dem bereits seit Jahrzehnten gewachsenen Miteinander von Maria Magdalena und Trinitatis einen verbindlichen Rahmen geben und die Gläubigen verpflichten, dieses Miteinander auszubauen ...". „Eine erste konkrete Auswirkung der Vereinbarung wird demnächst für alle sichtbar: Adelkamp will Trinitatis regelmäßig eine Seite im katholischen Pfarrbrief reservieren. 'Das werden wir umgekehrt auch anbieten', kündigt Grieser an." [19]

Frank Vallendar kommentierte hierzu in der gleichen Ausgabe: „Und sie bewegt sich doch. Auf leisen Sohlen kommt die 'Kirche von unten' wieder daher.
Nachdem der Schwung Ende der neunziger Jahre nachgelassen hat, stellen sich Katholiken und Protestanten wieder beherzter Seit an Seit. Und das nicht nur auf dem jüngsten Katholikentag ...". „Auch in Bonn regt sich die Basis und will immer weniger verstehen, was denn die beiden Kirchen trennt. Vor zwei Jahren wagte die Bonner Arbeitsgemein-

---

[18] siehe hierzu: „Generalanzeiger" Bonn, 24.05.2004, S. 10
[19] siehe hierzu: „Generalanzeiger" Bonn, 22.06.2004, S. 6

schaft Christlicher Kirchen sogar das gemeinsame Abendmahl, ließ sich allerdings durch eine scharfe Abmahnung des Kölner Erzbischofs von weiteren Abendmahlen abhalten. Auch bemerkenswert: Da sammelt eine evangelische Gemeinde in Poppelsdorf für die Renovierung der katholischen Kirche. Und nun – erstaunlich und mutig – kooperieren die beiden Gemeinden in Endenich nicht nur finanziell, sondern vor allem auch pastoral. Mit dem erklärten Ziel einer zukünftigen Mahlgemeinschaft ...".

„**Das Hauptthema der Kirchencharta**", so nachzulesen in der TOPIC-Ausgabe Nr. 5, Mai 2003, „**ist die Versöhnung von Kirchen, Kulturen, Völkern und Religionen im neuen Europa**. Auf welche Weise die europäischen Kirchen diesen Prozess vorantreiben wollen, ist auch niedergeschrieben: „Die Begegnung zwischen Christen und Muslimen sowie den christlich-islamischen Dialog wollen wir auf allen Ebenen intensivieren. Insbesondere empfehlen wir, miteinander über den Glauben an den **einen Gott** zu sprechen..."

„Inzwischen haben auch die zehn Mitgliedskirchen der Arbeitsgemeinschaft Christlicher Kirchen in der **Schweiz** (AGCK-CH) in einem feierlichen Gottesdienst die 'Charta Oecumenica' unterzeichnet. Zu der AGCK-CH gehören: der Schweizerische Ev. Kirchenbund, die Römisch-katholische Kirche, die Christkatholische Kirche, die Ev.-methodistische Kirche, der Bund Schweizer Baptistengemeinden, die Heilsarmee, der Bund Ev.-lutherischer Kirchen, die Orthodoxe Diözese, die Vertretung der serbisch-orthodoxen Kirche und die Anglikanische Kirche. Wenn das Dokument auch keinen lehramtlich-dogmatischen oder kirchenrechtlichen Charakter hat, so besteht seine Verbindlichkeit doch in einer Selbstverpflichtung, beispielsweise für die Einheit der Kirchen in Europa zu beten, Mitglieder anderer Kirchen **nicht bedrängend zu missionieren, ihre Taufe anzuerkennen oder mit anderen Religionen über 'den Glauben an den einen Gott'** zu sprechen. Durch diese Festlegung sind jegliche Missionsaktivitäten in Bezug auf die einzigartige biblische Wahrheit – auch gegenüber Moslems – ausgebremst.“ [20]

Die Charta Oecumenica trägt in großen Teilen eine freimaurerische Handschrift.

Eines der großen Ziele der Freimaurerei formuliert der **Freimaurer und Philosoph Guiliano Di Bernardo** im Jargon der Freimaurer so: „Ihr Ziel ist, unter dem gestirnten Firmament des Tempels alle Menschen in einer Bruderkette zu vereinen.“ Für die Freimaurerei ist das Christentum eine Religion gleichwertig neben anderen. Da die Freimaurerei versucht, alle Religionen und Weltanschauungen in ihre „Bruderkette“ einzuarbeiten, bietet sie ein Raster von allgemein akzeptierten Werten an, in das sich alle Denk- und Glaubensrichtungen einfügen können. Das Bindemittel für diesen Einarbeitungs-Prozess ist die Toleranz - ein Schlüsselbegriff der Freimaurerei.

Dabei ist das auslösende Motiv für diese Toleranzidee die Annahme, dass es „die“ Wahrheit nicht gibt. Deshalb müsse man lernen, eine Vielzahl von Wahrheiten zu tolerieren. Die Besucher des ersten Ökumenischen Kirchentages wurden genau mit dieser **Grundidee der Freimaurerei** konfrontiert. **(s.a. Ergänzungen 35)**

Obwohl es eigentlich auf einem Kirchentag nur um christliche Inhalte gehen sollte, bot der ÖKT so zahlreiche grundverschiedene Angebote an, dass „die“ Wahrheit vernebelt wurde. Dies zeigen auch die Äußerungen des ehemaligen **Bundespräsidenten, Johannes Rau,** der den Kirchentag wie folgt kommentierte: „Man konnte nicht mehr unterscheiden, wer evangelisch und wer katholisch ist.“

Die **Frankfurter Allgemeine Sonntagszeitung** äußerte sich wie folgt über den ersten Ökumenischen Kirchentag: „Interkonfessionelle, auch interreligiöse Vielfalt ist kein Novum in der Kirchentagskultur, aber so massiv war sie selten erlebbar: Vom koptischen Papst über einen vietnamesischen Starbuddhisten bis zu unterschiedlichen Ausprägungen von Judentum und Islam – wie auf einer Tourismus-

[20] Quelle: TOPIC, 2/2005

messe ist alles vertreten. Die Konfessionen Deutschlands treten als gute Gastgeber fast in den Hintergrund.“

„Das gemeinsame Glaubensbekenntnis wurde in der großen Form der katholischen Kirche gebetet, beim Vaterunser, zu dem ein Methodist einlud, fassten sich alle bei den Händen. Viele beteiligten sich an einer Wasserzeremonie, gaben sich gegenseitig ein Zeichen der Zuneigung, wobei sie die Worte sprachen ‘Du sollst ein Segen sein’
Der Mainzer **Kardinal Karl Lehmann**, Vorsitzender der deutschen Bischofskonferenz, und der Ratsvorsitzende der evangelischen Kirche in Deutschland, **Manfred Kock**, teilten sich ihre Predigten in einem Dialog. ‘Wenn schon noch keine Abendmahlgemeinschaft, dann schon eine Predigt-Gemeinschaft.’
Das Johannesevangelium trug der griechisch-orthodoxe **Metropolit Augustinos Labardakis** aus Bonn vor“, schrieb ein Korrespondent des ***„Generalanzeigers“*** Bonn.[21]

Bleibt die abschließende Frage: „Was hat der ÖKT gebracht? Welche Signalwirkung ist von ihm ausgegangen“?

Hierzu äußerte sich der Herausgeber der Zeitschrift „TOPIC“, **Ulrich Skambraks**, Kreuztal, in der Zeitschrift „Philadelphia“, Ausgabe Nr. 5 September/Oktober 2003 u.a.: „Wer aufmerksam über den ersten Ökumenischen Kirchentag gegangen ist, dürfte sich bald gefragt haben: **Gibt es eigentlich noch ‘die’ Wahrheit? Anscheinend nicht mehr – höchstens Wahrheiten. Doch wenn alles wahr ist, was ist dann noch Wahrheit?**
Wer Jesus Christus auf dem ÖKT finden wollte, musste jedenfalls länger suchen. Nicht einmal zehn von über 3.000 Veranstaltungen signalisierten vom Titel her, dass sie sich mit dem biblischen Jesus befassen wollten. Doch genau dieser Jesus Christus ist der einzige Anlass und der alleinige Aufhänger für einen christlichen Kirchentag. Wer ihn ablehnt oder vernebelt, hat jegliches Recht verloren, sich christlich zu nennen.

21 Generalanzeiger Bonn, 2.6.2003

So plädierte der Präsident des Evangelischen Bundes, der **Theologieprofessor Hans-Martin Barth**, auf dem ÖKT dafür, solche **religiösen Gestalten 'christologisch zu integrieren', die Ähnliches wie Jesus versucht haben: Mahatma Gandhi, Buddha, und Mohammed**.
Auch die Tatsache, dass einige Juden- und Islammissionen wegen ihres klaren Christus-Bekenntnisses nicht zum ÖKT zugelassen wurden, sagt mehr über das wahre Herzstück des ÖKT aus als manches andere. Gerade für junge Christen war der ÖKT eine massive Verführung, da das biblische Profil fast völlig fehlte und der Eindruck massiv gefördert wurde, alle Wege führten irgendwie zu Gott. Dies brachte der **Liedermacher Wolf Biermann** auf dem ÖKT so auf den Punkt: 'Es ist fast egal, woran man glaubt, Die Hauptsache ist, dass man etwas glaubt und dieser Glaube näher zu den Menschen führt.' Den Ökumenischen Kirchentag in Berlin könnte man kaum kürzer und präziser zusammenfassen und kommentieren."

Die größte Beachtung und den meisten Zuspruch aber fand der Auftritt des **Dalai Lama**. Die Presse überschlug sich förmlich bei der Berichterstattung über ihn. Vom „**ökumenischen Superstar**" sprach „***Der Tagesspiegel***". „***Die Welt***" schrieb: „**Dalai Lama beim Kirchentag stürmisch begrüßt**" und „***Bild***" wählte als Überschrift: „**Das Lächeln des Dalai Lama verzauberte 20 000 Christen**".
Man vergegenwärtige sich: „Ein Buddhist - der Star des Kirchentages!"

„Früher hätte man den guten Mann schlicht ein Heidenkind genannt. Heute wird er als Superstar der Toleranz für die christliche Ökumene dargeboten", äußerte sich gegenüber „Die Welt" (Berlin) der Theologieprofessor **Klaus Berger** (Heidelberg). **(s.a. Ergänzungen 36-39)**

Wie weit die Ökumenisierung der Kirchen bereits vorangeschritten ist, zeigt auch die Tatsache, dass sich die evangelische Kirche für einen **islamischen Religionsunterricht an deutschen Schulen** stark gemacht hat. Seit 1999/2000 gibt es islamkundlichen Unterricht in deutschen Schulen. So hat z.B. am 1.8.2003 die CDU-geführte Landesregierung Niedersachsens deutschsprachigen Islam-

Unterricht an Grundschulen als Versuch eingeführt. Schulministerin **Ute Schäfer** (SPD) will in Zukunft muslimischen Jugendlichen einen eigenen Religionsunterricht anbieten. Modellversuche laufen bereits seit 1999 an 90 Schulen.

In Deutschland leben mehr als drei Millionen Muslime, davon knapp eine Million in NRW. Die Ministerin meint, „wenn beispielsweise für katholische und evangelische Kinder Religionsunterricht auf dem Stundenplan steht, dann sollte es für muslimische Kinder eben der Islam sein". Der Islamunterricht soll wie der katholische oder evangelische Religionsunterricht benotet und für die Versetzung relevant sein. **(s.a. Ergänzungen 40-43)**

„Dabei hatten es die **deutschen Kultus-Beamten** schwer, **Lehrpläne und Lehrkräfte für den muslimischen Religionsunterricht** zusammen zu bekommen.

Elf islamische Verbände, Kulturvereine und Moscheenbetreiber konnten sich zunächst nicht auf einen einheitlichen Unterrichtsstoff einigen. Doch die deutschen Beamten machten so viel Druck, dass die Muslime einen Dachverband namens ‘Schura’ gründeten, der dann mit den Schulbehörden Lehrinhalte festlegte. An muslimischen Lehrkräften mangelt es auch. Gerade mal acht stehen zur Verfügung, die ohne entsprechende Vorbildung den Religionsunterricht für junge Muslime durchziehen müssen. Dabei sind sie auch noch auf die Hilfe von evangelischen wie katholischen Religionslehrern angewiesen, die ihnen Unterrichtsmaterialien zum Thema Islam zur Verfügung stellen müssen. Auch manche Kinderlieder stammen aus kirchlichen Liederbüchern und wurden laut *Spiegel online* (27.10.2003) flugs umgetextet - Beispiel: ‘Lobet, preiset, danket ... Allah’. Die staatlichen Schulbehörden in Niedersachsen hoffen insgeheim, durch den aufgeklärten Religionsunterricht fundamentalistischen Koranschulen das Wasser abzugraben. Das ist eine Seite der Medaille. Die andere Seite ist die Tatsache, dass der Islam in immer mehr

Bereiche des öffentlichen Lebens in Deutschland eindringt und Positionen besetzt."[22]

Ab Wintersemester 2004 werden an der **Universität Münster/Westfalen Lehrer für den Islam-Unterricht ausgebildet**. Inhaber des ersten Lehrstuhls „für die Religion des Islam" in Deutschland ist **Prof. Dr. Muhammad Sven Kalisch** (38 Jahre). Hierzu informiert die Zeitschrift „Kurier" in ihrer Ausgabe vom September 2004: „Mit 15 Jahren trat Kalisch aus der evangelischen Kirche aus und konvertierte zum Islam, studierte Islamwissenschaften und habilitierte sich an der Uni Hamburg. Die Zusatzausbildung für Islam-Lehrer setzt das erste pädagogische Staatsexamen und das Bekenntnis zum islamischen Glauben voraus. Nach einem sechssemestrigen Studium sollen die Absolventen islamischen Religionsunterricht an deutschen Schulen erteilen.
Die Lehrinhalte des Studienfachs sind von einem Beirat erstellt, in dem alle großen islamischen Verbände vertreten sind, auch jene, die seit Jahren von den deutschen Verfassungsschutzämtern beobachtet werden. Prof. Dr. Muhammad Sven Kalisch betont Toleranz – vor allem gegenüber dem deutschen Grundgesetz –; das muss er tun. Auf den Einwand, es könnten auch gewaltbereite Muslime in Münster ausgebildet werden, antwortete er im **Deutschland-Radio Berlin**, er könne und wolle nicht jedem Studenten 'nachschnüffeln' („Fazit" am 26.07.2004)".

Neben der Evangelischen und Katholischen Akademie in Berlin wurde am 16. Dezember 2004 jetzt auch eine **Muslimische Akademie** eröffnet. Auch die Schweiz will islamische Prediger für Schweizer Moscheen in landeseigenen Universitäten ausbilden lassen.

Bekannt ist die mehr als 50 Jahre alte Fernsehsendung „Das Wort zum Sonntag". „Analog hierzu sollte künftig für die 3,5 Millionen Moslems in Deutschland ein **moslemisches 'Wort zum Freitag'** angeboten werden", meinte der EKD-

[22] Zitiert nach Topic Nr. 11/2003

Ratsvorsitzende, **Bischof Wolfgang Huber** (Berlin) gegenüber „Bild am Sonntag“; „solch eine Sendereihe könne den Integrationen dienen“.

Die **Deutsche Militär-Seelsorge**, die vom Staat bezahlt wird, hat jetzt ein **gemeinsames Gebetsbuch für Christen, Juden und Moslems** herausgebracht. Herausgeber sind der evangelische Theologe Martin Bauschke, der Rabbiner Walter Homolka (beide Berlin) und die **Muslimin Rabeya**. In der Einleitung des 160 Seiten umfassenden Buches, das im Gütersloher Verlagshaus erschienen ist, heißt es: **„Es ist .... derselbe eine Gott, an den Juden, Christen und Moslime glauben.“** Die Texte sollen sowohl zum Nebeneinander- wie auch zum Miteinander–Beten verwendet werden, heißt es, und ist für den Gottesdienstgebrauch sowie für Schulen und für interreligiös engagierte Gemeindemitglieder bestimmt. Im Vorwort der Herausgeber heißt es u.a., man habe bewusst auf Gebete „an den Herrn Jesus“ verzichtet.
Martin Bauschke, Pfarrer der Württembergischen Landeskirche, leitet derzeit die Niederlassung der **Weltethos-Stiftung** in Berlin. Mit dem Weltethos-Projekt versucht der **kathologische Ökumeniker Hans Küng** eine Art Welteinheitsreligion zu konstruieren.

Anfang November 2004 traf sich der **evangelische Kirchenkreis Bad Godesberg-Voreifel** in Bonn zu seiner jährlichen Herbsttatung zu dem Thema: „Den Islam besser kennenlernen.“
Dabei wurde von den 72 Synodalen sowie den Gästen der Synode ein neuer kirchlicher Dienst formuliert. Er soll als Fachberatung in allen anstehenden Fragen „fachlich qualifiziert, theologisch fundamentiert, organisatorisch und koordiniert arbeiten.“
Die Tätigkeit soll zum 1. April 2005 aufgenommen werden und u.a. Klärung von Problemen des religiösen Dialogs oder der Integration sowie Bildungsveranstaltungen im Hinblick auf den Islam anbieten. Dabei ist eine **verstärkte Zusammenarbeit zwischen den Pfarrern und Gemeinden des Kirchenkreises und den Islamexperten, Schulen und Gremien vorgesehen**.

Oberkirchenrat Jürgen Dembek sagte dem Kirchenkreis die Einrichtung einer halben Stelle als Fachberatung in Islamfragen zu.

Der theologische Gesprächskreis der evangelischen Kirchengemeinde Bornheim (bei Bonn) hat im Juni 2004 zu einem gemeinsamen Besuch einer Moschee in Bonn eingeladen. Es ging um gemeinsame Gespräche und um Teilnahme an einem Abendgebet.

In Köln wurde jetzt der **Bau einer Großmoschee**, in der 100 000 Moslems Platz finden, vom Evangelischen Stadtkirchenverband abgesegnet.

„Im Sinn eines friedlichen und gleichberechtigten Miteinanders von Einheimischen und Eingewanderten **wäre eine sichtbare Moschee neben den vielen schönen Kirchen ein wichtiges Zeichen“**, heißt es in einer Stellungnahme des Stadtkirchenverbandes.

Man unterstütze, „mit aller Offenheit, Transparenz und gegenseitiger konstruktiver Kritikfähigkeit“, und weiter: „Eine repräsentative Moschee könne dazu einen Beitrag leisten.“[23]

Berlin, das bekanntlich als „Welthauptstadt des Atheismus“ gilt (in einzelnen Bezirken im Osten der Stadt sind nicht einmal 1% Mitglied irgendeiner Kirche), ist jetzt bereits mit 70 Moscheen die **drittgrößte islamische Stadt** außerhalb des Landes am Bosporus. Zehn neue Moscheen sollen in den nächsten Jahren gebaut werden. In Deutschland stehen Muslimen rund 2.650 Moscheen und Versammlungsräume zur Verfügung. **(s.a. Ergänzungen 44-50)**

Dekan Dr. Michael Gerstner von der Protestantischen Kirche der Pfalz äußerte bereits im September 1996, anlässlich einer multireligiösen Gebetsstunde, dass **„Christen und Muslime verbunden sind im Glauben an den einen Gott“**.

Ob Dr. Gerstner seine damaligen Ausführungen heute noch so unterschreiben kann?

---

[23] Zitiert nach ideaSpektrum, Ausgabe 12/2002

Unter der Überschrift **„Aus der Traum von Multikulti"** ist in der idea-Chronik 2004, Seite 24, folgendes nachzulesen: „Es ist der Dauerbrenner des Jahres 2004: Das Zusammenleben von Moslems und Christen in Europa. Im Dezember steht selbst für viele liberale Menschen fest, dass der Traum von einer multikulturellen Gesellschaft ausgeträumt ist. Das machen gerade die Ereignisse in den als besonders fortschrittlich geltenden Niederlanden deutlich. Der **Mord an dem islamkritischen Regisseur Theo van Gogh** durch einen islamistischen Marokkaner führt als Gegenreaktion zu Brandanschlägen auf Moscheen und Koranschulen, aber auch vereinzelt auf Kirchen. Die Angst vor Terror im Namen Allahs hat bei einzelnen Europäern schon dazu geführt, dass sie sich nicht mehr kritisch über Muslime äußern. Zum Beispiel der niederländische Fernsehjournalist **Paul Cliteur**, der als Grund für sein neues Schweigen angibt: 'Ich will nicht zum Märtyrer der Pressefreiheit werden. Ich habe eine Familie. Ich werde ständig mit dem Tod bedroht.'
Vorangegangen sind in diesem Jahr die Anschläge vom 11. März in Madrid, wo durch Bomben an verschiedenen Bahnhöfen 200 Menschen ums Leben kommen. Sie gehen auf das Konto islamistischer Terroristen. Aus kirchlichen Kreisen sind inzwischen islamkritischere Töne zu hören. Führende Leute der EKD machen deutlich, dass Christen und Muslime nicht denselben Gott anbeten."

Gegenwärtig haben wir die **größte Christenverfolgung aller Zeiten.** Alle weltweit aus Glaubensgründen umgebracht. Im Jahre 2003 gab es 170.000 Märtyrer, vor allem in Asien, Nordafrika und dem Orient. **Etwa jeder zehnte der weltweit rund zwei Milliarden Christen leidet aufgrund seines Glaubens unter massiven Diskriminierungen und Gewalt**. Religiöse Unterdrückung herrscht in etwa 40 der 200 Länder.
Darauf haben christliche Menschenrechtsexperten anlässlich des Weltgebetstages für verfolgte Christen am 14. November 2004 aufmerksam gemacht. Besonders groß ist der Druck auf Christen in kommunistischen und islamischen Staaten. Nach Angaben des international tätigen Missionswerkes „Offene Grenzen" ist Nordkorea das Land

mit der schlimmsten Christenverfolgung. Von den mehr als 200.000 Gefangenen in Arbeitslagern seien Zehntausende Christen. Auf Platz zwei der Liste des Werkes steht das islamische Königreich Saudi-Arabien. Es verbietet Christen und anderen Nicht-Muslimen jede Religionsausübung. Immer wieder kommt es zu Inhaftierungen und Ausweisungen von Ausländern, weil sie ihren christlichen Glauben praktizieren. In Teilen Indiens nehmen Bestrebungen zu, zum Christentum übergetretene Bürger zum Hinduismus „zurückzubekehren“ – sogar nach ihrem Tod. Im Bundesstaat Ovissa wurde jetzt die Leiche des 35-jährigen Katholiken Bala Tulasiga exhumiert und in einer Zeremonie mit Frau, Mutter und Bruder dem Hinduismus geweiht, berichtete die Zeitung „Hindustan times“. **(s.a. Ergänzungen 51-55)**

Die **Tendenz zum Synkretismus (Religions-Vermischung)** wird heute in allen Bereichen deutlich. Sie zeigt sich in einer individuellen Mischung religiöser Gedanken und vielfältiger Philosophien, spirituellen Techniken, buddhistischer Meditation, Esoterik und Astrologie sowie transzendalen Gruppenerlebnissen und multireligiösen Gottesdiensten.

Über der Todesanzeige einer namhaften evangelischen Islamwissenschaftlerin der philosophischen Fakultät der Rheinischen Friedrich-Wilhelms-Universität Bonn vom 1. Februar 2003 war zu lesen: **„Sobald man alle Propheten und Heiligen als authentisch erachtet und keine Unterschiede mehr zwischen den Religionen macht, hat man die Stufe der Erkenntnis erreicht“**.[24]

Wirklich? Welcher Erkenntnis? Keineswegs der g ö t t l i c h e n, b i b l i s c h e n Erkenntnis, denn nur von ihr schreibt der Apostel Paulus an die Gemeinde in Kolossä: *„In Ihm (Jesus Christus) liegen die Schätze der Weisheit und der* ***Erkenntnis****“* [Kol. 2, 5]

Pfarrer **Dr. Christoph Morgner** warnt dann auch in einem Artikel zu Recht, dass **„Gott nicht „kompatibel“** ist: „Fakt

---

[24] Generalanzeiger Bonn 1./2. Februar 2003

ist nach wie vor: Die großen Religionen sind durch Welten voneinander getrennt. Deshalb kann es - unbeschadet mancher Berührungspunkte - keine religiöse Ökumene geben. Hierbei handelt es sich nicht um theologische Böswilligkeit und um engstirnige christliche Abgrenzerei, sondern um ein redliches, sachlich begründetes Verhalten. Gott, der Vater unseres Herrn Jesus Christus, ist nicht 'kompatibel', d.h. mit anderen Gottvorstellungen zusammenfügbar. Wer die Religionen miteinander vermischt, nimmt ihnen jeweilige Kontur und wird somit keiner von ihnen gerecht. Die erste Christenheit, die sich mitten auf einem unübersichtlichen religiösen Markt vorfindet, hat im Blick auf die heidnische Umwelt keineswegs die Meinung vertreten: ‚Wir glauben alle an denselben Gott'. Vielmehr machen die Apostel deutlich: Wer zu Jesus kommt, nimmt damit von allen anderen religiösen Figuren Abschied, denn nun hat er endlich den einen, wahren Gott gefunden. Ihr lebtet 'ohne Gott in der Welt', schreibt Paulus an die Christen in Ephesus [Eph. 2,12].

Dabei waren alle Personen vorher durchaus religiös. Sie haben geglaubt - jedoch in eine falsche Richtung. Es wäre damals ein Leichtes gewesen und hätte den christlichen Gemeinden viel Kummer und Verfolgung erspart, hätten sie die Ansicht vertreten: 'Wir glauben alle irgendwie mehr oder weniger an denselben Gott. Folglich können wir auch zusammen beten.'

Es kann m. E. keine gemeinsamen Gebete mit Angehörigen anderer Religionen geben. Denn im Gebet schlägt das Herz unseres Glaubens. Es eignet sich nicht zu Demonstrationszwecken. Als Christen beten wir ausschließlich im Namen von Jesus Christus. Dabei haben wir einen anderen Gott vor Augen als beispielsweise Muslime oder Hindus. Indem gemeinsame Gebete verrichtet werden, kommt es unweigerlich zum Nivellieren der Gegensätze zwischen den Religionen. Die Konturen verwischen sich. Deshalb spreche ich mich sowohl gegen das interreligiöse als auch gegen das multireligiöse Gebet aus, wohl wissend, dass beide Arten höchst unterschiedlich zu bewerten sind.

Der Respekt vor der Eigenart der jeweiligen Religionen verbietet es, zusammenzufügen, was nicht zusammengehört. Weder die Gottesfrage und erst recht nicht die Christologie ergeben ein tragfähiges Fundament für inhaltliche Gemeinsamkeiten."[25]

Kann wirklich jeder „nach seiner Fasson selig werden", wie es einmal der preußische König und Freimaurer Friedrich der Große formuliert hat?

Es soll hier nicht der Versuch unternommen werden, diese Frage in einer theologischen und apologetischen Abhandlung zu hinterfragen.

Lassen wir vielmehr im Folgenden eine kleine **„Wolke von Zeugen"** zu uns sprechen, die sicherlich als die eigentlich Betroffenen und „Insider" legitimierter sind zu dem Thema auszusagen, als irgendwelche Lehrstuhlinhaber.

Neun aktuelle Tatsachenberichte hat der Herausgeber gesammelt, zusammengestellt und z.T. überarbeitet, und legt sie in diesem Buch einer - hoffentlich - breiten Leserschaft vor.

Es sind **Selbstzeugnisse** ehemaliger Katholiken, Muslimen, Buddhisten, Hinduisten, Mormonen, Astrologen und Esoterikern, die alle durch viel Leid und Not, oft durch ein Dickicht von Irrwegen und Versklavungen hindurch gegangen sind - Berichte, die unter die Haut gehen.

Als ich die Berichte las und verarbeitete, war ich überwältigt, ergriffen und zutiefst bewegt über den großen, einmaligen Gott, der sich in Jesus Christus offenbart hat; Menschen verändert und sie zu neuen Kreaturen macht. Die Bibel formuliert das einmal so: *„Wenn ein Mensch in die Gemeinschaft mit Christus kommt, ist er eine neue Schöpfung. Das Alte ist vergangen, siehe, es ist etwas ganz Neues entstanden!"* [2. Kor. 5, 17 - in der Übersetzung von Hans Bruns].

---

[25] Quelle: Magazin „WIR" - 10/2003 - Gnadauer Gemeinschaftsverband - Zeitschrift „Zeitzeichen" - 9/2003 - Kreuzverlag

Lesen Sie die folgenden Zeugnisse und Sie werden erstaunt und überrascht sein über **die großen Taten Gottes** - auch und gerade in unserer Zeit - an Menschen auf dem Weg zur Wahrheitsfindung und zum wahren, einzigen und unvergänglichen Frieden.

Zum Hass geboren - zur Liebe wiedergeboren

Mein halbes Leben war ich auf der Suche nach Liebe und Wahrheit - in Kilometern ausgedrückt; eine Strecke von mehr als 50 Mal um die Erde. Von Indien, Tibet, Thailand und vielen islamischen Ländern bis Mexiko, Alaska und Brasilien. Vom Philosophen bis zum überzeugten Kommunisten, vom Atheisten zum Hippie, habe ich jahrelang die großen Weltreligionen Asiens (Hinduismus, Buddhismus, Islam) und Lehren der Indianer Amerikas ausprobiert; sechs Jahre in der tödlichen Welt der Drogen und ein erschütternder Aufenthalt im Okkultismus, in der Esoterik, ... nichts konnte die Leere meiner Seele füllen, bis zu dem Tag, wo ich - vor sieben Gewehrläufen stehend - eine dramatische und persönliche Begegnung mit diesem 'unbekannten' Gott machte - und auf wunderbare Weise gerettet wurde.
Ich war auf der Flucht vor Gott, den Menschen und mir selbst. Es war eine Hölle von Weg, voller Hass und Tod, eine Flucht aber auch, auf der Suche nach mir selbst. Wie oft hatte man mir von Jesus erzählt, und wie oft hatte ich ihn abgelehnt und verleugnet. Ich hatte ihn doch nicht nötig, oder? Von eben diesem Gott geliebt und seiner Gnade begleitet, bin ich nun immer noch unterwegs, um von der wunderbaren und unfasslichen Liebe Jesu zu berichten und zu singen.

Kapitel 1 Kindheit und Jugend

'Gib zu, dass du den Apfel gestohlen hast!'
'Nein!'
Sssssht....krachte mir ein Schlag mit voller Wucht ins Gesicht.
'Willst du jetzt endlich zugeben, dass du den Apfel genommen hast?'
'Nein', schrie ich verzweifelt; und zum x-ten Male donnerten Schläge auf
mich hinab.
'Ich habe dich gesehen, und du gibst es jetzt zu!'

'Nein! Nein! Nein!'
Ich war bereits grün und blau geschlagen und alles drehte sich mir im Kopf, bis ich fast das Bewusstsein verlor....
...und wieder prasselten harte Schläge auf mich nieder.
Je mehr Prügel ich bezog, desto mehr verhärtete ich mich und hasste den 18-jährigen Großen, der mich 5-jährigen Kleinen zusammenschlug.
'Nein! Niemals! Nein!', schrie ich aufheulend, 'ich habe den Apfel nicht gestohlen!'
Wären nicht Erwachsene dazwischengekommen, ich glaube, ich hätte diese Tortur nicht überlebt. Wir wurden gewaltsam auseinandergerissen von den entsetzten Eltern.

Die ganze leidvolle Geschichte fing schon vor meiner Empfängnis an, weil meine Mutter mich, d.h. das neue Leben, nicht annehmen konnte, da sie okkult belastet war. Diese dämonischen Energien sind lebensfeindlich. In der Heiligen Schrift steht, dass okkulte Einflüsse sogar vererblich sind und bis in die 4. Generation wirken (Ex.20.5). Dies erklärt mir zumindest teilweise die Situation meiner Mutter, die entweder auf Grund ihrer Kontakte zu Geistwesen, oder durch Vererbung seitens ihrer eigenen Mutter, unfähig zur Liebe war, obgleich sie sich Kinder wünschte. So erblickte ich im Mai 1945 nicht das Licht, sondern die 'Finsternis' der Welt; dies in zweifacher Hinsicht. Es war in der damaligen Tschechoslowakei. Hass und Rache auf Nazi-Deutschland bestimmten das Denken der Alliierten und hinterließen entsprechende Spuren.
Städte und Dörfer waren verbrannt und zerbombt und die Leichen der massakrierten deutschen Soldaten hingen von den Strassenlaternen. Auf der Flucht vor den Russen fanden meine Eltern Unterschlupf in einem Stall, damit meine Mutter, deren Wehen eingesetzt hatten, irgendwo liegen konnte - und wenig später lag ich in der Futterkrippe. Nicht lange jedoch, denn die Soldaten rückten näher. Auf gings und los... weiter, in einem Güterzug Richtung Süden.

'Rrrraus hier!', schrie eine harte Stimme, und schon peitschen Schüsse aus dem Maschinengewehr und mähten deutsche Familien nieder, die in diesem Viehwaggon ihrer Not entkommen wollten. Unsere Familie wurde auf wunderbare Weise vor der blinden Wut der Geschosse gerettet. Dies war mein erstes Überleben. Nur wenig später überlebte ich schon zum zweiten Mal. Es gab nichts mehr zu essen und ich war am Verhungern. Meine Mutter ging, um nach etwas Essbarem zu fragen. Sie präsentierte mich mitleidsvoll den Ärzten und Krankenschwestern. Deren Antwort war eindeutig: 'Freuen Sie sich noch ein zwei Tage an ihrem Kind. Es kann nicht überleben!' Erneut ein Zeichen göttlicher Liebe, die nicht wollte, dass der neugeborene Klaus stirbt.

Mangel an Nahrung war jedoch weniger schrecklich als der Mangel an Liebe. Mein Vater hatte meine Mutter verlassen. Bis heute weiß ich nicht, was es bedeutet, einen Vater zu haben. Meine Mutter ihrerseits war von irgendwelchen 'Kräften' so gefangen, dass sie keine Liebe geben konnte; sie wollte ihre Kinder besitzen. Sie benutzte mich und meine beiden, je ein Jahr älteren Brüder als Liebesersatz. Schon in frühester Kindheit zog es mich fort von 'zu Hause' und verbrachte unselige Tage draußen auf der Strasse . Nachts floh ich häufig aus dem Haus. Wurde ich erwischt, endete es mit Schlägen und psychischer Repression.
Folglich kletterte ich unbemerkt aus dem Haus, schlich auf dem Friedhof umher, legte mich auf die Gräber um zu schlafen, oder strich durch die Wälder, um mich vor der Welt zu verstecken.

Eine starke 'Kraft' machte sich langsam bemerkbar: Verzweiflung und Hass. Der Hass auf die Mutter, der Hass auf die Erwachsenen, Hass auf meine Umwelt, Hass auf die Schule, Hass auf die Lehrer - und Hand in Hand mit dem Hass wuchs auch meine Verzweiflung. Ich gehörte nirgends hin, weil ich keine Liebe spürte. Die mangelnde Liebe hing wie ein drohender Schatten über mir und verwandelte das Licht des Lebens in Dunkelheit - alles woran ich mich heute erinnere, ist geprägt von Kälte, Leere, Traurigkeit, Angst und Einsamkeit. Und sogar die anderen Erwachsenen fingen an, mich zu benutzen und zu demütigen. Man schlug mich, quälte mich und amüsierte sich mit mir, aber niemand wollte mich. Ich wusste nicht, was es bedeutet, einen Freund zu haben und hatte Angst, unser Haus zu betreten und dieser

‘schwarzen Frau’ zu begegnen, die sich 'Mutter' nannte und die immerzu vom 'Sterben-wollen' sprach. Und tatsächlich ging sie eines Tages mit ihren Kindern in die Küche und - dem Befehl ihrer inneren Stimme gehorchend - drehte sie den Gasherd auf...
Zum dritten Mal holte Gott mich lebendig heraus. Diesmal bewahrte Er mich vor dem Gastod.

In dieser Einsamkeit fing ich an, mir innerlich eine Welt von großen strahlenden Helden aufzubauen, die für Recht und Gerechtigkeit kämpfen und Rache nehmen an den gemeinen Erwachsenen. So schuf ich mir innerlich eigene Gesetze und wurde für die Gesetze der anderen 'unbelehrbar'. Ich gehorchte niemandem mehr. Ich gründete eine Bande mit der wir regelmäßig durch die Geschäfte der Stadt zogen, um Beute zu machen.
Dann und wann gab es handfeste Bandenkriege, bei denen auch Blut floss. Das Wort 'Gehorsam' verblasste in dieser Zeit ganz in meinem Wortschatz. Wenn ich gar zu 'unartig' war, schlug mich meine Mutter - mit Hilfe meiner beiden Brüder - manchmal so, dass die beiden mich ausgestreckt am Boden festhalten mussten; einer hielt die Arme, einer die Beine - und sie dreschte mit dem eisernen Feuerhaken solange haltlos auf mich ein, bis der vor ihr liegende Körper blutüberströmt war und sich nicht mehr regte. Unter diesen Schlägen tat ich einen Schwur: Ich wollte nie wieder weinen oder irgendwelche Gefühle zeigen. Statt dessen verbarrikadierte ich mich in meinem Hass.

Durch Selbsterhaltungstrieb musste ich lernen, den Menschen zu gefallen, um dadurch - so stellte ich langsam fest - die Möglichkeit zu haben, sie zu beeinflussen. Ich wurde zu einem Chamäleon, das jede Farbe, jede Maske tragen konnte. Ich spürte in mir die Fähigkeit, mich in alle Menschen hineinversetzen zu können und damit offensichtlich Zugang in ihre Psyche zu haben. Der Same des Verlangens nach Rache war in mir aufgegangen.

Kapitel 2 Rache

Die Schule war für mich ein weiteres geeignetes Mittel zur Selbstdarstellung und zum Schärfen meiner Krallen. Es kam soweit, dass die Polizei mich während des Unterrichts im Gymnasium aus dem Klassenzimmer holte, um mich auf die Wache zum Verhör zu bringen. Drei Tage saß ich einmal im Gefängnis, das ich als eine Art 'Schule des Verbrechens' kennenlernte. Anklage folgte auf Anklage. Doch nichts und niemand war da und sprach für mich; alles war gegen mich. Ich spürte, wie das, was an Wärme und Menschlichkeit noch in mir vorhanden war, langsam wie verblutete.
Dieses Blut verhärtete sich zu einem Stein und nahm die Stelle meines Herzens ein. Meine streng katholische Mutter ging in die Kirche und heulte, statt mir zur Seite zu stehen. Das war das verdammte Ende. Wir konnten uns nicht länger ertragen. Sie schleppte mich mit in die Kirche und schluchzte: 'Mein Gott - nimm dieses elende Kind von mir.' Statt Gott antwortete ein katholischer Priester und bot meiner Mutter an, 'den Ungezogenen', den 'Unerziehbaren', ganz in seinem Haus bei sich wohnen zu lassen. 'Wissen Sie, ich habe Erfahrung, Mittel und Wege, ihn zu bessern - Sie können sich auf mich verlassen.' Es folgte ein Umzug vom Regen in die Traufe, denn, was niemand wusste: dieser Mensch war ein Kinderschänder und hatte dazu noch okkulte Kräfte, mit denen er mich band und sieben Jahre lange missbrauchte. Wie tief hasste ich jetzt wieder meine Mutter, die für mich verantwortlich war für das, was hier passierte. Ich hasste die Polizei, die Schule, die Erwachsenen, die nur ausbeuten und verletzen konnten. Ich hasste alles, die ganze Welt und sogar mich selber, weil ich hier stand und nach Strich und Faden fertig gemacht wurde, ohne mich wehren zu können. Aber ich wollte nicht aufgeben. Mein Hass machte mich stark. Die Hölle in der Wüste meiner Einsamkeit, die Heuchelei der sogenannten Christen hatte ein neues Opfer gefunden. Die Weichen für meine Zukunft waren gestellt. Das also war Christentum und Katholizismus. Diese sogenannten Christen galt es von nun an nicht nur zu meiden, sondern mit Hass zu verfolgen und zu vernichten. Den Weg dazu würde ich noch finden,

auch wenn mir im Moment der Boden unter den Füßen weggezogen wurde.

Kapitel 3 Angst, Hass und Tod

Von nun an fühlte ich mich ohne Verantwortung und vogelfrei; wem gegenüber sollte ich Rechenschaft schuldig sein, wenn doch die Welt aus derartigen Heuchlern bestand? Wenn es je einen Gott in meinem Leben gegeben hatte - jetzt gab es keinen mehr. Meine hasserfüllte Kraft trieb mich mehr denn je ruhelos auf die Suche nach Macht, weil ich Angst hatte vor dieser elenden Welt - ein Verlangen aber auch, das mich nach Liebe suchen ließ, nach einem Vater und nach einer Mutter. Mein Verhalten reizte die Leute manchmal bis zu dem Punkt, dass sie mit Steinen nach mir warfen. Das bestätigte zynischerweise meinen Hass und die Rachegefühle. Niemand konnte wissen, was sich hinter meinem wahren Gesicht verbarg; dass ich die Menschen im Grunde verachtete und nur auf den Moment der Rache hinlebte. Mein Herz aber sehnte sich so sehr nach Liebe.

Woher ich unter solchen Umständen den Willen hatte, das Abitur (Matura) zu bestehen, ist mir bis heute ein Rätsel. Eins allerdings war mir immer klar: ich konnte keine 'normale Arbeit' oder 'Karriere' machen. Ich erinnere mich nicht, mir jemals Gedanken über meine berufliche Zukunft gemacht zu haben, denn in mir spürte ich mit Sicherheit, dass ich zuerst herausfinden musste wer ich bin, und warum ich auf dieser Welt sei. Trotz aller Widerwärtigkeiten schien ich tief in mir eine Kraft oder ein Vertrauen zu besitzen, welches keine der bösen Erfahrungen bislang hatte zerstören können. Doch eben dies Vertrauen kannte auch der 'Fürst der Finsternis' und er nahm nun das Nötige in 'Angriff', um mir auch dieses Letzte noch zu nehmen.

Ich begann mein Studium 1967. Die Semesterferien ließen mir Zeit, Geld zu verdienen und auf Reisen zu gehen.
In dieser Zeit der Hippie Revolten, wo es darum ging, alle 'alten Zöpfe abzuschneiden', kam es mir gelegen, mittwochs in einem Studentenheim zu den Versammlungen einer Gruppe zu gehen, deren erklärtes Ziel offenbar die

Zerstörung des Staates war. Die Baader-Meinhof-Gruppe rekrutierte hier und schien auch vor Gewalt nicht zurückzuschrecken, um ihre Ziele zu verwirklichen. Das war Wasser auf meine Mühle, denn der Staat bestand aus den Erwachsenen, die mich als Kind gedemütigt hatten. Hurra! Das war die eine Seite der Zerstörung, die andere folgte unmittelbar. Ich nehme an, sie war undurchsichtiger und gefährlicher als alles bisher Dagewesene: Das Aufkommen von Drogen. Ich hatte nicht viel Erziehung über Bord zu werfen, um mich 'frei' zu machen für sechs Jahre Erfahrung in der Welt der Drogen. Dazu ging ich von Tübingen nach Hamburg.

Der offizielle Austritt aus der Kirche war reine Formsache. Statt ihres Segens suchte ich von nun an mein Heil und Glück in der Metropole Hamburg. Die Aussichten waren hier vielversprechend. Ich sagte schon, der Fürst der Finsternis hatte es nun auf mein bislang noch solides 'Vertrauen' abgesehen. Was hatte der Zerstörer anzubieten im Namen des Glücks? Wie ging er taktisch vor? Der leidenschaftliche Gedanke an glückbringende Zustände durch Drogen hatte sich meiner bereits in Tübingen bemächtigt; hier in Hamburg aber nahm der Geist der Sucht mich nun in Besitz, erfasste meinen rationalen Verstand und lähmte ihn, bis hin zu tödlichem Horror. Alle Menschen, die ich traf, mutierten ausnahmslos zu Totenköpfen. Doch damit noch immer nicht genug!

Zu diesem Leben am Rande der Gesellschaft gesellte sich zwangsläufig irgendwann die Kriminalität: Betrügereien, Festnahmen durch die Polizei auf der Reeperbahn in St. Pauli, Gerichtsverfahren, einige Vorstrafen, die Erfahrung des Gefängnisses, auch wenn es nur ein paar Tage waren, hatte ich längst hinter mir. Ich war wie festgekettet in der Sklaverei der Pornographie, war Nacktmodell in der Regenbogenpresse und verkaufte gestohlene Pornoartikel illegal in den Bordellen von St. Pauli. Nachts machte ich Musik in diversen Hamburger Kneipen und trank kräftig Alkohol, um meine Einsamkeit, die Fatalität eines wertlosen Lebens, den Mangel an Liebe nicht so sehr zu spüren. Ich war - wie immer - auf der Flucht vor mir, vor der Polizei, vor meiner Mutter, der Welt und vor Gott. Ich konnte mich noch nicht einmal als 'Verlorenen Sohn' bezeichnen, denn ich hatte nie einen Vater gehabt von dem ich weggehen wollte, um aus Stolz selber die Welt zu meistern - dieser Klaus war eher ein totes Blatt, das der Wind in den Gossen herumfegte, bis es sich auflöste.

Anarchie hieß die Losung und war die Lösung meines Problems. Anarchie erlaubte mir, meinen ganzen Hass auf ein korruptes und verfaultes Gesellschafts - und Kirchen-system zu übertragen. Doch mein Hass verwandelte sich in Selbstzerstörung und machte mich zu einem kalten und einsamen Einzelgänger. Meine Unternehmungen und gesetzeswidrigen Handlungen wurden immer gewagter, weil ich haltloser denn je war; was hatte ich noch zu verlieren? In meiner Leere und Bitterkeit fand ich kaum noch Befriedigung im Alkohol, Sex oder den anderen Drogen. Ich konnte meine innere Not nicht länger überspielen und so wie bisher konnte ich nicht mehr weiterleben. Da stand er wieder vor mir, der Tod und wartete auf mich. Ich versuchte mich umzubringen!
Aber nach soviel Drogenkonsum versagte mir die Dosis Schlaftabletten diesen Gefallen: mein Körper überstand das Gift und ich überlebte. Bald darauf, beim zweiten Versuch, nahm ich eine überhöhte Menge Drogen plus Alkohol; vollgepumpt torkelte ich halbnackt, bei minus 22 Grad, in die Nacht hinaus. In einem dunklen Park verlor ich die Orientierung, hielt den Schnee und Rauhreif für den Sand der Karibik und wälzte mich abgestumpft im Dornen-gestrüpp der kahlen Rosenbeete hin- und her. Trotz dunkler Nacht fand man mich zerkratzt und blutverschmiert in den Sträuchern und wieder überlebte ich. War ich denn verdammt noch mal nicht tot zu kriegen? Bis ich eines Tages an den Punkt kam, an dem ich mit Sicherheit wusste, dass es sich nicht mehr lohnt, aufzustehen und weiter zu leben. Meine Partnerin hatte mich verlassen und ich lebte allein. Und diesmal wollte ich sicher gehen, dass man mich - wenn man mich fand - tot finden würde.

Es war nachmittags gegen 15 Uhr, als ich völlig einsam in meinem Wohnzimmer stand und in ein riesiges schwarzes

Loch fiel, tiefer und tiefer. Ich konnte und wollte so nicht mehr weiterleben. Ich entschloss mich, vom Balkon meiner Wohnung im oberen Stock, auf den Beton des Hinterhofes zu springen und so meiner Qual ein Ende zu bereiten. Alles war tot in mir. Ich machte mich zum Sprung in den Abgrund bereit. Mein ganzer Körper zitterte vor Kälte; ich war sicher: Diesmal würden sie mich tot finden. Dann kam die Überraschung. Genau in dem Moment, in welchem ich mich der Balkontüre zuwandte um den fatalen Schritt zu tun, stand plötzlich 'Jemand' hinter mir... Ja, direkt hinter meiner rechten Schulter war ein Wesen, das spürte ich ganz genau. 'Jemand', der unaussprechliche Wärme ausstrahlte - das ging ganz ganz tief hinein. Dann hörte ich zu meinem größten Erstaunen eine Stimme die laut zu mir sprach: 'Du bist nicht allein.'
Diese 'Stimme' war so voller Trost und Hoffnung, voller Wärme, dass meine Trauer, Kälte und Einsamkeit mit einem Schlag weg war. Ich war zu tief berührt, um noch springen zu können. Dieses unerkannte Wesen erlaubte mir, einen neuen Raum zu betreten, der Hoffnung hieß, eine Spiritualität kennenzulernen und Mut zu schöpfen, um weitergehen zu können. Es gab mir Wasser zu trinken in der Wüste von Hamburg, in der ich am Verdursten gewesen war.

Kapitel 4 Okkultismus: USA, Mexiko

Es ist schon fast unglaublich, aber die Irrfahrt ging schon wieder rückwärts - in eine falsche Spiritualität - erneut dem Tod entgegen. Denn der Meister im Verstellen, der 'Engel des Lichts', Luzifer genannt, hatte diesmal etwas Besonderes auf Lager für mich: eine Jesus-Kopie.

Zunächst ging ich also wieder auf Reisen. Ich wollte 'Neuland' entdecken und zog etwa 40-tausend Kilometer im Zick-Zack durch die USA, Mexico, Kanada, bis hinauf in den kalten Norden. Nichts passierte, außer einigen Abenteuern und Begegnungen mit den Indianern (Navajo), von deren 'Weisheit' ich als Kind geträumt hatte; diese aber waren enttäuschend. Weder Macht noch Liebe fand ich in ihren Lehren. Sie waren auch nur Menschen. Aus der

Traum. Weitersuchen. Wo war der Geist, der mich in Hamburg vor dem Tod gerettet hatte? Wo konnte ich sie nur finden, meine 'Geister'? Die Bekanntschaft mit ihnen ließ nicht mehr lange auf sich warten. Auf meiner Reise durch Mexiko hatte ich einen Zauberer kennengelernt und betrat endlich das Tor zum Okkultismus mit seinen geheimen Kräften und Energien.

Erstmals traf ich auf die Lehren des 'Don Juan' und Carlos Castañedas und war sicher, dass mich die Anwendung dieser Zauberlehren endgültig meinem Ziel, Macht über Menschen zu gewinnen, sie beherrschen und manipulieren zu können, näher bringen würde. Mein Herz schlug vor Erregung über diese neue Führung.

Legionen von Geistern, die dem Leben feindlich gesinnt sind, warteten jetzt auf einen Neuankömmling. Die Vermischung und Verwischung zwischen Göttlichem, der Wahrheit und der Welt der Engel auf der einen Seite und Dämonen, Illusionen, dem 'Engel des Lichts', Luzifer genannt, und spiritueller Phantasie andererseits, nahm hier in den Bergen Mexikos seinen unumkehrbaren Anfang.

Dass 'gefallene Geister' nicht gratis helfen, lag außerhalb meiner Vermutung. Ihr Angebot an mich ging später über das Tibetanische Totenbuch, ägyptisch-pharaonische Mystik, Magie, Verlassen des Körpers, Astralreisen, willentliche Auflösung meiner Person geradewegs bis hin zur wohl schrecklichsten, ja tödlichsten aller Erfahrungen: Der persönlichen Begegnung mit Satan, dem Fürst der Finsternis, der mich am Ende meines Weges in sein Reich der ewigen Finsternis mitreißen wollte.

Kapitel 5 Transzendentale Meditation

Ich traf bald darauf einen Mann, der aussah wie Jesus: mit langem dunklem Haar, ebenso langem Bart, sanftem Lächeln und langem weissen Gewand; den Gründer der 'Transzendentalen Meditation' (TM), Maharishi Mahesh. Er sprach mir direkt in die Seele mit seiner Idee von

Weltherrschaft: Banken, Erfolge, Schlösser usw. Ich war davon überzeugt, dass er diese Dinge rein spirituell meinte. Im Geiste sah ich mich in diesem Imperium Karriere machen. Immer noch auf der Suche nach dem Sinn meines Lebens, glaubte ich seinen Versprechungen, durch 'TM' zu innerer Freiheit zu gelangen.

Die Zeit war gekommen für meine 'Einweihung': In einem halbdunklen Raum nimmt der Lehrer Kontakt auf zum 'großen Meister' namens Guru Dev; man verneigt sich vor diesem und muss ihm Blumen darbieten, Früchte opfern und ein weißes Tuch - Symbol der Reinheit. Räucherstäbchen und Kerzen geben dieser Einweihung einen mystisch-sakralen Anstrich. Gegen den Preis eines Monatslohnes und dem Gelöbnis zu absoluter Schweigepflicht flüsterte mein Lehrer mir ein 'Mantra' ins Ohr und wartete ab sofort geduldig auf Erleuchtung, Freiheit und kreative Intelligenz. Tatsächlich erlebte ich eines Morgens eine Überraschung. Während meiner Meditation erschien mir das Gesicht einer faszinierenden Frau. Ich war gebannt von ihrer Ausstrahlung. Am Abend dieses Tages wollte ich die Stadt verlassen, wurde aber von Freunden zu einem Fest eingeladen. Ich willigte ein. Als ich abends als erster bei der Gastgeberin an der Tür klingelte, machte mir genau die junge Frau auf, die ich in der Vision der TM gesehen hatte! Ich war begeistert von der Wirksamkeit der TM-Kräfte. Was sich allerdings in der Folge bezüglich dieser Person abspielte, war mehr als diabolisch, denn statt des Friedens, der mich umfangen sollte, nebelte mich etwas ein und ich spürte, wie ich immer unruhiger und nervöser wurde, fühlte mich schwerer und nach unten gezogen - zuerst im Hirn, dann in der Psyche und auch irgendwo noch tiefer in mir drinnen. Mir war absolut nicht klar, was da eigentlich passierte. Doch es galt, sämtliche aufkommenden Gedanken mit Hilfe des Mantra sanft beiseite zu schieben, um so die verschlossenen Kammern meiner Seele zu öffnen.
Der 'Meister' hatte ja immer von der 'Dämmerung des Zeitalters der Erleuchtung' gesprochen. Mit ausbleibendem Erfolg allerdings dämmerte mir langsam etwas ganz anderes ... schon wieder auf das falsche Angebot hereingefallen? Etwas war stinkfaul an der Sache, das war unbestreitbar.

Und doch: Ich konnte offenbar mein eigener Gott werden und dadurch Zugang zu Geistern und Dämonen haben. Manipulierte ich jetzt wirklich die Kräfte, die mir zu meinem nie vergessenen Ziel namens 'Macht' verhalfen? Die Übernahme eines neuen Wortschatzes, die Einnebelung meines Bewusstseins, überstrapazierte Nerven und innere Spannungen, vermehrte Ängste und Lähmung, Passivität in vielen Bereichen, vermehrte körperliche Krankheiten und ein schließlich abgebrochenes Studium sprachen allerdings nicht gerade von Freiheit und Erlösung. Es war zum Verrücktwerden. Diese neuerliche Frustration zwang mich schließlich, die TM als ‘nicht befreiend’ über Bord zu werfen. TM und ähnliche Inhalte wirkten wie ein billiges Heftpflaster auf einem Krebsgeschwür: Es deckt zu, statt auf.

Kapitel 7 Indien, Yoga und Hinduismus

Mit großen Erwartungen an den Hinduismus machte ich mich auf den Weg nach Indien. Nichts Sektenhaftes wollte ich mehr, sondern eine Religion, wie sie von den Gläubigen in Indien allgemein praktiziert wird. Mit Hilfe von Yoga, astrologisch berechneten Festen, Tempelritualen vor Götterbildern von Hindugottheiten, Dämonen und Halbgottheiten - derer es 33 Millionen gibt - und anderen Formen der Meditation meditierte ich zu Brahman, dem ewigen Wesen.

Ich reiste mehr als 30.000 km kreuz und quer durch Indien, besuchte Brahma- Shiva- und Vishnutempel, hielt mich in Shanti Niketan, der Schule von Rabindranath Tagore auf, reiste nach Auroville und Pondicherry und suchte weltbekannte Gurus wie z.B. Sai Baba auf. Ich machte äußerst packende Erfahrungen und glaubte natürlich, dass ich etwas Besonderes wäre. Obgleich ich mich mit großem Einsatz bemühte, änderte sich nichts in positivem Sinn. Ich fand in den hinduistischen Lehren nur eine Reihe gewisser philosophischer Wahrheiten wie z.B. die Karma-Lehre: Was der Mensch sät, wird er ernten; oder die Idee der Reinkarnation, die mir logisch schien. Die Befreiung meiner zerstörerischen inneren Kräfte aber ließ immer noch auf sich warten.

Die Massen von Dämonen und Göttern machten es mir unmöglich, hierin eine Ordnung, ein System oder Klarheit zu finden. Andererseits hat sich vielleicht gerade die Tatsache, dass es keine Ordnung gibt, als hilfreich erwiesen: ein Freiwerden vom Rationalismus und Materialismus, vom westlich-analytischen Denken, welches immer Erklärungen sucht und Einordnen möchte, denn eins schien klar: Der Zugang zu den Geheimnissen meines Seins blieb mir mit Sicherheit auf dem logischen Weg verschlossen. Auf meinem Weg in den Hinduismus kam außer der Meditation noch Yoga als weitere wirksame Hilfe auf dem Weg zur endgültigen Befreiung von meinen Leidenschaften, Ängsten und Schuldgefühlen hinzu. Ich erwartete, mich durch die diversen Rituale ent-'schuld'-igen zu können. Was allerdings 'Schuld' genau ist, vermochte mir kein Guru zu beantworten.

Je tiefer ich in den Hinduismus eindrang, desto mehr wurde ich von Angst und Tod beherrscht; ich wurde geradezu auf sie fixiert, anstatt sie zu überwinden. Das war nun wirklich nicht das, was ich gesucht hatte.
Ich würde es so ausdrücken: Statt meine Probleme zu lösen, haben Yoga, Meditation oder Seelenreisen nur alles verdrängt und zeitlich verschoben. Sobald ich aus meiner 'Narkose' aufwachte, war alles beim Alten. Solch geistige Selbstkontrolle war nichts anderes als eine Technik, unliebsame Gedanken für eine gewisse Zeit fernzuhalten, keinesfalls aber eine Möglichkeit, meine hartnäckigen Leidenschaften und meinen Hass zu meistern, geschweige denn aufzulösen. Von Freiheit oder innerem Frieden konnte schon gar keine Rede sein.

Die spirituell-esoterische Erfahrung aber mit Philosphie, Psychologie, Religionen, Mystizismus, Zauberei und Okkultismus, Kenntnis von Astrologie, das Lesen aus der Hand, Symbolsprachen, der Kontakt mit Stimmen aus dem Jenseits, die ich als Medium weitergab, schlug sich als Fülle geistiger Erfahrung in mir nieder und zog immer mehr suchende Menschen zum 'Guru' Klaus. Ich war am Ziel! Versteckte Rache nehmen für das, was die Welt mir dereinst angetan hatten. Endlich hatte ich Macht und Einfluss. Mit meiner Erfahrung war es einfach, die schwachen Punkte meiner 'Klienten' aufzuspüren, ihre Abhängigkeiten aufzudecken, sogar die Richtung ihrer Gedanken zu lesen und dann - von ihnen unbemerkt - in ihre Haut zu schlüpfen. Ich wurde von ihnen als Meister respektiert und war doch ihr seelischer Unterjocher - im Namen der Freiheit! Ich spielte nun das gleiche teuflische Spiel mit ihnen, welches ich als Kind am eigenen Leib erfahren hatte. Und es ging um Leben und Tod.

Kapitel 8 Bei Mutter Theresa in Kalkutta

Ich fühlte jetzt den Zeitpunkt gekommen, sogar dem Tod mit meiner eigenen Macht zu begegnen.
Ich musste meine Angst vor ihm, aber auch ihn selber ein für allemal besiegen. Wo also konnte ich den Tod 'sehen'

oder 'treffen'? Ich hatte nie den Tod persönlich getroffen. Da kam mir eine Idee. Ich hatte von Mutter Theresa gehört und wusste, dass sie gewisse Orte in der Stadt betreute, die man Sterbehäuser nannte; ich musste den Tod suchen, um das Leben zu finden. Ich musste den Tod besiegen - ich musste dort hineingehen. Dort aber war ein 'Ort des Friedens', der mich 'umpolte'. Plötzlich vermutete ich in Mutter Theresa auch eine Art Guru, die mir weiterhelfen könnte. Aber sie war unterwegs. 'Wir wissen selber nicht, ob sie heute noch einmal hierher zurückkommt, aber jeden Morgen ist in der lower circular road eine Messe und sie wird dort sein.' Früh morgens machte ich mich auf den Weg. Da stand ich nun anderntags und spürte, wie plötzlich mein Unterkiefer beim Beten anfing zu zittern, meine Brust bebte, als ob innen etwas am Explodieren wäre und - was in Gottes Namen - fegte jetzt meinen Widerstand weg wie ein Blatt im Sturm ... Ich weinte! Ich war tief berührt von einer Kraft, die mich völlig wehr- und hilflos machte. Ich war so gründlich erschüttert, dass mein ganzer Körper vibrierte und ich fühlte mich, als ob ich jeden Moment zusammenbräche. Das selbe wiederholte sich an den folgenden Tagen, ohne dass ich 'Guru Theresa' getroffen hätte.
Als ich auch am dritten Tag verschwinden wollte, packte meine Nachbarin plötzlich energisch meine Handgelenke und sah mir tief in die Augen. Was für Augen sahen mich da an! Mein Herz wollte fast zum Halse hinausspringen. Mit einem Schlag wusste ich, wer das war: Mutter Theresas Seele strahlte so viel Liebe und Wärme ab, dass sie es geschafft hatte, meine zu Eis erstarrten Tränen zum Schmelzen zu bringen. Mein Herz aus Stein war hier und jetzt für eine zeitlang zu einem Herzen aus Fleisch zurück verwandelt worden. Sie war eine wahrhaftige Mutter für die Armen - und zu diesen zählte ich mich in diesem Moment. Sie war meine Mutter. Ich hatte nie eine Mutter gehabt - sie war die erste Frau und Mutter; und ich war der Ärmste unter den Armen Kalkuttas.

'Was machst du hier in Kalkutta'?
'Ich suche die Wahrheit!'
Als ob sie noch nie solch baren Unsinn gehört hätte, schloss sie mich einfach lachend in ihre Arme und meinte: 'Dafür

brauchst du nicht extra nach Kalkutta zu kommen', und nun klopfte sie mit ihren Fingerspitzen auf mein Herz und fuhr fort: ‘Da drin musst du suchen. Da drin ist die Wahrheit.’
In meinem Gehirn ging eine Art Revolution los. Dem selbsternannten Guru und Schlaumeier Klaus verschlug es erstmals seit langem die Sprache! Hier stießen zwei elementare Kräfte aufeinander. Ich flüchtete mich in den Gedanken dass sie, weil sie eine 'gute' Person war, Hinduistin wäre, denn Christen hatten doch keine Liebe; und so versuchte ich, sie bei unseren nun regelmäßigen morgentlichen Treffen vom Hinduismus zu überzeugen. Nach ein paar Wochen schien sie zu spüren, dass ich noch nicht ‘reif’ war, dass meine Suche mich früher oder später wieder hinausziehen würde in die ‘Geographie’. Und - weiß Gott - sie hatte Recht; es sollten noch über fünf schmerzliche Jahre vergehen, bis ich den Sinn ihrer Worte verstehen konnte. Die Zeit für Wiedergutmachung war noch nicht reif. Ich litt weiter auf der Suche...

Kapitel 9 Der Tod des Gurus

Die strapaziöse Reise ging von Bengalen quer durch Nordindien, hinauf in den Himalaya. Durch Staub und ewigen Schnee, über 5000 m hohe Pässe, bis in den indischen Teil von Tibet, zu hinreißender Kunst in der Bemalung der Klöster, klirrend-kalter Luft, abscheulich schmeckendemFett-Tee, rotfeisten Bauerngesichtern, farbenprächtigen Klosterfesten, Tantra-Meditationen. Könnte ich hier wohnen? Mich in einem dieser Klöster niederlassen? Die Verschmelzung mit Gott, Gleichheit mit Gott hatte auch nach sieben Jahren Hinduismus nicht stattgefunden. Genau die Meditation, die Erleuchtung versprach, verschleierte und verhinderte mir offenbar den Weg zur Erleuchtung. Statt dessen jagte ich nach Hellsichtigkeit, medialen Fähigkeiten, astrologischen 'Beweisen' und Reinigung vom Karma. Dort oben endlich, bei den buddhistischen Lamas und in der Stille der Bergwelt meinte ich, inneren Frieden zu finden. Mein Weg schien wieder einmal erst am Anfang. Das alte Spiel: 'Mensch ärgere dich nicht' - '...zurück an den Anfang.'

Kapitel 10 Buddhismus

Welche Wahl blieb mir? Ich stellte mich darauf ein, beim berühmten und großen Achan Chah, im Tempel 'Wat Pah Pong' im Osten Thailands als buddhistischer Mönch bis an mein Lebensende bleiben zu müssen, um endlich die ersehnte Freiheit und Frieden zu finden, und wurde Mönch. Ich ließ mich längst nicht mehr von Theorien oder Theologien einwickeln; die Erfahrung hatte mich gelehrt, ihnen gründlich zu misstrauen. Entweder eine Sache hat spürbaren und erlebbaren Erfolg, oder sie ging über Bord. Jetzt stand der Buddhismus auf dem Prüfstein. Neuer Mut beflügelte mich.

Die Voraussetzungen zum Eintritt ins Kloster, um sich auf den Weg ins Nirvana zu machen, sind recht einfach: Sitzen und Atmen. Dadurch soll - ähnlich wie im Hinduismus - Ruhe in unser Sein einkehren.

Man erhofft, sich innerlich von der Welt des Vielfachen, der Illusion, zu lösen und in dieser Form, als

Gelöster, im Kloster seinen Pflichten nachzugehen. Achan Chah sagte: 'Wer es schafft, auch nur sechs Minuten lang vollständig zu meditieren, hat das Nirvana erreicht.' D.h., er wäre frei von allen Bindungen.

Da galt es zu praktizieren, und zwar ab drei Uhr morgens im Tempel bei gemeinsamer Meditation bis etwa sechs Uhr. Danach 'Pinda-bath' (Bettelgang): barfuß sechs bis acht Kilometer durch die umliegenden Dörfer ausserhalb des Waldes wandern, für eine handvoll Reis, seltsam blaugrün marmorierten Eiern, manchmal irgendwelches Laub als Salat, dann und wann Fleisch und Fisch – genug, um den Körper am Funktionieren zu halten, wenn nicht zufällig Hepatitis mit hineingemischt war.

Rückkehr und einzige Mahlzeit des Tages gegen halb acht Uhr früh. Den Rest der Zeit sitzen und innere Leere anstreben: Budd - ha...Budd - ha...Budd - ha... wiederholen, atmen: ein - aus - ein - aus, gehen: Bein hoch, Ferse ab, Druck auf Fuß, Gewicht verlagern, Bein hoch... usw. 24 Stunden am Tag, wenn möglich - einmal pro Woche sogar Pflicht! - die ganze Nacht hindurch. Die Dualitäten des Lebens galt es auszuschalten: Das Werden und Vergehen. Gut und Böse, Schwarz und Weiß, Glück und Unglück. Das eine kann nur durch das andere existieren. Der Mensch soll einen Zustand erreichen, der beide Erfahrungen bedeu-tungslos macht. Folgt man diesem 'Pfad', so kann man den Sorgen des Lebens entfliehen und das Nirvana, den Zustand absoluter Sehnsuchtslosigkeit, erlangen. Das Ende der Leidenschaften, des Leidens wird in Aussicht gestellt durch ein Verschmelzen mit dem Universum und Eins-werden mit kosmischen Kräften.

Doch mein Problem war wieder das gleiche: Wie konnte ich 'mich' finden, wenn es doch keine 'Person' im unpersönlichen Universum gibt, wenn meine Individualität verschwindet und sich vernichtet? Wo jedoch nichts Geschöpftes mehr existiert, weil alles EINE universale, kosmische Quelle ist, ohne Gut und Böse, ist auch keine echte moralische Verantwortung mehr vonnöten, die es dem Individuum erst möglich macht 'frei' zu entscheiden zwischen Gut und Böse und dadurch tatsächlich 'frei' zu werden. Dieser - wie soll ich sagen - universale 'Brei' verwandelte sich immer mehr in ein rein ethisches und letztlich bedeutungsloses Konzept, zu einer unmöglichen Wahrheit, ohne objektives Gegenüber und zu einem verdammten Fatalismus, wie ich langsam merkte.

Die Medaille hatte auch ihre andere Seite: Irgendwann kamen Dämonen mit den abstoßendsten Fratzen zu Besuch zu mir. Ich konnte die Gestalten mit meinen körperlichen Augen sehen. Grüne Dämpfe traten durch die Wand ein, formten sich zu den scheußlichsten Formen und jagten mir furchtbare Panik ein. Ich hatte null Einfluss auf sie, geschweige denn die Möglichkeit, sie zu verjagen. Sie bewegten sich frei um mich herum, bis ich fast ohnmächtig wurde vor Angst. Nach derartigen Horrorbesuchen wurde ich regelmäßig körperlich krank. Zweifel kamen auf am Buddhismus.

Kapitel 11 Buddha ist tot

Um mich aus der Welt zu verabschieden kehrte ich kurz nach Europa zurück, und wollte dann definitiv nach Thailand ins Kloster zurückkehren. Bei diesem 'Abschied' verliebte sich ein Mädchen in mich, und ich sagte die Rückkehr vorerst einmal ab.

Mit einer zweiten Freundin mieteten wir ein großes Bauernhaus in der Nähe von Fribourg am Greyerzer See, und ich fand noch Arbeit als Lehrer; verdiente endlich gutes Geld. Das Paradies war zum Greifen nah; und doch ließ es sich nicht greifen, denn ich hatte nicht damit gerechnet, dass die unsichtbaren Kräfte und Dämonen, mit deren Hilfe ich andere in Abhängigkeit zwingen konnte, nun mich selbst als Opfer ausgesucht hatten. Sie erlaubten mir keinen Frieden.

Kommunion wird Spaltung, Eintracht wird Zwietracht. Gemeisamkeit wird Einsamkeit. Mit einem Wort: Die Mörder kamen ... Meine Freundinnen ließen sich auf Dauer nicht von mir blenden; zu eng lebten wir beisammen und sie fingen an, meine Guru-Taktiken zu durchschauen. Sie wurden zu einem Spiegel, der die Unmenschlichkeit meiner Machenschaften reflektierte. Irgendwo tief in mir wusste ich, dass die beiden mit ihrer herben Kritik recht hatten. Etwas zerbröckelte an meinem Bild von mir und ich spürte, dass ich wider Willen Träger einer Maske war, mit der ich mich zu tarnen versuchte. Was ich im Laufe der Zeit zu hören bekam, ließ mein ganzes philosophisch-buddhistisches Gebäude schmelzen wie Schnee in der warmen Sonne. Schon wieder auf Sand gebaut! ‘Sieh’, was du sprichst, und sieh’, was tu tust!’ Viel mehr brauchte es nicht, um mich zu überzeugen, dass ich selbst ein Heuchler war, der weder die Liebe noch den Frieden in sich hatte, von dem er so gerne zu anderen sprach. Der gesamte Buddhismus flog mit Sack und Pack über Bord. Morallehre, Gesetzestum, Theologie ... in dreieinhalb Jahren war ich nicht einem einzigen Buddhisten begegnet, der echt frei war. Alle waren sie große Meister im Reden.

Die Freundinnen hatten mich verlassen und ich quälte mich von Tag zu Tag weiter. Ohne religiöses oder spirituelles Ziel schien mein Leben sinn- und zwecklos, ein Dahinvegetieren.
Keine Philosophie gab es mehr, die mich hätte weiterführen können. Ich war mit leeren Händen und leerem Herzen am Ziel angelangt mit der schrecklichsten aller Erfahrungen: Dass es keine Freiheit gab, und dass weltweit alle Theologien versagt hatten. Das war einer der furchtbarsten Zustände auf meinem langen Weg.

Doch meine Dämonen waren noch nicht fertig mit mir und flüsterten mir einen neuen 'Retter' ins Ohr: Ich gab mich dem Alkohol hin, nebelte mich freiwillig-zwanghaft ein, damit er mir half, diese unerträgliche Leere meines sogenannten Lebens zu ertragen. Die Einsamkeit hatte mich wieder eingeholt und - weiß der Teufel - wie ich da wieder herauskommen sollte! Dazu kam, dass in dieser Zeit immer häufigere Besuche von Dämonen anfingen, die mich nachts quälten. Ich wagte oft nicht mehr, meine Augen aufzutun, aus Angst vor diesen ekligen Fratzen. Das Ergebnis meiner eigenen Hexerei hatte mich eingeholt und erstickte mich jeden Tag etwas mehr.

Der Zeitpunkt war gekommen, wo der Feind zum Generalangriff ansetzte. Nun wollte er mich nicht nur mit Seele, sondern auch mit meinem Leib besitzen. Sein Triumph wäre mein leiblicher Tod und indem ich selbst zum Dämon wurde, wäre ich ein noch besserer Mitarbeiter am Werk seiner Zerstörung. Wie es aussah, aber auch wie ich aussah, hatte der Teufel alle Trümpfe in der Hand. Die okkulten Geheimlehren der Indios, die magischen Kräfte der Eingeborenen in Südamerika waren das absolut Letzte, was ich auf diesem Erdball noch nicht in seiner ganzen Fülle ausprobiert hatte. Warum hatte ich nur nicht schon früher daran gedacht? Letzter Mut beflügelte mich...

Kapitel 13 Südamerika

Die Anden, der Amazonas, Indianer, Mystik, Macumba und Zauberei. Ich war völlig überzeugt davon, dort wahren Spiritismus, Magie, Zauberei, aus Afrika importierte Kulte, Extase und Übersinnliches zu finden. Voller Hoffnung entschloss ich mich, nach Peru zu fliegen. Doch eine alte Freundin, die mittlerweile Christin geworden war, warnte eindringlich: 'Klaus, wenn du trotz aller Warnungen wegfliegst, wirst du mit größter Sicherheit auf genau die Geister treffen, die du dein Leben lang gesucht hast. Das sind Geister des Todes. Das wird für dich den sicheren Tod bedeuten. Fliege bitte nicht nach Südamerika, sondern komme zu uns, zu den wirklich lebendigen Christen. Echtes Leben und all das, was du und auch ich immer gesucht haben, findest du nur bei Jesus!' Doch ein leidenschaftliches Fieber hatte mich gepackt. Diesem musste ich 'gehorchen', auch wenn ich plötzlich ganz vorsichtig eine warnende innere Stimme hörte. Fatalerweise sollte aber meine Freundin recht behalten. Mit mulmigem Gefühl flog ich nach Peru, kam nach Kolumbien und lief - wie sie es vorausgesagt hatte - voll in die Arme des Todes, ohne es zu ahnen. Ein Albtraum kündigte sich an, an einem Freitagabend um 17 Uhr in einen halbleeren Bus; unterwegs vom Regen in die T(r)aufe...

Kapitel 14 Raubüberfall in Kolumbien

Am Freitag, 24. Juli 1981 war es soweit! Schreie dringen an mein Ohr, Kreischen und Schläge - Überfall - Entführung! Zuerst begreife ich nicht - erst als ich einen Schlag auf den Kopf bekomme und mich Fäuste und Fusstritte treffen, erwache ich brutal. Einer der Gangster steht direkt neben mir und drückt mir jetzt seinen Revolver in die Schläfe; er schreit laut: 'Alle Hände hoch! Und keine Bewegung!'
Mein Herz schlägt rasend. 'Wenn einer den Versuch macht, etwas zu unternehmen, drücke ich ab!' Ich zähle fünf verwegene Gestalten, die mit ihren Waffen dabei sind, den Bus zu entführen. Was das in Kolumbien bedeutet, ist wohl jedem Leser klar. Ich mache eine falsche Kopfbewegung, da kracht auch schon sein Revolver auf meinen Schädel; ich sehe funkelnde Mordgier. Im gleichen Moment wird mir schwarz vor Augen und das warme Blut läuft mir übers Gesicht. Jetzt erst begreife ich, dass es wirklich 'tot'ernst ist. Und nun setzt Panik ein, während das Blut vor mir auf den Boden tropft. Geschlagen und erniedrigt schließe ich mit meinem elenden Leben ab. Doch da regt sich etwas in mir. Plötzlich taucht die Frage auf: Klaus, bist du bereit zu sterben? Ich antwortete mir selbst: 'Ja, ich bin bereit zu sterben. Denn ich habe alles ausprobiert, was es auf diesem Planeten gibt. Alles war eine endlose Kette von Sklaverei und Quälerei, geprägt von Angst und Hass. Friede, Liebe, Freiheit, Gott... das gab es nicht! Wofür sollte ich noch leben? Ich hatte es sowieso nie gewusst. Worauf konnte ich noch hoffen? Mein Leben war eine Reise durch die Nacht gewesen und ich war von einem Loch ins andere gestolpert, bis ich am Ende, hier und jetzt, in einen so tiefen Graben gefallen war, aus dem ich nicht mehr herauskonnte. Und dann dachte ich nur noch: 'Elender Scheisskerl, drück doch endlich ab! Los, komm; du wirst vielleicht mein Befreier sein.' Da passierte etwas Seltsames. In dem Moment, wo ich bereit war zu sterben, war mir plötzlich, als ob eine Stimme

zu mir sprach und ich hörte den Satz: 'Um sterben zu können, muss man zuerst gelebt haben.'

Wenn Gott wirklich existiert und das Leben ist, überlegte ich, dann wäre jetzt der Moment, dass Er sich zeigt. Wenn Er mir jetzt den Beweis Seiner Existenz schuldig bleibt, dann will ich lieber sterben. Ich konnte und wollte nicht länger in Ungewissheit leben.
In meinem verlorenen Herzen löste sich ein Schrei: 'Gott, wenn du existierst, dann rette mich jetzt! - und gib mir bitte einen sichtbaren Beweis, dass DU es bist, der mich gerettet hat. Sonst sterbe ich lieber!!' Dann geschah das Wunder. In meinem Buch sind das einige Seiten, die ich hier aus Platzmangel nicht wiedergeben kann. Erstmals war ich konfrontiert mit einer völlig neuen Dimension. Gab es tatsächlich jemanden über uns, der uns kennt? Der diesen inneren Kampf miterlebt, und auf meine Frage 'geantwortet' hat? Vor mir lag der sichtbare Beweis. Ich hatte eine dicke Gänsehaut bekommen...

Kapitel 15 Rückkehr nach Europa

Eine warnende Stimme war in mir hörbar geworden. Seit dem Erlebnis in Kolumbien war es überdeutlich geworden, dass ich in der Magie- und Zauberwelt nicht mein zu Hause finden würde. Doch die mächtigen Kräfte in mir ließen einfach nicht locker. Ich flog zurück in die Schweiz. In Fribourg angekommen, tischte mir meine alte Freundin Ursula folgenden Satz auf: 'Es war Jesus, der dich gerettet hat.' 'Klaus,' meinte sie nach einigem Hin und Her, 'nach all' dem, was wir zusammen durchgemacht haben, kann ich verstehen, dass du nicht noch einen weiteren Versuch mit Aussicht auf Enttäuschung machen möchtest.'
'Ja, es stimmt, wir sind jedesmal enttäuscht worden und diesmal falle ich nicht noch einmal auf irgendeine Religion herein. Ich brauche euren Gott nicht und kann mir alleine helfen.' 'Offensichtlich nicht, das hast du ja selber erlebt vor kurzem...'. Sie schaffte es!
So fing nun im Kleinen, in der Schweiz, meine neue Reisetätigkeit an; ich besuchte Gemeinden und Gruppen; ging zu ökumenischen Treffen und sprach mit einer ganzen

Reihe von Geistlichen und Kirchenleuten, die mir viel über diesen unbekannten Jesus erzählten.
Doch sie kamen mir zu oft mit hirnigen Bibelsprüchen. Diese hätte ich ihnen gern um die Ohren gehauen. Ich war viel zu stolz und zu erfahren, um diese sogenannten Christen wirklich ernst nehmen zu können; was hatten die schon erlebt!? Allerdings gab es dann doch erste Risse in meiner soliden Schutzmauer aus Stolz, Verachtung und Misstrauen. Kleine Wunder passierten, die mir unerklärlich waren, jenseits meines Verstandes lagen. Dann traf ich eine Frau, die statt Moral zu predigen, funkelnde kraftvolle Augen hatte und ihr Gesicht schien dauernd zu lachen. So eine - und doch überzeugte Christin? Eine seltsame Kraft ging von ihr aus. Langsam und vorsichtig rieselte der Verputz von meiner Fassade ab, knackste es in meiner Mauer: sollte etwa doch...? Dann erzählten sie mir von diesem offenbar berühmten Mann, der angeblich stärker wäre als ich und bereit, mich zu treffen. ‘Soll der wirklich stärker sein? Und er kann mir weiterhelfen?’, fragte ich herausfordernd und malte mir das Treffen aus. Kriegslüstern willigte ich ein; ich würde es ihm dann schon 'zeigen', diesem Berühmten!

Kapitel 16 Kämpfe und Exorzismus

Ein paar Wochen später in der Kathedrale von Lausanne kam sie, diese letzte Begegnung. Weil ich 'dem Berühmten' gleich zeigen wollte, dass ich ihn nicht nötig hatte, kam ich extra zu spät. Da stand ich nun vor dem Portal und wartete. Ich sah sofort, dass da ein Mensch mit einem starken Geist auf mich zukam; es würde diesmal hart auf hart gehen. Er war etwa 65 Jahre und hatte langes weißes Haar; und besonders sein scharfer und doch liebevoller Blick fiel auf mich. Kriegslüstern steuerte ich auf ihn zu, aber sein Mund zeigte ein breites, herzliches Lachen. Er lud mich ein ihm zu folgen, und wir zogen uns allein an einen stillen Ort neben der Kathedrale zurück.
Ich erzählte ihm von meinem Leidensweg, während er aufmerksam zuhörte. Als ich mit meiner langen Geschichte fertig war, meinte er trocken:
'Das sind schlechte Nachrichten. Es wird langsam Zeit für gute Nachrichten, bist du einverstanden?'

Ich war ebenfalls seiner Meinung und war froh, dass er nicht wieder versucht hatte, mich mit Bibelversen abzuspeisen. Er war erfahren genug, die 'Gute Nachricht', die ja nichts anderes heißt als 'Evangelium', auf eine Art zu benutzen, die mich nicht wieder von ihm wegtrieb.
‘Verstehst du, warum deine neuen Freunde dich zu mir geschickt haben?'
'Nein, überhaupt nicht, warum denn?'
'Weil du eine Marionette bist! Dein ganzes Leben lang warst du nichts als eine Marionette.'
'Maurice, lass das bitte. Verhöhne mich gefälligst nicht! Es wird dir sonst schlecht bekommen!'
'Nein Klaus, es ist die Wahrheit. Weißt du, einer zieht immer die Fäden im Leben. Während Gott aber die Freiheit des Menschen respektiert, hast du bei Satan keine Wahl, weil alles Zwang ist! Du musst ihm folgen.'
Zack! Das saß. Ich war perplex. Rückblickend erkannte ich, dass Maurice möglicherweise Recht haben könnte. Ich hatte immer geglaubt, selber der Meister zu sein - doch mein wirklicher Meister war verdeckt und hatte sich nie zu erkennen gegeben. Er hatte immer aus dem Dunkeln agiert.
‘Glaube doch bloß nicht, dass auch nur ein Funke deiner früheren Kraft aus dir selbst gekommen ist. Einem dienst du immer - du kannst nie neutral sein. Wehe nur, wenn du dem Verkehrten dienst. Dieses ‘Weh’ kennst du doch, nicht wahr?'
'Also sehr rosig war es nicht gerade bisher, da hast du wohl Recht.'
'Klaus, du brauchst nur das Lager zu wechseln - dem Anderen dienen. Nur vergiss nicht: Gott zwingt dich nie! Ihm kannst du nur ‘frei’willig folgen, wenn du es so willst. Dann allerdings wird es keine Enttäuschungen mehr geben. ER kennt nur ein Ziel: Liebe und Leben, Freiheit und Frieden. Weißt du, mein Lieber, du bist nicht frei - du bist', er zögerte, 'von okkulten Mächten gebunden. Und wenn Satan erst einmal in eine Seele eingelassen wurde und ‘seinen’ Platz darin gefunden hat, dann verlässt er so einen Menschen nie mehr freiwillig. Er betrachtet ihn als sein rechtmäßiges Eigentum und will in ihm herrschen. Du, Klaus, bist wahrhaftig ein guter Mitarbeiter dieser Unterwelt gewesen und dafür hast du Macht von Luzifer bekommen -

aber du hast mit deinem Leben, mit deiner Seele bezahlt. Lüge, Hass, Zerstörung, Einsamkeit und Tod, das waren deine Qualitäten. Du kennst Gott nicht - aber ER ist das Gegenteil. Er ist stärker als Satan.' Das klang alles sehr vernünftig.

So fuhr Maurice fort:
'Jetzt will ich dir sagen, warum dich die Leute zu mir geschickt haben. Gott hat mir die Gnade gegeben und den Dienst aufgetragen, für IHN Menschen aus den Banden Satans zu befreien; allerdings nur, falls diese es wünschen. Das heißt, ich bin bereit, dich von diesen okkulten Bindungen abzuschneiden. Ich mache das nicht in meinem Namen, es ist der Name Jesu, der dich befreit. Nun liegt es einzig an dir zu entscheiden, ob du das willst oder nicht.'
Mit absoluter Sicherheit wusste ich eins: 'Nein, Maurice, ich will auf keinen Fall Christ werden; nicht so eins dieser 'baby-faces' mit Vollmondgesicht und Puddingkinn!' 'Das wirst du nicht', kam es wie aus der Pistole geschossen. Er war sich seiner Sache offenbar sicher.
Ich war unsicher: 'Zu was verpflichtet mich dann dein Exorzismus?'
Maurice ruhig: 'Zu nichts; und Christ wirst du dadurch auch nicht.'
'Wozu ist es dann gut?'
'Es geht um Befreiung aus den Banden Satans. Also wirst du erst einmal 'frei', um überhaupt entscheiden zu können, was du willst.'
Das war ein faires Angebot. Ich willigte zögernd ein.
Pastor Maurice Ray kniete neben mich auf den Boden und fing an zu beten. 'Im Namen Jesu Christi binde ich alle Kräfte, die in Klaus sind. Ich befehle ihnen in der Vollmacht Jesu, diese Seele und diesen Körper zu verlassen, damit Klaus frei werde und erkennen kann und tun will, was Gottes Plan für sein Leben ist.'
Während des Gebets spürte ich ganz tief unten in mir seltsame Regungen, blieb aber hellwach um bloß nicht auf irgendeinen Spuk hereinzufallen! Alle meine Sinne waren auf 'Alarm' gestellt.
Als er fertig war, fragte ich: 'Und jetzt?'

Er antwortete: ‘Nun bist du frei und kannst gehen, wohin du willst und machen, was du willst.’
Das ging mir dann doch etwas zu schnell. ‘Was? Schon fertig?’
Etwas gruseliger oder spannender hatte ich es mir schon vorgestellt.
‘Wie kann ich wissen, dass ihr Christen nicht lügt? Wer beweist mir, dass es stimmt, was du sagst? Was muss ich tun, um es zu wissen?’
‘Da musst du beten‘, antwortete er lapidar.
'Was!?', fuhr es aus mir heraus. 'Das kann ich nicht!'
‘Beten ist ganz einfach: Du denkst oder besser noch, du sprichst einfach das aus, was du gerade in deinem Herzen spürst. Sag nur das, was du fühlst. Sprich einfach die Wahrheit aus.' 'Na, das kann ich schon', und sprach laut:
‘Also Jesus, wenn es stimmt, dass Du sämtliche Menschen auf dieser Erde kennst und somit auch mich, und sogar meine Gedanken bevor sie gedacht sind - also, Jesus, wenn Du wirklich existierst und meine Gedanken lesen kannst, dann musst du ja wissen, dass ich nicht an Dich glaube. Aber ich möchte eigentlich schon. Jetzt mache ich Dir ein Angebot: Wenn Du zu mir sprichst, dann will ich an Dich glauben!' Und fügte noch schnell hinzu: 'Aber Achtung Jesus: Ich lasse mich nicht hereinlegen. Ich kenne Stimmen aus dem Jenseits. Ich will sicher sein, dass Du es bist, der zu mir spricht.' Ich sprach die Wahrheit aus wie Maurice es empfohlen hatte. Somit war es mein erstes Gebet.
‘Jesus wird zu dir sprechen.’ Maurice Ray lachte zuversichtlich.

Hiermit begann mein wirklich letzter Kampf; auf Leben und Tod. Und ich darf ohne Zweifel sagen, er war in jeder Hinsicht reif für Hollywood. Leider zum zerreißen echt. Ohne die Gnade Gottes und die Gebetsunterstützung meiner Freunde hätte mich die Macht Satans in den folgenden 48 Stunden wie ein Sandkorn zermalmt.

Kapitel 17 Meine Festung zerbricht

Am Samstagabend passierten wieder wunderliche Dinge in der Kathedrale mit mir. Aber da Jesus noch auf Sich warten ließ, traf ich mich am Sonntagmorgen wieder Maurice Ray. 'Na, wie geht es dir heute?', fragte er, als er auf mich zukam. ‘Hör mal, ich weiß nicht was los ist, aber Jesus hat immer noch nicht zu mir gesprochen. Er lässt sich aber ganz schön Zeit. Es ist schon fast einen Tag her, dass du es mir versprochen hast. Maurice, was hältst du davon, mich noch ein zweites mal zu ‘entbinden’, doppelt hält besser und vielleicht beeilt Er sich ja dann.’ Also wiederholten wir die Prozedur vom Vortag.
Nun war ich selber gespannt. Abwarten! Es sollte kommen... Um 10 Uhr war ein Gottesdienst in der Kathedrale. Edmée Cottier - später nannte ich sie die ‘Hebamme meiner Wiedergeburt’ - lud mich ein mitzukommen.
‘Ich bin kein Christ, ich gehöre nicht zu euch und ich habe da drin nichts verloren.’ 'Ich glaube sehr wohl, dass es da drin für dich etwas zu finden gibt.' Hartnäckig bestand sie darauf. Um ihr zu gefallen, weil sie eine sehr liebe Person war, trottete ich schließlich neben ihr her. Mehr aber noch aufgrund einiger hübscher Mädchen, die ich zu meiner Überraschung hineingehen sah. Ich war platt, eine solche Masse von Jung und Alt vorzufinden. Dann begann der Gottesdienst. Sieben Pastoren und Priester zelebrierten, weil - wie Edmée es wiederholte - der 'Eidgenössische Buss- und Bettag' eben ‘eine grosse Sache’ war. Da ich nicht viel von dem verstand, was vorne ablief, fing ich an, die Fenster zu zählen, betrachtete die Architektur der Säulen, hörte die Band spielen und hielt nach hübschen Mädchen Ausschau. Gegen Ende der Zeremonie, als sich einer der sieben Priester zum Volk drehte, hörte ich folgenden Satz:
‘Glücklich sind diejenigen, die zum Tisch des Herrn geladen sind.’

Plötzlich fiel mir die totale Stille auf. Edmée wandte sich diskret zu mir, um mir etwas ins Ohr zu sagen. Und was jetzt gleich folgen sollte, darf ich ohne Zögern als den ‘umwerfendsten’ Abschnitt meines gesamten Lebens bezeichnen.

Kapitel 18 Der Gnaden-Stoß

‘Klaus, los, komm auch!', raunte mir Edmée in diesem Augenblick mit verhaltener Stimme zu. Sogleich spürte ich Auflehnung gegen sie. Was sollte ich denn beim Abendmahl? Das war für sie. Das war für die Christen. Edmée versteht nichts, dachte ich und gab ihr schnell zurück: 'Nein, das ist nicht für mich. Das ist für dich und euch Christen.'
‘Das stimmt nicht; los komm jetzt.' Sie ließ jedoch nicht locker: Sie war wohl der Überzeugung, dass 'mein' Moment jetzt gekommen sei. ‘Nein, ich kann und werde nicht dorthin gehen, lass mich in Ruhe!’, pfefferte ich um einiges schärfer zurück. 'Ich bin kein Christ.' Mann-o-mann, konnte die einem auf die Nerven gehen mit ihrem Druck. ‘Doch Klaus, du solltest jetzt kommen,’ insistierte sie. ‘Ich bin überzeugt, dass das für dich jetzt richtig ist.’
Was für ein Dickschädel Edmée doch ist, dachte ich. Was wollte die eigentlich von mir? Warum war sie bloß so hartnäckig? Ich hasste den Druck, den sie ausüben wollte, und mir platzte der Kragen. Es war mir in diesem Augenblick völlig egal, wie still und heilig der Moment auch sein mochte, und ich fuhr Edmée mit lauter Stimme an: ‘Sei jetzt endlich still, du spinnst wohl! Das kannst du doch nicht für mich entscheiden, oder?’
Die Leute um uns herum fuhren zusammen. Edmée war Pädagogin genug um nicht weiter zu beharren. Immerhin es war ihr gelungen, mich tatsächlich zu verunsichern. Mit einem Mal wusste ich plötzlich nicht mehr, ob ich nun gehen sollte oder nicht. Dann überlegte ich: Edmée kann so einen Schritt wirklich nicht für mich entscheiden - als mir eine geniale Idee kam.

Ich hatte gehört, dass das Brot und der Wein, den sie da vorne austeilten, in Wahrheit der Leib und das Blut Jesu Christi sein sollten. Wenn das keine Theologie oder pure Symbolik war, dann konnte, ja musste Er jetzt den Beweis antreten, indem Er - und Er allein - entschied, ob Er sich mir geben wollte oder nicht; das heißt, ob Er mich zu Sich einlädt.

Trotz solcher Analyse und allem Hin- und Herüberlegen war es mir nicht möglich, aus mir selbst hierauf die Antwort finden; sie schien offensichtlich außerhalb von mir zu liegen. Vielleicht musste ich Ihn fragen. Da mir nichts anderes mehr einfiel, senkte ich nun spontan und ohne weiteres Nachdenken meinen Kopf, schloss meine Augen, und stellte Ihm die einfache Frage: 'Jesus, möchtest Du, dass ich komme?'
Im gleichen Augenblick - als hätte Er seit unendlich langer Zeit nur auf diesen Moment gewartet - war Er da und sprach zu mir! Nicht in Gedanken, sondern mit lauter und deutlicher Stimme hörte ich folgenden Satz: 'Ja, komme! Ich habe dir alles vergeben.'
Ich war derart überrascht und getroffen, dass es beinahe unmöglich ist, zu beschreiben, was jetzt alles gleichzeitig ablief. Da ich früher öfters Stimmen aus dem Jenseits gehört hatte, war ich weniger betroffen von der eindeutigen und klar verständlichen Stimme - als viel mehr von Seiner Gegenwart. Mir fehlen schlichtweg die Worte für diese unvorstellbare Liebe und Freude, die eben in mich eingetreten waren. Das überstieg wahrhaftig meinen Verstand; ich begriff nichts mehr. Ich war vom Kopf ins Herz geführt worden und war viel zu tief berührt, um noch etwas mit dem Kopf verstehen zu wollen.
In der gleichen Sekunde aber kam die Attacke...

Die Worte Jesu klangen eben noch wie ein Echo in meinen Ohren nach, als ich plötzlich ein wahnsinniges Zischen ...zzzzzzzzsssssschhhh von der Decke der Kathedrale laut auf mich herunterjagen hörte, sich unheimlich im Tempo steigernd und direkt auf mich zurasend. Instinktiv spürte ich die tödliche Gefahr und wollte mich zur Seite werfen, bevor die 'wilde Bestie' in mich einschlagen würde. Zu spät. Es geschah alles im Bruchteil einer Sekunde.
Wie ein Blitz zuckte ein enormes 'zweihändiges Schwert' auf mich herab und spaltete mir den Kopf mittendurch, teilte den ganzen Leib der Länge nach entzwei und fuhr zwischen den Beinen wieder heraus. Das war mein Todesstoß - vernichtend war ich in zwei Welten gespalten. Ich war am ersticken und wollte nur noch raus, an die Luft, in die Freiheit... Mit einem Schlag lag alles in Scherben.

Schlagartig war ich blind vor Hass. Eine unglaubliche Wut, Zorn, Aggression, Enttäuschung und Gewalt gegen die Menschen um mich herum und gegen die ganze Welt erfasste mich, weil ich wieder hereingelegt worden war. Wie eine Furie hätte ich alle Leute in der Kirche niedermetzeln, ihnen ins Gesicht spucken und sie zertreten wollen, solch eine unglaubliche Verletzung und Verachtung hatte von mir Besitz ergriffen. Und plötzlich richtete sich die gleiche Macht gegen mich selbst. Wie ein Wasserfall rauschte das Blut in meinem Kopf. Das Licht färbte sich lila-rot. In meinen Ohren knisterte es wie elektrischer Strom und um mich herum verwandelten sich die Menschen plötzlich in eine verdammte Bande von Scheinheiligen. Panikartig und nach Luft schnappend, jagte ich zur Kirche hinaus - in den Tod...

Es war also doch alles nur Lüge gewesen! Hier und jetzt, auf dem Platz vor der Kathedrale, über der Stadt Lausanne war ich endgültig zum Sterben bereit. Es war der Moment der tiefsten Einsamkeit und Verlassenheit meines Lebens. Ich stand vor einem Scherbenhaufen. Abgrundtiefe Bitterkeit stieg in mir auf. Plötzlich wurde ich so stark von der Sinnlosigkeit des ganzen Seins überflutet und weggeschwemmt, dass ich mich auf den Weg machte - es waren maximal 20 Schritte bis zur Mauer vor dem Abgrund. 10 Schritte trennten mich noch vom Sprung über die Mauer, hinab auf die Dächer der Altstadt.

Wie oft hätte ich schon sterben sollen durch Krieg, Drogen, Kriminalität, Unvorsichtigkeit, Feuer, Abenteuersucht, Provokation ... 20 mal? 25 mal? Auch wenn ich immer überlebt hatte, eins wusste ich jetzt sicher: In wenigen Augenblicken war es endgültig soweit. In den nächsten paar Sekunden wird alles zu Ende sein. Ich näherte mich der Mauer...

...als wie aus dem Nichts eine ganz leise, eiskalte Stimme - ebenfalls klar und deutlich hörbar - mit verhaltenem Kichern in mein Ohr kroch: 'Ha, ha, ha - he, he! Geht's dir dreckig? 's geht dir nicht gut, was? Ganz unten?'

Völlig überrascht hielt ich inne. Was war das? Woher kam das? Es war ebenso laut und deutlich zu hören wie die

Stimme vorher. Egal - weitergehen. Da kam sie wieder, die Stimme:
'Mach doch was du immer gemacht hast, wenn's dir dreckig ging! Har, har, har.'
Statt den letzten Schritt über die Mauer zu tun, erinnerte ich mich jetzt: jedesmal wenn ich 'ganz unten' war, ging ich auf Jagd nach Beute. Wie ein Vampir fiel ich meine Opfer an, um ihnen die Lebenskraft, die ich selbst nicht besaß, aus ihrer Seele zu saugen, um durch ihre Energie weiterleben zu können. Dies genau schien die Stimme auch zu wissen, denn hier war sie wieder. Deutlich und klar vernahm ich:
'He! Schau hinter dich! Dreh dich um, sieh!'
Die Stimme schien mich wirklich bestens zu kennen. Ich wandte mich um und erblickte drei hübsche Mädchen, die vor der Kathedrale vorbeispazierten. Beute! In diesem Moment ging es um Leben und Tod: entweder musste eine von den dreien 'dran glauben', oder ich. Als ich vor der stand, die mir am meisten gefiel, sprach ich sie an, um den nötigen Augenkontakt herzustellen und dadurch in ihre Seele hineinfahren zu können. Und da traf es mich!

Was ich im Spiegel ihrer Augen sah, war eine Enthüllung; mit einem Mal war ein neuer Vorhang aufgegangen, der mir zwar erlaubte, auf den Grund ihrer Seele zu sehen - und zwar mit einer Klarheit wie niemals zuvor - was ich da allerdings zu sehen bekam, war nicht mehr das hübsch gekleidete Mädchen, welches vor mir stand. Es traf mich deshalb, weil meine Reaktion völlig anders ausfiel, als erwartet. Ich erkannte Unzufriedenheit, Traurigkeit, Unglück und Frustration hinter dieser Maske von Make-up und hatte - oh große Überraschung - Mitleid mit dieser Seele! Wie war das möglich? Hatte Jesus doch Spuren in mir hinterlassen? Hatte ich jetzt keine Macht mehr über diese Person, über alle Menschen? Das Wissen, meine alten Kräfte verloren zu haben, ließen ein Weiterleben als 'sinn'-los erscheinen. Wer war ich denn noch ohne all dies?! Was besaß ich noch? Ich hatte keinen Wert, keine Daseinsberechtigung mehr.

Selbst mein Verstand rechnete nun eiskalt: Wie sollte folgendes möglich sein - die eben gehörte Stimme versprach

mir Glück und Befriedigung. Aber dieses Mädchen ist unglücklich. Wie kann man Glück bei Unglücklichen finden? Wie kann ich Befriedigung bei Unzufriedenen und Friedlosen finden? Wie kann ich Freude finden, bei so offensichtlich Freudlosen? Das war unmöglich!
Nach dieser Erkenntnis sank ich plötzlich in bodenlose schwarze Tiefe; fiel und fiel... Ich glaubte rein physisch nicht zu überleben; mein Herz war einem Stillstand nahe. Ich wurde ohnmächtig und plumpste wie ein Stein zu Boden. Diesmal war es der endgültige Gnadenstoß - von wem auch immer. Was danach mit mir passierte, weiß ich nicht mehr.
Maurice kam schnell, schien aber kein Mitleid zu haben. 'Gewissermaßen trägst du selbst die Verantwortung dafür.'
'Was! Wie denn das?'
'Klaus, was dir so eben passierte, war - sie soll ich es sagen - eine Gegenattacke Satans. Dieser hat versucht, dich zurückzuholen. Und lächelnd erinnerte mich Maurice an mein erstes Gebet, als wir zusammen waren: 'Du wolltest doch sicher sein, dass es Jesus ist, der zu dir spricht'. Richtig, das hatte ich gesagt. Somit war diese fatale Begegnung auch eine Gebetserhörung gewesen. Nicht gerade die bequemste Art, Gebete beantwortet zu bekommen.
Dennoch war ich noch immer kein Christ und schon gar nicht 'von neuem geboren...'
...denn noch einmal sollte fürchterliche Panik mich mit sich fortreißen.

Kapitel 19 Freiheit

Offensichtlich schien ich nun ja auch zu den ‘Glücklichen’ zu gehören, die ‘zum Tisch des Herrn geladen’ waren. Folglich wollte ich heute zum ersten Mal an diesem Festmahl teilnehmen. Während des Gottesdienstes war ich bei der Sache und verfolgte mit Aufmerksamkeit, was da vorne zelebriert wurde. Maurice hatte mich gestern deutlich genug gewarnt vor der Gefahr eines Gegenangriffs und so erlaubte ich mir nicht, unkonzentriert zu sein. Als jedoch der Moment näher kam, in dem Brot und Wein ausgegeben wurde, wurde auch meine Angst größer - zu tief saß der

gestrige Schock noch in den Knochen. Einerseits war ich natürlich voll freudiger Erwartung, gleichzeitig aber wuchs meine berechtigte Furcht unaufhaltsam weiter, dass der Teufel auch diesmal wieder versuchen würde, mich vom ‘Mahl an JESU Tisch’ abzuhalten. Nicht ohne Grund befürchtete ich, dass er wieder irgendwo versteckt auf Lauer lag, seinen Augenblick abwartete, um in einem Moment der Unaufmerksamkeit blitzschnell von irgendwo hervorzuschießen und wieder in mich hineinzufahren.
Die Furcht ließ mich nervös auf meinem Platz hin- und herrücken. Meine Konzentration wurde jetzt vom Geschehen am Altar völlig auf meine Furcht vor dem jederzeit zu erwartenden Gegenangriff Satans umgepolt. Das einzige, was ich tun konnte, war, mir riesige ‘geistige’ Boxhandschuhe anzuziehen. Sollte er nur kommen, redete ich mir ein! Ich wollte ihm einen Haken verpassen, in welchem meine ganze Wut, mein Zorn und Hass auf ihn steckte, für all die Zerstörung, die er in mir angerichtet hatte. Dann hätte er vielleicht fürs Erste genug mit seinen Besuchen bei mir. Doch in mir wusste ich, dass ich das nur dachte, um mir selber Mut zu machen - zu konkret hatte ich ja gestern erlebt, wie unglaublich viel schneller und raffinierter er war als ich. Immer näher kam der Punkt des Abendmahls, und auf einmal hörte ich aus Pastor Rays Mund wieder den Satz, den ich gestern schon gehört hatte: 'Glücklich diejenigen, die zum Tisch des Herrn geladen sind’, ...und stand unter 2000 Volt.
Genau im Augenblick, in dem ich eigentlich bereit war, aufzustehen um nach vorne zu gehen, riss mich die Panik vollends mit sich fort, weil ich überzeugt war, dass der Teufel exakt diesen Moment abgewartet hatte und jetzt kommen würde. Er musste sogar! Denn wenn ich erst einmal den ‘Leib Jesu’ - wie eine schützende Medizin - zu mir genommen hätte, wäre ich vermutlich immun geworden gegen seine Angriffe.
Mitten in diese heftige Angst kam ER - nein, nicht Satan - sondern JESUS. Überraschend und ohne dass ich nach IHM gefragt hatte, war ER da und sprach wieder klar und hörbar zu mir. Worte ewigen Lebens vernahm ich da; Worte die ich erst lange Jahre später in ihrer ganzen Tragweite zu erfassen

begann. Worte aber auch, die ich später ungezählte Male in der Bibel wiedergelesen habe.

So kam ER mir zu Hilfe mit Seiner unergründlichen Liebe, die Er erneut über mich ausgoss, um mir meine Verzweiflung, meine Zweifel und meine Angst wegzunehmen. Und wie sich in den folgenden Jahren herausstellte, galt das nicht nur für diesen Moment, sondern für den Rest meines Lebens - zumindest bis zum heutigen Tage hatte ich nie wieder Angst. Dieses Wort ist in dem Moment aus meinem Leben gestrichen worden, in dem Seine nun folgenden Worte meine Angst in vollkommene Freude verwandelten. Ich hörte:
'Hab keine Angst! In Meinem Namen wirst du immer stärker sein.'
Augenblicklich stürzten mir Tränen aus den Augen. Es war, als ob ein Staudamm, der 36 Jahre alle Tränen zurückgehalten hatte, mit aller Wucht zusammengebrochen wäre. Nun flossen und flossen die Tränen - frei, unaufhaltsam, aus mir heraus. Diese Tränen waren wie das Taufwasser meiner Wiedergeburt. Ich schämte mich nicht vor den über tausend Kirchenbesuchern. Sollten sie es doch alle sehen! Weinte ich doch vor Freude und Kraft! Begoss ich mit diesen Tränen doch den Bund, den Jesus und ich soeben besiegelt hatten. Ich gehörte ab sofort Ihm und Er wird mir dafür Seine Kraft geben - das wusste ich in diesem Augenblick mit ewiger Sicherheit. Was für ein ein Angebot! 'Macht' und Stärke hatte ich doch mein ganzes Leben gesucht und alles dafür geopfert. Ab sofort sollte ich 'in Seinem Namen' noch mehr davon bekommen. Dieser 'Handel' fiel mir leicht; dazu konnte ich 'ja' und 'Amen' sagen. Eins wusste ich jetzt, und nur das war wichtig: dass ich ein 'Herz' hatte, ein Herz, das spürte, mitlieben und mitleiden konnte. Mein gesamtes Leben war durch diese kurze Begegnung völlig neu, wunder- und veränderbar geworden.
Mit nassem Gesicht stieg ich die paar Stufen zum Altar hinauf und empfing zum ersten Mal in meinem Leben dieses Brot, das der Leib Christi ist und den Wein, der Sein Blut ist - Geheimnisse, die ich in diesem Moment vollkommen klar erkennen konnte. Lebensspendende Nahrung für eine ausgehungerte Seele. Eine Gnadengabe von unschätzbarem

Wert - besonders im Hinblick auf meinen späteren Werdegang. Das war der wirkliche 'Gnaden'-Stoß von Gott: nicht einer, der tötet, sondern einer, der mich aus dem Reich des Todes ins Leben zurückbrachte. Endlich war ich auf dem Weg zurück ins Paradies. Nun hatte ich in Jesus doch endlich den Tod besiegt . Das war es doch, was ich immer schon gewollt hatte! Denn Es ist uns unter dem Himmel kein anderer Name gegeben, als dieser, in dem wir gerettet werden können' (Apg.4.12).

Hiervon kann ich nun Zeugnis ablegen, denn ER Selbst hat mir Antwort gegeben auf die beiden großen Fragen der Menschheit: Die Frage der Schuldvergebung - was nach der hinduistischen und buddhistischen Lehre Befreiung vom Joch des Karma und der leidvollen Reihe von Wiedergeburten hieße. 'Komme, ich habe dir alles vergeben.' Das ist die Freiheit, nach der jeder Mensch sich sehnt und die nur in der persönlichen Begegnung mit Jesus vollziehbar ist. Und zweitens, die Frage nach dem 'Wie': 'In meinem Namen wirst du immer stärker sein', bedeutet nichts anderes, als dass niemand eine Heilstechnik, ein Mantra, Yoga, irgendeine asiatische Meditation oder sonstige esoterische Techniken benötigt, um Gleichgewicht und inneren Frieden zu erlangen. Seit dieser persönlichen Begegnung konnte ich Jesus um finanzielle, geistige, körperliche - ja selbst technische - Anliegen bitten: nichts ist IHM zu klein oder zu groß, wenn es um den Aufbau der 'Person' geht. Einige dieser Wunder, die IHN verherrlichen, können im zweiten Teil meines Buches nachgelesen werden.

Aber all diese Wunder und Geschenke kann ich als geringes Mittel auf meinem Weg zu IHM erachten, im Vergleich zu dem Wunder, welches in meinem Herzen passiert war.

Wo vorher Herrschsucht, Zerstörung und Finsternis dominierten, waren durch Seine Gnade jetzt Liebe, Verstehen, Mitlieben und Mitleiden getreten. Mein Stolz weicht immer mehr der Demut - das wirksamste Gegengift. Ich traf den katholischen Pädophilen wieder, der mich sieben Jahre vergewaltigt hatte und reichte ihm die Hand zur Versöhnung; ich gebe zu, es war nicht gerade das

Leichteste. Aber i c h war danach frei. Ich fuhr von nun an oft zu meiner Mutter nach Deutschland, und noch später fand ich auch meinen Vater in Stuttgart wieder. Beiden verzieh ich vorbehaltslos, bevor sie starben. Nur wer bereit ist das Wagnis des Glaubens einzugehen, wird 'leben' lernen; nur wer sich aufmacht, den langen Weg vom Kopf ins Herz zu machen, wird Gott treffen; in sich, in den anderen, überall - vielleicht sogar einmal in seinen Feinden. Herr Jesus Christus, Sohn Gottes, habe Erbarmen mit mir.

Klaus Kenneth

Von der Astrologie zum christlichen Glauben

Auf eigenen Wegen

Ich war achtundzwanzig, als ich den Versuch unternahm, mit einem Mann zusammenzuleben, dessen Kind ich unter dem Herzen trug; es rechtfertigte diese Verbindung, die sonst vielleicht nicht zustande gekommen wäre. Wir waren gut zueinander und wir glaubten, dass wir uns liebten. Zwei fremde Leben - durch ein ungeborenes Kind miteinander verbunden - wieviel Mut, wieviel Harmlosigkeit und auch wieviel Gedankenlosigkeit gehörten dazu!

Drei Jahre hielten wir es miteinander aus, dann trennte uns der Richter. Nach der Scheidung stiegen wir zusammen in ein Taxi, um nicht gleich voneinander Abschied nehmen zu müssen. Ich weiß noch, daß er mir den ganzen Inhalt seines Portemonnaies in den Schoß schüttete, als wollte er noch irgend etwas für mich tun. Dann umarmten wir uns und schworen, bis an das Ende unseres Lebens uns ein gutes Andenken zu bewahren - ich habe diesen Schwur nicht gebrochen!!

Damals blieben wir nicht lange allein. Ein halbes Jahr nach meiner Scheidung heiratete ich zum zweiten Mal. Mein Mann brachte Stephanie, seine dreijährige Tochter, mit in unsere Ehe; und als 1964 Bettina geboren wurde, zogen wir mit unserer nun fünfköpfigen Familie in einen ruhigen Vorort Hamburgs und wuchsen zu einer kleinen, untrennbaren Gemeinschaft zusammen. Im Sommer fuhren wir aufs Land, wo mein Mann sich im eigenen Revier ganz seiner Jagdleidenschaft hingeben konnte. Wir liebten das gemütliche alte Forsthaus, in dem es nach Lederstiefeln, Hunden und Holzfeuer roch.

In diesen Jahren nahm die Familie, vor allem die Erziehung der Kinder, mich ganz und gar in Anspruch. Aber die drei Kinder, bunt zusammengewürfelt, schufen sich nach und nach ihre eigene Welt, in der sie nicht gestört sein wollten. So hatte ich oft Zeit und Muße, meinen esoterischen Neigungen nachzugehen. Die Astrologie hatte es mir besonders angetan.

Wie und woher in meinem Leben neue Ideen auftauchten, ist schwer zu sagen. Es gehört zu den Besonderheiten jeder Übergangsperiode, wenig Spuren zu hinterlassen. So entzieht es sich auch im Nachhinein meinen Blicken, wodurch das Interesse an der Astrologie erwachte. Ein markanter Umstand mag darin liegen, dass mir eine Freundin ein Horoskop anfertigen ließ. Ich war verblüfft, was es über meinen Charakter und meine persönlichen Neigungen aussagte, und bald widmete ich mich eingehend dem Studium der Astrologie. Diese »Wissenschaft« fing an, mich in ihren Bann zu ziehen, und ich hatte den Ehrgeiz, ihr auf den Grund zu gehen.

In dieser Zeit, im Winter 1980, beschlossen wir, teils aus verkehrstechnischen Gründen, teils weil wir sowieso viele Wochenenden auf dem Lande verbrachten, unser Haus zu verkaufen und uns eine Wohnung in der Stadt zu nehmen. In zentraler Lage zu wohnen wäre für alle günstiger, vor allem für meinen Mann, der sein Büro in der Innenstadt hatte. Als die siebzig Kisten wieder ausgepackt waren, die Vorhänge angebracht und die Teppiche verlegt, fand ich wieder zur Astrologie zurück. Langsam wuchs ich in etwas hinein, was mir gut und nützlich schien: Ich lernte, Charakteristiken zu erstellen. Ich erarbeitete sie zuerst für meinen Mann und die Kinder, dann für Freunde. Was ich herausfand, hob die Wesenszüge hervor, die mir schon vertraut waren, und wies auf die Ursache von Spannungen und Konflikten im Leben dieser Menschen hin. Mir schien, daß man Konflikte vermeiden könne, wenn man seine Schwierigkeiten anschauen und ihr Wesen begreifen würde. Diese Spannungen zu erkennen und aufzudecken - vielleicht sogar zu verhindern, dass Konflikte ausbrachen -, schien mir Hauptaufgabe der Horoskope zu sein.

Die Arbeit weitete sich aus. Freunde gaben meine Adresse weiter, fremde Menschen riefen an und baten um ein Horoskop. Ich brauchte dringend einen Terminkalender!

Mit Beginn des Winters war mein Terminkalender voll, und ich saß oft bis spät abends am Schreibtisch. Meine Familie schien sich an meine Arbeit gewöhnt zu haben, und mein Mann war stolz auf meinen wachsenden Erfolg. Ich war glücklich - und das konnte heißen, zehn Stunden hintereinander am Schreibtisch zu arbeiten. Aber ich brauchte auch Entspannung, und so entschloss ich mich, einem lange gehegten Wunsch nachzugehen und die Meditation zu erlernen.

Nur wenige Schritte von unserem Haus entfernt war das kleine, ganz in weiß gehaltene Center der Brahma-Cumaris, einer hinduistisch-religiösen Gruppe. Morgens, wenn noch alle schliefen, ging ich den kurzen Weg dorthin. Um meinen Mann zu besänftigen, brachte ich auf dem Rückweg stets eine Tüte frischer Roggenbrötchen mit, die er besonders gern aß. Im Center der Brahmanen kam man mir mit großer Liebe entgegen und weihte mich in die Grundlagen des Hinduismus ein. Sie interessierten mich wenig; ich war Europäerin und meine Wurzeln lagen im christlichen Europa. Aber von dieser Grundlage wollte man hier nichts wissen. Ich ging nur hin, um zu meditieren; und da man mich liebevoll aufnahm, blieb ich.
Im Laufe der nächsten Wochen ging ich jeden Morgen zu den Brahmanen, ich fand jedoch nicht, daß ich Fortschritte in der Meditation machte.

Ende Januar schickte mir eine Psychologin verhaltensgestörte Menschen aus ihrer Praxis. Ich musste lernen, liebevoll mit ihnen umzugehen. Immer wieder erschreckte es mich, wenn im Hintergrund eines Lebens wie eine dunkle Gestalt der Selbstmord lauerte, und ich musste im Gespräch meine ganze Kraft einsetzen, damit dieses Gespenst keine Chance erhielt. Ich fing an, für diese gefährdeten Menschen zu beten; zaghaft und zögernd brachte ich ihre Bürde zu Gott.

Im März beschloss man im Center der Brahmanen, wieder eine Indienreise zu unternehmen, eine Reise über Delhi in den Norden Indiens, wo hoch oben in den Bergen das geistige Zentrum der Brahmanen ist, die »Spiritual World University of India«. Dort, so hieß es, rede Gott zu seinen auserwählten Kindern. Ich konnte mir nicht allzuviel darunter vorstellen und hatte schwere Entscheidungsnöte, denn wenn ich auch anderen Menschen laufend bei Entscheidungen half, so machte ich doch für mich persönlich zunächst wenig Gebrauch von astrologischen Berechnungen. Aber dann fasste ich den Entschluß, meine Familie mit allem Nötigen zu versorgen, und zu fahren.

Auch meine Klienten würden mich vierzehn Tage gut entbehren können.

Eine Woche vor der Reise bekam ich schwere Rückenschmerzen. Ich traf mit Mühe meine letzten Vorbereitungen, kaufte ein und versorgte meinen Haushalt, bis ich es vor Schmerzen nicht mehr aushalten konnte. Ich konnte weder sitzen noch stehen. Die ganze Wirbelsäule tat unerträglich weh, ein qualvoller Zustand! Der Arzt renkte mich ein und gab mir Tabletten. Die Tage vergingen, ich musste mich endgültig entscheiden. Irgend etwas schien mich zurückzuhalten. Ich zögerte, aber alles war gebucht und arrangiert, und meine Sehnsucht nach fremden Ländern wuchs. Am Abend vor der Abreise ließen die Schmerzen endlich nach. Ich verstaute eine Handvoll Tabletten in meinem Koffer und beschloss zu fahren.

Im Flugzeug nach Delhi hatte ich alles vergessen. Den Platz neben mir nahm ein junger Geschäftsmann aus München ein, der ein lebhaftes Interesse für diese Reise sowie den hinduistischen Glauben zeigte. Er hatte sich uns in Frankfurt angeschlossen und stellte sich als Joseph vor. Seine fürsorgliche Art, mir den langen Flug zu erleichtern, indem er meine kalten Füße mit einer Decke umhüllte, tat mir wohl. Rosa, die zum Center der Brahmanen in Hamburg gehörte, schlief mit ihrem Kind auf der anderen Seite des Ganges. Unsere kleine Reisegruppe bekam als einzige vegetarisches Essen. Ich schielte nach dem saftigen Roastbeef meiner Nachbarin, während ich in meinem trockenen Curryreis herumstocherte. Aber als Brahmanin war mir die Nahrung von Fleisch und Eiern untersagt. Während Joseph schlief, stellte ich erste Berechnungen über sein Horoskop auf; er war fasziniert von meinem Talent, und seit er wusste, dass ich astrologisch arbeitete, ließ er mir keine Ruhe mehr.

Als wir in Delhi ankommen, ist es Nacht. Mit einem Taxi erreichen wir nach langem Suchen den Ashram, das geistige Zentrum der Brahma Cumaris in Delhi, in dem wir uns zwei Tage aufhalten sollen, bevor die Reise nach Mount-Abu weitergeht.

Wenig später beginnt durch ein Medium - einen Menschen, der sich zum Sprachrohr geistiger Wesen macht - das Reden der »Stimme Gottes«. Die dunkle, kehlige Stimme, deren Worte ich nicht verstehen kann, wird durch riesige

Lautsprecher übertragen. Ich habe das Gefühl, im Vorhof der Hölle zu sein. Was geht hier vor? Worauf warten die Menschen, die Jahr für Jahr hier heraufkommen? Man hat mir gesagt, dass es Gott ist, der durch dieses Medium zu seinen Kindern spricht. Aber die unheimliche und fremde Atmosphäre, die sich ausbreitet, während wir dort erschöpft und müde im Hof herumstehen, hat nichts mit dem Gott zu tun, den ich suche und dem ich begegnen möchte. Da ist nichts von Wärme und Geborgenheit, geschweige denn von Heiligkeit. Aber was ich am meisten vermisse und was sich eigentlich immer einstellt, wenn ich am Ziel einer langen Reise bin, ist das Gefühl von Freude!

Unruhe im Ashram, die Stimmung ist schlecht, Zweifel an der Echtheit des Mediums - einer Frau - kommen auf. Sie thront auf einem riesigen weißen, spitzenbesetzten Kopfkissen. Wenn sie in Trance fällt, werden ihre Augen goldfarben, und die Stimme wird dunkel und rauh. Ich bin von nichts beeindruckt. Alle meine Meditationsversuche schlagen fehl. Was hält mich zurück? Ich versuche vergeblich, mich in das Geschehen hier oben einzufügen. Es gelingt mir nicht!

Am Sonntag steht es fest, dass wir vorzeitig abreisen. Zwei Franzosen schließen sich uns an.

Ein schneller Abschied in Haiderabad, und während Joseph nach Bangkok fliegt (wir werden uns wohl nie wieder sehen), besteigen wir die Maschine, die uns über Jaipur nach Delhi bringt. Zwölf Stunden später bin ich wieder in Europa!

Was hat mich bewegt, diese Reise zu unternehmen? War es Neugier? War es die Überredungskunst der anderen? Oder hatte ich wirklich geglaubt, in Indien das Heil zu finden? Das Letztere wohl kaum, aber eines stand fest: In dem Augenblick, als ich wieder europäischen Boden unter den Füßen hatte, empfand ich das, was ich die ganze Zeit dort oben in den Bergen schmerzlich vermisst hatte - es war das Gefühl der Freude!

Suche nach Gott

»Ganz Hamburg freut sich, dass Sie wieder da sind!« Mit diesen Worten zur Begrüßung und einem Stoß von Arbeit fand ich schnell in meinen alten Rhythmus zurück. Ich verließ das Center der Brahmanen um die Erfahrung reicher, die ich in Indien gemacht hatte und die mir nichts als eine Gänsehaut hinterließ.

In den darauf folgenden Wochen las ich »Die Autobiographie eines Yogi« von Paramahansa Jogananda, und nach eingehender Auseinandersetzung mit diesem Buch schloss ich mich der »S.R.F.« (»Seif Realization Fellowship« - »Gemeinschaft für Selbstverwirklichung«) an, deren geistiger Gründer Jogananda ist. Diese religiöse Bewegung, die Elemente verschiedener Glaubensrichtungen in sich vereinigt, ist über Indien nach Amerika gelangt und hat weltweit ihre geistigen Zentren, in denen die Meditation gepflegt wird. Trotz meiner negativen Erfahrungen in Indien wollte ich die Meditation nicht aufgeben. Jogananda, der verstorbene Guru dieser Bewegung, war der geistige Führer einer Anzahl von Gläubigen, die mit seiner Hilfe durch Gebet und Meditation geistige Vollkommenheit zu erlangen suchten.

Anfang Oktober, an einem grauen und trostlosen Tag, stand ich früh auf, um an einem Gottesdienst der S.R.F. in der Wohnung eines der Mitglieder teilzunehmen. Zu meinem Ärger verfuhr ich mich, und als ich schließlich vor dem kleinen einstöckigen Haus anlangte, in dem ein bescheidener Raum für den Gottesdienst zur Verfügung stand, sah ich, dass es fast halb elf war. Die Tür war abgeschlossen, die Zeit des Einlasses längst verstrichen. Durch die geschlossenen Fenster hörte ich die versammelten Menschen singen. Ich klingelte mehrmals heftig, aber niemand öffnete. Und da geschah etwas, was mich in höchstes Erstaunen versetzte. Aus dem Nachbarhaus hörte ich die Übertragung eines evangelischen Gottesdienstes über den Rundfunk. Die Fenster waren weit geöffnet, die Worte einer christlichen Predigt drangen an mein Ohr und hallten über die ganze Straße.

Da begriff ich mit einer nicht zu erschütternden Gewissheit, dass der Herr mich in seine Kirche rief, und dass die Tür mir verschlossen bleiben sollte zu den Gottesdiensten, die ich bisher gesucht hatte und die mich Christus nicht näher bringen konnten, weil er dort nur einer unter vielen war.

Ohne zu Zögern, setzte ich mich in mein Auto und fuhr zur Michaelis-Kirche in der Innenstadt. Dort musste ich lange weinen, denn ich fühlte mich wie der verlorene Sohn, der nach Hause gekommen ist. Erinnerungen an meine Kindheit und das christliche Fundament meines Elternhauses wurden wach. Ich dachte an die abendlichen Gebete mit meinem Vater und die sonntäglichen Gottesdienste. Dieses Fundament hatte ich verlassen. Ich hatte im Gegensatz dazu eigene Wege gewählt, die mich nun in eine Sackgasse zu führen schienen. Aber noch war ich nicht bereit, die Richtung meines Lebens grundsätzlich zu ändern. Die Anziehungskraft, die von den esoterischen Bereichen ausging, denen ich mich geöffnet hatte, war noch zu stark.

Wenige Tage später bat mich die Leiterin der S.R.F. Gruppe um ein Gespräch. Ich arbeitete ihr Horoskop aus und beschäftigte mich einen langen Tag damit. Sie saß vor mir, ganz in weiß gekleidet, mit einem sanften weiblichen Gesicht unter einer Fülle dunkler Haare. Man sah ihr an, dass Gebet und Meditation ihr Leben bestimmten und dass sie ein Glück in ihrer Seele gefunden hatte, das ihr die Welt nicht geben konnte. Wir tranken eine Tasse Tee zusammen. Aus ihrem Bericht erfuhr ich ihre große Zuneigung zu Paramahansa Jogananda, den sie seit vielen Jahren als ihren Guru verehrte und der ihr geistlicher Führer geworden war. Er war die Brücke, über die sie ging, ihm galt ihre ganze Liebe.

Im Dezember, bei mäßigem Frost, fand die Weihnachtsfeier der S.R.F. statt. Unter den Gästen traf ich eine Yoga-Lehrerin wieder, bei der ich längere Zeit ohne großen Erfolg versucht hatte, Hatha-Yoga zu lernen. Sie ist ein liebenswerter und interessanter Mensch, immer auf der Suche nach Licht und Erkenntnis. Als wir uns verabschiedeten, war ich in einen Zustand äußerster Verwirrung geraten, und das erste Mal in meinem Leben empfand ich so etwas wie Widerwillen gegen den riesigen Komplex geistiger Lehren, der sich Esoterik nennt und mich mit den gewaltigen Ansprüchen, die er an mein Leben stellte, zu erdrücken schien.

Weihnachten kam und war wunderschön in dem großen, hell erleuchteten Wohnzimmer, dem die Gabentische mit den weißen Tüchern eine besondere

Festlichkeit verliehen. In der überfüllten Michaelis-Kirche hörten wir das Weihnachts-Oratorium von Johann Sebastian Bach. Zu Hause war es warm und behaglich, und im Glanz des lichterhellten Weihnachtsbaumes vor der alten Holzkrippe mit dem Strohdachhaus und den buntbemalten Hirtenfiguren empfand ich seit langer Zeit wieder einen wunderbaren Frieden.

Jeden Morgen, wenn alle anderen fortgegangen waren, meditierte ich vor dem Bild der Madonna von Wladimir, einer russischen Ikone. Bei genauem Hinschauen verwandelte sich der strenge Ausdruck ihres Gesichtes in das leidende Antlitz Jesu. Je länger ich es betrachtete, um so tiefer prägte es sich mir ein. Es war der Ausdruck übergroßen Schmerzes und Leides, von einer so abgrundtiefen Trauer, dass ich weinen mußte.

In der mir verbleibenden freien Zeit meines angespannten Tages las ich in dem Buch »Er und ich«, und je mehr ich darin las, desto stärker merkte ich, wie es mein Leben veränderte. Das Buch enthält Gespräche einer Französin mit Jesus Christus, dessen leise Stimme sie zeitlebens in sich vernommen hat - Aufzeichnungen von unbeschreiblicher Innigkeit und von einer überwältigenden Frömmigkeit. Ich trug das kleine Buch immer bei mir, und langsam und behutsam wuchs in mir eine Zuneigung zu dem Gottessohn.

Im Frühjahr sah ich keine Möglichkeit mehr, länger bei der S.R.F. zu bleiben, aber da ich im Sommer unbedingt mit Menschen dieser Gruppe nach Assisi reisen wollte, mußte ich noch eine Weile aushalten.

Ende Mai fuhren wir los. Ich würde das Zimmer mit einer Freundin teilen; die anderen waren mir weitgehend unbekannt. Wieder einmal unternahm ich eine Reise, die mir neue geistliche Impulse geben und mich auf meinem christlichen Weg weiterbringen würde.

Der Juni brachte glühend heiße Tage. Wieder zu Hause, arbeitete ich bei weit offener Tür, und der Duft des frischgemähten Rasens kam herein. Die Horoskop-Besprechungen über das Telefon wurden jetzt häufiger; die meisten Gespräche kamen aus Berlin. Mit Astrologie hatte das, was ich tat, nicht mehr viel zu tun: Ich war Seelsorgerin, beriet, tröstete, hörte zu; dazwischen gab ich -

was immer wieder gewünscht wurde - langzeitliche Prognosen. Zusehends merkte ich, dass Menschen sich von mir abhängig machten. Es gab viele, die nichts mehr allein entschieden. In allem wurde ich um Rat gefragt; keine Reise ohne mein zustimmendes Ja, keine Partnerwahl ohne meine Beratung.

Im Juli 1983 kehrte ich der S.R.F. endgültig den Rücken und war nun ohne jede geistliche Betreuung.

Am Wendepunkt

Meine Arbeit tat ich in der Überzeugung, helfen zu können. Noch empfand ich keinen Konflikt zwischen meiner Tätigkeit und meinem erwachenden Glauben. Mein geistliches Leben verlief weiterhin in völliger Isolation. Ich war oft allein in meinem Zimmer, und dort vollzog sich mein Leben mit Gott. Es gab dort nichts außer Gott und mir. Kein Buch, nicht einmal die Bibel, die mir noch fremd war. Niemand, dem ich mich mitteilen konnte, niemand außer Gott! Oder war es Jesus?

Drei Wochen später erlebte ich - nachdem mich ein Hinweis in einem Hotel darauf aufmerksam gemacht hatte - einen Gottesdienst in der überfüllten St. Petri-Kirche, einer der Hamburger Hauptkirchen in der Innenstadt. Die wunderbaren Lieder, deren Texte Worte der Bibel enthielten, rührten mich im Herzen an. Tief beeindruckt ging ich nach Hause.

In den nächsten Tagen konnte ich an nichts anderes denken. Endlich war es wieder sonntagabend, sieben Uhr, und ich machte mich auf den Weg nach St. Petri, um dort an dem regelmäßig stattfindenden Gottesdienst teilzunehmen. Eine neue Welt hatte sich mir aufgetan! Ich war von Freude erfüllt und ergriffen von einem Geist der Anbetung, wie ich ihn nie zuvor erlebt habe. In mir war ein nicht endenwollendes Singen, und ich lebte und atmete im Lobpreis von einer Woche zur anderen.

In den kommenden Wochen verlief mein Leben zweigleisig. Das wirkte sich so aus, dass ich weiterhin astrologisch arbeitete und gleichzeitig meine Hilfe bei Gott suchte. Denn für mich wurde es immer klarer, dass es nicht ohne Jesus ging; aber ich wollte beides festhalten, die

Beziehung zu ihm und die geliebte Arbeit. Am Morgen breitete ich mein Leben vor ihm aus und empfing Trost und Wegweisung. Ich arbeitete meistens bis gegen zehn oder halb elf Uhr abends, dann kam der schönste Augenblick des Tages; ich zog mich in mein Zimmer zurück und begegnete Gott im Gebet.

Am 24. Juni, im Anschluss an den Abendgottesdienst, übergab ich in einem kurzen Gebet vor Zeugen mein Leben an Jesus Christus. Hinterher erst wurde mir klar, dass dieser Tag der Geburtstag meiner Mutter war und der Legende nach auch der Geburtstag Johannes des Täufers. Ich hatte mich zu diesem Schritt entschlossen, weil ich mich an Gott binden wollte. In einem offenen und freien Gebet nahm ich Jesus als Herrn meines Lebens an, bekannte ihm meine Schuld und stellte mich unter sein Erlösungsangebot.

Ich hatte mich nun endlich dem ausgeliefert, den ich so sehr liebte, dem ich vertraute und durch den allein ich vor Gott gerechtfertigt sein würde. Ich überließ mich dem, der für mich Anfang und Ende aller Dinge war. Es tat weh, nichts zurückzubehalten, aber es war ein süßer Schmerz.

Im Herbst entschloss ich mich deshalb, in der Petri-Kirche an einem Grundkurs des Glaubens teilzunehmen. Seit 1977 wurden diese Kurse mehrmals im Jahr unter der Leitung von Pastor Wolfram Kopfermann durchgeführt. Sie boten mit Vorträgen und Gruppengesprächen, nicht nur Grundinformationen über den christlichen Glauben. Sie wollten die Teilnehmer auch zu einer persönlichen Entscheidung für ein bewusstes Leben mit Gott führen. Diese Entscheidung hatte ich zwar schon getroffen, aber ich brauchte dringend eine grundlegende Lehre.

Konflikt und Entscheidung

Der Januar 1985 brachte viel Arbeit mit den Horoskopen. Meine Klienten wollten Jahresübersichten haben, für jeden Monat mußte ich aus den Gestirnstandstabellen die Position der Sterne heraussuchen. Daneben gab es viele Charakteranalysen zu erstellen. Und immer wieder bat man mich um persönliche Besprechungen mit eingehender beruflicher Beratung.

In der Kirche, die ich jeden Sonntag besuchte, war ein Gottesdienst schöner als der andere. Neue Menschen waren in mein Leben getreten, und ich war schneller als sonst bereit, sie zu lieben. Denn der Glaube, der uns verband, schuf eine neue, ganz mühelose Vertrautheit.

Endlich fand ich auch Zugang zur Bibel. Durch die Predigten von Pastor Kopfermann und die Gespräche mit befreundeten Christen, vor allem aber durch das tägliche Lesen in der Heiligen Schrift, erschloss sich mir die Welt des Alten und Neuen Testamentes.

Dann, im Februar, verschlechterte sich mein Gesundheitszustand. Ein unerträglicher Schwindel quälte mich, doch die Ärzte konnten keinen Anhaltspunkt finden. Spritzen und Medikamente halfen nicht, und ich musste mehrere Besprechungen absagen.

Um mich herum schien sich die Welt zu verändern. Kostbares Geschirr aus meinem Elternhaus brach entzwei. Ich verlor häufiger als sonst mir liebgewordene Gegenstände; Schmuck, der mir etwas bedeutete, kam abhanden. Auch menschlich musste ich Verluste hinnehmen. Freunde gingen aus meinem Leben - ganz unmerklich verließen sie mich. Oder verließ ich sie? Ich konnte es nicht unterscheiden, denn dieser Abschied tat kaum weh.

Als ich in der Bibel nach Antworten forschte, fand ich im 5. Buch Mose die Worte: *»Hebe auch nicht deine Augen auf gen Himmel, dass du die Sonne sehest und den Mond und die Sterne, das ganze Heer des Himmels, und fallest ab und betest sie an und dienest ihnen. Denn der Herr, dein Gott, hat sie zugewiesen allen anderen Völkern unter dem ganzen Himmel.«* [Kap. 4,19] Dieses Gebot galt den Kindern Gottes, seinem auserwählten Eigentum. War nicht auch ich Gottes Kind? Hatte ich nicht ihm mein Leben überantwortet?

Endlich war ich soweit, Jesus zu bitten, mir seinen Willen deutlich zu zeigen. Ich wollte ihm folgen. Aber ich bekam keine Antwort, und mir wurde klar, dass Gott mich nie zwingen würde. Vielleicht führte er mich langsam in die Richtung, in die er mich haben wollte. Er drängte nicht. Sein Gegenspieler übte Druck aus - er nie.

Verzweifelt suchte ich die Gnade, aber ich lebte unter einer fremden Macht, die mein Leben beherrschte - gnadenlos beherrschte. Ich war abhängig vom Einfluss kosmischer Kräfte. Wenn aber bei Gott alle Weisheit und Erkenntnis war, wozu um alles in der Welt brauchte ich dann noch die Sterne? Wenn er die »Fülle der Gottheit ist«, warum nahm ich diese Fülle dann nicht für mich in Anspruch? Warum brauchte ich noch andere Ratgeber, wenn er doch die Wahrheit ist? Ich richtete mich nach Gesetzen und Vorschriften, die einengen, und behauptete, Jesus zu lieben.

Und dann lag ich auf dem Boden und hämmerte mit den Fäusten auf den Teppich. Jetzt, jetzt musste ich es sprechen, oder ich würde es nie sprechen. »Herr, gib mir die Kraft, meinen Beruf aufzugeben. Amen.« Zehn Tage lang betete ich dasselbe Gebet, jeden Morgen, jeden Abend. Ich hatte meinen Tod gewählt!

Unfassbare Tage folgten, Blei in den Gliedern, es kam mir vor, als würde ich getötet, aber während des Sterbeprozesses spürte ich, dass ich keinen Augenblick allein war.

Zehn lange Tage und Nächte also hielt ich an diesem Gebet fest. Dann, Anfang Juli, an einem Samstagmorgen, entschloss ich mich, an einer Veranstaltung der »Geschäftsleute des vollen Evangeliums« teilzunehmen, einer internationalen Vereinigung christlicher Geschäftsleute aus verschiedenen Kirchen.

Dort gab es wie immer ein gemeinsames Frühstück und anschließend ein Referat in der erfrischenden Atmosphäre gläubiger Menschen. Nach einer Zeit des Lobpreises wurde zum persönlichen Gebet aufgerufen. Ich ging nach vorn - und da geschah es, dass Gott mit mir handelte. Ohne es wirklich zu wollen, erzählte ich alles über meinen Beruf. Wie von weit weg hörte ich die Worte: »Sofort aufhören, koste es, was es wolle!« Ich erklärte mich bereit dazu, ohne eine Empfindung, ohne ein Gefühl des Schmerzes - so, als ob man etwas tun müsste, was längst beschlossen war. Menschen standen auf, um mich zu segnen, und der Leiter der Veranstaltung löste mich im Gebet von den Bindungen an dunkle Mächte, denen ich durch die Astrologie Anrechte auf mein Leben gegeben hatte. Im anschließenden Gespräch wurde mir zunehmend das ganze Ausmaß meiner okkulten Tätigkeit klar. Wie im Traum ging ich nach Hause, mir der Schwere des Weges bewusst, der vor mir lag. Im Rückblick konnte ich meine Arbeit jetzt mit anderen Augen sehen.

Was mir am schmerzlichsten deutlich wurde, war der Ungehorsam gegen Gott, gegen sein erstes Gebot: »Ich bin der Herr, dein Gott, du sollst keine anderen Götter haben neben mir.« Ich hatte mir einen Götzen genommen, der meinem Leben seine Richtlinien gab, und hatte Gott die Autorität über mein Leben entzogen.

Ich beschloss, die Termine, die schon in meinem Notizbuch eingetragen waren, noch wahrzunehmen, darüber hinaus aber alles abzusagen. Ich tat es noch am gleichen Tag und stieß auf großes Unverständnis. „Das kann doch nicht wahr sein!“, sagte eine Klientin am Telefon. „Sie haben doch so vielen Menschen geholfen!“

Dies war auch die Ansicht meines Mannes, der seine Enttäuschung nicht verbergen konnte. Für mich sah es anders aus. Ich hatte Menschen davon abgehalten, ihre Probleme vor Gott zu bringen. Sie hatten ja mich, das schien viel einfacher...

Es war das jahrtausendealte Problem: Der Mensch, der ohne Gott lebt, der ihn aus seinem Leben ausklammert, sucht sich seine Hilfe in anderen Bereichen. Aber man kann das nicht länger mitmachen, wenn man Gott begegnet ist. Und diese Unmöglichkeit machte mich plötzlich frei und fast glücklich.

Trotzdem litt ich entsetzlich und stand nackt und bloß und in grenzenloser Einsamkeit vor der gewaltigen Veränderung meines Lebens. In der Nacht, nach unruhigem Schlaf, fand ich im Buch der Sprüche [Kap. 23,26] die Worte: »Gib mir dein Herz, und lass deinen Augen meine Wege wohl gefallen!« Diese Worte lösten ein grenzenloses Vertrauen in mir aus, Gott würde mich niemals allein lassen. Er würde mir neue Wege zeigen; ich brauchte mich nicht zu fürchten!

In den nächsten Tagen kamen Anrufe über Anrufe. Das Telefon stand nicht still. Wie ein Lauffeuer hatte sich herumgesprochen, dass ich nicht mehr arbeitete. Ich wurde beschimpft, angefleht, nicht verstanden. Ich nannte die Gründe für meinen Entschluss, bekannte meinen Glauben und wich den Fragen nicht aus. Ich wusste, dass alles andere zwecklos war. Und ich hatte das Christuswort im Herzen: *»Wer nun mich bekennt vor den Menschen, den will ich* *auch bekennen vor meinem himmlischen Vater.«* [Matth. 10,32]

Das schlimmste war der lange Tag ohne Arbeit! Ich las ein Buch nach dem anderen. Mein neu eingerichtetes Zimmer für meine Besprechungen wurde zum Lesezimmer. Wenn ich nicht las, stand es leer und verlassen da und starrte mich vorwurfsvoll an. Ich hatte viel Mühe und Geld für die Einrichtung verwandt - was sollte nun damit geschehen?

Während einer meiner letzten noch vereinbarten Besprechungen klingelte das Telefon. Eine Freundin fragte mich, was denn mein Anliegen sei. Man habe ihr eben mitgeteilt, dass ich angerufen hätte und sie mich zurückrufen solle. Als ich ihr zu erklären versuchte, dass ich gar nicht angerufen hätte, erkannte ich plötzlich glasklar, dass Gott mich aus der Besprechung herausgerufen hatte, um sie zu beenden. Diese Gewissheit war so eindeutig, dass ich sofort beschloß zu handeln. Wie unter einem höheren Willen sagte ich zu meiner Klientin: „Ich kann Sie leider nicht länger beraten, ich stehe nicht mehr hinter dieser Arbeit!"

Einen Augenblick lang hielt ich ihren Blick aus, in dem sich Fassungslosigkeit und auch ein bisschen Verachtung spiegelten. Ohne ein Wort zu sagen, nahm sie ihre Handtasche und verließ das Haus. Nach diesem Erlebnis war mir klar, daß endgültig Schluss sein musste mit den »letzten« Besprechungen. Doch solange noch die Unterlagen dafür im Hause waren, würde ich immer versucht sein, letzte kleine »Hilfen« zu geben. So beschloss ich nach Rücksprache mit befreundeten Christen, alle astrologischen Bücher und Papiere in Koffer zu packen und abholen zu lassen. Sämtliche Horoskope, die ich berechnet und angefertigt hatte, mein eigenes Horoskop, die Horoskope meiner Familie mit allen dazugehörenden Ausarbeitungen, alle Bücher und Adressenlisten gab ich fort, drei Koffer voll. Wie viele Stunden Arbeit wurden da vernichtet...!

Ich tat das alles ohne eine einzige Gefühlsregung, so, als wenn man einen Toten in einen Sarg bettet, ohne den Schmerz des Verlustes schon wahrnehmen zu können. Es war aus und vorbei - ich konnte nichts mehr nachsehen, nichts heraussuchen, nichts mehr vergleichen, keine Fragen mehr beantworten. Von meinem Nachttisch verschwanden die Gestirnstandstabellen und machten der Bibel Platz. Es war eine gründliche Reinigung!

In der folgenden Nacht kam ein Anruf meines Sohnes aus Lissabon, der auf einer Reise durch Portugal war. In derselben Stunde, in der ich alle meine Arbeitsunterlagen vernichtet hatte, hatten Jugendliche ihn im Schlaf überfallen und ausgeraubt. Die Telefonverbindung war so gestört, dass ich ihn kaum verstehen konnte, doch ich konnte ihm Geld für die Rückkehr schicken. Ich wusste, dass die Macht des Teufels über mein Leben gebrochen war, aber er schien mich an seine Existenz erinnern zu wollen.

Wenig später erfuhren wir die umfassende Hilfe des Herrn: alle finanziellen Verluste wurden von der Bank ausgeglichen, und mein Sohn kam unbeschadet nach Hause zurück.

Als die Tage kürzer wurden, hielt es mich nicht mehr länger zu Hause. Ich beschloss, an einer vierzehntägigen Schiffsreise teilzunehmen, die zu den »Stätten des Paulus« führen sollte. Ich fuhr mit einer Freundin auf einem kleinen jugoslawischen Schiff, und ich war glücklich, den langen, einsamen Tagen entronnen zu sein.

Die Schönheit des Meeres war überwältigend! Auf dem nachtdunklen Wasser schimmerte eine silberne Straße aus Mondlicht. Allein an Deck, stellte ich mir vor, dass der Herr auf dieser silbernen Straße zu mir kommt. Meine nächtlichen Gebete waren innig und voll Vertrauen. Die Weite des Meeres tat der Seele wohl. Trotzdem war ich unruhig und nicht sehr aufnahmefähig. Eines Mittags, als ich allein an der Reling stand, überfiel mich eine eigenartige Stimmung, und plötzlich erschienen mir die letzten Wochen meines Lebens wie eine einzige Katastrophe. Irgend etwas rüttelte an meinen Grundfesten und klagte mich an. Und auf einmal, ohne es zu wollen, befand ich mich mitten in einer einzigen Selbstanklage. Was hatte ich nur getan? Ich hatte mein Leben zerstört, mich von meinem Beruf getrennt, der unzähligen Menschen geholfen hatte, ihren Charakter besser kennenzulernen und Probleme zu bewältigen. Ich hatte meinen Erfolg achtlos weggeworfen wie ein Stück Papier, meine Begabung missachtet und ein ausgefülltes und nutzbringendes Leben mit Füßen getreten.

Entsetzt stand ich vor den Scherben meines Lebens. Verzweiflung stieg in mir hoch, und in großer Erregung ging ich hinunter in meine Kabine, um mir einen Zettel zu holen und die Titel all der Bücher aufzuschreiben, die ich weggegeben hatte. Ich wollte sie sofort neu kaufen, wenn ich wieder zu Hause war.

Als ich die Kabine betrat, sah ich auf meinem Bett meine aufgeschlagene Bibel, die ich in der morgendlichen Eile wohl wegzuräumen vergessen hatte. Wie zu einem Magnet zog es mich zu ihr hin, und ohne umherzuirren fiel mein Blick auf die Worte Jesu zu Petrus: *»Siehe, der Satan hat begehrt, euch zu sieben wie den Weizen, ich aber habe für dich gebeten, dass dein Glaube nicht aufhöre.«* [Luk. 22,31]

Ich sank auf die Knie, und während ich versuchte, meiner ungeheuren inneren Bewegung Herr zu werden, spürte ich, wie eine Welle von Liebe und Wärme mich umgab und mich mit sich fortzutragen schien. Und in der unmittelbaren und deutlichen Nähe des Herrn verflog die Anfechtung genauso schnell, wie sie gekommen war. Es gab keinen Zweifel, dass diese Worte mir persönlich galten.

Sabine von der Wense

Vom Klosterleben zur Freiheit in Christus

„So gibt es nun keine Verdammnis mehr für die, welche in Christus Jesus sind, die nicht nach dem Fleisch wandeln, sondern nach dem Geist“ [Römer 8,1].

Als ich mich vor vielen Jahren entschloss, römisch-katholischer Priester zu werden, geschah dies aus dem Wunsch heraus, mit Christus zu leben. Da ich seit meiner Geburt römisch-katholisch war, glaubte ich, dass die römisch-katholische Kirche die einzige wahre Kirche sei und dass es außerhalb dieses Glaubens praktisch unmöglich sei, gerettet zu werden.

Die Päpste haben dies immer wieder als Dogma verkündigt. [Papst Innozenz III z.B. ließ im Laterankonzil 1215 festhalten: „Es gibt nur *eine* allgemeine Kirche der Gläubigen. Außer ihr wird keiner gerettet.“ (Neuner-Roos, § 375). Papst Bonifaz VIII schrieb 1302 in einer Bulle: „Dem römischen Papst sich zu unterwerfen, ist für alle Menschen unbedingt zum Heile notwendig: Das erklären, behaupten, bestimmen und verkünden Wir.“ (Neuner-Roos, § 430); d.Ü.]. Auch die Päpste Klemens VI, Benedikt XIV, Pius IX, Leo XIII und Pius XII betonten, dass außerhalb der Römischen Kirche niemand die Errettung erreichen könne. Deshalb dachte ich nie auch nur für einen Augenblick daran, das Heil anderswo zu suchen.

Seit früher Kindheit wollte ich Priester werden. Ich wurde am 2. April 1911 in Denver, Colorado, USA, geboren. Die meisten unserer Nachbarn waren irischer, schottischer oder slawischer Herkunft und fast alle waren katholisch. In einer solchen Umgebung konnte man natürlich leicht feststellen, welche Machtposition der Priester im Quartier innehatte und welche Wertschätzung er genoss. Aber nicht nur das Wissen um den Einfluss und die soziale Hochachtung der Priester beeinflusste meine Entscheidung, dieses Amt anzustreben. Die Berufung, die ich fühlte, wurde vor allem durch die Tatsache festgemacht, dass die römisch-katholische Kirche dem Priester heilsvermittelnde Würde zuschreibt.

Gemäss der römisch-katholischen Lehre hat der Priester die Macht, gewöhnliches Brot und gewöhnlichen Wein zu nehmen und es während der Konsekrationsworte beim Messopfer ganz real in Leib und Blut, Seele und Gottheit Jesu Christi zu verwandeln. Und da man die menschliche Gestalt Christi nicht von seinem göttlichen Wesen trennen kann, werden dann das Brot und der Wein zur verehrenden Anbetung aufgestellt.

Bei der Beichte – so werden die römisch-katholischen Gläubigen gelehrt – hat der Priester die Macht, die Sünden der Beichtenden zu vergeben. Das Konzil von Trient, das nach der Reformation zusammentrat, beschloss 1545 folgendes: „Wer sagt, nicht nur die Priester seien die Spender der Lossprechung, der sei verdammt." [vgl. Neuner-Roos, § 669; d.Ü.] Seit meinem siebenten Lebensjahr ging ich zur Beichte und merkte bald, dass der Priester aufgrund dieser Vollmacht eine enorme Kontrolle über die Gläubigen hatte und allen weltlichen Autoritäten dieser Erde überlegen war.

Aber es war nicht nur die Macht und Würde des Priesteramtes, die mich motivierten. Da war auch ein aufrichtiges Verlangen, meine Seele zu erretten. Vom Unterricht der Priester und Nonnen wusste ich, dass ich nicht hoffen konnte, nach meinem Tod direkt in den Himmel zu kommen. Der Katechismus lehrte mich, dass ich nach dem Tod zeitliche Sündenstrafen abbüßen müsse. Nach der Lehre der römisch-katholischen Kirche kommen die Seelen der Gerechten, wenn sie im Moment des Todes mit lässlichen Sünden oder mit noch nicht getilgten Sündenstrafen beladen sind, ins Fegefeuer. Da ich jeden Tag lässliche Sünden und manchmal sogar Todsünden beging, war mir klar, dass ich eine sehr lange Zeit im Fegefeuer verbringen müsste.

Die offizielle römisch-katholische Lehre ist eher zurückhaltend in ihrer Beschreibung der Qualen im Fegefeuer, aber dank ihrer blühenden Phantasie schilderten die irischen Priester und Nonnen das Fegefeuer so schrecklich und qualvoll, dass wir Kinder voller Angst wurden und bereit waren, alles zu tun, um diesen Ort wenn möglich zu vermeiden.

Als Knabe machte ich deshalb folgende Überlegung: Wenn der Priester durch das Darbringen des Messopfers die Macht hat, die Freilassung der Seelen aus dem Fegefeuer zu erreichen, käme es meiner eigenen Seele zugute, wenn ich Priester würde. Denn nach meinem Tod müssten diejenigen Seelen, denen ich durch meine Messen geholfen hätte, vor dem Thron der Königin des Himmels – der Gesegneten Jungfrau Maria – für mich beten, und sie würde ihrerseits vor dem Thron ihres Sohnes für mich einstehen. So lehrt es die Kirche: Man kann den armen Seelen im Fegefeuer helfen, vor allem durch das Messopfer, welches Gott gefällt. [vgl. Neuner-Roos, §§ 599, 692, 926, 935; d. Ü.] Und: Die Seelen im Fegefeuer können für andere Glieder des mystischen Leibes (d.i. die Kirche) Fürbitte tun. [vgl. „Katechismus der Katholischen Kirche", § 958: „...Unser Gebet für die Verstorbenen kann nicht nur ihnen selbst helfen: wenn ihnen geholfen ist, kann auch ihre Fürbitte für uns wirksam werden."; d. Ü.]

So beschloss ich, Priester zu werden und teilte dies zu gegebener Zeit den zuständigen Autoritäten mit.

Die Rolle der Bibel

Über die langen Jahre der Vorbereitung zum Priesteramt gäbe es viel zu erzählen, aber ich will nur diejenigen Begebenheiten herausgreifen, die die Wendepunkte in meinem Leben markieren.

Ich musste einen langen Weg mit vielen Prüfungen und Versuchungen gehen, bis ich zur Gewissheit der Errettung fand. Oft werde ich gefragt, ob ich denn die Bibel nicht gekannt hätte, oder ob es mir verboten gewesen sei, sie zu lesen. Doch, ich besaß ein Neues Testament in all den Jahren der Priesterausbildung und in der Zeit, die ich anschließend im Kloster verbrachte.

Als ich ins Kleine Seminar eintrat, hatte ich nebst meinem Messe- und Gebetsbuch noch drei andere Bücher dabei: „Die Herrlichkeiten Marias" von Alphonse de Liguori, „Die Nachfolge Christi" von Thomas à Kempis und eine römisch-katholische Ausgabe des Neuen Testaments. In letzterem war vorne eingedruckt: „Ein Ablass von drei Jahren wird jedem Gläubigen gewährt, der die Heilige

Schrift zur geistlichen Erbauung wenigstens eine Viertelstunde lang mit der Ehrfurcht liest, die dem göttlichen Wort gebührt.“ Das sollte einen römisch-katholischen Gläubigen anspornen, die Bibel zu lesen, denn die meisten Katholiken sind eifrig, wenn es darum geht, Ablässe zu gewinnen. Aber dieser Ablass hier wird nur denen zugesprochen, die die Bibel als geistliche Lektüre lesen, nicht denen, die sie zu Studien- oder Interpretationszwecken brauchen. Und da die Katholiken wissen, dass sie auf andere, einfachere Arten auch Ablässe gewinnen können, wie z.B. indem sie ein Kreuzzeichen machen (was jedesmal 7 Jahre Ablass bewirkt, insofern es mit heiligem Wasser gemacht wird), nehmen sich die meisten nicht die Mühe, die Bibel zu lesen. Dazu kommt, dass viele Angst davor haben, das Wort Gottes anders zu verstehen, als es die Lehre der römisch-katholischen Kirche vorschreibt.

Als ich viele Jahre später das Kloster verließ, besaß ich immer noch diese drei Bücher. „Die Herrlichkeiten Marias“ hatte keinen Umschlag mehr, er war völlig abgenützt. Der Umschlag von „Die Nachfolge Christi“ hing noch an ein paar Fäden. Das Neue Testament jedoch war noch wie neu. Ich hatte es nur aufgeschlagen, wenn ich eine Übersetzung aus dem Lateinischen mit dem englischen Text vergleichen wollte.

Permanente Indoktrination

Die Tagesroutine im Priesterseminar ist so eingerichtet, dass man selten Zeit hat, wirklich nachzudenken. Zwar ist jeden Morgen eine Zeit der Andacht eingeplant, aber die Punkte, über die man nachdenken soll, werden vorgelesen, und wer seinen Gedanken freien Lauf lässt, steht in Gefahr, eine lässliche Sünde zu begehen.

Die Gestaltung des täglichen Lebens ist von der römischen Kirche so gut durchdacht, dass individuelle Prägungen Schritt für Schritt zerstört werden, und die Persönlichkeit des Einzelnen schließlich den Zustand erreicht, in dem sie den Zielen der Kirche am nützlichsten ist: völlige Selbstaufgabe.

Die Laien halten zwar einen Priester in hoher Ehre, aber für die Autoritäten der römisch-katholischen Kirche ist er nur eine Nummer in ihrem Streben, die ganze Welt unter ihre Kontrolle zu bringen. Damit er nun ihren Zielen dienen kann, unterziehen sie ihn einer gründlichen Gehirnwäsche. Sie tun dies mit sehr ähnlichen Mitteln wie die Kommunisten. Während der Seminarausbildung erlauben sie nie genug Schlaf, fordern häufiges Fasten und gebrauchen jede Art von Indoktrination. Wann immer ein Zweifel an einem wichtigen Lehrpunkt der römischen Kirche auftaucht, muss er augenblicklich verworfen werden, denn wer willentlich einen solchen Zweifel duldet, riskiert, dass Gott ihm die Berufung zum Priesteramt entzieht, womit er die ewige Errettung aufs Spiel setzt.

Gegen Ende meiner Zeit im Kleinen Seminar musste ich zwischen der ‚säkularen' und der klösterlichen Priesterlaufbahn wählen: Der säkulare Priester (Weltpriester) betreut unter der Autorität eines Bischofs eine Pfarrei oder arbeitet als Kaplan in einer Institution. Der Ordenspriester hat die drei Gelübde der Armut, Keuschheit und des Gehorsams abgelegt und lebt in einem Kloster oder einem Orden.

Meine Entscheidung für einen Mönchsorden

Ich dachte, die Weltpriester seien zu vielen Versuchungen ausgesetzt und hätten es deshalb schwer, die Errettung zu erreichen. Und ich wusste, dass die römisch-katholische Kirche in den vergangenen Jahrhunderten nur einen einzigen säkularen Priester, den Pfarrer von Ars, John Mary Vianney, heiliggesprochen hatte. Wenn es also für einen Weltpriester so schwierig war, gerettet zu werden, schien es mir logisch und sicherer, ein Mönch oder Ordenspriester zu werden. Während des letzten Jahres im Seminar klärte ich ab, welcher Orden mir zu sagen, und wo ich am besten hinpassen würde.

Die großen Orden wie die Benediktiner, Dominikaner, Serviten, Franziskaner, Trappisten und die Gesellschaft Jesu (die Jesuiten) waren mir gut bekannt. Aber zu keinem fühlte ich mich hingezogen. Ich suchte einen sehr strengen Orden, wo ich die bestmögliche Sicherheit hätte, das Heil zu erlangen. Ich meinte, dies im ‚Orden Unserer Lieben Frau vom Berg Karmel' zu finden, der auch ‚Orden der unbeschuhten (oder barfüssigen) Karmeliter' genannt wird.

Der Karmeliterorden war von Kreuzrittern und anderen im Heiligen Land gegründet worden. Sie blieben nach den Kreuzzügen zurück und bewohnten auf dem Berg Karmel die Höhlen der Prophetensöhne. Der Patriarch Albert von Jerusalem gab ihnen eine einfache Lebensregel, welche sie befolgten, bis sie im 13. Jahrhundert von den Muslimen aus dem Heiligen Land vertrieben wurden. Einige der Vertriebenen ließen sich in Mantua, Italien nieder, andere in England. Der erste General in England hieß Simon Stock. Man sagt, die Gesegnete Jungfrau Maria sei ihm in einer Vision begegnet und habe ihm das berühmte Versprechen des Braunen Skapuliers gegeben, wonach keiner, der dieses Skapulier trage, das ewige Feuer erleiden solle. Das Skapulier kann von jedermann angefertigt werden. Alles, was man dazu braucht, ist brauner (oder fast schwarzer) gewobener Wollstoff, der in zwei Quadrate oder Rechtecke angemessener Größe geteilt wird. Die zwei Stücke verbindet man mit Bändern. Das erste Skapulier, das jemand trägt, muss von einem Priester gesegnet werden, der die Autorität hat, einen solchen Segen weiterzugeben.

Klosteralltag

Das erste Jahr als Karmelitermönch verbrachte ich im Novizenhaus. Dort wurde ich auf die einfachen Gelübde vorbereitet. Es war ein Jahr des Gebets und der Meditation. Zusätzlich zur normalen Tagesregel, die alle Karmelitermönche befolgen, haben die Novizen noch zusätzliche Gebetszeiten und mehr Bußübungen und Kasteiungen. Das Schweigegebot während der Noviziatszeit wird streng eingehalten. Außer während einer halbstündigen Rekreation dürfen die Novizen nicht miteinander sprechen, und während der Fasten- und Adventszeit herrscht absolutes Schweigen. In diesen Zeiten wandeln die Novizen in der Pause schweigend umher, beten Rosenkränze oder vollziehen andere religiöse Übungen.

Für die Novizen beginnt der Tag um Mitternacht. Der Glöckner ruft die Gemeinschaft zur Kapelle. Mit dem

Verhallen des letzten Glockenschlags beginnt das Heilige Offizium. Die Matutin besteht aus neun Psalmen und neun Lesungen aus dem Alten und Neuen Testament und dem Kommentar eines der frühen Kirchenväter. Die Matutin wird gesungen oder rezitiert. Darauf folgen die fünf Lobpreispsalmen und das ‚Benedictus'. Dieser Teil des Offiziums wird Landes genannt. Bis zum nächsten Glockengeläute um 4 Uhr 45 gehen die Mönche nochmals zu Bett.

Wenn ich Bett sage, denke ich nicht an weiche Federbetten oder komfortable Matratzen. Das Bett eines Karmeliters besteht aus drei Brettern, die über zwei Holzböcke gelegt sind. Darüber liegt eine dünne Pritsche und drei Decken, um sich zuzudecken. Auch alles andere in der Zelle ist sehr einfach. Außer dem Bett, einem kleinen Tisch und einem Schemel sind keine Möbel erlaubt.

Viele Stunden des Gebets

Am frühen Morgen versammelt sich die Gemeinschaft wieder in der Kapelle und rezitiert die Prim und Terz, die je aus drei Psalmen, einer kurzen Lesung und einem kurzen vorgedruckten Gebet bestehen. Nach diesem Teil des Heiligen Offiziums verbringt die Gemeinschaft eine Stunde miteinander auf den Knien in stillem Gebet.

Darauf folgen die Messen. Wenn ein Mönch Priester ist, zelebriert er eine private Messe an irgendeinem der vielen Altäre im Kloster, wobei ihm normalerweise ein anderer Mönch assistiert. Wenn der Mönch noch im Studium für das Priesteramt ist, besucht er die Gemeinschaftsmesse, die von dem für die jeweilige Woche bestimmten Priester gehalten wird. Auch die Laienbrüder, die die handwerklichen Arbeiten im Kloster verrichten, nehmen an dieser Messe teil. Es wird von allen erwartet, dass sie die Kommunion empfangen. Diese Übungen, das Heilige Offizium, das stille Gebet und die Messe zusammen dauern etwa drei Stunden und so wird es gewöhnlich 8 Uhr, bis das Frühstück beginnt. Dieses besteht aus Brot und Kaffee und muss stehend eingenommen werden. In der ursprünglichen Klosterregel ist kein Frühstück vorgesehen, aber aus Rücksicht auf die Schwachheit des Menschen wird es heute zugestanden.

Der Vormittag ist für Studium, Unterricht und persönliches Gebet reserviert. Während des Noviziats darf man nichts anderes studieren als geistliche Themen und natürlich die Regel, die Tradition und die Disziplin des Karmeliterordens. Nach dem Ablegen der Gelübde studiert der Mönch Theologie und die anderen für die Priesterweihe notwendigen Fächer.

Kurz vor Mittag geht die Klostergemeinschaft zur Kapelle und zitiert die letzten zwei Stundengebete des Morgenoffiziums, die Sext und die Non, die auch wieder aus drei Psalmen, gefolgt von einer kurzen Schriftlesung und dem Tagesgebet, bestehen. Die anschließende Zeit bis zum Angelus dient der Gewissensprüfung, in der man die vergangenen Stunden nach irgendwelchen eventuell begangenen Sünden absucht und Gott um Vergebung bittet. Wenn jemand eine Todsünde begangen hat, muss er so bald wie möglich zur Beichte gehen. Für lässliche Sünden genügt es, das Reuegebet zu sprechen. Nachdem sie das Angelus rezitiert haben, gehen die Mönche in den Speiseraum für die Hauptmahlzeit des Tages.

Die Mahlzeiten im Kloster

Alle Mahlzeiten werden schweigend eingenommen. Die einzigen Ausnahmen sind Ostern, Pfingsten, das Fest Unserer Lieben Frau vom Berg Karmel, die Himmelfahrt Unserer Seligen Jungfrau Maria, die Festtage der Heiligen Theresia von Ávila, des Heiligen Johannes vom Kreuz, der Unbefleckten Empfängnis, Allerheiligen, Weihnachten und einige andere Tage. Während die Gemeinschaft in Stille isst, liest einer der Mönche, der wöchentlich für diese Aufgabe bestimmt ist, aus einem geistlichen Buch oder aus der Ordensregel.

Das Essen ist einfach und besteht meistens aus Suppe, Fisch oder Eiern, zwei Sorten Gemüse und Früchten. Der Orden der unbeschuhten Karmeliter verbietet das Essen von Fleisch, ausser wenn ein Arzt es jemandem verordnet hat. Dies kommt selten vor, da die meisten Mediziner Eier und Fisch für genügend halten. Wenn ein Mönch Fleisch essen muss, wird er in den hinteren Teil des Speisesaals gesetzt und mit einer Leinwand vor den Blicken der anderen Mönche abgeschirmt. Diesen Teil des Speisesaals bezeichnet man scherzhaft als ‚Hölle'.

Wer fertig gegessen hat, schaut sich um, ob er jemandem behilflich sein kann. Einer wird den Vorleser ablösen, andere das Küchenpersonal, so dass diese essen können. Einige weitere vollziehen öffentliche Buß- oder Demütigungsakte, indem sie mit seitlich ausgestreckten Händen ein Kreuz darstellen, oder die Sandalen der anderen Mönche küssen, sich von ihnen ins Gesicht schlagen lassen, oder sich am Ende der Mahlzeit vor dem Ausgang auf den Boden legen, so dass die andern beim Verlassen des Saals über sie steigen müssen. Solche und andere Bußübungen sollen dazu helfen, Gunst im Himmel zu erlangen und das Guthaben auf dem ‚himmlischen Bankkonto' zu vergrößern.

Nach dem Mittagessen bietet in den meisten Karmeliterklöstern eine Rekreation die Gelegenheit zu brüderlichem Austausch von geistlichen Gedanken, mit dem Ziel, sich gegenseitig zum Einhalten der religiösen Lebensregeln zu ermutigen. In Wirklichkeit ist die Rekreation aber oft eine Belastung, weil sich in diesen freien Momenten auch höchst lieblose Szenen abspielen. Man kann nicht zwanzig oder mehr gesunde Männer in die unnatürliche Atmosphäre eines Klosters sperren ohne psychische Folgen zu erwarten. Meistens sind die Mönche merklich erleichtert, wenn die Rekreation vorbei ist und sie sich für die Ruhezeit in ihre Zellen zurückziehen können.

Das ständige Rezitieren von Psalmen

Nach der Siesta folgen Vesper und Komplet. Die Vesper besteht aus fünf Psalmen, dem ‚Magnificat' und dem Tagesgebet. Die Komplet enthält drei Psalmen, das Gebet ‚Nunc Dimittis' und ein Abschlussgebet. Damit ist das Tagesoffizium abgeschlossen, das die frühen Benediktinerklöster in sieben Teile aufgeteilt hatten, in Anlehnung an Psalm 119,164: *„Ich lobe dich siebenmal am Tag wegen der Ordnungen deiner Gerechtigkeit."*

Ich werde oft gefragt, wie es möglich ist, dass wir nicht zur Erkenntnis des göttlichen Heilsplanes kamen, obwohl wir doch täglich um die dreißig Psalmen rezitierten oder sangen. (Nach dem vorgegebenen Plan sollten wir jede Woche einmal durch die Psalmen kommen.) Für einen Katholiken liegt die Antwort auf der Hand. Sooft wir auf eine Stelle stießen, die der römisch-katholischen Lehre zu widersprechen schien, nahmen wir an, dass wir sie nicht richtig interpretierten. Nehmen wir als Beispiel Psalm 18,3: *„Der Herr ist mein Fels"* und Psalm 62,3+7: *„Nur er ist mein Fels."* Entweder verdrängten wir die Schlussfolgerung, dass also Petrus nicht *der* Fels sein konnte, oder wir sagten uns, dass wir nicht genügend Kenntnis der Schriften hätten, um die Stelle zu verstehen.

Ebenso geschah es, wenn wir während der Lesungen im Heiligen Offizium Stellen aus dem Alten und Neuen Testament hörten. Römer 5,1: *„Da wir nun aus Glauben gerechtfertigt sind..."* verstanden wir so: „Da wir nun durch den Glauben an die römisch-katholische Kirche gerechtfertigt sind..."

Den späteren Nachmittag, nach der Vesper, verbringt der Mönch normalerweise in seiner Zelle. Dort, in der Einsamkeit seines Zimmers, versucht er, durch geistliche Lektüre, Meditation und Gebet ‚Gemeinschaft mit Gott' zu erlangen. Die Regel des Karmeliterordens betont diesen Teil des Mönchslebens und hält fest: „Bleibe in deiner Zelle, Tag und Nacht, und vertiefe dich in das Gesetz des Herrn." In Wirklichkeit wird ein großer Teil dieser Zeit mit Langeweile und Müßiggang vergeudet.

Das Fleisch töten

Darauf folgen eine weitere Stunde stiller Meditation in der Kapelle, das Abendbrot (bestehend aus Brot und Tee), das Abendgebet und als Abschluss des Klostertages die Kasteiung.

Die Kasteiung ist eine offene Selbstgeisselung. Die Mönche stellen sich dafür außen vor ihre Zellentüre gegen den Innenhof des Klosters hin. Auf ein Zeichen des Superiors (des Pater Priors) hin werden die Lichter gelöscht, die Mönche ziehen sich teilweise aus und beginnen, ihre nackten Oberschenkel zu geißeln, während sie sehr langsam auf Latein den 51. Psalm singen. Die Geißel, auch

Zuchtrute genannt, wird aus drei verschieden langen Seilstücken hergestellt, die durch einen gewobenen Handgriff so zusammengefasst werden, dass eine Peitsche mit sechs Enden entsteht, etwa 40 cm lang. Die Enden der Seilstücke werden in Bienenwachs getunkt, um sie härter zu machen. Natürlich kommt es auf den einzelnen Mönch an, wie stark er sich mit dieser Peitsche schlägt, aber viele hören erst auf, wenn sie bluten.

Wenn der Psalm fertig gesungen ist, sagt der Pater Prior mehrere Gebete auf, und die Mönche kleiden sich wieder an. Darauf wird das Licht wieder angezündet, die Mönche knien jeder vor seiner Zellentüre nieder, der Pater Prior geht an jedem Mönch vorbei und segnet ihn, während der Mönch seinerseits das Skapulier des Abts küsst. Dann ziehen sich die Mönche in ihre Zellen zurück und der Klostertag ist zu Ende.

Die Gelübde

1935, nach meinem Jahr als Novize, legte ich meine ersten und 1938, am Himmelfahrtstag, meine feierlichen Gelübde ab. Die folgende Abschrift meiner Profess zeigt, wie sehr sich ein Katholik durch ein solches Versprechen bindet:

„Ich, Frater Hugh von der Heiligen Therese Margaret, lege meine feierlichen Gelübde ab und gelobe vor Gott und der Allerseligsten Jungfrau Maria vom Berg Karmel und vor unserem hochwürdigen Pater, Frater Peter Thomas von der Jungfrau vom Berg Karmel, vor dem General des Ordens der unbeschuhten Karmeliter und vor seinen Nach-folgern Gehorsam, Keuschheit und Armut bis in den Tod, gemäß der ursprünglichen Regel des oben erwähnten Ordens."

Als ich dieses Gelübde ablegte, war ich kurz vor dem Abschluss meiner theologischen Studien für das Priesteramt. Ich hatte schon die Tonsur erhalten, dazu die niederen Weihen und das heilige Amt eines Subdiakons aus der Hand des Bischofs Francis Clement Kelley von Oklahoma City. Soweit ich mich erinnere, hatte ich bis dahin keine ernsthaften Zweifel an der Lehre der römisch-katholischen Kirche gehabt. Mir schien nichts mehr geschehen zu können. Aber Gott hatte andere Pläne für mich.

„Wir wissen aber, dass denen, die Gott lieben, alle Dinge zum Besten dienen, denen, die nach dem Vorsatz berufen sind. Denn die er zuvor ersehen hat, die hat er auch vorherbestimmt, dem Ebenbild seines Sohnes gleichgestaltet zu werden" [Römer 8,28-29].

Zweifel an der Macht des Priesters

In der letzten Ausbildungsphase lernte ich, wie man eine Messe feiert. Man muss monatelang üben, bis man die Anweisungen und Rituale der Messe kennt. Während ich übte, fragte ich mich oft: „Glaube ich eigentlich, dass ich nach der Priesterweihe die Macht haben werde, Gott auf den Altar herunterzubefehlen?" Gemäß der römisch-katholischen Lehre hat der Priester die Macht, die Elemente des Brotes und des Weins in den wirklichen Leib, das wirkliche Blut, Seele und Gottheit Jesu Christi zu verwandeln, egal, wie unwürdig er selber sein mag; sogar wenn er soeben einen Bund mit dem Teufel gemacht hätte. Es kommt nur darauf an, dass er die Konsekrationsworte richtig spricht und die Absicht hat, die Wandlung zu vollziehen, dann muss Gott auf den Altar kommen und in die Elemente eingehen.

Je mehr ich über diese Macht nachdachte, die die römisch-katholische Kirche den Priestern zumisst, desto weniger glaubte ich daran. Immer wieder ging ich zu meinem Beichtvater und bekannte ihm meine Zweifel. Seine einzige Antwort war, dass ich Geduld haben müsse. Er sagte mir, auch wenn ich nicht an alles glaubte, was die Kirche lehrt, könnte ich problemlos ein Priester werden, vorausgesetzt, dass ich treu das lehre, was die Kirche von mir wolle. Er sagte: „Auf deinen persönlichen Glauben kommt es nicht an. Du bist nur ein Werkzeug in der Hand der Mutter Kirche, um den Glauben zu verbreiten. Bleibe dem römisch-katholischen Glauben treu, so wird am Ende alles gut." Es sollte aber anders kommen.

Meine Zweifel wurden jeden Tag schlimmer. Die Superioren bemerkten meine Einstellung und vermuteten, dass ich Probleme hatte, aber sie unternahmen nichts. Außerdem hasste mich der höchste Superior, der Pater Provinzial. Er wusste, dass ich seine ungenügende Bildung durchschaut hatte. Er gab große Gelehrsamkeit und Heiligkeit vor, besaß aber weder das eine noch das andere. Er war entschlossen, mich wenn möglich zu zerbrechen und zu zerstören.

Glücklicherweise war der örtliche Prior, Pater Edward, mein Freund und nahm mich in Schutz, sogar auf die Gefahr hin, den Zorn des Provinzials auf sich zu ziehen. Schließlich verlor ich den Glauben an die römische Kirche und ihre erfundenen Dogmen völlig. Es wurde mir immer gleichgültiger, ob die Superioren dies merkten oder nicht.

Während der folgenden Monate überlegte ich mir viele Male, das Kloster zu verlassen. Aber ich wusste, dass ich damit aus Gewissensgründen auch die römisch-katholische Kirche verlassen musste. Vom protestantischen Glauben wusste ich sehr wenig. Die einzigen Bücher, die ich darüber hatte lesen dürfen, waren von römisch-katholischen Autoren geschrieben worden, welche die Lehre Gottes und die Lehren der protestantischen Theologen so verzerrt hatten, dass sie als Werkzeuge Satans erschienen. Ich wusste nicht, wo ich mich hinwenden sollte, aber ich setzte mein Vertrauen auf Gott. Ich wusste, dass er mich in dieser schwierigen Zeit nicht alleine lassen würde.

Der Entschluss, zu fliehen

Es war am 2. August 1940, als mir bewusst wurde, dass ich schon lange nicht mehr an gewisse römisch-katholische Lehren glaubte: die Transsubstantiation (Lehre von der Wandlung von Brot und Wein), die Ohrenbeichte (Sündenbekenntnis vor einem Priester, um von ihm persönlich die Vergebung zu erhalten) und die Unfehlbarkeit des Papstes (dass dieser nicht irren kann, wenn er in höchster Lehrgewalt [ex cathedra] über Glaubens- oder Sittenfragen entscheidet.) Ich wusste, dass es so nicht mehr möglich war, im Kloster zu bleiben. Das Leben dort ist schwer genug für die, die alles glauben, was die römische Kirche lehrt. Wer diesen Glaube verloren hat, hält das Leben als Mönch nicht mehr aus.

Ich hatte meine theologische Ausbildung abgeschlossen und wusste, dass ich den katholischen Glauben nie wieder festhalten könnte. So beschloss ich, ohne mit irgend jemandem darüber zu reden, das Kloster zu verlassen, und zwar an genau diesem Nachmittag. Ich musste sehr vorsichtig sein. Der Provinzial, mein Feind, war in unserem Kloster auf Besuch. Wenn er Verdacht schöpfen würde, dass ich das Kloster verlassen wollte, würde er einen römisch-katholischen Arzt veranlassen, mich in eine von der Kirche kontrollierte Irrenanstalt einzuweisen. Leser, die nette Katholiken kennen, mögen diese Befürchtung übertrieben finden, aber ich kann ihnen versichern, dass in Amerika, Irland und vielen anderen Ländern Hunderte von Priestern und Mönchen in psychiatrischen Kliniken sind, nur weil sie ihren Glauben an den Papst und die römisch-katholische Kirche verloren hatten und weggehen wollten.

Während die Patres ihre Mittagsruhe hielten, schlüpfte ich still durch den Hintereingang und floh in den CVJM in San Antonio, wo ich um Schutz bat. Ich wusste, dass der Provinzial und seine religiösen Verbündeten es nicht riskieren würden, die protestantischen Minister von Texas zu ersuchen, mich ihnen auszuliefern. Nachdem ich mit einigen Ministern Kontakt aufgenommen und ihnen meine Situation geschildert hatte, zog ich nach Houston, einer Stadt mit einem grösseren protestantischen Einwohneranteil als San Antonio, welches zu etwa 60 % römisch-katholisch ist.

Eintritt in den protestantischen Dienst ohne Christus

Zu dieser Zeit war ich nicht wirklich bekehrt. Ich dachte, für das geistliche Wohlergehen sei es genug, die theologische Meinung der Kirche anzunehmen, zu der man gehörte. So trat ich in den protestantischen Dienst ein und wirkte dort in verschiedenen Funktionen während der nächsten fünfzehn Jahre meines Lebens, ohne meines Heils gewiss zu sein. Gottes Gnade aber hörte nicht auf, an mir zu arbeiten. *„Der Geist ist es, der lebendig macht, das Fleisch nützt gar nichts. ... Darum habe ich euch gesagt: Niemand kann zu mir kommen, es sei ihm denn von meinem Vater gegeben!“* [Johannes 6,63+65].

Schließlich kam der Wendepunkt in meinem geistlichen Leben. Aber eine Versuchung stand mir noch bevor. Ich begann zu glauben, dass es ein Fehler von mir gewesen war, die katholische Kirche zu verlassen, und kehrte 1955 dorthin zurück. Sie schickten mich in ein Trappistenkloster zur Sühne. Ich war gerne bereit dazu. Ich wollte alles tun, was ich konnte, um Gewissheit über mein ewiges Los zu finden. Ich öffnete mich für alles, was sie mich zu lehren versuchten, aber es war umsonst. Ich fand nicht nur heraus, dass ich nicht an die Lehren der römischen Kirche glaubte, sondern mir wurde auch klar, dass die Kirche gar nicht die Wahrheit haben konnte, weil die meisten ihrer Lehren von Menschen aufgestellt worden waren. So verließ ich die römische Kirche ein zweites Mal – natürlich ohne es vorher zu sagen.

Ich zog an die Ostküste (der USA) und betete, dass Gott mir seinen Willen zeigen möge. Meine Gebete wurden bald beantwortet und zwar so, dass ich nicht länger zweifeln konnte, was Sein Wille war.

Schritte auf dem Weg zur Bekehrung

Es war nach einem Vortrag, den ich vor einer Gruppe von Geschäftsleuten über „die politischen Konsequenzen der Wahl eines Katholiken zum Präsidenten“ hielt, als ein hochgewachsener Mann auf mich zukam und mir für meine Kenntnisse der römischen Kirche und ihrer Lehren gratulierte. Wie gewöhnlich stieg großer Stolz in mir auf. Dann fuhr der Mann fort: „Aber etwas muss ich Ihnen sagen, mein Freund, noch nie habe ich bei jemandem eine so niedrige geistliche Temperatur festgestellt.“ Zutiefst beleidigt und so grob wie ich konnte, wandte ich mich von ihm ab. In meinen Gedanken tat ich ihn als Spinner ab. Aber seine Retterliebe war zu groß, als dass er mich einfach gehen ließ. Er gehörte zu dieser hingegebenen Sorte von „Menschenfischern“, die im Ringen um eine Seele nicht aufgeben, egal wie hart sie zurückgewiesen oder sogar beleidigt werden. Er ging mir nach, und schließlich wurde ich vom Geist Gottes überführt.

Zuerst wies ich die Lösung zurück, die er für meine geistlichen Probleme aufzeigte. Er sagte mir, ich müsste nur Christus annehmen, all mein Vertrauen auf ihn setzen, „an ihn glauben“, so würde ich ewiges Leben haben. Immer wieder erinnerte er mich an die Worte Christi: *„Wahrlich,*

wahrlich, ich sage euch: Wer an mich glaubt, der hat ewiges Leben“ [Johannes 6,47]. Aber das schien viel zu einfach, um wahr zu sein. Warum, fragte ich mich, würden all die verschiedenen Lehren der verschiedenen Glaubensgemeinschaften verbreitet werden, wenn es so einfach war? Aber dann merkte ich, dass es nicht einfach war. Ich musste demütig eingestehen, dass ich ein Sünder war, *„denn alle haben gesündigt und verfehlen die Herrlichkeit Gottes“* [Römer 3,23]. Zudem beruhte die Errettung auf dem Blut Christi, das er auf Golgatha vergossen hatte, und nicht auf den eigenen Leistungen.

So erkannte ich meine Sündhaftigkeit an, wie der Psalmist: *„Siehe, in Schuld bin ich geboren, und in Sünden hat mich meine Mutter empfangen“* [Psalm 51,7]. Dann nahm ich Christus als meinen einzig möglichen Retter an, verließ mich auf nichts und niemand anderen mehr, nicht einmal mehr auf die ‚Heilige Jungfrau Maria‘.

„Wer dagegen keine Werke verrichtet, sondern an den glaubt, der den Gottlosen rechtfertigt, dem wird sein Glaube als Gerechtigkeit angerechnet“ [Römer 4,5].

Nach meiner Bekehrung

Von diesem Tag an hatte ich nie mehr irgendwelche Zweifel in bezug auf meine Errettung. *„Jeder nun, der mich bekennt vor den Menschen, den will auch ich bekennen vor meinem Vater im Himmel“* [Matthäus 10,32].

Nachdem ich durch Gottes Gnade gerettet worden war, arbeitete ich zunächst in einer Organisation, deren Ziel es war, dass Priester das Evangelium verstehen konnten. Aber bald merkte ich, dass Gott mich zu einem speziellen Dienst berief, nämlich Gläubige zu unterrichten, wie sie Katholiken für den Herrn gewinnen können. 1959 zog ich aus im Glauben (wie wir in den Vereinigten Staaten von Amerika sagen), darauf vertrauend, dass Gott für alle meine Bedürfnisse sorgen würde, was er auch getan hat. Aus Platzgründen muss ich darauf verzichten, von all dem großen Segen und der Barmherzigkeit zu erzählen, die ich erlebt habe. Ich bin oft durch die USA und Kanada gereist und unternahm auch einige Predigtreisen durch Europa.

Überall durfte ich mit Liebe und Autorität sprechen und wurde gut aufgenommen.

Es ist nicht mein Ziel, Hass und Bitterkeit zu säen, sondern viel mehr, durch das Evangelium aufzuzeigen, wie man Katholiken für Christus gewinnen kann. Immer wieder erinnere ich die Menschen an diese wunderbaren Worte im ersten Kapitel des Johannesevangeliums, die auch am Schluss jeder römisch-katholischen Messe in der letzten Lesung vorgetragen werden: *„Er kam in sein Eigentum, und die Seinen nahmen ihn nicht auf. Allen denen aber, die ihn aufnahmen, gab er Vollmacht, Gottes Kinder zu werden, denen, die an seinen Namen glauben“* [Johannes 1,11-12]. Preis sei Seinem heiligen Namen in Ewigkeit. Amen.

Hugh Farell[1]

---

1 Anmerkung:
Hugh Farrel kam in den Vereinigten Staaten zur Welt. Nach seiner Bekehrung arbeitete er unermüdlich in der Verkündigung und Evangelisation in ganz Europa, den Vereinigten Staaten und Kanada. Unterdessen hat der Herr ihn zu sich gerufen. (Der Herausgeber)

Vom Hinduismus zum Christentum

Erste Lebensjahre

In meiner Jugendzeit war ich ein erbitterter Feind des Evangeliums Christi. Obwohl ich sieben Jahre eine höhere Missionsschule in Punjab besuchte hatte ich nie das Verlangen, etwas über Christus zu erfahren. Die meisten meiner Mitschüler hassten die Christen und machten sich über Bibellehrer und Pastoren lustig. Fünf Jahre war ich dort in Pension. Die Hindus und Mohammedaner wohnten auf der einen Seite, die Christen auf der anderen. Ich kann mich nicht erinnern, dass ich während dieser fünf Jahre auch nur ein einziges Mal die Mitschüler von der christlichen Seite besucht hätte. Ich hasste sie. Allerdings hatten die meisten von uns Hinduknaben auch ein tiefes Vorurteil gegen die Mohammedaner - doch während wir mit den Mohammedanern spielten und uns freimütig aussprachen, hatten wir mit der christlichen Seite niemals Freundschaft geschlossen. Anlässlich einer Zwischenprüfung in der Schule wurde mir eine sehr schöne Bibel geschenkt. Kaum hatte ich dieses von mir gehasste Buch in den Händen, begann ich auch schon, sämtliche Buchseiten aus dem prächtigen Einband herauszureißen. Den Umschlagdeckel bewahrte ich mir jedoch wegen seiner wertvollen Aufmachung auf.

So blieb ich während meiner Schul- und Studienzeit ein erbitterter Feind des Evangeliums Christi, war aber in meiner Religion sehr strenggläubig und verbrachte viele Stunden in Sikh-Tempeln, wo ich den religiösen Riten beiwohnte.

Ziele

Wie jeder Schüler, so hatte auch ich viele Ziele und Ideale. Einige davon waren hoch, andere niedrig; einige edel, andere unedel. Bei aller Demut kann gesagt werden, dass mir kaum ein Wunsch versagt geblieben ist.

Ich wollte nach England fahren, rund um die Welt reisen, hohe Bildung erlangen und die Freundschaft vieler

Menschen schließen. Dabei wollte und musste ich selbstverständlich meiner Religion treu bleiben. Lediglich mein Vater war für meine England-Pläne nicht zu begeistern. Da er mich zudem in seinem Geschäft benötigte, wollte er mir lieber jeden Geldbetrag zur Verfügung stellen. Er hatte soeben eine neue Baumwollfabrik gebaut und konnte daher auf seinen ältesten Sohn auf keinen Fall verzichten. Verständlich. Doch ich blieb hart und ging. Nichts konnte mich von meinem Vorhaben abbringen - auch nicht der Versuch, meine Ausreise zu verweigern. Ich muss noch einflechten, dass ich das Lieblingskind meiner Mutter war, obwohl ich noch fünf Geschwister hatte. Das kam mir dabei sehr zugute. Daher sagte sie zu mir: „Höre, ich will dir helfen, dass du nach England reisen kannst, aber du musst mir versprechen, deiner Religion treu zu bleiben. Ich habe gehört, dass junge Menschen nach England gingen und dort ihre Religion aufgaben."

„Aber Mutter", entgegnete ich, „glaubst du tatsächlich, dass ich meine Religion jemals wechseln könnte?" Immerhin war ich auf meine Sikh-Religion sehr stolz.

Nachdem also Mutter mir das Versprechen abgenommen hatte, überredete sie meinen Vater, mich ziehen zu lassen.

England

So kam ich also im September 1926 nach England und besuchte zunächst in London einen Ingenieurkurs für Maschinenbau.

Nur mit meinem Gelübde war es nicht weit her. In den ersten neun Monaten hielt ich noch durch, doch dann nahm ich allmählich europäische Sitten an. Es ging sehr schnell abwärts mit mir. Schließlich wurde ich ein Gottesleugner, Sozialist und Freidenker. Ich verfügte inzwischen über die besten Voraussetzungen, ein eingefleischter Europäer zu werden. Ich lernte das Rauchen, obschon ich als Sikh bis dahin keinen Tabak kannte.

Nun, ich bereiste ganz England und Europa, besuchte Museen, Kunstausstellungen und Kinos, war Freund mit Reichen und Armen, Hohen und Niedrigen, frönte dem Vergnügen und eignete mir soviel Bildung an wie eben möglich. Und doch war ich unglücklich, was ich hauptsächlich meiner Unzivilisiertheit und Rückständigkeit zuschrieb. Darum stellte ich meinen englischen Freunden wiederholt die Frage: „Seid ihr eigentlich glücklich?“ Dieses richtete ich an Studenten, Professoren und Geistliche, wobei ich meine Frage gewöhnlich damit einleitete, dass ich sie an ihre schönen Häuser erinnerte, an ihre reizenden Kinder, ihr gutes Einkommen und die vielfältigen Möglichkeiten, die ihnen jederzeit offen stünden. Wie erstaunt war ich, dass ich keinen traf, der mit mit einem ehrlichen „Ja“ antworten konnte. Ich gewann die Erkenntnis, dass die ganze Welt die Eitelkeit der Eitelkeiten ist.

Früher vertrat ich immer die Auffassung, dass Indien zu einem Himmel würde, wenn es zivilisiert wäre, und dass Erziehung und Gesundheitspflege alles Böse zum Verschwinden brächten. Nun sah ich, dass England trotz Bildung und Gesundheitspflege das Böse nicht los wurde. Ja, ich musste sogar in England mehr Böses sehen, als ich in Indien je erlebt hatte.

Ich hatte sehr schnell begriffen, dass Kultur und Bildung dieses Problem nicht zu lösen vermögen und pflegte daher folgenden Vergleich zu ziehen: In Indien verbindet ein armer Mann seine Wunde mit einem schmutzigen Lappen, während in England ein reicher Mann seine Wunde mit einem schönen weißen Verbandstoff bedeckt. Aber weder das eine noch das andere vermag den Schmutz und Eiter darunter zu entfernen.

Die Reise nach Kanada

Im Jahr 1928 reiste eine Studentengruppe nach Kanada. Ich wollte mich dieser Gruppe anschließen, doch der Sekretär war dagegen. Er meinte, die Amerikaner wüssten nicht, wie sie sich einem Inder gegenüber zu verhalten hätten. Deshalb bat er mich, hier zu bleiben.

Ich fuhr aber doch mit, denn ich wollte sie in jedem Fall von meiner Anpassungsfähigkeit und Toleranz überzeugen.

An Bord des Schiffes befand sich eine große Gesellschaft. Es gab hier alle Arten des Vergnügens, an denen ich rege teilzunehmen begann. Während der Reise wurde ich - es war der 10. August 1928 - auf die Ankündigung eines Gottesdienstes aufmerksam gemacht, der im Speisesaal der 1. Klasse abgehalten werden sollte. Sofern meine Freunde und Reisebegleiter am Gottesdienst teilnehmen würden, wollte ich mitgehen. Plötzlich packte mich die Furcht. Noch nie hatte ich einen christlichen Gottesdienst besucht. Später beruhigte ich mich mit der Tatsache, dass ich ja auch an Tanz- und sonstigen Vergnügungsveranstaltungen teilnahm, ohne dabei innerlich Schaden genommen zu haben. Warum sollte mir ausgerechnet ein christlicher Gottesdienst schaden? Zudem war mir bekannt geworden, dass der Speisesaal ein exklusiver Raum sei, und so witterte ich hier eine gute Gelegenheit, ihn einmal zu besichtigen. Indem ich mich also mit diesen Argumenten selbst beschwichtigte, reifte mein Entschluss zur Tat. Ich suchte mir einen Platz in der hintersten Reihe aus. Die Predigt wollte ich mir aber auf keinen Fall anhören. Darum versuchte ich zu schlafen und blieb auch am Schluss als einziger sitzen, als alle zum Gebet niederknieten.

In mir kochte es: Diese Leute haben mein Heimatland ausgebeutet. Was wissen sie schon von Religion?! Meine Religion ist doch die beste! Mein nationaler, intellektueller und religiöser Stolz hinderten mich niederzuknien. Ich war daher entschlossen, den Raum fluchtartig zu verlassen. Da aber zu meiner Rechten und Linken je ein Mann kniete scheute ich mich, sie zu stören. Ich musste also bleiben. Aber niederknien wollte und konnte ich doch auch nicht. Schließlich sagte ich mir: Du warst in den Moscheen der Mohammedaner und in den Tempeln der Hindus. Wenn du dir dort deine Schuhe auszogst und die Füße wuschst, um damit deine Ehrfurcht kundzutun, dann müsste es dir schon deine Höflichkeit gebieten, auch diesen Ort zu ehren und zu würdigen. Also brach ich meinen Stolz und kniete nieder.

Der Name Jesus

Man bedenke, dass dies der erste christliche Gottesdienst war, dem ich in meinem Leben beiwohnte. Nie zuvor hatte ich eine Bibel gekannt, noch hatte mir je ein Mensch etwas über die Erlösung in Jesus Christus gesagt. Ich spürte, wie sich in mir plötzlich eine innere Wandlung vollzog. Mein ganzer Leib zitterte. Ich fühlte, wie göttliche Kraft in mich drang und mich erhob. Eine unbeschreibliche Freude erfüllte meine Seele. Ich begann zu beten: »Herr Jesus, gelobt sei dein Name, gelobt sei dein Name!«

Ein neues Leben

Es vergingen gut zwölf Monate, bevor ich überhaupt von meinem Glaubenserlebnis das erste Mal erzählte. Mir fehlte bis dahin einfach der Mut. Als ich am 14. Dezember 1929 in Winnipeg war bat ich einen meiner Freunde, mir eine Bibel zu leihen. Er war darüber sehr erstaunt und meinte: „Du, ein Hindu und Inder, willst die Bibel lesen? Soviel mir bekannt ist, liest doch ein Hindu keine Bibel?" – „Du hast recht", antwortete ich, „diese meine eigenen Hände haben eine Bibel zerrissen. Meine Lippen haben gegen Christus gelästert, aber seit nunmehr 18 Monaten habe ich eine große Liebe zu Jesus Christus und seinem Wort. Ich liebe seinen mir so wohlklingenden Namen. Aber ich weiß noch nichts über sein Leben und seine Lehre." - Er griff mit der Hand in seine Weste und überreichte mir sein Neues Testament, das ich von da an immer bei mir trug. Ich zog mich sofort in mein Zimmer zurück und begann zunächst mit der Lesung des Matthäus-Evangeliums. Die Uhr schlug gerade drei, als ich das Licht löschte. Den darauf folgenden Tag nutzte ich ebenfalls dazu, um in dem mir anvertrauten Kleinod zu forschen und das Gelesene in mich aufzunehmen.

Der Sünde überführt

Am zweiten Tag las ich das 3. Kapitel des Johannes-Evangeliums. Beim 3. Vers mußte ich innehalten. Die Worte: *»Wahrlich, wahrlich, ich sage dir«*, machten mich unruhig und unsicher. Ich fühlte jemanden neben mir stehen, der mir ständig zuflüsterte: »Wahrlich, wahrlich, ich sage dir.« Früher lästerte ich: »Die Bibel gehört dem Westen.« Jetzt aber bemerkte ich zum ersten Mal den persönlichen Anruf Gottes: »Wahrlich, wahrlich, ich sage dir.« Diese Worte beschämten mich ungemein. Vor mir standen plötzlich alle meine Gotteslästerungen und Sünden aus meiner Schul- und Studienzeit. Zum ersten Mal erkannte ich, dass ich ein verlorener Mensch bin, dass mein Herz gottlos und schmutzig war. Mein kleinlicher Argwohn, meine ganze Gottlosigkeit und Verderbtheit - alles lag nun klar vor mir. Mir fehlte der Friede mit Gott.

Für meine Eltern war ich zwar ein wohlgeratener Sohn und für viele ein guter Freund. Aber ich selbst war mir über den wahren Zustand meines Herzens keine Sekunde länger im Unklaren. Tränen rollten über meine Wangen, und ich flehte zu Gott: »Herr, vergib mir, denn ich bin ein großer Sünder!«

Es gab eine Zeit in meinem Leben, da glaubte ich, dass für einen so großen Sünder wie mich keine Hoffnung mehr da sei. Doch während ich so bitterlich weinte, sprach eine innere Stimme zu mir: »Dies ist mein Leib, gebrochen für dich, dies ist mein Blut, vergossen für dich.« Da wurde mir bewusst, dass das Blut Jesu rein wäscht von aller Sünde, und dass dieses Blut Kraft genug hat, auch meine Sünden abzuwaschen. Ich hätte es zwar in diesem Augenblick nicht erklären können, aber ich hatte wohl begriffen, dass mich nur das Blut Jesu zu retten vermag. Frieden und Freude erfüllten von Stund an meine Seele, und ich bekam die Gewissheit, dass alle meine Sünden getilgt waren und Jesus von meinem Herzen Besitz ergriffen hatte.

Als man mir dann zu Weihnachten eine Bibel schenkte, war meine Freude darüber so groß, dass ich manchmal bis zu vierzehn Stunden darin las. Im Februar 1930 hatte ich bereits die ganze Bibel durchgelesen und mehrmals das Neue Testament. Schließlich begann ich die Bibel ein zweites und drittes Mal zu lesen, und ich muss offen gestehen, dass mir an keiner einzigen Stelle des Buches Widersprüche und Zweifel begegnet sind, was selbstverständlich nicht immer mit einem vollen Verständnis gleichzusetzen ist.

Armut

Während der zurückliegenden Jahre wurde mir Christus durch die vielen Prüfungen und Anfechtungen, die wie eine Flut über mich hereinbrachen, stets kostbarer und wirklichkeitsnäher. Ich fand zwar große Freude und einen tiefen Frieden, doch sah ich mich nach meiner Bekehrung auch großen Prüfungen und Anfechtungen gegenübergestellt. Sie begannen zunächst mit der Armut.

Vor meinem Glaubenswechsel sandte mir mein Vater immer so viel Geld, wie ich eben benötigte. Danach musste er seine Zahlungen einstellen, weil er einen großen, kostspieligen Prozess zu führen hatte. Monatelang war ich ohne jegliche Nachricht von zu Hause. Meine zahlreichen Briefe und Telegramme blieben unbeantwortet. Der Grund hierfür war mir einfach unerklärlich. Ich machte mir ernsthafte Sorgen und ahnte das Schlimmste. Schließlich konnte ich nicht einmal die Portokosten mehr bestreiten und mußte darum den Schriftwechsel einstellen. Zudem lebte ich in einer fremden Stadt, ohne auch nur einen einzigen Menschen zum Freund zu haben. Ich hatte im übrigen gelobt, niemals jemanden um Hilfe anzurufen und war daher zu dem Entschluß gekommen, mich nach einer Arbeitsstelle umzusehen.

Das Jahr 1929 war eines der härtesten Krisenjahre für ganz Amerika. Es gab Tausende von Arbeitslosen. Vormals wohlhabende Leute gingen nun von Haus zu Haus, um mit dem Verkauf von Bisquits und Kuchen ihren Lebensunterhalt zu verdienen. Es war die Prüfung der Armut.

Ich stand bereits in der Frühe des Tages auf, um mich nach Arbeit umzusehen. Doch überall, wo ich vorsprach, ob in Werkstätten, Fabriken oder Geschäftsläden, erhielt ich die gleiche, abweisende Antwort. Während vier Monaten wanderte ich stundenlang von Haus zu Haus, von Laden zu Laden, bis ich eines Tages endlich eine Stelle als Koch erhielt. Das war nun alles andere, als ich mir erträumt hatte.

Als Polizist in Toronto

In dieser Zeit erreichte mich ein Brief aus Toronto, einer Stadt ungefähr tausend Meilen östlich von Winnipeg. Eine Maschinenbau-Firma schrieb mir aufgrund meiner Bewerbung und bat um eine persönliche Unterredung. Ich war begeistert. Nur einen Haken hatte die Sache: ich besaß kein Geld, um mir eine Fahrkarte kaufen zu können.

Als ich am darauf folgenden Sonntag aus der Kirche kam, überraschte mich plötzlich von hinten ein großer Mann, stellte sich vor mich, schüttelte mir die Hand und sagte: „Ich heiße Flynn und bin von Beruf Polizeiinspektor. Für einen Sonderzug von Winnipeg nach Toronto suche ich zwei Polizisten für zwei Tage. Hätten Sie Lust hierzu?“

Wie merkwürdig, dachte ich. Woher konnte er nur von meinem Vorhaben wissen? Ich hatte ihm doch nicht das Geringste gesagt!? Nur zwei Polizisten für zwei Tage! War ich bereit zu gehen?

Hatte ich um eine Möglichkeit gebetet, nach Toronto reisen zu können, so sorgte Gott zunächst dafür, dass ich für zwei Tage Polizist wurde. Ich benötigte für die Reise nach Toronto zwar nur eine einfache Fahrkarte, aber Gott versorgte mich gleich auch mit dem Geld für die Rückreise. In all diesen Führungen spürte ich, wie die göttliche Hand meine Schritte leitete.

In Toronto angekommen, tat ich zwar meinen aufgetragenen Dienst als Polizist, erhielt dafür aber weder Lohn noch Spesengeld, außer dem Betrag für die Rückreise. So war ich also in der großen Stadt wieder ohne Geld.

Von den paar Cents, die ich noch hatte, kaufte ich mir ein Paket Kakao. Ich mixte ihn mit heißem Wasser und lebte davon zehn Tage, und das, obwohl ich tagsüber hart arbeitete.

Doch ich wusste, dass Gott damit eine bestimmte Absicht hatte und meinen Glauben auf die Probe stellen wollte. Wenngleich ich es damals auch nicht begriff, so waren diese Tage für mich doch sehr wertvoll und hilfreich. Wen Gott zubereiten will, den schickt er in die Schule.

Neue Schuhe

Dann kam der Winter. In Kanada ist der Winter sehr streng, und mir fehlte jegliche warme Kleidung. Ich fror jämmerlich. Außerdem hatten meine Schuhe an mehreren Stellen »Notausgänge«. Das Oberleder war zwar noch in gutem Zustand, aber die Sohlen waren total abgelaufen. Trotzdem mußte ich mit diesen Schuhen große Strecken zurücklegen, da ich auch kein Geld für ein Bus-Ticket besaß. Ich trug Gott mein Anliegen im Gebet vor. Noch am gleichen Tag traf ich mich mit einem älteren Herrn. Während der Unterredung unterbrach er mich plötzlich und sagte: „Hätten Sie etwas dagegen, wenn ich Ihnen ein paar neue Schuhe kaufe? Ich habe das Geld eigens für diesen Zweck geschenkt bekommen. Bitte sagen Sie nicht nein!“

Auch später machte ich die Erfahrung, dass Gott in wunderbarer Weise für mich sorgte und ich auch nicht die geringste Andeutung über meine persönlichen Verhältnisse kundzutun brauchte.

Eine merkwürdige Münze

Die Zeit verging. Eines Morgens fühlte ich mich innerlich genötigt, meiner Mutter einen Brief zu schreiben, doch es fehlte mir wieder das Geld für den Kauf von Briefmarken und Briefpapier. Da machte ich aus meiner Not wieder ein Gebet. Nachdem ich Gott mein Anliegen vorgetragen hatte, durchsuchte ich meine Taschen und fand dabei eine kleine Münze. Ich wollte wissen, ob diese für meinen Briefmarkenkauf ausreichte und beauftragte ein Kind, die Sache für mich zu erledigen. Kurz darauf kam eine Dame zu mir und wollte wissen, weshalb ich dem Kind diese Münze gegeben habe. Ich entschuldigte mich und gab ihr zu verstehen, dass es mir leid täte, aber es sei wirklich alles, was ich zur Zeit an Geld besitze.

Daraufhin klärte sie mich auf, dass es sich um eine Goldmünze handle, die sie seit Jahren nicht mehr gesehen habe.

Ich dachte darüber nach, wie die Münze in meine Tasche gelangen konnte, aber ich habe es nie ausfindig machen können. Aber so hatte Gott mich an jenem Tag versorgt.

Gewiss muß Gott nicht immer alle unsere Gebete erhören. Aber Gott kann! Und da, wo es um unsere Existenz geht, um Nahrung und Kleidung, hat Gott in seinem Wort uns zugesichert, uns durchzubringen. Nur das Wie steht in seiner Hand.

Berufung zum Dienst

Am 4. Februar 1932 wurde ich in Vancouver (Kanada) getauft. Nach der Taufe zog ich von Land zu Land und bezeugte die großen Taten Gottes. Während der ersten Aprilwoche 1932 hatte ich auf Einladung über das Land Indien zu sprechen. Dabei wurden viele Fragen laut, so u. a.: »Was halten Sie von der Missionsarbeit in Indien?« Meine Antwort fiel negativ aus, und ich hielt mit meiner Kritik nicht hinter dem Berg. Zu Hause hatte ich plötzlich keine Gebetsfreudigkeit mehr. Eine innere Stimme sprach zu mir: »Wer bist du, dass du dich in mein Werk einmischst? Du bist damit einverstanden, wenn sich andere aufopfern, aber du selbst willst als Ingenieur nach Indien gehen und ein bequemes Leben führen!« Diese Worte trafen mein Herz wie ein Schwert. Es war die Antwort, die ich nötig hatte.

Da entschloss ich mich, mein ganzes Geld für das Reich Gottes zur Verfügung zu stellen. Doch ich hatte Gott völlig missverstanden. Er wollte nicht mein Geld, sondern mich.

An jenem Morgen kniete ich nieder und bat Gott um Vergebung: »Herr, wenn du mich haben willst, so bin ich bereit überall hinzugehen, sei es nach Indien, China oder Afrika. Für dich will ich alles aufgeben, Freunde, Verwandte, Hab und Gut.«

Dann zeigte mir Gott, dass ich ganz im Glauben leben, niemanden um irgend etwas bitten solle, auch nicht meine Freunde und Verwandten.

Meine eigenen Pläne stellte ich zurück und vertraute mich völlig der Führung Gottes an. Es war nicht immer leicht, aber Gott bekannte sich zu seinem Wort: *»Alle eure Sorgen werfet auf ihn, denn er sorgt für euch«* [1. Petr. 5, 7].

Inzwischen sind bereits fast 40 Jahre verflossen, und ich darf zu seiner Ehre bekennen, dass ich in dieser Zeit auch nicht eine einzige Person um materielle Hilfe oder Unterstützung bitten mußte. Der Herr sorgte in allem reichlich für mich. Das ist kein frommer Idealismus, sondern erlebte Wirklichkeit in 40 Jahren. Jesus stellte seinen Jüngern einmal die Frage: *»So oft ich euch ausgesandt habe ohne Beutel, ohne Tasche und ohne*

Schuhe, habt ihr auch je Mangel gehabt?« Sie sprachen: »Nie« [Luk. 22, 35].

Wie sehr habe ich in den zurückliegenden Jahren die Wahrheit dieses Wortes erleben dürfen!

So kam es also dazu, dass ich meine Ingenieurspläne aufgab und zunächst für ein Jahr als Prediger in Amerika blieb.

Mein Zeugnis zu Hause

Am 19. Oktober 1932 schrieb ich meinem Vater einen langen Brief, in dem ich ihm ausführlich die Gründe meiner inneren Wandlung darlegte. Ich hatte in dem Schreiben zahlreiche Bibelstellen zitiert und bat Gott darum, er möge meinen Vater doch mit einer Person zusammenführen, die ihm die Bibelstellen erläutere. Es war der 15. November. An diesem Tag suchte mein Vater einen amerikanischen Missionar auf.

Der Missionar schenkte ihm eine Bibel in der Urda-Sprache und zeigte ihm gleichzeitig, wie er die von mir zitierten Bibelstellen nachschlagen kann. Zu Hause verglich er dann sorgfältig und kam zu der Überzeugung, dass meine Umkehr echt sei. Daraufhin teilte er mir mit, er habe gegen meinen Christusglauben nichts mehr einzuwenden und freue sich darüber, dass ich in meinem Glauben glücklich sei.

Am 6. April 1933 kam ich nach siebenjähriger Abwesenheit wieder in Bombay an, wo mich meine Eltern erwarteten. Ich hatte das Schiff gerade verlassen, da waren dies die ersten Worte des Vaters: „Nur deine Mutter und ich wissen von deiner Bekehrung. Willst du es bitte geheimhalten und dich um der Ehre deiner Familie willen weiterhin als Sikh bekennen? Du kannst die Bibel lesen und zur Kirche gehen, aber sage niemandem, dass du ein Christ bist." Ich antwortete: „Kann ich leben, ohne zu atmen? Wenn Christus mein Leben ist, wie kann ich leben ohne ihn?"

Ich versuchte ihm klarzumachen, was es bedeutet, sein Leben Gott geweiht zu haben. „Willst du denn Missionar oder Pfarrer werden?", wollte er wissen. Auf meine Meinung hin meinte er: „Wenn du schon uns gegenüber nicht gut bist, warum bist du es nicht wenigstens zu dir selbst? Als Pfarrer oder Missionar bist du wenigstens geachtet oder gesichert. Aber wenn du von Ort zu Ort ziehst, wer wird dir zuhören, und wie willst du deinen Unterhalt bestreiten?“ Ich erklärte ihm, dass Gott, wenn er einen Menschen beruft, auch für ihn sorgen wird. Aber er verstand es nicht und sagte kategorisch: „Wenn du die Sache nicht geheimhalten kannst, dann kannst du auch nicht mit nach Hause kommen“, und ließ mich kurzerhand stehen.

Noch am gleichen Tag begann ich meine erste Missionstätigkeit in Bombay.

Heimatlos in Bombay

Ich stellte mein Gepäck in eine Ecke und begann mit dem Verteilen christlicher Traktate. Interessierte luden mich dann meist in ein nahegelegenes Hotel zu einer ausführlicheren Unterredung ein, wobei ich in der Regel auch eine Tasse Tee angeboten erhielt. Sie war eine ganze Zeitlang für mich Frühstück, Mittagessen und Abendessen zugleich.

So ging das tagelang. Auf diese Weise erklärte ich den vorbeigehenden Hindus und Mohammedanern aus der Bibel den Weg des Heils. Die Straße war mein Heim und die Straßenlampe meine Beleuchtung. Trotz des Hungers und der mannigfachen Entbehrungen waren es glückliche Tage, in denen mir Christus so unendlich gegenwärtig war.

Nach etwa zwei bis drei Wochen erhielt ich von meiner Schwester einen Brief, in dem sie mich um ihren Besuch bat. Sie wußte nicht, dass ich Christ geworden war und glaubte, ich sehe mich in Bombay lediglich nach einer Arbeit um.

So reiste ich also nach Karachi. Als meine Schwester hörte, dass ich in den Basars predigte und mich zur Kirche gehen sah, schrieb sie meinem Vater: „Komm schnell, die Sache ist gefährlich!“

Daraufhin kam mein Vater unverzüglich angereist. Noch am gleichen Abend war eine Familienzusammenkunft, an der meine Schwester, mein Schwager, meine Brüder und mein Vater teilnahmen. „Du hast eine hohe und vornehme Religion verlassen und bist ein Ausgestoßener geworden!“, wetterte gleich meine Schwester los. „Ich bin schlimmer als ein Ausgestoßener. Du hast gar keine Ahnung vom Zustand meines Herzens. Jesus hat mir gezeigt, dass ich der größte Sünder bin." Kaum hatte ich den Satz zu Ende gesprochen, als meine Schwester erneut ihren Zorn kundtat und Christus lästerte. Da schaltete sich mein Vater ein und fragte mich nach meiner Urda-Bibel. Als ich sie ihm gegeben hatte, begann er aus dem Neuen Testament einige bestimmte Schriftstellen zu lesen, worauf meine Schwester wieder konterte: „Wir haben dich gerufen, um ihn zu tadeln, aber nun bekennst du dich selbst noch zu Christus!" „Du hast kein Recht, irgend etwas gegen den Herrn Jesus zu sagen", fuhr Vater fort, „denn du weißt nichts von ihm. Gegen deinen Bruder magst du sagen, was du willst, aber nicht gegen Christus!" Da fühlten sich alle betroffen, und die Zusammenkunft fand ein rasches Ende.

Meines Vaters Bekehrung

Am folgenden Tag besuchte mein Vater einen Gottesdienst. Bei unserem anschließenden gemeinsamen Spaziergang trafen wir einen Sikh, dem ich den Weg zu Christus hatte zeigen dürfen. Er erzählte meinem Vater sein Erlebnis. Bei der Gelegenheit gab Vater ihm auch zu verstehen, dass er an jenem 6. April, als er mich bei meiner Ankunft in Bombay verlassen habe, sehr unglücklich gewesen sei und er noch am gleichen Tag Sadhus und Sanyasys aufsuchte, um sie nach dem wahren Frieden zu befragen. Aber keiner konnte ihm die Frage beantworten. Man meinte lediglich, dass es eine sehr schwierige Sache sei, den wahren Frieden zu finden.

Nun, durch die freundliche Fügung Gottes, kam mein Vater eines Tages in Lahore an einer Kirche vorbei, in der gerade ein Gottesdienst begonnen hatte. Er ging hinein und besetzte einen der letzten Plätze. Während der Predigt arbeitete Gott an seinem Herzen. Er erkannte plötzlich die Wahrheit und Reinheit des Evangeliums und seinen verlorenen Zustand vor Gott. Noch zur gleichen Stunde tat er Buße, nahm Gottes Erlösungswerk in Jesus Christus für sich persönlich in Anspruch und fand zum fröhlichen Christusglauben.

Als Vater Karachi wieder verließ, flüsterte er mir zu: „Du darfst heimkommen." Meine Freude war unbeschreiblich. Zu Hause angekommen, erwartete mich allerdings eine wahre Strapaze. Alle meine Freunde und Verwandten kamen mich besuchen und sahen es als ihre vornehmlichste Pflicht an, dem »Abtrünnigen« gehörig die Leviten zu lesen. Nachher fragte mich mein Vater: „Warum gehst du eigentlich nicht zur Kirche, um dort Zeugnis abzulegen?" In der Tat, eine berechtigte Frage. Doch der zuständige Inder-Pfarrer verweigerte mir die Genehmigung, weil er befürchtete, dass mir aufgrund meines großen Verwandten- und Bekanntenkreises etwas zustoßen könnte. Erst als ich ihm mehrfach versicherte, dass ich bereit sei, alles auf mich zu nehmen, gab er nach und ließ mich predigen. Ich hielt regelmäßig Gottesdienste. Unter den Hörern befanden sich Menschen aller Gesellschaftsschichten. Oft standen wir vor einer überfüllten Kirche, und nicht selten umringten uns nach der Predigt hunderte von Menschen, die uns mit unzähligen Fragen und Vorwürfen bombardierten, Fragen wie zum Beispiel diese: „Erlaubt dir deine Religion, den Eltern ungehorsam zu sein, ihre Liebe zu enttäuschen? Wenn dein Vater für deine Ausbildung schon 25 000 Rupien (ca. 12 200 DM) aufgebracht hat, wäre es da nicht deine Pflicht gewesen, ihn wenigstens um seine Einwilligung zu fragen, bevor du Christ wirst? Schau dir deinen Vater an; er ist gebrochenen Herzens. Nennst du das Liebe?" Da sprang mein Vater auf und schnitt mir das Wort ab: „Ich bin keineswegs gebrochenen Herzens, wie ihr annehmt. Warum zieht ihr überhaupt meinen Namen in euer Gespräch hinein? Ich bin überzeugt, dass mein Sohn wahren Frieden hat. Bevor ihr aber noch weitere Fragen vorbringt, will ich wissen, ob unter euch einer ist, der sagen kann, dass er unvergänglichen Frieden im Herzen hat. Von meinem Sohn weiß ich, dass er diesen Frieden gefunden hat. Wer das gleiche ernsthaft auch von sich behaupten kann, der trete jetzt vor, denn ich erlaube keinem mehr, derartige Fragen zu stellen, es sei denn, er habe den wahren Frieden!" Es war totenstill geworden im Raum. Man schaute sich gegenseitig betroffen an, und wortlos entfernte sich einer nach dem anderen.

Seitdem war es mir oft vergönnt, in der Kirche meiner Heimatstadt Gottesdienste zu halten. Der erste große Hass war beigelegt.

Auf Missionsreisen

Mit Freunden besuchte ich viele Dörfer der einsamen Wüsten von Sind, in denen noch nie ein Missionar war, um dort das Evangelium zu predigen.

Was war das für eine Freude, auf diesen schmalen Straßen zu reisen, die kleinen Dörfer zu besuchen und uns mit den Menschen über Jesus zu unterhalten, obwohl wir mancherlei Schwierigkeiten zu ertragen hatten. Hungrig und müde kamen wir in einem dieser kleinen Dörfer an, nachdem wir von Bano 30 Meilen gewandert waren, und meldeten uns zunächst beim Dorfbasar, um unseren Hunger etwas zu stillen. Aber keiner wollte uns etwas geben. Nur mit großer Mühe erhielten wir etwas rotes Reismehl, von dem wir zwei große Chappati machten. Außer ein wenig ausgelassener Butter, die viel Sand und Staub enthielt und daher normalerweise den Kamelen oder Eseln gegeben wird, gab man uns nichts zu essen. Man wollte uns, wie wir später erfuhren, damit prüfen.

In einem anderen Dorf, zu dem wir noch 10 Meilen zu gehen hatten, führte uns ein Dorfknabe zum Hause eines Christen, wo wir uns erst einmal rundum sattaßen. Danach hielten wir vor einem Hindutempel einen Gottesdienst, obwohl wir bereits über 30 Meilen gewandert und sehr abgespannt waren. Nach einem Wort des Gebetes brachten wir Gottes Botschaft. Ich weiß nicht mehr, wie viele Bibeln wir an diesem Tag verkauften, aber die Menschen kamen in Scharen, um Gottes Wort zu hören und zu kaufen.

Gott öffnete in vielen Teilen der Provinz Sind die Türen für das Evangelium. Dieses für die Missionsarbeit höchst unfruchtbare Gebiet besuchten wir Ort für Ort. Während 70 Jahren wurde dort keine Missionsarbeit getan, und nur 20 Sindhis waren Christen geworden, von denen aber einige wieder zur alten Religion zurückkehrten. Unter Gottes Führung durchwanderten wir diese trockenen Provinzen und verbrachten Stunden über Stunden auf den Straßen von Karachi, Hyderbad (in Sind) und anderen

Städten. Es war mir bewusst, dass der Herr mich durch all diese Mühsale zubereitete.

Anschließend besuchten wir Chirkarpal. Einer inneren Stimme folgend, sandte ich erst einige meiner Freunde mit einer Urda-Bibel in den Nachbarort Jak Babar. Diese kleine Stadt liegt auf dem Wege von Quetta nach Nordindien. Man machte mich jedoch darauf aufmerksam, dass es sich dabei um eine Sindhi-Ortschaft handele, in der mit Sicherheit niemand die Urda-Sprache spreche. Unterwegs begegneten sie einem jungen Mohammedaner, der sie tatsächlich nach einer Urda-Bibel fragte. Er erkundigte sich nach dem Preis, kaufte die Bibel und war darüber derart erfreut, dass er meine Freunde aus Dankbarkeit ins Hotel zu Kuchen und Tee einlud.

Der gleiche Mann besuchte mich später, um mir seinen Dank auszusprechen. Dabei hörte ich erstmals, dass er Teppichhändler ist und damals in Sind geschäftlich zu tun hatte. Schon seit Jahren sei er auf der Suche nach einer Urda-Bibel gewesen. Er blieb zwei Tage bei mir, wurde in dieser kurzen Zeit Christ und später in Allahabad getauft.

Er wird dich nicht verlassen

Ich könnte so weiter berichten, wie Gott mich durch seine mächtige und geschickte Hand geleitet hat, Tag für Tag, Woche um Woche, Jahr für Jahr. Er ist auch heute noch der gleiche.

Lassen Sie sich nicht vom Feind entmutigen. Der Eine, der Sie errettet hat, ist ein lebendiger Heiland. Wenn Sie auch für eine gewisse Zeit durch Armut, Krankheit, Prüfungen und Mühsale gehen, so ist es doch für einen göttlichen Zweck. Lassen Sie seine mächtige Hand Sie leiten. Er wird Sie niemals verlassen. Er stillt jedes Bedürfnis und bringt Sie triumphierend aus jeder Versuchung heraus. Aber Sie müssen ihm treu sein. Schämen Sie sich nie, den Herrn als deinen Heiland zu bekennen, denn »sind wir treu, so ist er auch treu«.

Beginnen Sie und schließen Sie die Tage mit der Bibel. Lesen Sie die Bibel zielbewusst, unter viel Gebet, und sehr langsam. Erfassen Sie im Glauben die Verheißungen, die

Gott Ihnen in seinem Wort gibt, und Sie werden sehen, dass der Herr Sie Tag für Tag lehren und leiten wird.

Er wird Ihnen Tag für Tag helfen, und Sie werden ihn in jeder Prüfung treu erfinden. Lassen Sie keine Zweifel und keine Furcht in Ihnen entstehen. Die Liebe Jesu wechselt nie. Teilen Sie Freude mit jedermann und befolgen Sie, was Gott Ihnen sagt! Scheuen Sie die Kosten nicht, sondern gehen Sie weiter, und Sie werden im Gehorsam Freude finden. Das ist das einzige und wahre Geheimnis.

Aus eigener Erfahrung darf ich berichten, dass es in der Welt keine Freude gibt, die mit jener Freude verglichen werden kann, Jesus Christus in sich wohnen zu haben. Es ist mein Gebet, dass der Herr auch Ihnen, verehrter Leser, das Verständnis seiner verborgenen Geheimnisse verleihen möge und einen einfältigen Glauben, um von dem großen Gott große Dinge zu erwarten.

Was aus meinen Eltern geworden ist?
Ich hatte das Vorrecht, meinen Vater am 25. Dezember 1945 in Madras, Südindien, taufen zu dürfen. Doch schon am 2. Juli 1946 rief ihn Gott in die Ewigkeit.

1961 nahm auch meine Mutter den Herrn als ihren persönlichen Heiland an, und am 21. Oktober 1963 durfte sie, bereit dem Herrn zu begegnen, zur Herrlichkeit eingehen.

Bakht Singh Chabra

Von Allah zu Jesus Christus

Ich suchte und fand ... Allah!

Meine Kindheits- und Jugendjahre

Ich komme aus christlichem Hause.
Sowohl meine Eltern als auch meine Großeltern waren gottesfürchtige Menschen und kamen selbst aus christlichem Haus. Sonntags besuchten wir alle den Gottesdienst, ich den Kindergottesdienst. Hier erwarb ich einen Großteil meiner Bibelkenntnis.

Später, in der Schule, freundete ich mich mit einer Mitschülerin an, die nicht gerade ein glückliches Elternhaus hatte. Sie hieß Katrin. Katrin und ihre Mutter gehörten zur Neuapostolischen Kirche. Schon damals interessierte ich mich für andere Glaubensgemeinschaften. Was war bei den Neuapostolischen anders als bei uns in der Kirche?

Seit ich mich erinnern kann, spielte Gott eine wichtige Rolle in meinem Leben. Als Kind und auch noch als Teenager fühlte ich mich nie allein. Ich spürte immer, dass jemand bei mir war, meinen Gedanken „zuhörte". Ich betete in kindlichem Glauben zu Gott und übernahm ohne zu überlegen das, was ich von meinen Eltern zu diesem Thema hörte. Ich fühlte mich geborgen im Glauben an einen guten Gott, der am „Jüngsten Tag" aber auch Gerechtigkeit walten lassen wird.

Ebenso wie ich glaubte auch Katrin an die Echtheit der Bibel, so hatten wir es von unseren Eltern gelernt. Wir sprachen über den Glauben der Neuapostolischen Kirche. Es war das erste Mal in meinem Leben, dass ich in Erwägung zog, der Glaube meiner Eltern könnte vielleicht doch nicht ganz richtig sein. Katrin erzählte von ihrer Gemeinde. Sie erschien mir wie eine heile Welt mit Menschen, die sich entschieden für ihren Glauben einsetzten und ihn auch im Alltag lebten. Es gab viele Aktivitäten, Versammlungen und eine gute Gemeinschaft. Die Jugendlichen besuchten genauso die Gottesdienste wie die älteren Leute. Das war in unserer Kirche nicht so. Dort gab es bis auf ein, zwei Ausnahmen nur Leute gesetzteren Alters. Ich fühlte mich immer sehr verloren. Seit gut einem Jahr spielte ich zwar mit im Posaunenchor, der sich vorwiegend aus jungen Leuten zusammensetzte, doch von denen ging nie einer außerhalb unserer „Bläsereinsätze“ in die Kirche. So fing ich an, mich ernsthaft mit Katrins Glaubensgemeinschaft zu beschäftigen.

Aber dann erzählte Katrin mir etwas von einem 2. Buch Esra oder so ähnlich, das nur in sehr alten Bibelausgaben erhalten wäre. Nur die Neuapostolische Kirche würde dieses Buch besitzen und sich nach den darin enthaltenen Anweisungen richten. Auf meine Frage, was denn darin stehe, sagte Katrin, dass man das erst erfahre, wenn man neuapostolisch geworden wäre. Das fand ich sehr unlogisch und es widersprach auch meinem Gottesbild. Wenn man im Besitz der Wahrheit ist, dann muss man sie doch allen Menschen zugänglich machen, um sie vor dem falschen Weg mit seinen Konsequenzen zu schützen, denn das war mir schon damals klar, dass es nur eine Wahrheit geben kann und dass die Lüge ins Verderben führt. Aber wenn man, wie es die Neuapostolischen tun, verkündet, dass man nur in ihrer Kirche das Heil findet und alle anderen verloren gehen, das Entscheidende aber zurückhält, - das konnte ich nicht mit Gott in Einklang bringen. Ich hatte gelernt, dass Gott alle Menschen retten möchte. So kam ich dann zu dem Schluss, dass „mein“ Glaube wohl doch der richtige wäre.

An meine Teenagerjahre habe ich auch schmerzvolle Erinnerungen. Es war die Zeit, in der ich zu begreifen begann, dass die Welt nicht so heil ist, wie ich sie bis dahin in meiner Familie erfahren hatte. Es war auch die Zeit der ersten innerlichen Ablösung von den Eltern, von ihren Maßstäben, Anschauungen usw. Es war ein Schock für mich zu entdecken, dass es andere, ganz entgegengesetzte Meinungen gab. Ein Erlebnis hatte ich im Religionsunterricht, etwa in der achten und neunten Klasse. Wir sprachen über die Entstehungsgeschichte der Bibel, wie sie überliefert wurde, über welchen Zeitraum sie entstand und dass es viele Schriften gab, aus denen dann die uns heute vorliegende Bibel zusammengestellt wurde. Unser Lehrer warf ein, dass die Bibel, da sie ja von Menschen überliefert und zusammengestellt wurde, nicht als authentisch angesehen werden dürfe. Sie enthalte natürlich Fehler, wie das alle menschlichen Werke tun, das sehe man ja leicht an der viel zitierten Schöpfungsgeschichte. Entscheidend wäre nur jeweils der Kern der Aussagen in der Bibel. Das war damals zu viel für mich. Ich beschloss, einfach die Ohren auf Durchzug zu stellen und stempelte den Lehrer als sowieso ungläubig ab, und dachte nicht weiter über diese Sache nach.

Sonntags ging ich weiter relativ regelmäßig zur Kirche und mittwochabends hatte ich Proben im Posaunenchor. Dort gefiel es mir ganz gut. Wir machten gute Musik, unser Leiter war sehr engagiert, und er organisierte sogar eine Reise nach Israel mit dem gesamten Posaunenchor. Diese Reise hat mich sehr beeindruckt. Es war mein erster Kontakt mit dem Orient, der mich schon von Kind auf fasziniert hatte. Ich liebte die Geschichten aus Tausendundeiner Nacht und hatte mich als Kind oft als orientalische Prinzessin verkleidet. Das Verschleiern übte eine ungeheure Faszination auf mich aus. Es war alles ganz fremd dort, die Gerüche, die Geräusche, das Essen, aber es gefiel mir.

Fünf Jahre später machten wir eine weitere Reise nach Israel. Diesmal blieben wir nicht nur in Jerusalem, sondern machten auch eine mehrtägige Safari durch den Sinai. Unsere Fahrer in der Wüste waren Muslime, die schon in den frühen Morgenstunden ihr Gebet verrichteten. Auch in Jerusalem in der Al-Aqsa-Moschee beobachtete ich eine Frau beim Gebet. Irgendwie beneidete ich diese Menschen um ihre Hingabe an Gott. Ich wollte das eigentlich auch, aber etwas fehlte mir dazu, ich wusste nicht, was.

Beim Betreten der Moschee hatte ich ein seltsames Erlebnis, in dem ich später eine Art Omen sah. Überall standen dort Wärter, die kontrollierten, ob alle angemessen bekleidet waren. Kurze Hosen und T-Shirts mit zu kurzen Ärmeln waren verboten. Ich trug wie alle anderen eine lange Hose und ein normales T-Shirt. Der Wärter sah mich an und gab mir eine Art Mantel mit einer Kapuze, den ich anziehen sollte, da ich nicht ausreichend bedeckt wäre. Obwohl ich das nicht verstehen konnte, da ich nicht freizügiger als alle anderen gekleidet war, leistete ich seiner Aufforderung natürlich Folge. Irgendeiner aus dem Posaunenchor verewigte mich mit diesem Mantel auf einem Foto. Wenn ich heute dieses Bild ansehe, überkommt mich noch immer ein eigenartiges Gefühl.

Als ich so fünfzehn Jahre alt war, entstand in unserer Kirchengemeinde ein „Kreis für junge Erwachsene". Wir waren mal sieben, mal acht Jugendliche und trafen uns regelmäßig jeden Montagabend um 19 Uhr. Herr Blücher, der Hausvater des nahe gelegenen CVJM-Heimes, leitete den Kreis. Zunächst ging ich nur hin, weil ich Kontakte außerhalb der Schule suchte. Durch meine christliche Erziehung war ich ja immer noch ein Außenseiter. Vielleicht konnte ich in dem Kreis andere finden, die ähnlich wie ich waren. Susanne, die Tochter von Herrn Blücher, kannte ich ja schon flüchtig aus dem Posaunenchor. An den Montagabenden lernte ich sie besser kennen, sie und ihren Glauben an Jesus Christus. Sie lud mich zu sich nach Hause ein, und auch einige unserer Montagabend-Treffs fanden im CVJM-Heim statt. Es war irgendwann in der Adventszeit, und das ganze Haus duftete nach Plätzchen und anderen guten Dingen, wie bei uns zu Hause. Es war eine Atmosphäre in Susannes Familie, die ich noch nirgendwo erlebt hatte. Es war so herzlich, liebevoll. Ich fühlte mich magisch angezogen von dem allen und dachte nur: „Das will ich auch haben. So will ich leben."

Von Susannes Eltern fühlte ich mich an- und ernst genommen. Zum Kreis für junge Erwachsene ging ich gerne, und irgendwie begann ich, auch etwas vom Wesentlichen des christlichen Glaubens zu spüren und zu begreifen. Da war viel mehr, als ich es mir bisher vorgestellt hatte. Man sprach dort von einer Entscheidung für Jesus. Was sollte das bedeuten? Ich war doch getauft, ich gehörte doch zur Kirche, ich spielte doch mit im Posaunenchor. Warum sollte ich mich noch mal speziell für Jesus entscheiden?

Bevor ich intensiver darüber nachdenken konnte, wechselte die Leitung des Kreises. Dort wurden andere Themen besprochen, wie Armut der Dritten Welt, Ausbeutung durch den Westen u. a.

Die Realschule beendete ich mit einem ganz guten Zeugnis und ging aufs Gymnasium, da ich sonst nichts

Rechtes mit mir anzufangen wusste. Irgendwo geisterte in meinem Kopf der Gedanke herum, Kirchenmusik zu studieren. Als ich zwölf war, hatte ich auf eigene Initiative hin mit Klavierunterricht begonnen. Anfangs hatten meine Eltern das für eine vorübergehende Sache gehalten, bis sie dann merkten, dass mir die Musik wirklich viel bedeutete. Meine Klavierlehrerin wollte unbedingt eine erfolgreiche Musikerin aus mir machen, und so kam mir der Gedanke, Kirchenmusik zu studieren. Ich nahm noch Orgelunterricht und Unterricht in Harmonielehre. Tief in mir bezweifelte ich aber, ob mein Talent für ein Studium ausreichte. Außerdem hatte ich mit zwölf relativ spät angefangen Klavier zu spielen, und es war mir einfach zu viel, nur noch fürs Abitur zu büffeln und Klavier zu üben. Da wollte ich doch mehr vom Leben. Marianne und ich unternahmen wieder mehr zusammen, seitdem Katrin mit ihrer Mutter weggezogen war. Wir hatten zwar noch Kontakt, aber die Entfernung war zu groß, um uns öfter zu besuchen. So blieb es bei Telefonaten, die mit der Zeit aber immer seltener wurden.

Begegnung in der Diskothek

Allmählich kamen Marianne und ich in das Alter, in dem man sich für Diskotheken und Jungen interessiert.

Auf einer dieser „Dorfdiskos" verliebte ich mich in einen Türken. Tahir hieß er und war vier Jahre älter als ich. Seine Eltern lebten schon lange in Deutschland, hielten aber an ihren Traditionen fest. Damals war mir noch nicht klar, was das bedeutete. Ich sah nur Tahir, und dass ich verliebt in ihn war. Als ich meinen Eltern von ihm erzählte, waren sie entsetzt. Sie sahen die ganzen Probleme, die in solch einer Freundschaft auftauchen können, und warnten mich. Ich wusste es aber besser, und schließlich brachte ich Tahir mit nach Hause. Meine Eltern fanden ihn ganz sympathisch, aber immer wieder sagten sie mir, dass es doch viel zu viele Schwierigkeiten in einer solchen Beziehung geben würde. Aber auf diesem Ohr war ich taub.

Irgendwann kam das Gespräch zwischen Tahir und mir auf Religion. Ich wollte Tahir zum Christentum bekehren und erzählte ihm von meinem Glauben. Das beeindruckte ihn aber gar nicht, und er sagte mir klipp und klar, dass er nie seinen Glauben wechseln würde, auch wenn er sich nicht so ganz danach richten würde. In der Bücherei des Gymnasiums besorgte ich mir Literatur über Bekehrungen von Muslimen zum christlichen Glauben, aber es half mir bei den Gesprächen mit Tahir nicht weiter. Nach sechs Wochen rief er mich schließlich an und erklärte mir, dass unsere Beziehung beendet sei. Ich war totunglücklich und konnte es nicht begreifen, denn er gab mir auch nach mehrmaligem Nachfragen keinen Grund für seinen Entscheidung an. Jahre später, als ich ihm einmal zufällig begegnete, sagte er mir, seine Eltern hätten ihn damals vor die Wahl gestellt, entweder die Beziehung zu mir abzubrechen oder er gehöre nicht mehr zur Familie. Sie wollten eindeutig eine türkische Schwiegertochter.

Meine Eltern atmeten auf, als alles vorbei war. Wenn es auch nur sechs Wochen gedauert hatte, sie waren froh, dass diese Bedrohung weg war. Wenn sie gewusst hätten, dass es nur ein Vorgeschmack auf das war, was sie noch erwartete!

Gut ein Jahr später lernte ich nämlich Musa kennen. Wieder ein Muslim! Auch er war vier Jahre älter als ich, und beruflich machte er eigentlich gar nichts. Aber ich war nicht in der Lage, seinen Charakter zu erkennen. Ich sah nur sein Äußeres. Groß und sportlich, schwarzhaarig, sehr gut aussehend, geschmackvoll gekleidet. Musa lebte mit seinen Eltern und seinen beiden jüngeren Schwestern in einem ehemaligen Fabrikgebäude. Es machte alles einen sehr provisorischen Eindruck auf mich, aber wahrscheinlich lebten sie wie viele Gastarbeiter aus islamischen Ländern in Deutschland: immer mit dem Gedanken, dass man sowieso nächstes Jahr in die Heimat zurückgehen werde. Trotzdem schafften sie es, der Wohnung eine gewisse Gemütlichkeit und Behaglichkeit zu geben. Ich konnte das später noch bei vielen andern islamischen Familien feststellen.

Ich war sehr verliebt in Musa, er hielt mich aber von Anfang an auf Distanz. Ja, mehr noch, er versprach mich anzurufen, tat es dann aber nicht. Oft sagte er auch, er würde kommen, und wieder saß ich da und wartete und wartete und fühlte mich ganz leer und schlecht, weil er nicht kam. Mein Vater sagte mehrmals zu mir: „Hast du denn gar keinen Stolz, dass du ihn immer wieder anrufst?“ Das verletzte mich, aber ich wusste, dass mein Vater Recht hatte.

Ich hatte keinen Stolz, und das machte mich hilflos und wütend.

In den 15 Monaten, die ich mit Musa zusammen war, schnappte ich ein paar Brocken seiner Sprache auf. Auch die Kultur seines Heimatlandes wurde mir vertrauter. Ich erlebte, wie Musa, der keine Gebete einhielt, sogar Alkohol trank und ständig unterwegs war in Diskotheken oder sonst wo, die letzten drei Tage im Ramadan fastete und am Opferfest ganz für seine Familie da war. Da war er ganz anders als Deutsche in seinem Alter, die Familienleben spießig finden - ganz besonders an Festen wie Weihnachten. Mir wurde bewusst, was für einen starken Einfluss der Islam im Leben der Muslime hat. Wieso war das eigentlich nicht so bei den Christen?

Ich lebte nur noch für die Stunden, die ich mit Musa verbrachte. Meistens war ich aber unglücklich, weil ich spürte, dass ich ihm nicht viel bedeutete. So war es dann auch abzusehen, dass Musa diese Beziehung beendete. Ich weiß nicht mehr die genauen Umstände, aber irgendwie ergab sich das in einem Gespräch. Ich sagte zu Musa, dass wir doch besser „Schluss machen" sollten, und er sagte: „Ja, das sehe ich auch so." Ich fühlte mich unglaublich mies, aber auf keinen Fall wollte ich mich weiter erniedrigen und ihm hinterherlaufen. Das hatte ich genug getan. Es war ein Sonntagnachmittag im Januar, als meine Freundin Marianne neben mir in meinem Badezimmer stand und darauf wartete, dass ich mit meiner „Toilette" fertig wurde. Sie wollte mit mir in eine Diskothek gehen. Ich hatte eigentlich keine rechte Lust, es war kalt und zum Anziehen fand ich auch nichts Rechtes. Außerdem fühlte ich mich auch nicht besonders, aber Marianne wollte nicht gerne alleine fahren, so hatte ich mich von ihr überreden lassen.

Irgendwann sprach ein junger Mann in der Diskothek meine Freundin an. Sie unterhielten sich eine ganze Weile, tanzten, und irgendwann lud er uns beide an seinen Tisch ein. Er war dort mit ein paar Freunden. Es stellte sich heraus, dass er Türke war. Auch Marianne zog es mehr zu südländischen Typen, obwohl Ömer, so hieß der Mann, nicht gerade das typische Erscheinungsbild eines Türken vorwies. Ich war ganz vertieft in meine Gedanken, als mich plötzlich einer von Ömers Freunden ansprach.

„Hast du eine Uhr an?“, fragte er.
„Was für eine plumpe Anmache!“, dachte ich und antwortete kurz angebunden. Er gab aber nicht auf und verwickelte mich schließlich in ein Gespräch. Auch er kam aus einem islamischen Land und hieß Muhammad. Obwohl ich mich anfangs dagegen sträubte, so ließ ich mich schließlich doch auf eine Verabredung mit ihm ein.

In Muhammads Familie fühlte ich mich wohl

„Du kommst jetzt mit zu mir nach Hause und Schluss! Meine Familie wird dich schon nicht fressen. Wenn du nicht kommst, gehe ich jetzt allein. Ich habe meiner Mutter von dir erzählt, und sie will dich kennen lernen.“ „Aber dein Bruder, Muhammad“, gab ich zu bedenken. „Mein Bruder ist nicht da, er arbeitet noch und seine Frau auch. Also, was ist, komm endlich.“

Mit diesen Worten stieg Muhammad aus meinem Auto aus. Was blieb mir jetzt noch übrig; entweder ich konnte nach Hause fahren oder in den sauren Apfel beißen und Muhammad in das einfache Mehrfamilienhaus folgen, um seine Mutter kennen zu lernen. Seit ungefähr drei Monaten waren wir nun zusammen, und seit kurzem drängte Muhammad mich, endlich mit ihm nach Hause zu kommen. Er lebte zusammen mit seiner Mutter, seinem ältesten Bruder Hussein und dem zweitältesten Bruder Umar und dessen Frau Fatima.

Obwohl meine Eltern gegen eine Beziehung mit Muhammad waren, stand für uns bald fest, dass wir heiraten wollten. Es gefiel ohne Zweifel auch Muhammad, dass ich mich mit seiner Mutter und auch seiner übrigen Familie so gut verstand, auf kulturelle Gepflogenheiten seines Heimatlandes achtete und versuchte sie zu erlernen, und natürlich, dass ich offen dem Islam gegenüber war. Auch wenn ein Muslim seine Religion selbst nicht dem Koran gemäß praktiziert, so ist er doch stolz auf sie und „trägt sie in seinem Herzen“, wie Muhammad sich ausdrückte.

Ich fühlte mich wohl in Muhammads Familie. Wenn seine Mutter von ihrer Arbeit in einer Fabrik nach Hause kam, kochte ich mit ihr zusammen. Wir aßen gemeinsam, tranken Tee und unterhielten uns weiter über den Islam und über den christlichen Glauben. Ich versuchte, Muhammads Mutter zum Christentum zu bekehren und sie mich zum Islam. Sie stellte mir viele Fragen und konfrontierte mich mit Aussagen wie: „Die Bibel ist doch nicht mehr echt. Sie wurde doch gefälscht. Es ist nicht mehr reines Gotteswort. Wie kannst du dann wissen, was Gott dir sagen will, was überhaupt sein Sinne ist? Der Koran ist nicht gefälscht. Wir haben ein Original aus der Zeit Muhammads. Das stimmt mit unserem heutigen bis auf das kleinste Pünktchen überein."

Ich erwiderte, woher sie denn so genau wisse, dass die Bibel gefälscht sei und nicht mehr das echte Gotteswort enthalte.

Das würden doch die christlichen Theologen selbst sagen, meinte sie, und außerdem gäbe es viele Widersprüche in der Bibel. Und Gott könne doch nicht „Drei" sein, sondern nur einer. Er könne doch auch keinen Sohn haben, er brauche keinen Teilhaber. Das würde ja alles im Koran stehen. Überhaupt wäre der Koran in vielem gleich mit der Bibel. Nur eben ohne die Fehler, die in der Bibel durch die Menschen hineingekommen wären.

„Ja, aber wie ist das denn mit den Frauen. Die haben doch keine Rechte im Islam, das weiß doch jeder und das sieht man überall. Sie haben mir auch von Ihrem Mann erzählt und wie schwer Sie es hatten. Die Frauen müssen nur auf die Männer hören und tun das, was sie sagen, sie haben keine Rechte, nur Pflichten", warf ich ein. „Und sie müssen ein Kopftuch tragen."

„Das ist keine Unterdrückung, das Kopftuch. Die Frau ist sehr wertvoll, deswegen soll sie bedeckt sein. Wenn du etwas hast, etwas sehr Wertvolles, zum Beispiel einen Edelstein, dann versteckst du es doch auch vor anderen. Außerdem ist es für den Mann etwas Besonderes, nur ein kleines Stück von der Haut seiner Frau zu sehen, wenn sonst alle verschleiert sind und er nicht überall nackte Frauen sieht wie hier in Deutschland", belehrte mich Muhammads Mutter.

Überzeugen konnten mich diese Argumente allerdings nicht, sah ich doch eine ganz andere Realität um mich herum. Die türkischen und arabischen Frauen, die ich mit Kopftuch sah, wurden nicht besonders von ihren Männern geachtet, im Gegenteil, sie hatten aufs Wort zu parieren. Auch in Muhammad steckte ein Pascha, das hatte ich im Laufe der Zeit leider feststellen müssen.

Ein Seminar mit Frauen und ein Buch

Die Gespräche mit Rukkaya brachten mich zum Nachdenken und machten mir meinen Mangel an Wissen oder „Kompetenz“ in meiner eigenen Religion, dem Christentum, bewusst. Dass die Bibel gefälscht war, diese Behauptung von Rukkaya ging mir nicht mehr aus dem Kopf, zumal mir plötzlich wieder der Religionsunterricht aus meiner Schulzeit einfiel, in dem uns dasselbe beigebracht wurde. Damals hatte ich ja abgeblockt und einfach nicht weiter darüber nachgedacht. Jetzt ließ sich das Ganze nicht mehr verdrängen. Ich begann in der Bibel zu lesen, um einen Zugang zu ihr zu finden. Oft hatte ich das Gefühl, dass sich hinter dem, was ich da las, noch viel mehr verbarg, so etwas wie eine „geheime Botschaft“. Auch Muhammad hörte mir zu, wenn ich ihm aus der Bibel vorlas. Oft sagte er dann: „Das steht doch alles im Koran. Da siehst du es.“ Irgendwann beschloss ich, einen Koran in deutscher Übersetzung zu kaufen. So viel hatte ich nun von diesem geheimnisvollen Buch gehört, jetzt wollte ich es selbst einmal lesen, vielleicht würde mir das mehr Klarheit verschaffen und meinen Seelenfrieden wiederbringen, den ich durch meine Gespräche mit Rukkaya verloren hatte. Oder war mir durch die Gespräche mit ihr erst so richtig bewusst geworden, dass ich gar keinen gehabt hatte?

Egal – ich ging mit Muhammad in eine große Buchhandlung und suchte mir eine deutsche Koranübersetzung von Reclam aus, ein blauer Einband mit goldener Schrift, etwa in der Größe eines Kirchengesangbuches. Voller Neugier begann ich darin zu lesen. Meine Erwartungen wurden enttäuscht: Es sprach mich überhaupt nicht an, im Gegenteil, der Gott Allah, der dort beschrieben wurde, erschien mir als ein sehr unerbittlicher, ferner und ungerechter Gott. Er leite den auf den rechten Weg, den er will, stand da zu lesen. Zum Kampf wurde auch aufgerufen und die Männer waren im Paradies eindeutig bevorzugt, denn von den Frauen stand in diesem

Zusammenhang nichts. Ich unterstrich alle betreffenden Stellen fein säuberlich und beschloss, mit Rukkaya über meine Entdeckungen zu sprechen.

Sie konnte mir nicht viel dazu sagen, aber sie erzählte mir etwas von deutschen muslimischen Frauen. Sie sagte, dass sie gebildete Frauen wären, die sogar studiert hätten und zum Islam konvertiert wären. Das konnte ich mir nicht vorstellen, dass es so etwas geben sollte. „Nichts in der Welt könnte mich dazu bringen, zum Islam zu konvertieren, nachdem ich auch noch im Koran gelesen habe“, dachte ich. Aber interessant fand ich es trotzdem, und immer öfter zog ich in Erwägung, diese Frauen vielleicht einmal persönlich kennen zu lernen. Ich erzählte es Rukkaya, und die war sofort Feuer und Flamme. Sie sagte, es wäre kein Problem, sie hätte die Nummer einer dieser Frauen, und schon hatte sie das Telefon in der Hand. Wir mussten es ziemlich oft versuchen, bevor wir Glück hatten und jemand ans Telefon ging. Aber dann ging eigentlich alles sehr schnell. Ein Termin wurde für das nächste Treffen der islamischen Frauengruppe vereinbart. Die Frau, mit der Rukkaya sprach, war die Leiterin dieser Gruppe, und erklärte uns genau den Weg zum Treffpunkt. Als wir dann ein paar Tage später auf dem Weg dorthin im Auto saßen, war ich ganz schön aufgeregt. Nun sollte ich doch wirklich Deutsche kennen lernen, die zum Islam konvertiert waren. Muhammad fuhr mit.

Nach längerem Suchen fanden wir endlich die Adresse. Auf unser Klingeln öffnete eine mit weitem, bodenlangem, schwarzem Kleid und schwarzem Kopftuch bekleidete junge Frau die Tür. Sie begrüßte Rukkaya in deren Muttersprache. „O je“, dachte ich, „das wird Sprachprobleme geben. Sicher spricht sie kein Deutsch.“ Doch zu meiner Verblüffung sagte Jamila, so hieß die junge Frau: „Kommen Sie doch herein. Wir haben schon angefangen, es sind alle im Wohnzimmer. Bitte setzen Sie sich.“

Das war die erste Überraschung für mich an diesem Tag, dass verschleierte Frauen auch Deutsch sprechen, und zwar akzentfrei. Für mich war es immer ganz klar gewesen, dass Frauen mit Kopftuch der deutschen Sprache nicht oder kaum mächtig sind.

Ich hatte bis dahin die islamische Frauenbekleidung noch nie bewusst gesehen und war nun ganz beeindruckt, besonders als wir in den „Versammlungsraum“ kamen, dem Wohnzimmer der Hochhauswohnung. Hier saßen mindestens zehn Frauen verteilt auf dem Sofa, auf Sessel und auf dem Fußboden. Alle trugen bodenlange, weite Kleider oder Röcke und Kopftücher, die weit über Schultern und Rücken fielen und so gebunden waren, dass man nur noch das Gesicht sehen konnte.

Da begann eine Frau zu sprechen. Ich erinnere mich nicht mehr an vieles von dem, was sie sagte, aber die Art und Weise, in der sie sprach und in der sie sich gab, beeindruckte mich. Es hatte alles Hand und Fuß, was sie da sagte. Sie sprach davon, dass wir aus uns selbst heraus keinerlei Wissen über Gott, über Allah haben, ja auch gar nicht haben können,weil wir durch unsere Menschlichkeit und Geschöpflichkeit begrenzt sind und so Allah nicht unmittelbar erfahren können; dass wir darauf angewiesen sind, dass er sich uns offenbart, uns Wissen über ihn selbst mitteilt. Dies habe Allah durch den Koran getan. Im Koran spreche Allah zu uns, gebe er uns Informationen über sich selbst. Man könne unsere Situation vergleichen mit jemandem, der in einer dunklen Kiste sitzt und nicht hinaus kann. Wenn er etwas über die Welt außerhalb der Kiste erfahren wollte, sei er auf jemanden angewiesen, der dort ist und ihm etwas über die Welt außerhalb der Kiste berichtet.

Später sprach sie über die Bedeutung der islamischen Frauenbewegung. Rukkaya hatte mir darüber ja schon einiges gesagt, aber hier erfuhr ich noch, dass der Schleier die Familie schützen solle. Da Männer von Natur aus so angelegt wären, dass sie für die äußeren Reize der Frauen sehr empfänglich sind, soll die Verhüllung des weiblichen Körpers die Männer und Frauen von außerehelichen Beziehungen abhalten bzw. sie gar nicht in die Gedanken der Männer kommen lassen. Auch solle bewirkt werden, dass die Frauen das Konkurrenzdenken untereinander ablegen und wirklich Schwestern sind.

Diese Ideen fand ich sehr einleuchtend. Schließlich sind die Frauen in der westlichen Welt stark dem Einfluss der Medien ausgesetzt, die uns glauben machen, dass Frauen nur einen Wert haben, wenn sie jung, schlank, sonnengebräunt und aktiv sind - und es ist nicht so leicht, sich diesem Credo zu entziehen. Außerdem ist es eine Tatsache, dass immer mehr Mädchen und Frauen unter Esstörungen wie Bulimie leiden, die leider oft tödlich enden. Also, da hatte der Islam doch wirklich eine gute Lösung parat! Außerdem entzieht man sich auf diese Weise auch dem Modediktat und kann sein Geld für sinnvollere Dinge ausgeben als immer für neue Kleider, weil die „alten“ aus der Mode gekommen sind.

Die Leiterin des Seminars setzte sich zu mir. Chadidscha hieß sie. Diesen Namen hatte sie bei ihrer Konversion zum Islam vor fast 20 Jahren angenommen. Ich stellte ihr meine Fragen: „Wieso sind Sie Muslimin geworden? Warum redet Gott im Koran in der Wir-Form? Warum werden im Koran im Paradiesgarten Frauen nur als Belohnung für gläubige Männer erwähnt? Wie ist das mit den gläubigen Frauen – gehen die leer aus? Was bedeutet das im Koran: Allah leitet recht, wen er will, und führt in die Irre, wen er will? Wenn das so ist, kann er uns für unser Tun doch nicht verantwortlich machen?“

Sie beantwortete mir nicht meine einzelnen Fragen. Stattdessen sagte sie mir, dass sie mir etwas über den Islam als Ganzes, als System erzählen wolle. Um Antworten auf meine Fragen zu finden, gab sie mir ein Buch mit.

Sie begann: „Der Islam ist keine nachchristliche Religion, keine Erfindung Muhammads. Islam kommt aus der arabischen Wortwurzel ‚Salama‘, was ‚heil sein’, ‚unversehrt sein’, ‚ganz sein’ bedeutet. Auch das Wort ‚Islam’ kommt aus dieser Wortwurzel und bedeutet unter anderem auch ‚Frieden’. So ist ein Muslim also jemand, der dadurch, dass er sich an das System Gottes, den Islam, anschließt, Frieden gefunden hat. Islam bedeutet das ‚System Gottes’, der Wille Gottes. Kein Wesen oder Ding hat die Freiheit zu wählen, ob es sich dem Islam anschließen will oder nicht, nur der Mensch. Der Mond zum Beispiel folgt immer seiner Bestimmung, ebenso die Sonne oder andere Körper. Nur wir Menschen haben die Freiheit, ‚ja’ oder ‚nein’ zum Islam zu sagen, müssen dafür aber auch die Konsequenzen tragen. Von Anfang an“, fuhr sie fort, „seitdem Adam und Eva gesündigt hatten, hat Gott Propheten zu den Menschen geschickt. Sie alle verkündeten den Menschen das Gleiche: Betet den einen einzigen wahren Gott an. Dient ihm, haltet seine Gebote, das vorgeschriebene Gebet, das Fasten, die Abgabe (Zakat). Der erste Prophet war Adam, der letzte Muhammad. Immer wurden Allahs Offenbarungen nach einiger Zeit vergessen oder aber gefälscht, wie es mit der Bibel passiert ist, die von den Juden und Christen gefälscht wurde. Dann schickte Gott immer den nächsten Propheten, um seine Botschaft richtig zu stellen. Muhammad brachte abschließend die gesamte Offenbarung Allahs, den Koran, und bis zum Jüngsten Tag wird er nicht mehr verfälscht werden, weil Allah darüber wacht.

Was da so die Medien über den Islam bringen, ist meistens falsch und von Vorurteilen geprägt. Die meisten kennen den Islam gar nicht wirklich, sondern zeichnen nur ein negatives Bild vom Islam, ohne wirklich mehr über ihn zu wissen."

Ich wandte ein, dass ich schon einiges über den Islam gelesen hätte. „War es von islamischen Autoren?" Als ich verneinte, riet sie mir, erst einmal das Buch zu lesen, das sie mir gegeben hatte. Der Autor war Bucaille, ein französischer Wissenschaftler, der nach dem Studium des Korans zum Islam übergetreten war. Sie sagte dazu, dass man ja, wenn man zum Beispiel Englisch lernen wolle, dafür auch vorzugsweise zu einem Engländer ginge und nicht zu einen Franzosen.

Zu Hause stürzte ich mich mit Begeisterung auf die Lektüre des Buches. Es befasste sich vergleichend mit Bibel und Koran im Lichte der modernen wissenschaftlichen Erkenntnisse. In jeder freien Minute las ich in dem Buch, so sehr fesselte es mich und so sehr war es mir ein Bedürfnis, die Wahrheit herauszufinden.

„Bibel, Koran und Wissenschaft" – so hieß das Buch – nimmt zuerst die Bibel, beginnend mit dem Alten Testament, unter die Lupe. Es werden so genannte liberale Theologen zitiert, die die Authentizität der Bibel anzweifeln, ja es wird ihr teilweise sogar ein Fabelcharakter zugeschrieben.

Das Gelesene beeindruckte mich tief, noch mehr dann die Ausführungen zum Neuen Testament.

Der zweite Teil des Buches befasst sich näher mit dem Koran. Zuerst untersucht der Autor die Authentizität und kommt zu dem Schluss, dass sie voll gegeben ist, da der Koran bereits zu Lebzeiten Muhammads aufgezeichnet worden sei. Kurz wird auch auf die Rezension eingegangen, die Uthman, der dritte Kalif, durchführte. Allerdings, wie ich heute meine, nicht objektiv, sondern es wird nur ein Teil der Wahrheit berichtet.

Im Leser wird hier der Eindruck erweckt, als hätten die Muslime ein Original des Korans vorzuweisen, und das blieb nicht ohne Wirkung auf mich.

Der dritte und letzte Teil des Buches stellt koranische und biblische Berichte noch einmal vergleichend nebeneinander, wobei der Autor zu dem Schluss kommt, dass nicht die Bibel, sondern der Koran das echte, unverfälschte Gotteswort ist.

„Oh, Gott, wenn es dich gibt..."

Während ich in diesem Buch las, wurde ich zunehmend unruhiger. Ich konnte es einfach nicht glauben, was ich da las. Sollte mein christlicher, westlicher, überlegener Glaube doch falsch sein und dieser harte Glaube an Allah die Wahrheit? Das Buch stieß mich ab und zog mich gleichzeitig an. Ich wollte es in die Ecke schmeißen und nie mehr in die Hand nehmen, und gleichzeitig musste ich es weiterlesen, wie von einer unsichtbaren Macht getrieben, nein gezogen. Überall mit hin nahm ich dieses Buch. Ich war damals in der Ausbildung und nahm das Buch sogar mit an meinen Arbeitsplatz, um in jeder freien Minute weiterzulesen. Ich brauchte mehr Zeit, um das Buch auszulesen, als ich sonst für ein Buch brauchte, denn ich wollte alles genau verstehen und aufnehmen. Dabei akzeptierte ich den gesamten Inhalt des Buches kritiklos, was zum Teil an meiner Jugend, zum Teil aber auch an meinem Wesen lag. Je mehr ich las kam ich zu dem - wenn auch schmerzlichen - Schluss, dass dieses Buch die Wahrheit sagte. Ein Kampf in meinem Inneren begann. Ich fühlte mich orientierungslos, verletzt und zerrissen. Es war, als ob jemand meine ganze Sicherheit, in der ich bis dahin gelebt hatte, mit einem Schlag zerstörte; ja, als ob jemand an dem Fundament meines Lebens sägte und ich in einen unendlich tiefen Abgrund fallen würde. Ich wollte das nicht, aber ich konnte es nicht aufhalten. Es war, als ob jemand anderes das Ruder meines Lebens übernommen hätte.

Wie nach einem Rettungsanker griff ich zu Büchern der Zeugen Jehovas, die ich vor Jahren von meinem Onkel bekommen hatte, der zu dieser Sekte gehört. Ich suchte irgendeinen Hinweis auf die Echtheit der Bibel. Dort musste ich doch etwas finden. Ja, ich wäre sogar bereit gewesen, ein Zeuge Jehovas zu werden, wenn es denn der „richtige Weg" gewesen wäre. Tausendmal lieber hätte ich das in Kauf genommen, als Muslimin zu werden. Ich las und suchte, aber nichts konnte ich finden, das mir geholfen hätte, und so legte ich die Bücher wieder beiseite.

Ich hatte nackte Angst und ganz stark das Gefühl eines übergroßen Verlustes, als ob mir etwas unendlich Kostbares verloren ginge. Es war eine tiefe Trauer in mir, dass „meine" Wahrheit eben nicht richtig war. Meine Geborgenheit wurde mir genommen.

Seit ich ein Kind war, hatte ich mir mein „Bild" von Gott gemacht. Er war für mich immer wie eine Art Vater gewesen, auch wenn ich Jesus nie wirklich kennen gelernt hatte. Als Kind hatte ich eine Verbindung zu Gott, die nie ganz abgerissen war, auch nicht in meiner persönlichen „Sturm- und Drangzeit". Ich spürte, er war immer da, ich konnte immer mit ihm reden, und er hörte mich. Ich war nie wirklich allein. Er war eben wie ein Vater.

Und so sollte er nun doch nicht sein? Das empfand ich als einen unendlichen Verlust. Niemandem konnte ich sagen, wie es wirklich in mir aussah. Ich fühlte mich allein und abgeschnitten, wie in einem Nichts, einem Vakuum. Es war schrecklich, und ich fühlte mich „gottlos" im wahrsten Sinne des Wortes. „Vielleicht gibt es ja in Wirklichkeit gar keinen Gott?", hörte ich etwas in meinem Kopf. Ich jedenfalls hatte die Verbindung zu meinem Gott verloren; es war absolute Funkstille.

Eines Nachts, als ich Muhammad nach einem gemeinsamen Abend nach Hause gebracht hatte und mich gerade im Auto auf der Heimfahrt befand, weinte ich laut und schrie meine

Verzweiflung heraus: „Oh, Gott, wenn es dich gibt, dann sage mir, was richtig, was die Wahrheit ist, was ich tun soll! Du weißt, dass ich dich verzweifelt suche. Wo die Wahrheit auch liegt, ich bin bereit alles zu tun, aber sage es mir endlich: Welchen Weg soll ich gehen?“

Ich war am Boden, auch körperlich, denn es war ein Kampf. Aber eine Antwort bekam ich nicht. Meine Gedanken drehten sich immer und immer im Kreis und sagten mir, dass ich es ja wisse, dass ich es aber nur verleugnen wolle. Der Islam sei doch absolut rational nachvollziehbar. Ja, rational – aber mein Herz konnte dem nicht folgen. In diesem Zustand blieb ich eine ganze Weile. Irgendwann im Laufe der nächsten ein, zwei Monate war dann für mich klar, dass der Islam die Wahrheit wäre und der Koran Gottes Wort. Es war irgendwie in mein Herz gerutscht und gemeinsam mit Muhammad und seiner Mutter, die sich sehr freute, beschloss ich, wieder zu der islamischen Frauengruppe zu fahren, um dort dann offiziell den Islam anzunehmen.

Ich redete mit Muhammads Mutter über die vergangene Zeit, und zu welchem Entschluss ich gekommen war. Sie sagte mir darauf hin, wie der Übertritt zum Islam vollzogen würde. Ich war erstaunt, wie einfach es war. Ich brauchte lediglich vor zwei Zeugen, in diesem Fall Chadidscha und Rukkaya, das islamische Glaubensbekenntnis zu sprechen. Zu Hause sollte ich dann noch den so genannten „Gusl“ (eine rituelle Ganzkörperwaschung unter der Dusche) vornehmen, bevor ich mein erstes islamisches Pflichtgebet verrichten sollte.

Nachdem ich das Glaubensbekenntnis gesprochen hatte: „Ashadu alla ilaha illal-lah, wa-ashadu anna Muammadan abuhu wa-rsuluh“ (Ich bezeuge, dass es keinen Gott gibt außer Allah und dass Muhammad sein Diener und Gesandter ist!), umarmten mich Chadischa und Rukkaya und gratulierten mir.

Ich atmete erleichtert auf. Jetzt war es also festgemacht: Ich war Muslimin und hatten einen neuen Namen: Zaynab. In meine Seele kehrte wieder Ruhe ein.

Ich diente Allah und warb für den Islam

„Ich will das Verlorene wieder suchen
und das Verirrte zurückbringen
und das Verwundete verbinden
und das Schwache stärken,
und was fett und stark ist, behüten.
Ich will sie weiden, wie es recht ist",
spricht Gott der Herr.
[Hesekiel 34, Vers 16]

„Verheiratet" in einem islamischen Land und noch Zweifel

Nach der kurzen Zeremonie meiner Konversion tranken wir türkischen Tee und unterhielten uns. Dabei fragte mich Chadidscha nach meiner Beziehung zu Muhammad. Ich erzählte ihr, wie wir uns kennen gelernt hatten und wie ich dann zum ersten Mal zu Muhammad mit nach Hause gegangen war. Chadidscha war von Muhammad nicht besonders angetan und fragte mich, ob es denn unbedingt er sein müsse.

„Ja", sagte ich ohne zu zögern, trotz aller Probleme, die ich bis dahin schon mit ihm gehabt hatte. Er und kein anderer sollte es sein. Da fragte Chadidscha nicht weiter nach, sondern sprach mit mir über das Thema Heirat. Es war klar, dass wir nun ganz schnell eine islamische Eheschließung in die Wege leiten mussten, denn der Islam duldet nur eheliche Beziehungen. Alle außerehelichen Beziehungen und Aktivitäten sind verboten.

Später, als wir wieder bei Muhammad zu Hause waren, führte ich dort die rituelle Ganzwaschung durch und stellte mich hinter Rukkaya zu meinem ersten Pflichtgebet auf. Ab jetzt hatte auch ich die Pflicht, fünfmal am Tag dieses Gebet zu verrichten.

Meinen Eltern erzählte ich von meinem Übertritt zum Islam nichts. Dazu hatte ich keinen Mut.

Eine Zeit lang hatte ich einige Gespräche mit einem pensionierten Pfarrer unserer Gemeinde. Ich gab ihm das Buch von Bucaille zu lesen, um seine Meinung dazu zu hören. Wie ich meinte, müsste dieses Buch auch ihn überzeugen, dass der Islam die Wahrheit sei. Als das nicht der Fall war, war ich sehr enttäuscht. Allerdings - er konnte meiner Meinung nach auch keine überzeugenden Argumente für die Bibel und gegen den Koran bringen. Das Buch tat er sehr schnell ab. Sein Urteil war, dass es sehr primitiv und oberflächlich sei. Das deutete ich als Hilflosigkeit seinerseits und fühlte mich in meiner Sichtweise bestärkt. Aber auch ihm sagte ich nichts von meinen wirklichen Gedanken.

Samstagnachmittags besuchte ich die Seminare der islamischen Frauengruppe in M. und hing gebannt an Chadidschas Lippen. Alles, was sie sagte, war neu für mich, aber absolut nachvollziehbar und logisch. Ich genoss das neue Gemeinschaftsgefühl und fühlte mich angenommen und selbstbewusst.

An einem Samstagnachmittag war dann auch die islamische Eheschließung von Muhammad und mir. Die orthodoxen Muslime ziehen die islamische Eheschließung der standesamtlichen zeitlich vor, damit Braut und Bräutigam vor Allah als Mann und Frau gelten und sich auch ohne das Beisein Dritter unterhalten können.

Ich trug ein einfaches weißes Baumwollkleid und ein weißes Kopftuch. Der Geistliche, der die Zeremonie der Eheschließung leiten sollte, wohnte in einer winzigen Wohnung über einem orientalischen Lebensmittelladen. Zögernd ging ich die schmale Treppe hinauf. Im Wohnzimmer saßen bereits mehrere Männer. Es war alles sehr fremd für mich, und ich wusste nicht, wie ich mich verhalten sollte, da ich ja auch nicht verstand, was da in einer fremden Sprache geredet wurde. Dann begann der Geistliche, der in der Mitte des Sofas saß. Er betete auf Arabisch, sagte dann einiges, was ich auch nicht verstand, und fragte schließlich nach der Höhe des vereinbarten Mahir[1] und nacheinander mich und Muhammad, ob wir

---

[1] Anmerkung:
Mahir: Eine vereinbarte Geldsumme, die der Bräutigam an die Braut im Falle einer Scheidung oder Witwenschaft zu entrichten hat - dieses Geld gehört dann der Ehefrau ganz allein und dient zu ihrer Versorgung. (Der Herausgeber)

einander als Ehegatten annehmen würden. Dreimal fragte er uns, dreimal antworteten wir mit den Worten" Ich nehme es an." Zum Abschluss wurde noch einmal ein Gebet auf Arabisch gesprochen, und schon war alles vorbei. Es war ein seltsames Gefühl, nun verheiratet zu sein, ich konnte es gar nicht recht glauben. Meine Hochzeit hatte ich mir eigentlich ganz anders vorgestellt...

„Wie konntest du nur Jesus verraten?"

In der Kleinstadt, in der ich lebte, gab es wenig Muslime und noch weniger Musliminnen, die eine islamische Bekleidung trugen. Genau genommen hatte ich nur ein einziges Mal eine Frau gesehen, die ganz in Schwarz gehüllt war. Ansonsten trugen die Frauen hier auch die traditionelle Kleidung, also das Kopftuch nach hinten gebunden. Sah ich dann doch irgendwo einmal „richtig" bekleidete Musliminnen, hätte ich sie am liebsten angesprochen und mich auch als Muslima zu erkennen gegeben. Leider konnte man es mir ja noch nicht ansehen, denn ich hatte immer noch nicht den Mut gefunden, mich meinen Eltern als Muslimin zu präsentieren, und somit ging ich noch in „Zivil". Mein innerer Konflikt und meine Unzufriedenheit über diesen Zustand wurde immer größer. Ich wollte nicht gespalten sein, eine „normale" Frau zu Hause, am Ausbildungsplatz, und eine muslimische bei Muhammad und in der Frauengruppe. So machte ich einmal einen Versuch, mit Kopftuch aus dem Haus zu gehen, als meine Eltern gerade in Urlaub waren. Doch wie ich da so vor dem Spiegel stand und mich betrachtete, verließ mich der Mut. Ich dachte, die Welt würde untergehen, wenn mich jetzt so Bekannte oder andere auf der Straße sähen. Auch hatte ich Angst vor den Reaktionen an meinem Arbeitsplatz.

Mit Muhammad gab es vermehrt Auseinandersetzungen wegen des Glaubens. So hatte er sich das nicht vorgestellt mit meiner Konversion zum Islam. Ich ging nicht mehr in Diskos, hatte etwas dagegen, dass er Alkohol trank, und forderte ihn auch noch zum Gebet auf. Von seiner Mutter bekam ich hierbei Unterstützung. Das ging ihm alles auf die Nerven. Schließlich konnten wir ihn aber überreden, der Einladung einer deutsch-orientalischen Familie zu folgen. Der Mann war deutscher Muslim, die Frau gebürtige Muslimin. Sie wollten einmal mit Muhammad reden.

Nachdem wir kurz zusammengesessen hatten, trennten wir uns nach Männern und Frauen. Ich war sehr angespannt und musste ständig daran denken, was wohl der Vater und der Sohn dieser Familie mit Muhammad reden würden. Nach einiger Zeit fanden sie sich ein, und Muhammad war sichtlich aufgeregt. Er beschimpfte den Vater der Familie als Fanatiker und sagte, dass er mit solchen Leuten nichts zu tun haben wolle. Sie wollten ihn in Ruhe lassen, er würde nicht beten und überhaupt, wenn das der Islam sei, dann wäre er nicht länger Muslim. Nach diesen Worten ging er zornig aus dem Haus, und Rukkaya und ich folgten ihm bald. Vorher machte man mich noch darauf aufmerksam, dass nach diesen Worten die Ehe zwischen Muhammad und mir nicht mehr bestehen würde. Ein Muslim, der den Islam verlässt, kann nicht mit einer Muslimin verheiratet bleiben.

Ich war nach diesen ganzen Vorfällen einigermaßen geschockt, aber irgendwie auch erleichtert. Seit längerem war mir schon klar geworden, dass das mit Muhammad und mir nicht gut gehen konnte; aber wir hatten ja nach islamischem Ritus geheiratet, und so war ich gebunden gewesen. Jetzt sah es allerdings ganz anders aus. So zog ich dann auch bald die Konsequenzen. In unseren Gesprächen beharrte Muhammad auf seinen Worten, und so beendete ich die Beziehung zu ihm.

Meine Eltern waren mehr als froh darüber. Sie hatten schon nicht mehr geglaubt, dass ich „zur Vernunft" kommen würde. Eigentlich wäre jetzt ein idealer Zeitpunkt gewesen, sie über die genaueren Umstände dieses Sinneswandels aufzuklären, doch wieder einmal schwieg ich aus Feigheit und verpasste eine Chance, allein mit meinen Eltern zu sprechen. Ich wusste, dass ich „es" ihnen irgendwann einmal sagen müsste, aber zugleich wuchs meine Angst davor. Ich konnte mir beim besten Willen nicht vorstellen, wie sie reagieren würden.

Die ganze Sachen türmte sich zu einem unüberwindbaren Berg vor mir auf. Ich schob ihn so lange vor mir her, bis ich nicht mehr den Mut dazu hatte, es allein meinen Eltern zu sagen. Wieder nahm ich die Hilfe der deutsch-orientalischen Familie in Anspruch. Zaynab, so hieß die Mutter dieser Familie, hatte mir jederzeit ihre Hilfe zugesagt. So dachte ich, das wäre die beste Art und Weise, es meinen Eltern zusagen. Ich erwähnte zunächst einmal Zaynab und ihre Familie meinen Eltern gegenüber. Dann sagte ich, dass sie uns eingeladen haben. So fuhren wir dann tatsächlich eines Abends dorthin. Ich hatte Schmetterlinge im Bauch vor Aufregung. Meine Hände waren eiskalt und mein Herz schlug bis zum Hals. Erst unterhielt man sich allgemein. Mehrmals versuchte Ahmad, Zaynabs Mann, das Gespräch auf den Islam zu lenken. Meine Eltern gingen nicht darauf ein. Nach etwa zwei Stunden und mehreren erfolglosen Versuchen ließ Ahmad dann die Bombe platzen:

„Wir müssen Ihnen etwas sagen. Sie haben ja bemerkt, dass ich mit ihnen über den Islam sprechen wollte. Nun – Ihre Tochter ist Muslimin geworden." Totenstille. Ich dachte, gleich würde ich sterben.

Meine Mutter sah nur meinen Vater an, stand auf und sagte: „Wir gehen." Zaynab und Ahmad versuchten meine Eltern zu beschwichtigen, aber sie ließen sich nicht aufhalten.

Wohl oder übel musste ich ja mit meinen Eltern mitfahren, aber am liebsten wäre ich bei Zaynab und Ahmad geblieben, so sehr fürchtete ich mich vor dem, was jetzt wohl kommen würde.

Schweigend gingen wir zum Auto meines Vaters und stiegen ein. Schweigend fuhren wir los. Nach ein paar Minuten brach meine Mutter in Tränen aus und sagte: „Wie konntest du das tun? Wie konntest du Jesus verraten?" Jesus verraten? Diese Frage berührte mich eigenartig, auch wenn ich nicht ganz nachvollziehen konnte, was meine Mutter damit meinte. „Was soll das bedeuten – Jesus verraten? Ich verrate ihn doch nicht, ich akzeptiere ihn doch. Ich glaube an ihn als einen Propheten, der von Allah zu den Menschen gesandt worden ist. Nur, dass er Gottes Sohn sein soll, das akzeptiere ich nicht, aber das sehen viele Christen heute doch auch nicht mehr so."

Ich bekam keine Antwort; das Schweigen wurde an diesem Abend nicht mehr gebrochen. Ich spürte, dass ich meinen Eltern durch diesen Schritt großes Leid angetan hatte, aber es ging doch nicht anders. Eines Tages, dachte ich, würden meine Eltern mich vielleicht verstehen und ich würde für sie zu Allah beten, dass sie auch den Islam als wahre Religion erkennen könnte.

Obwohl meine Eltern nun von meiner Konversion zum Islam wussten, hatte ich immer noch nicht den Mut, nun in islamischer Bekleidung zu gehen. Zum einen war ich ja auch noch in meiner Ausbildung, zum anderen wollte ich meinen Eltern nicht zu viel auf einmal zumuten. So lebte ich weiter zweigeteilt. An den Samstagen in der Frauengruppe ging ich ganz auf, ich blieb dort vom frühen Nachmittag bis zum späten Abend.

So kam es, dass ich mich immer mehr an Chadidscha anschloss. Sie fragte mich, ob ich Lust hätte, mit ihr ins Dar-ul-salam (Haus des Friedens) zu fahren. Gern willigte ich ein. Ich war voller Vorfreude und sehr gespannt, wie es in einem solchen Haus zugehen würde. Chadidscha sollte das so genannte „Schwesterntreffen" leiten, das einmal im Monat dort stattfand. Das gesamte Haus war dann nur von Frauen belegt. Chadischa kannte die meisten, denn sie war schon oft hier gewesen, um Vorträge zu halten. Wir umarmten uns herzlich, und Sumaya führte uns ins obere Stockwerk in den Raum, in dem wir mit einigen anderen Schwestern übernachten sollten.

Sumaya und ihr Mann Tariq hatten vor einigen Jahre in Saudi-Arabien geheiratet und dann hier in Deutschland das Dar-ul-salam ins Leben gerufen. Tariq war Deutscher, zum Islam konvertiert und war zum Studium des Islam und der arabischen Sprache nach Saudi-Arabien gegangen. Sumaya kam aus einem islamischen Land. Nun war ihre Lebensaufgabe die Leitung des Dar-ul-salam geworden.

Vor Hunderten von Frauen – ich bezeuge meinen neuen Glauben

Je besser ich Chadidscha kennen lernte, desto mehr merkte ich, dass sie sich mit ihrer ganzen Kraft für den Islam einsetzte. In der Woche arbeitete sie für das FII-(Frauen Im Islam)-Büro, und am Wochenende war sie meist in Moscheen, um dort Vorträge zu halten. Sie tat das nicht in Deutsch, denn die meisten Frauen sprachen nicht oder nur sehr wenig Deutsch. Irgendwann fragte sie mich, ob ich bereit wäre mitzukommen und dort zu erzählen, wie und warum ich Muslimin geworden sei.

„Ja“, sagte ich, „ich würde es schon machen, aber ich habe noch nie vor vielen Leuten gesprochen, ich weiß nicht, ob ich das kann.“ „Du tust das für Allah, und er wird dir dabei helfen.“

Obwohl mir etwas mulmig war, fuhr ich mit. Es war noch eine andere deutsche Muslima dabei, die auch sprechen würde. Nach etwa zweistündiger Fahrt kamen wir an. Wir parkten das Auto, stiegen aus und schritten auf die Moschee zu, die eine ehemalige Fabrik war. Von draußen hörten wir die Frauen, die schon voller Erwartung waren. Der Akustik nach zu urteilen, musste es sich um bestimmt 200 Frauen handeln, wenn nicht mehr. Meine Knie wurde weich und mein Herz schlug mir bis zum Halse. Vor so vielen Menschen konnte ich nicht sprechen, mir würden die Worte im Hals stecken bleiben! Voller Panik drehte ich mich zu Chadidscha um, die direkt hinter mir ging.

„Ich weiß nicht, wie ich vor diesen ganzen Leuten sprechen soll, Chadidscha!“ „Ganz ruhig, stell dir einfach vor, es ist nur einer, mit dem du redest, denn so ist es ja auch, jeder Einzelne hört dir zu und nicht die Masse.“ Am liebsten wäre ich weggelaufen, aber wir waren in einem Gedränge von Frauen, die uns stürmisch und herzlich begrüßten und uns nun unaufhaltsam in Richtung Moschee schoben. Wir traten ein und ich blickte über ein Meer von Frauenköpfen, die uns alle begeistert willkommen hießen.

Chadidscha begann zu reden, dann sprach Maryam, die andere deutsche Muslima, und schließlich hörte ich Chadidscha meinen Namen sagen. Ich atmete tief durch und setzte mich vor das Mikrofon. „Bismillahir-rahmanir-rahim. As-salamu alaikum, wa rahmatuallah wa baraktuh! Liebe Schwestern, vor ungefähr sechs Monaten bin ich zum Islam konvertiert, alahmdulillah (Gelobt sei Allah), und ich möchte Ihnen kurz erzählen, wie es dazu kam...“ Es war seltsam, meine eigene Stimme durch das Mikrofon zu hören. Chadidscha übersetzte, und als ich merkte, wie aufmerksam und interessiert diese Frauen mir zuhörten, verlor ich meine Angst. Nachdem ich mit meiner kurzen Erzählung fertig war, sprach Chadidscha noch einmal kurz, dann war die Veranstaltung beendet.

Wir beteten das Abendgebet und wurden von der Leiterin der Frauengruppe der Moschee zum Abendessen eingeladen. Dort erfuhr ich wieder einmal diese herzliche Gastfreundschaft. Wir drei, Chadidscha, Maryam und ich, wurden wie Ehrengäste behandelt. Der Tisch war bereits gedeckt als wir ankamen, und das Haus duftete nach orientalischen Köstlichkeiten. Doch irgendwann mussten wir natürlich wieder aufbrechen, denn wir hatten ja noch einen weiten Heimweg vor uns, und es war immerhin schon dunkel.

Den Islam gesellschaftlich etablieren

Im Frühjahr schloss ich dann meine Ausbildung mit der Prüfung erfolgreich ab. Amina hatte mir angeboten, im FII-Büro zu arbeiten. Zunächst halbtags, später vielleicht länger. Es sei dringend notwendig, dass jeden Tag jemand im Büro wäre, anders seien die anfallenden Arbeiten nicht mehr zu bewältigen. Die ZIDS, unser Dachverband, hatte sich bereit erklärt, meine Gehaltszahlung zu übernehmen, wenn ich auch ab und zu kleinere Arbeiten für sie erledigen würde. Ich war überglücklich über dieses Angebot. Endlich konnte ich mich frei zu meinem Glauben bekennen, auch mit meiner islamischen Kleidung; ja mehr noch - ich konnte Allah mit meiner Arbeit dienen. Ich musste nicht in irgendeiner Firma eine Arbeit tun, die nichts mit meinem Glauben zu tun hatte. Außerdem wer stellte schon eine Frau mit Kopftuch ein? Außer als Putzfrau hätte ich da wohl kaum Chancen gehabt. Ich arbeitete mich schnell ein und fühlte mich sehr wohl. Außer dem Seminarraum und dem Büro der FII gab es noch eine Küche, ein Gästezimmer, das auch als Aufenthaltsraum genutzt wurde oder für Gespräche mit Besuchern, und natürlich eine kleine Toilette.

Ich war mit meinem ganzen Herzen bei der Arbeit und erkannte immer mehr, worum es im Islam wirklich geht. Der Islam war keine Religion, wie ich sie bisher erlebt hatte. Man lebte nicht einfach so vor sich hin und sah zu, dass man ein möglichst großes Stück vom Kuchen abbekam. Nein, hier waren Menschen mit Idealen. Sie hatten es sich zu ihrer Aufgabe gemacht, die Welt zu verändern. Sie wollten der Welt das Heil bringen - das Heil, das ihrer Meinung nach, und auch meiner, nur durch den Islam verwirklicht werden konnte. Die Welt, besonders die westliche, war offensichtlich am Ende. Probleme über Probleme türmten sich vor den Politikern auf: Umweltverschmutzung, Arbeitslosigkeit, Kriminalität, besonders Jugendkriminalität, Drogen, Korruption, hohe Staatsverschuldungen, Ausländerhass, Verfall der moralischen Werte und Normen usw. Die Politik versuchte dem allen beizukommen, indem sie an ihrem Konzept hier und da herumflickte, ohne jemals wirklich Abhilfe zu schaffen. Aus all diesem wusste der Islam den Ausweg: Weg mit diesem alten Konzept, das sowieso keine Besserung brachte, und Schaffung einer neuen islamischen Gesellschaft, basierend auf den Werten und Normen des Koran. Kein „Ismus" hatte der Welt geholfen, weder Kapitalismus noch Kommunismus, nur der Islam war der Ausweg. Er würde allen Menschen ein sinnvolles, erfülltes und gesichertes Leben ermöglichen, sowohl im Diesseits als auch im Jenseits. Der Durchsetzung dieser islamischen Gesellschaft, zunächst in den islamischen Ländern, später weltweit, zum Wohle und Heil der ganzen Menschheit, verschrieben wir uns ganz. Die gesamte Erde sollte Allahs sein, denn nur das könnte den Menschen den Frieden bringen, den sie sich so sehr erhofften.

Morgens, mittags, nachmittags, abends und nach Sonnenuntergang verrichtete ich meine Pflichtgebete. War ich zu Hause, bei Bekannten oder im FII-Büro, war das kein Problem. Unterwegs aber gestaltete sich das Ganze oft zu einer Schwierigkeit, bei der es galt, mehrere Hindernisse zu überwinden. Zum einen musste ich ja die rituelle Reinheit haben. War sie mir verloren gegangen, musste ich einen geeigneten Platz zum Waschen finden. Das war aber gar nicht so einfach, da ich hierzu mein Kopftuch abnehmen und die Ärmel hochkrempeln musste. Eine muslimische Frau muss sich aber in der Öffentlichkeit bedeckt halten, und das war nicht auf allen Damen-WCs gewährleistet.

Die zweite Schwierigkeit war ein geeigneter Gebetsplatz, denn Frauen sollen im Islam nicht vor Männern beten.

Einmal, als Jamila und ich einen Ausflug in einen Vergnügungspark machten, hatten wir reichlich Mühe, all diese Bedingungen zu erfüllen.

Beim Essen benutzte ich nach Möglichkeit nur noch die rechte Hand. Ich aß auch nur noch mit einer Gabel, ohne Messer, da dies zu Muhammads Lebensweise (Sunna) gehörte. Nach dem Toilettengang wusch ich mich an den betreffenden Stellen mit kaltem Wasser. Ich gähnte nie mit offenem Mund, da Muhammad gesagt hatte, dass Scheitan (Satan) durch den gähnenden Mund in einen Menschen eingehe. Musste ich niesen, sagte ich: „Preis sei Allah." Muslime antworteten mir: „Allah sei dir barmherzig!", worauf ich wieder sagte: „Allah leite euch recht und bessere eure Angelegenheiten."

Ich hörte auf, mir die Augenbrauen zu zupfen, denn das ist im Islam verboten. Die vielen Regeln für die täglichen großen und kleinen Dinge im Islam waren nun meine Lebenspraxis geworden.

Ganz im Gegensatz zum Christentum hatte ich hier eine klare Orientierung. Es gab keinen Bereich, der im Unklaren blieb: Alles hatte Allah geregelt, vom großen Geschäft bis hin zur Körperpflege.

Zu Hause gab es immer häufiger Zusammenstöße mit meinem Vater wegen der islamischen Bekleidung. Durch die ablehnende Haltung meiner Eltern dem Islam gegenüber fühlte ich mich persönlich von ihnen abgelehnt und unverstanden. Ich nahm mir vor, mich nun meinen Eltern gegenüber in eisiges Schweigen zu hüllen und sie zu ignorieren. Dann würden sie schon sehen, was sie von ihrer Haltung hatten.

Eine kurze Zeit ging das ganz gut. In der Woche kam ich abends oft erst spät nach Hause, denn ich arbeitete mittlerweile nicht mehr Teilzeit. Außerdem gab es meist so viel Arbeit, dass ich über meine Arbeitszeit hinaus im Büro blieb. Dann hatte ich auch noch begonnen, Arabischunterricht zu nehmen, um den Koran besser verstehen zu lernen. An vielen Abenden war ich auch mit Chadidscha und Jamila, Aminas Tochter, zusammen.

Am Wochenende waren wir unterwegs zu Moscheen, um dort zu den Frauen zu sprechen. Mittlerweile war das für mich ganz normal geworden - ich empfand keine Angst mehr, mich vor die vielen Frauen zu stellen und zu sprechen, denn ich tat es ja für Allah, für den Islam, damit endlich eine gerechte islamische Gesellschaft entstehen konnte.

Doch dann war ich an einem Wochenende allein in meinem Zimmer. Es gab keinen Termin, Chadidscha und Jamila waren nicht da, und alle andern hatten etwas anderes vor. Ich saß in meinem Zimmer und vermisste meine Eltern. So schlecht war es zu Hause doch nicht gewesen. Außerdem war gerade Sommer und meine Eltern saßen bestimmt in ihrem wunderschönen großen Garten und tranken Kaffee. Oft schon hatten meine Eltern mich eingeladen, sie zu besuchen. Man würde auch nichts mehr gegen das Kopftuch oder den Islam sagen. Bisher hatte ich immer kurz angebunden abgesagt. Doch nun überwand ich meinen Stolz und rief meine Eltern an. Ja, sicher könne ich kommen. Sie würden sich sehr freuen. Ich setzte mich also in mein Auto, das übrigens immer noch von meinen Eltern finanziert wurde (inzwischen hatten sie mir sogar ein neues gekauft), denn ich verdiente bei der FII nur sehr wenig. Angekommen im Garten meiner Eltern, genoss ich diesen sonnigen, schönen Tag, trank Kaffee mit ihnen und aß den köstlichen selbst gebackenen Kuchen meiner Mutter. Abends grillte mein Vater. Ich konnte von dem Fleisch zwar nichts essen, denn es war nicht islamisch geschlachtet, also ausgeblutet, aber es war einfach schön, mit meinen Eltern zusammen zu sein. Ich blieb sogar über Nacht dort und fuhr erst am Montagmorgen wieder zurück. Von da an besuchte ich meine Eltern, so oft ich konnte. Sie waren jetzt sogar bereit, sich mit mir auf der Straße sehen zu lassen, was sie vorher abgelehnt hatten.

Das FII-Seminar fand immer mehr Zulauf. Sogar von weiter her kamen Frauen, weil sie von der FII und ihrer Arbeit gehört hatten.

Der Dialog mit den Nichtmuslimen gewann immer mehr an Bedeutung. Zunehmend traten Kirchen, Volkshochschulen und ähnliche Einrichtungen an uns heran, ob wir nicht zu solchen Veranstaltungen zu ihnen kommen könnten. Meist war es das Thema „Stellung der Frau im Islam“, das wir behandeln sollten. Ich begleitete Chadidscha zu diesen Einladungen, manchmal kam auch Jamila mit, allerdings nicht so oft, denn sie war mit ihrem begonnenen Medizinstudium voll ausgelastet.

Ich hörte Chadidscha aufmerksam zu und dachte, dass ich an Chadidschas Stelle diesen Fragen, die die Leute stellten, und manchmal auch Angriffen nicht standhalten könnte. Wenn wir dann wieder bei Chadidscha zu Hause waren, redeten wir oft noch bis tief in die Nacht hinein über den Islam. Wir sprachen über wissenschaftliche Vergleiche oder über das, was islamische Mystiker geschrieben hatten. Wir resümierten, wie dieses und jenes zu regeln sei, was für Auswirkungen es haben würde und wie arm die westliche Gesellschaft doch sei, dass sie diesen Schatz, der der Islam war, nicht entdecken und nutzen konnte, obwohl er doch genau vor ihrer Nase war. Sie waren eben einfach verblendet dadurch, dass sie sich von Allah abgewendet und entfernt hatten. Aber wir wollten sie wieder zu ihm zurückführen, wir wollten ihnen helfen. Sie hielten uns und den Islam für ihre Feinde, dabei wollten wir ihnen Frieden bringen, Gerechtigkeit, der Unterdrückung ein Ende bereiten. Denn unterdrückt waren die Menschen hier im Westen doch auch, oder was ist es denn anderes, wenn jemand ein Gefangener seiner Süchte, Wünsche und Bedürfnisse ist?

Pilgerfahrt nach Mekka

Das Dar-ul-salam hatte neben vielen Veranstaltungen jedes Jahr in der Weihnachtszeit auch eine Pilgerfahrt nach Mekka im Programm.

In den letzten Jahren hatte ich immer interessierter den Berichten der zurückkehrenden Pilger gelauscht. Dieses Jahr, so wusste ich, wollte ich selbst dabei sein. Ich meldete mich an und erhielt bald darauf die Bestätigung, dass ich in die Liste der diesjährigen Pilger aufgenommen war.

Die Pilgerfahrt nach Mekka ist ein wichtiger Punkt im Leben eines jeden Muslims, und sie ist in ihrem Ablauf und in ihren Ritualen auch voller Symbole.

In der Nacht vor unserer Abreise konnte ich vor Aufregung nicht schlafen. Trotzdem war ich am nächsten Morgen keineswegs müde. Schon früh hatte ich meine

Pilgerkleidung, einen weißen Afghanenanzug und ein weißes Kopftuch, angelegt. Ich hatte die vorgeschriebenen Gebete verrichtet und traf mich mit den anderen Brüdern und Schwestern zur Abreise.

Als wir dann endlich in Mekka ankamen, war es schon bald Morgen. Ungeduldig erwartete ich das Ende der Prozedur des Zimmerverteilens. Dann endlich erneuerten wir unsere rituelle Waschung und versammelten uns in einer Gruppe vor dem Eingang des Hotels. Es lag ganz nahe bei der Kaaba, ungefähr 5–10 Minuten zu Fuß.

Hell erleuchtet war die Masdischid al-Haram, die „Heilige Moschee", in deren Hof sich die Kaaba befindet.

Ich betrat die Moschee gemäß der Sunna mit dem rechten Fuß zuerst und sprach dabei die Worte auf Arabisch, wie auch alle anderen Gebete: „Im Namen Allahs, o Allah, öffne mir die Tore deiner Barmherzigkeit."

Dann durchschritt ich die große Halle, in der die Menschen zwischen den beiden Hügeln Safa und Marwa hin- und hereilten. Und endlich war ich im Innenhof und erblickte die Kaaba. Ihr Anblick traf mich tief ins Herz. Sie stand da, von schwarzen Samttüchern umhüllt, die Menschen umkreisten sie andächtig. Hell erleuchtet war alles, und obwohl so viele Menschen hier waren, war es ruhig, irgendwie erhaben. Ich sah an der Kaaba hinauf zum Himmel, der ebenfalls wie schwarzer Samt aussah. Nie werde ich diesen Moment vergessen. Und doch durchzuckte mich der Gedanke: „Nie kannst du die Gnade Allahs erlangen." Aber laut bezeugte ich: „Allah ist am größten, es gibt keinen Gott außer Allah."

Danach begann ich ebenfalls mit dem „Tawaf", dem Umschreiten der Kaaba. Dieses siebenmalige Umschreiten beginnt beim schwarzen Stein. Während dieses Umschreitens war ich ganz konzentriert auf Allah. Ich sprach Bittgebete und versuchte, an den schwarzen Stein zu kommen, um ihn zu küssen; doch in dieser Nacht war es mir nicht vergönnt. In einer späteren Nacht gelang es mir aber tatsächlich, ohne Drängeln den schwarzen Stein zu erreichen. Innerlich bewegt beugte ich mich vor und küsste ihn. Ein köstlicher Duft entströmte ihm, und er war gar nicht hart wie ein Stein, sondern samtweich. Die Tränen traten mir in die Augen, so glücklich war ich in diesem Moment.

Ich lernte Ayscha, eine deutsche Frau, kennen, die ebenso empfand. Sie war vor Jahren aus ihrem Leben ausgebrochen, weil sie an einen Punkt gekommen war, an dem sie nicht mehr weiterwusste. Sie reiste ziellos herum, bis sie in einen kleinen Ort in Griechenland kam. Dort hatte sie eine Moschee gefunden und trat ein. In der Moschee hatte sie einen Zusammenbruch. Sie lag auf der Erde und konnte nicht aufstehen, bis sie eine Art Offenbarungserlebnis hatte. Sofort wurde sie Muslim und reiste nach Mekka. Sie blieb hier einfach in der Heiligen Moschee und wurde von anderen Pilgern oder auch Ortsansässigen mit dem Notwendigen versorgt. Die Soldaten wollten sie vertreiben, aber da jede Gewalt in der Heiligen Moschee verboten ist und sich Ayscha einfach weigerte freiwillig zu gehen, konnte sie irgendwann bleiben. Sie heiratete und lebte jetzt mit ihrem Mann in Mekka.

In den Medien und auf Konferenzen

Irgendwann wurde auch das Fernsehen auf die FII aufmerksam. Man wollte in der Sendung „Gott und die Welt“ über unsere Arbeit, speziell unsere Hilfe bei Diskriminierung muslimischer Mädchen in den Schulen, berichten. Das Fernsehteam kam und die Aufnahmen wurden gemacht. Als wir dann aber gemeinsam vor dem Fernseher saßen, erkannten wir die Nachteile der Pressefreiheit. Man hatte unsere Aussagen aus dem Zusammenhang gerissen und willkürlich zusammengeschnitten, so dass uns Worte in den Mund gelegt wurden, die wir so nie gesagt bzw. gemeint hatten.

Doch schon bald danach saß ich tatsächlich in einer Live-Diskussion. Es ging um den Bau einer großen Moschee. Mittlerweile ist sie ja eröffnet worden, aber damals war ein Großteil der Bürger der Stadt gegen diesen Bau. Mit in der Diskussionsrunde war eine Schriftstellerin aus einem islamischen Land, die allerdings nicht nach den islamischen Glaubensvorschriften lebte und auch eine Reformation des Islam forderte. Das ist für praktizierende Muslime natürlich undenkbar, und deswegen wurde diese Frau auch von uns abgelehnt. Aber sie sagte mir etwas, über das ich mich damals erhaben fühlte - was mir später aber noch zu denken geben sollte:

„Sie kommen aus der westlichen Kultur, Sie haben eine westliche Erziehung genossen und sich für den Islam entschieden, so wie er hier in Europa präsentiert wird. Aber Sie haben nie in einem islamischen Land gelebt, haben nie dem Druck standhalten müssen, der auf mich ausgeübt wurde. Sie wissen doch gar nicht richtig, was der Islam eigentlich ist bzw. wie die Islamisten ihn sehen."

Ich antwortete ihr, dass man den Islam nach seinen Quellen, also nach dem Koran und der Sunna beurteilen müsse und nicht nach den Menschen, also den Muslimen. Was die Menschen aus einer Religion machen, das sei nicht das Ausschlaggebende. Ich würde mich an den Quellen ausrichten und fände, dass sie die Wahrheit wären. Damit war die Sache für mich erledigt.

Etwas später trat das ZDF an uns heran. Sie wollten Adressen von Muslimen, die bereit wären, in einer Live-Diskussion zum Thema Islam zu sprechen. Chadidscha gab meine Adresse an. Unabhängig von der FII wurde auch Jamila vom ZDF für diese Sendung angesprochen. Wir bekamen beide Anschreiben, in denen man uns mitteilte, dass in nächster Zeit ein Team bei uns vorbeischauen würde, das eine Art Probeaufnahmen mit uns machen würde. Man hätte um die hundert Adressen und wolle nun bei diesen Probeaufnahmen sehen, wer für die Sendung geeignet wäre. Nach diesen Aufnahmen warteten Jamila und ich voller Spannung, ob eine von uns beiden ausgewählt werden würden. Niemand beim ZDF wusste natürlich, dass wir uns kannten, geschweige denn zusammenarbeiteten.

Nach diesem Fernsehauftritt kam ich mir schon sehr wichtig und wie ein „alter Hase" vor. Darum stimmte ich auch sofort zu, als die ZIDS mich bat, auf einer Konferenz zu sprechen. Mein Thema sollte die „Diskriminierung muslimischer Schüler und Jugendlicher an Schulen und in der Ausbildung" sein. Den Text hierzu verfasste Chadidscha, so dass ich ihn nur vorzulesen brauchte. Diese Konferenz war von großer Wichtigkeit, und wir hatten wochenlang mit der Vorbereitung zu tun. Natürlich spielte sich für die Mitwirkenden alles im gehobenen Rahmen ab. Es verstand sich von selbst, dass wir in einem Hotel der oberen Klasse untergebracht wurden, waren doch wirklich wichtige Personen zu dieser Konferenz geladen, u. a. natürlich auch Abdurrahman Al-Assaad. Um dem Ganzen den passenden Rahmen zu verleihen, und damit nicht direkt auffiel, wer der eigentliche Veranstalter war, hatte die ZIDS längst einen neuen Verein gegründet. Mit dem Briefkopf dieses Vereins verschickten Fatima und ich die Einladungen an die verschiedenen Referenten.

Die Konferenz erstreckte sich über ein Wochenende. Am letzten Tag war ich als eine der wenigen Frauen an der Reihe. Mein Beitrag fand viel Beifall, besonders von Abdurrahman Al-Assaad.

Am Rande der Konferenz lernte ich eine Menge interessanter Leute kennen. Einer von ihnen war ein Journalist. Er war vor vielen Jahren Muslim geworden und kam durch seinen Beruf viel in der Welt herum. Er hatte Khomeini persönlich kennen gelernt und war wie alle praktizierenden Muslime der Meinung, dass die Juden unter der Mithilfe Amerikas Schuld an allem Unrecht auf der Welt seien. Auch prophezeite er, dass Amerika bald untergehen und endlich der Islam ein gerechtes System aufrichten würde. Jamila, er und ich führten sehr interessante Gespräche und korrespondierten später auch gelegentlich miteinander.

Ehe nach Allahs Weisung und der Sunna Muhammads

Im Hause meiner Eltern hatte ich seit einiger Zeit meine eigene Wohnetage mit Wohnzimmer, Schlafzimmer, Küche, Bad und einem großen Flur. Allerdings fehlte mir im Laufe der Zeit einfach meine eigene Familie, die mich in meinem Denken und Handeln versteht. Mit meinen Eltern konnte ich gut über alle belanglosen Sachen sprechen, aber in dem, was mich wirklich bewegte und beschäftigte, fand ich bei ihnen kein Verständnis. So sehnte ich mich mehr und mehr nach einem Ehemann und nach Kindern.

Ich wollte einen Mitstreiter, am liebsten jemanden, der auch der ZIDS angehörte und selbst aktiv war. So freute ich mich dann, als Chadidscha mir mitteilte, dass es einen jungen Mann gebe, der sehr aktiv in der ZIDS sei, der selbst geschieden sei und nun wieder heiraten wolle. Er sei noch Student und würde mich gerne kennen lernen. Wir verabredeten einen Tag, an dem ich Yahya in Anwesenheit von Chadidscha und einigen anderen kennen lernen sollte.

Chadidscha, Jamila und ich planten einen gemeinsamen Sommerurlaub in Dänemark. Erst danach wollte ich Yahya meine Antwort geben. Er akzeptierte das.

Am Ende der Ferienzeit wusste ich, dass ich Yahya mein Ja-Wort geben würde. Am Morgen unserer islamischen Eheschließung dann arbeitete ich noch ganz normal im Büro. Am Abend kamen meine Eltern, um der Zeremonie beizuwohnen.

Nach der Eheschließung gab es ein Essen zusammen mit den anderen Mitarbeitern der ZIDS. Meine Eltern fühlten sich nicht sehr wohl in unserem Kreis, aber ich fand es sehr lieb von ihnen, dass sie trotzdem gekommen waren.

Unser Wahlkampf für den islamischen Staat

Chadidscha hatte mich mittlerweile zur 2. Vorsitzenden der FII gemacht. Das bedeutete natürlich auch noch mehr Verantwortung und Einsatz. Aber es kam noch mehr hinzu. Der ZIDS fehlte noch eine spezielle Frauenarbeit. Die FII reichte hierzu nicht aus. Sie konnte den Bedürfnissen der ausländischen Musliminnen nicht ausreichend gerecht werden. So hatte man beschlossen, einen ZIDS-Zweig speziell für Frauenarbeit zu gründen, das so genannte „ZIDS-Women's Work“. Alle Frauen, die hier für die Mitarbeit in Frage kamen, trafen sich an einem Vormittag bei Chadidscha in der Wohnung.

Im ZIDS-Women's Work wurde mir das Amt des Kassenführers zugewiesen. So war ich auch hier im Vorstand, was meinen Aufgabenkreis erweiterte und natürlich auch mehr Zeit erforderte. Zudem standen noch Wahlen vor der Tür. Das bedeutete für uns bei der ZIDS: Noch mehr Einsatz! Die Massen mussten mobilisiert werden, damit sie der JIP, die der ZIDS zuarbeitete, ihre Stimme gaben. Auch mussten finanzielle Mittel aufgetrieben werden, um den Wahlkampf zu unterstützen. Konkret hieß das für uns Frauen: Wir mussten noch mehr in den Moscheen sprechen. Sie veranstalteten regelrechte „Tourneen“ durch die Moscheen Deutschlands. Hier sprach sehr oft Maryam Al-Fakir, die 1. Vorsitzende von ZIDS-Women's Work. Sie war rhetorisch sehr begabt und erzählte den gebannt lauschenden Frauen herzergreifende Geschichten von unterdrückten Muslimen in den islamischen Ländern und von islamischen Märtyrern. Dann forderte sie die Frauen auf, ihre Verantwortung als Musliminnen wahrzunehmen. Sie ließ sie den Treueeid auf „den ehrwürdigen“ Abdurrahman Al-Assaad leisten. Danach wurde gesammelt. Es kamen unglaubliche Summen und jede Menge Goldschmuck zusammen.

In den vielen Vorträgen, die wir hielten, wurde uns immer bewusster, dass wir eigentlich an zwei Fronten kämpften. Einmal „kämpften“ wir gegen die Vorurteile gegenüber dem Islam und gegen das Feindbild Islam bei den Nichtmuslimen. Wir versuchten ihnen zu erklären, dass der Islam nicht so war, wie sie ihn sahen. Wir versuchten zu vermitteln, dass es eben ein großer Unterschied ist zwischen dem, was im Koran steht, und dem, was viele Muslime leben und für den Islam halten. Doch auf der anderen Seite „kämpften“ wir auch gegen die Lebensweise dieser traditionellen Muslime, die sich am Islam ihrer Großmutter und nicht am Koran orientierten. Manchmal kam ich mir dabei vor wie Don Quichotte beim Kampf gegen die Windmühlen, aber dann sagte ich mir wieder, dass Allah über allem stehe und sein Reich aufrichten werde, auch wenn alle es verhindern wollen.

Ich werde Mutter

Yahya und ich führten weiterhin eine Wochenend-Ehe. Irgendwann hielt ich diese Situation nicht mehr aus und zog zu ihm. Wir hatten eine kleine Wohnung gefunden. In der Woche war ich dann in M. und schlief bei meinen Eltern, am Wochenende fuhr ich zu Yahya, sofern es die Termine zuließen. Sobald Yahya mit seinem Studium fertig wäre, wollten wir dann in meinen Heimatort ziehen. Doch es kam alles ganz anders.

Wir waren nun schon seit zwei Jahren verheiratet. Einige Zeit nach unserer islamischen Eheschließung hatten wir es auch amtlich, also „standes“-amtlich gemacht, sogar mit weißem Brautkleid, Familienfeier, Hochzeitsreise und allem, was dazugehört. Nach einem halben Jahr Ehe wünschten wir uns auch Kinder. Doch dieser Wunsch war bis jetzt unerfüllt geblieben. Wir hatten auch einige Ärzte aufgesucht, die weder bei mir noch bei Yahya etwas fanden, doch ein Frauenarzt konnte uns schließlich weiterhelfen. Es stellte sich eine Hormonschwäche bei mir heraus, und als wir das beheben konnten, wurde ich auch prompt schwanger.

Amir wurde geboren und stellte unser Leben völlig auf den Kopf. Er hatte ganz andere Schlafgewohnheiten, als ich sie von einem Baby erwartet hätte. Er schien nämlich nie zu schlafen. Selbst meine Mutter, die ja selbst drei Kinder großgezogen hatte, war sehr erstaunt über das minimale Schlafbedürfnis ihres Enkelkindes.

Schon nach zwei Wochen war ich am Ende meiner Kraft und bereute, überhaupt jemals den Wunsch nach einem Kind gehabt zu haben. Doch Yahya unterstützte mich, so gut er konnte, und als diese Krise überwunden war, war Amir der Sonnenschein in Yahyas und meinem Leben.

Lebenskrise

Ich hatte nun Erziehungsurlaub und musste nicht mehr nach M. zur Arbeit fahren. Wir zogen um in eine größere, schönere Wohnung, und unser Glück war vollkommen. Endlich waren wir die kleine Familie, die ich mir so gewünscht hatte. Der Mittelpunkt meines Lebens verlagerte sich von der aktiven Arbeit für den Islam auf die Sorge und Versorgung unserer kleinen Familie. Anstatt von Moschee zu Moschee und von Vortrag zu Vortrag zu eilen, wechselte ich nun Windeln, kochte und wusch winzige Strampelanzüge. Bücher und Zeitschriften über Kindererziehung allgemein und speziell im Islam traten an die Stelle hochgeistiger Literatur. Anfangs tat ich das alles voller Elan, und es befriedigte mich auch ganz. Doch irgendwann sah ich mich um und stellte fest, dass ich in meiner Nähe gar keine Bekannten hatte. Ich versuchte mit Yahya geistige/geistliche Gespräche zu führen, doch er fand, dass ich mich mit solchen Sachen lieber an islamische Gelehrte wenden sollte, das wäre nicht seine Aufgabe.

Ich fühlte mich einsam. Nun hatte ich einen Mann, aber dieser teilte so gar nicht mein geistliches Leben mit mir. Aber gerade das hatte ich doch in einer Ehe ganz stark gesucht. Wieso war Yahya bloß so uninteressiert an solchen Gesprächen.

Inzwischen hatte er sein Studium abgebrochen, das heißt er war zwar noch immer immatrikuliert, aber er studierte de facto nicht mehr. Vielmehr hatte er sich selbständig gemacht, und sein Geschäft nahm nun fast seine ganze Zeit in Anspruch. Yahya ging auf in seinem Unternehmen und war auch ein guter Geschäftsmann. Doch je mehr er auflebte, desto mehr schien ich einfach nur noch vor mich hin zu leben. Ich sah meinen Mann nur noch zu hastig eingenommenen Mahlzeiten. Er kam meistens sehr spät nach Hause, nur um zu schlafen und ging dann nach dem „Frühstück" sofort wieder zur Arbeit. Immer mehr wurde die Kindererziehung meine Aufgabe. Ich fühlte mich einsam und regelrecht allein gelassen.

Trotz dieser ungünstigen Umstände wünschten wir uns beide ein zweites Kind. Amir war mittlerweile zwei Jahre alt, und irgendwie hoffte ich auch immer auf eine bessere Zukunft.

Auf den Tag pünktlich kündigte sich Dawud, unser Zweitgeborener, an.

Nachdem meine Schwiegermutter wieder in ihre Heimat zurückgekehrt war, zog der Alltagstrott wieder ganz bei uns ein. Noch mehr als vorher fühlte ich mich allein und einsam. Jetzt war da niemand, mit dem ich mich unterhalten konnte.

Diese ganzen äußeren Umstände brachten mich in eine Krise. Ich war an einen Punkt gekommen, an dem ich das Gefühl hatte, dass es so nicht mehr weitergehen konnte. Alles, aber auch alles war ganz anders gekommen, als ich es mir vorgestellt und erhofft hatte. Ich wohnte immer noch weit weg von allen Bekannten und Verwandten, obwohl Yahya und ich vor unserer Eheschließung im Beisein

Chadidschas verabredet hatten, dass wir in absehbarer Zeit zusammen im Raum M. wohnen würden. Yahya hatte das im Laufe der Zeit einfach ignoriert, und mit seiner Selbständigkeit waren nun endgültig die Weichen anders gestellt.

Ich fiel in eine Depression, in der ich begann, Kinder und Haushalt zu vernachlässigen. Das wiederum machte Yahya wütend. Wenn er abends in eine unaufgeräumte Wohnung kam, war er natürlich böse.

Ich selbst suchte in dieser Lebenskrise nur im Islam Trost. Ich versuchte konzentrierter zu beten, begann wieder islamische Literatur zu lesen und dachte viel nach. Ich wollte mich Allah annähern und klagte ihm mein ganzes Leid. Ich flehte ihn auf Knien an, doch Mitleid mit mir zu haben und meine Ehe zu retten, nein, mehr noch, eigentlich die ganzen Lebensumstände zu ändern. Was das konkret sein sollte, wusste ich nicht.

Ängste plagten mich. Ich kam mir vor wie der schlechteste Mensch auf der Welt. Abends lag ich im Bett und dachte über den vergangenen Tag nach. Wie viele Fehler und Sünden hatte ich begangen! Wie konnte ich jemals erwarten, ins Paradies zu kommen. Ob wohl alle Muslime so voller Fehler waren wie ich? Ob es überhaupt einem Muslim gelingen konnte, ins Paradies zu kommen?

Ich wusste es nicht.

Jesus fand mich und nahm mich in seine Gemeinde auf

> Ihr werdet die Wahrheit erkennen,
> und die Wahrheit wird euch frei machen.
> [Johannes 8, Vers 32]

Der Qumran-Fund – Sollte die Bibel doch wahr sein?

An einem späten Vormittag bereitete ich gerade das Frühstück für Yahya vor. Es war noch vor der Geburt von Dawud. Da es schon spät war und Yahya es eilig hatte, versuchte ich, alles schnell fertig zu bekommen. Gerade da klingelte es an unserer Haustür. Ich öffnete, und vor mir standen zwei Frauen von den Zeugen Jehovas. Da ich immer offen für ein Gespräch war und auch gern mit Christen argumentierte, tat es mir Leid, dass ich so gar keine Zeit für sie hatte. Die beiden Frauen gingen in das nächste Stockwerk, doch als ich sie wieder herunterkommen hörte, sagte eine innere Stimme zu mir: „Frag sie doch, ob sie an einem anderen Tag wieder kommen wollen, an dem du Zeit hast!" Ich öffnete also die Tür, sprach die Frauen wieder an und vereinbarte einen anderen Termin in der nächsten Woche mit ihnen. Sie kamen dann beide auch pünktlich und begannen, über ihren Glauben zu reden. Eine Weile hörte ich ihnen zu, dann sagte ich:

„Es hat eigentlich wenig Sinn, dass Sie mir das alles erzählen. Sie sprechen immer von der Bibel:...Die Bibel sagt dies, in der Bibel steht das... Wir brauchen gar nicht weiter zu sprechen, solange Sie mir nicht bewiesen haben, dass die Bibel wirklich Gottes unverfälschtes Wort ist. Als Muslima glaube ich nämlich, dass die Bibel gefälscht und verfälscht worden ist, und dass wir nur im Koran unverfälschtes Gotteswort finden."

Bis in die Zeit meiner Krise hinein dauerten die Gespräche an. Schließlich brachte Helga eines Tages „Verstärkung" mit. Ein anderer Zeuge Jehovas, der schon etwas älter war und eine führende Aufgabe in der Hierarchie der Zeugen Jehovas hatte. Er wiederholte vieles von dem, was Helga mir schon gesagt hatte. Etwas Neues aber kam hinzu. Er brachte eine kurze Diaserie über die Schriftrollen von Qumran (in den Höhlen von Qumran, in der Nähe des Toten Meeres, wurden im Jahre 1947 viele sehr alte Bibelhandschriften gefunden. Heute kann man sie in Israel im „Schrein des Buches" besichtigen) mit. Ich wusste von ihnen, hatte sie selbst schon auf einer der Israelreisen mit dem Posaunenchor gesehen. Besonders interessierte mich aber nun die gefundene Rolle, auf der das ganze Buch des Propheten Jesaja aufgeschrieben war.

Diese Schriftrolle wurde von den Archäologen auf das Jahr 100 – 200 v. Chr. datiert. Was nun in meinem Kopf zu arbeiten begann, sehe ich heute als von Gott gewirkt: mir fiel ein, dass in Jesaja eine Prophetie ganz klar auf Jesus hindeutet. In Jesaja 53 steht nämlich u. a.: „...Der Herr ließ seinen Boten emporwachsen wie einen jungen Trieb aus trockenem Boden... er gefiel uns nicht! Er wurde verachtet, ja wir haben ihn sogar verachtet. Dabei war es unsere Krankheit, die er auf sich nahm; er erlitt die Schmerzen, die wir hätten ertragen müssen... Doch er wurde blutig geschlagen, weil wir Gott die Treue gebrochen hatten; wegen unserer Sünden wurde er durchbohrt. Er wurde für uns bestraft – und wir? Wir haben nun Frieden mit Gott! Durch seine Wunden sind wir geheilt."

Diese Verse gingen mir nun unablässig im Kopf herum. Wie sollte ich das bloß einordnen. Diese Prophetie war aus der Zeit vor Jesus und passte auf keinen anderen Menschen. Es sagte genau das voraus, was laut Bibel dann auch passierte. Ich fühlte mich bedroht von diesen Worten. Ich wollte nicht mehr über sie nachdenken, da sie überhaupt nicht dem Islam entsprachen. Doch all meine Bemühungen, das zu verdrängen, scheiterten. Vorsichtig sprach ich Yahya darauf an. Ich erzählte ihm von meiner „Entdeckung" und fragte ihn, was er davon hielte. Ich suchte Hilfe bei ihm, doch er reagierte wie von der Tarantel gestochen.

Zusätzlich zu meiner Krise, in der ich ja steckte, kreisten meine Gedanken nun unaufhörlich um diese Bibelstelle [Jesaja 53], darum, wie ich das in den Islam „einordnen" könnte, und ob es etwa doch möglich sei, dass der christliche Glaube der richtige wäre.

Seit zehn Jahren war ich nun Muslim, hatte aktiv für den Islam gearbeitet und mein ganzes Leben am Islam ausgerichtet. Doch das Schlimmste an allem war: Was würde mein Mann dazu sagen, dass ich erwog - vielleicht sogar Christ zu werden?! Schließlich war auch er überzeugter, praktizierender Muslim. Wenn er es nicht gewesen wäre, hätte ich ihn gar nicht geheiratet.

Aber was dachte ich denn da – Christ werden? Hatte ich meine eigenen Gedanken da richtig „gehört"? Das konnte doch gar nicht wahr sein. Mein ganzes bisheriges Leben würde in diesem Fall doch unter mir zusammenbrechen wie ein morscher Stuhl. Yahya würde sicher niemals mit einer Christin verheiratet bleiben und natürlich Anspruch auf die Kinder erheben. Nach dem Islam standen sie ihm dann ja auch zu, gerade in diesem Fall. Also Schluss mit diesen Überlegungen!

Und wie sahen die Früchte der Muslime global aus? Terror, Krieg, Hass gegen Feinde. Ja, ich weiß schon. Viele Muslime sehen das nicht so, aber es bleibt doch objektiv gesehen Realität.

Der Islam hatte mir in meiner Krise nicht helfen können, also hatte er auch da keine Frucht getragen. Aber war das alles denn nun ein Beweis dafür, dass der Islam nicht die wahre Religion war?

„Wie einfach und befreiend wäre es doch, wenn der christliche Glaube der richtige wäre", schoss es mir durch den Kopf. „Ich brauchte mich nicht länger abzustrampeln, um das Paradies zu erreichen. Ich brauchte nur Jesu Opfertod anzunehmen, an ihn zu glauben, und das Paradies wäre mir sogar von Jesus versprochen."

„Hey, was denkst du da eigentlich", sagte eine andere Stimme in mir. „Du begehst gerade Götzendienerei. Der Teufel hat dich wohl schon ganz im Griff, oder was?"

Zwei Kräfte zogen da unaufhörlich an meiner Seele. Ich glaubte, innerlich zu zerreißen. Doch irgendwann war ich so verzweifelt und am Ende, dass ich mir ein Herz fasste und in Jesu Namen, was ja eigentlich unverzeihlich für einen Muslim ist, zu Gott betete: „Wenn du wirklich dieser dreieinige Gott der Bibel bist, und wenn Jesus wirklich dein Sohn ist, der für uns am Kreuz gestorben ist, dann zeige es mir!"

Sofort, nachdem ich das gebetet hatte, zog eine unbändige Freude und Gewissheit in mir ein. Ich wusste plötzlich, dass dies der wahre, lebendige Gott war, wie die Bibel ihn uns zeigt. Ich fühlte Jesu Gegenwart, und mit einem Mal war es, als ob mir ein Schleier von den Augen genommen würde, so dass ich vieles, was ich als Kind und junge Erwachsene aus der Bibel gelernt hatte und noch wusste, in einem ganz anderen Licht sah. Ich konnte nun erkennen, dass die Bibel wie „aus einem Guss" war, dass das eine große Thema in der Bibel „Jesus" war, und dass alles wunderbar zusammenpasste. Es war einfach unglaublich, noch niemals vorher in meinem Leben hatte ich mich so von Gottes Liebe umgeben gefühlt. Ich hätte die ganze Welt umarmen können! Sofort setzte ich mich wieder hin und übergab im Gebet Jesus mein gesamtes Leben und mich selbst und bat ihn, von nun an die Herrschaft in meinem Leben zu übernehmen.

Am liebsten wäre ich hinaus auf die Straße gerannt und hätte zu allen Menschen und in die Welt hineingerufen, dass Jesus unser Erlöser ist, der uns so unendlich liebt, dass er alle Menschen erretten möchte. Wie konnte es bloß sein, dass die anderen es noch nicht wussten? Das war doch unmöglich! Es war auch unmöglich, dass ich diese wunderbare Botschaft für mich selbst behielt, ich musste es doch allen weitersagen, auch Yahya...!?

„Wer mich bekennt vor den Menschen, den will ich auch vor meinem himmlischen Vater bekennen!"

Auch Yahya musste ich das sagen? Wirklich? Ich las nun regelmäßig in der Bibel und betete jeden Tag. Aber dieses Gebet kann ich nicht mit dem Gebet, das ich als Muslimin gebetet habe, vergleichen. Hier spürte und wusste ich, dass mir jemand zuhörte, mich ernst nahm in jeder auch noch so kleinen Angelegenheit. Es war ein persönlicher Gott, mit dem ich sprach, nicht einer, der weit weg von mir war und hoch erhaben über alles Menschliche ist. Es war der wahre und lebendige Gott.

Mein Herz war übervoll vor Freude und innerer Heilsgewissheit. Ich war nicht mehr dazu verurteilt, für meine Sünden in der Hölle zu landen, sondern ich wusste nun ganz genau, dass ich zu Jesus gehörte, dass er mich durch seinen stellvertretenden Opfertod am Kreuz erkauft hatte, dass es deshalb ganz real Sündenvergebung gibt und dass ich zu ihm kommen würde. Diese Gewissheit machte mich jeden Tag aufs Neue so glücklich und froh, dass es mir sehr schwer fiel, das alles für mich zu behalten und davon Yahya nichts zu sagen.

Irgendwann besuchte ich meine Eltern. Dieses Mal war es eine große Freude für uns alle. Meine Eltern konnten immer noch nicht fassen, dass ihre jahrelangen Gebete nun doch erhört worden waren. Sie hatten es selbst nicht mehr geglaubt, dass ich noch einmal aus dem Islam herauskommen würde.

Eines Nachmittags suchte ich etwas und öffnete dabei eine Schublade. In dieser Schublade fand ich zwar nicht das

Gesuchte, dafür aber ein Buch, das einen sehr interessanten Titel trug: „Israel und das Reich des Islam“ von Ernst Schrupp. Sofort begann ich in dem Buch zu lesen. Durch die Lektüre dieses Buches wurde mir noch einmal auf eine ganz neue Art bewusst, woraus Gott mich da eigentlich gerettet hatte. Der Islam als nachchristliche Religion ist eine antichristliche Religion, wie alle Religionen, die nach Jesus entstanden sind. Ich hatte am Aufbau, an der Ausbreitung dieser Religion mit dem Ziel der Errichtung eines islamischen und damit antichristlichen Reiches mitgearbeitet, und zwar mit meiner ganzen Kraft. Ich dankte Gott noch einmal aus tiefstem Herzen dafür, dass Er mir auch dies vergeben hatte und mich als sein Kind angenommen hatte. Doch wie konnte und sollte ich es nur meinem Mann beibringen? Mir war klar geworden, dass ich ihm meine Umkehr zu Jesus „beichten“ muss.

Ich musste mich zu Christus bekennen, auch vor ihm. Wir können ja in der Bibel lesen: *„Wer nun mich bekennt vor den Menschen, den will ich auch bekennen vor meinem himmlischen Vater. Wer mich aber verleugnet vor den Menschen, den will ich auch verleugnen vor meinem himmlischen Vater.“* [Matthäus 10, 32-33]

Außerdem hatte mein Mann ein Recht darauf, dass ich ehrlich mit ihm war. In einigen Wochen plante ich mit meinem Mann und meinen Eltern einen gemeinsamen Sommerurlaub.

An einem strahlenden Morgen saßen wir im Garten. Meine Eltern passten auf die Kinder auf. Ich ging in unsere Ferienwohnung und holte einen gut versteckten Brief, in dem ich ihm alles aufgeschrieben hatte. Mit Herzklopfen und zitternder Hand übergab ich ihn Yahya. Er dacht zuerst, ich hätte ihm irgendetwas Nettes aufgeschrieben. Doch während er den Brief las, verfinsterte sich sein Gesicht. Er begann vor Aufregung zu zittern.

„Schön“, sagte er dann und gab mir den Brief zurück. Wir wechselten noch ganz kurz einige Worte, an die ich mich heute nicht mehr erinnere. Dann stand er auf und ging ins Haus.

Mir war vor Aufregung übel geworden. Ich war in dem Moment nicht in der Lage, ihm hinterherzugehen. Instinktiv, wie ein kleines Kind, das Schutz suchte, ging ich zu meinen

Eltern und erzählte ihnen das Vorgefallene. Mit einem Schlag war die gesamte Atmosphäre bedrückt. Ich traute mich erst nach einiger Zeit zu Yahya ins Zimmer, um mit ihm zu sprechen, doch er war keinem Gespräch zugänglich. Unverrichteter Dinge kehrte ich zu meinen Eltern zurück.

Ich hatte große Angst, dass Yahya nun einfach unsere beiden Kinder nehmen und wegfahren würde. Ich hatte wirklich Angst, dass er mir die Kinder nehmen würde – für immer, wie es ja leider schon so oft in solchen Ehen vorgekommen ist. Ich schickte ein Stoßgebet nach dem anderen zu Gott.

Und dann geriet ich in Bedrängnisse

Die Zeit, die nun folgte, war die bisher schwerste Zeit in meinem ganzen Leben. Hatte ich anfangs damit gerechnet, dass Yahya einlenken würde, so hatte ich mich schwer getäuscht. Er sagte mir, dass alles nur so weit gekommen sei, weil wir uns nicht genau genug an die islamischen Regeln gehalten hätten. Oft genug seien wir schließlich zu den Geburtstags- und anderen Familienfeiern gegangen, auf denen ja auch Alkohol getrunken und Schweinefleisch gegessen wurde. Auch er persönlich hätte einige freiwillige Glaubenspraktiken seit unserer Eheschließung vernachlässigt. Nun hätten wir die Strafe Allahs dafür bekommen.

Er meine auch, dass ich das rituelle Gebet vernachlässigt hätte, seitdem die Kinder da wären, und der Islam würde ja selbst sagen: „Wer sich eine Handbreit vom Gebet entfernt, entfernt sich vom Islam." Also hätte ich mir das Ganze selbst zuzuschreiben. Nun hätte ich absolut kein Recht mehr auf unsere Kinder. Er sagte:

„Du darfst sie nur noch versorgen mit Essen, Kleidung usw., aber Entscheidungen treffe ich, und auch die Erziehung übernehme ich, du hältst dich ab jetzt da raus."

Ganz demonstrativ nahm er Amir mit in die Moschee, Dawud war dazu ja noch zu klein, und jedes Mal zitterte ich, ob er wohl mit oder ohne Amir nach Hause kommen würde. Später sagte Yahya übrigens selbst, dass er eigentlich sofort mit den Kindern in sein Heimatland habe gehen wollen. Nur sein Scheich hatte ihn davon abgehalten.

Morgens dehnte Yahya das Frühstück um Stunden aus, indem er während der Mahlzeit anfing, lange Monologe über den Islam zu halten. Er hoffte wohl, mich damit für den Islam zurückzugewinnen. Zeigte ich dann nicht die erhoffte Reaktion, wurde er sofort wieder aggressiv. Es begann eine Art Kreuzverhör:

„Wie kannst du nach all den Jahre, die du für den Islam gekämpft hast, Christ werden? Du hast anscheinend nichts vom Islam begriffen, bist einfach zu dumm dazu."

„Doch, ich habe schon begriffen, worum es im Islam geht. Sonst hätte ich mich doch nicht jahrelang so für ihn eingesetzt."

„So. Dann warst du vielleicht am Ende eine Spionin von den Juden und Christen!"

„Jetzt sei doch nicht albern. Glaubst du das wirklich? Wieso gebe ich mich – wenn es so wäre – gerade dann zu erkennen, nachdem die JIP die Wahl gewinnt? Das wäre doch total hirnverbrannt." Ich hätte darüber lachen können, so absurd war dieser Gedanke, doch Yahyas Gesichtsausdruck ließ mir das Lachen im Halse stecken bleiben. Er meinte es bitterernst.

„Wieso glaubst du denn plötzlich an die Bibel? Du weißt doch und hast es selbst gesagt, dass sie gefälscht worden ist."

„Sie ist nicht gefälscht worden. Das ist nur eine Erklärung der Muslime dafür, dass sie nicht mit den Aussagen des Koran übereinstimmt."

„Willst du damit etwa sagen, dass der Koran falsch ist? Hat Muhammad sich geirrt oder was?" Bedrohlich dicht stand er vor mir und seine Augen funkelten mich an.

„Das hast du jetzt selbst gesagt."

„So – weißt du was? Wenn du jetzt nicht meine Frau wärst, sondern jemand auf der Straße, dann würde ich dich für diese Woche krankenhausreif schlagen." Mir stockte der Atem. Ich wagte nichts zu antworten. Er übte Druck auf mich aus, dass ich wieder das Kopftuch umbinden sollte. Als ich nicht darauf reagierte, sagte er einmal ganz aufgebracht:

„Wenn sich hier nicht bald etwas ändert, springen wir alle zusammen aus dem Fenster."

Ich hatte panische Angst. Würde er am Ende mir und den Kindern etwas antun? In der Verfassung, in der er momentan war, traute ich ihm alles zu. Er war einfach nicht mehr er selbst. Ein anderer schien da neben mir im Bett zu liegen und mit mir am Tisch zu sitzen.

Er nahm dabei keine Rücksicht auf die Kinder. Es schien, als sei ihm gar nicht bewusst, dass die Kinder, vor allem Amir, das alles mithörten. Einmal sagte er sogar zu Amir: „Wenn du Christ würdest, könnte ich ganz Deutschland niederbrennen."

Alles musste Amir mit anhören. Er sah fast nur noch einen Vater, der herumbrüllte und mit den Türen schlug.

„Wenn die Kinder irgendein westliches oder christliches Verhalten an den Tag legen, bringe ich dich um!", sagte er einmal.

Ich war starr vor Schreck. Wieder hatte Amir es mit angehört. Noch öfters an anderen Tagen wiederholte Yahya diese „Morddrohung". Ich hatte keinen Zweifel, dass es ihm ernst damit war, obwohl er später sogar abstritt, so etwas je gesagt zu haben.

Kontakt zu anderen Christen durfte ich nicht aufnehmen: „Deine Religion bleibt hier in diesen vier Wänden. Das wird niemand erfahren. Wenn du meinst, dass du das unbedingt machen musst, dann kannst du das hier machen. Die Kinder sind Muslime, und du gehst in keine Kirche oder sonst wohin. Ist das klar?"

Doch heimlich rief ich bei einer Gemeinde an, deren Nummer ich im Telefonbuch gefunden hätte. Zur Landeskirche wollte ich nicht. Von ihr war ich ja enttäuscht gewesen. Dort gab es Menschen, die die Bibel nicht als authentisch ansahen und mich vielleicht nicht verstehen konnten. Das soll natürlich nicht heißen, dass alle dort so denken, doch das Risiko, auf welche Leute ich dort treffen würde, war mir einfach zu groß. Ich wollte sicher sein, dass ich Menschen traf, die Jesus genauso liebten wie ich und ihm nachfolgten.

Immer häufiger warnte Yahya mich: „Meine Geduld ist begrenzt. Treibe das Ganze nicht auf die Spitze. Wenn du nicht bald zum Islam zurückkommst, ist alles aus." Er fühlte sich auch völlig im Recht, was die Kinder betraf: „Wenn ich die Kinder nehme, hast du kein Recht. Nicht einmal die Polizei kann mich davon abhalten, die schlage ich nieder."

Seine ganzen Äußerungen wurden immer rigoroser: „Wenn du in einem islamischen Land leben würdest, würdest du hingerichtet werden als Abtrünnige vom Islam." Ich versuchte Yahya trotz allem mit Liebe begegnen. Ich kämpfte gegen meinen Wunsch, einfach wegzulaufen, an und wollte ihm eine liebevolle Ehefrau sein. Das kommentierte er mit Hohn: „Ah, deine falsche christliche Freundlichkeit. Du denkst wohl, damit kriegst du mich rum oder was?"

Wenn ich gar nicht mehr weiterwusste und ganz und gar verzweifelt war, sprach ich mit Jesus. Er ließ mich nicht im Stich. Sofort spürte ich intensiv seine Nähe und Liebe. Seitdem ich mich für Jesus entschieden hatte, hatte ich begonnen, in der Bibel zu lesen. Dabei machte ich mir ein Andachtsbuch aus meiner Zeit beim CVJM-Jugendkreis zunutze. „Die ersten hundert Tage mit der Bibel" hieß es. Ich entdeckte nun die Bibel ganz neu. Staunend las ich das Johannes-Evangelium und konnte gar nicht fassen, welcher Reichtum sich mir da erschloss. Alles – jedes einzelne Wort hatte eine ganz neue Bedeutung für mich, und ich merkte, wie Gott zu mir durch sein Wort, die Bibel, sprach. Das war eine ganz neue und unendlich beglückende Erfahrung für mich. Endlich der wahre, lebendige Gott, der mir antwortete, der mit mir sprach. Allah hatte nie mit mir geredet, er war viel zu erhaben gewesen, um sich mit meinen Angelegenheiten zu befassen. Außerdem hatte er ja den Koran herabgesandt, indem er mir gesagt hatte, was ich tun sollte. Nur durch die Befolgung dieser Regeln und Gebote hatte ich seine Nähe finden sollen, soweit das möglich ist, sich Allah zu nähern. Aber dieses Buch, die Bibel, war lebendig, erfüllt von Gottes Geist. Es war kein toter Buchstabe, sondern es lebte. Das ist sehr schwer zu erklären, diese Erfahrung muss man einfach selbst machen.

„Und du wirst sehen, wie ich dich führe...!"

Mittlerweile war es Winter geworden. Der Advent hatte gerade begonnen und ich bedauerte, dass ich nicht wie alle anderen einen Adventskranz aufstellen konnte. So sehr hatte ich diese besondere Zeit vor Weihnachten in den letzten Jahren vermisst! Ich hatte diese Sehnsucht unterdrückt. Doch ich würde sie noch ein wenig länger unterdrücken müssen. Vielleicht mein ganzes Leben?!?

Wir saßen gerade beim Abendessen, es war der zweite Adventssonntag, als Yahya unvermittelt sagte: „Ich denke nur noch daran, ob ich mich nicht besser sofort scheiden lassen soll. Meine Geduld ist nicht unbegrenzt. Ich bin kein Scheich oder Heiliger, der ewig Geduld hat.“ Mein Essen blieb mir im wahrsten Sinne des Wortes im Hals stecken. Meine Knie wurden weich und ich begann zu zittern. Ich versuchte mir nichts anmerken zu lassen. Als Yahya später weg war, rief ich sofort meine Eltern an und sagte ihnen, was passiert war. Ich wusste, diesmal war es Yahya ganz ernst. Er sprach nicht einfach so spekulativ, sondern das hier war so gemeint, wie er es gesagt hatte, keine leere Drohung. Ich rief den Pastor der Gemeinde an, zu der ich Kontakt hatte, und fragte ihn, ob er mich und die Kinder irgendwo unterbringen könnte. Er hatte mir vorher seine Hilfe versprochen, falls es zum Ernstfall kommen würde. Nun war es soweit.

Nachdem ich mit den Kindern einige Tage bei einer Freundin Unterschlupf gefunden hatte, rief mich an einem Nachmittag der Pastor an und teilte mir mit, dass er in einem christlichen Mutter-Kind-Haus eine Unterkunft für uns gefunden hat. Ich sollte mir keine Sorgen machen, wir würden abgeholt werden.

Am späten Abend traf Thomas, der Leiter des Mutter-Kind-Hauses, ein. Er war über die Lage informiert und hatte vorsorglich die Nummernschilder seines Kleinbusses ausgetauscht, damit wirklich gewährleistet war, dass mein Mann uns nicht finden konnte. Ich sollte auch meinen Eltern nicht sagen, wohin wir fahren würden, damit sie nicht lügen müssten, falls Yahya sie mit der Frage bedrängen würde, wo ich denn sei. Thomas redete kaum, solange wir bei Katrin waren. Erst auf der Fahrt erzählte er mir vom Mutter-Kind-Haus und ihrer Arbeit. Das Haus gehörte zu einer Therapieeinrichtung für Suchtkranke. Zur Zeit wären aber ausschließlich Frauen mit ihren Kindern dort, die sich in einer ähnlichen Situation wie wir befanden. Wo das Mutter-Kind-Haus lag, das sagte mir Thomas noch nicht. Während wir miteinander redeten, trat plötzlich ein Gedanke glasklar hervor. Zum ersten Mal wurde mir so richtig bewusst, wie sehr Jesus mich eigentlich liebte. Ich sah ihn vor mir am Kreuz, blutend, leidend, sterbend. Und ich erfasste zum ersten Mal ganz deutlich: Das hat er für mich getan, weil er mich so sehr liebt. Er war bereit, sein Leben für mich hinzugeben. Wer noch kann mich so lieben, wem außer Jesus bin ich so kostbar? Mir traten Tränen in die Augen, überwältigt von dieser vollkommenen, selbstlosen Liebe. Das war es, was ich mein Leben lang gesucht hatte! Diese unendliche Sehnsucht, die ich immer tief in mir verspürt hatte, wurde nun vollends von Jesus gestillt. Ich hatte das Gefühl, nach einer langen Suche endlich nach Hause gekommen zu sein. Ich dankte und pries Jesus für alles, was er an mir und für mich getan hatte. Ich musste an den Spruch denken, der im Wohnzimmer bei Muhammads Mutter gehangen hatte: „Was hast du heute schon für Allah getan?“ Jesus fragte nicht: „Was hast du heute schon für mich getan?“ Er hatte, ohne lange zu zögern, etwas für mich getan, er hatte mir sein Leben gegeben!

Müde und doch innerlich von all den Ereignissen aufgekratzt, kamen wir im Mutter-Kind-Haus an. Fast alle waren noch aufgeblieben, um uns zu begrüßen. Das fand ich sehr lieb. Sonja, Thomas’ Frau, zeigte uns unsere Zimmer. Die Kinder hatten ihr eigenes Kinderzimmer, und ich hatte ein Zimmer für mich allein. Badezimmer und Toilette teilten wir mit Marlene und ihren beiden Töchtern Lea und Maria. Auf dem Tisch in meinem Zimmer stand zur Begrüßung ein Nikolausteller mit einem lieben Gruß. Ich fühlte mich wirklich willkommen.

Schnell lebten wir uns in unserer neuen Umgebung ein. Ich blühte förmlich auf, weil ich nun nicht mehr allein war. Immer war jemand da, mit dem ich sprechen konnte. Die Mahlzeiten nahm ich auch nicht mehr alleine ein. Mittags waren wir sogar eine ganz große Runde von 12 bis manchmal 18 Personen, denn mittags aßen wir alle gemeinsam. Die Aufgaben in Haus und Garten waren nach einem Plan verteilt. Abwechselnd wurde gekocht, gewaschen, geputzt...In diesem Haus feierten die Kinder und ich unser erstes gemeinsames Weihnachtsfest. Für mich war es das erste seit zehn Jahren. Es machte mir Freude, Geschenke für Amir und Dawud zu kaufen. Was für Augen würde Amir wohl am Weihnachtsabend machen! Er hatte so etwas doch noch nie erlebt! Dawud war ja noch zu klein, um das alles zu verstehen.

Es wurde ein ganz besonderer Abend für uns, der mir unvergesslich bleiben wird. Schon in der Zeit vorher hatten wir abends noch oft zusammengesessen und Schmuck für den Weihnachtsbaum gebastelt. Nun standen wir alle um den prächtigen Baum. Amir schaute nur und konnte gar nicht glauben, dass auch für ihn Geschenke unterm Baum lagen. Mit leuchtenden Augen packte er die bunten Päckchen aus. Ich freute mich mit ihm.

Ein ganz besonderes Erlebnis war für mich auch der erste Gottesdienst. Gemeinsam besuchten wir jeden Sonntag in dem Nachbarort den Gottesdienst in einer freien evangelischen Gemeinde. Der erste Gottesdienst, den ich nun dort miterlebte, war gerade ein Gästegottesdienst und besonders ansprechend gestaltet. Ich war tief bewegt von allem, besonders auch von den wunderschönen neuen christlichen Liedern, die von den Mitarbeitern vom Schloss musikalisch begleitet wurden. Ich konnte es kaum fassen: ich saß da, ganz ruhig und frei mit Amir und Dawud in einem Gottesdienst, ohne dass Yahya uns es verbieten konnte. Ich dachte an den Bibelvers, den Jesus mir unmittelbar nach meiner Bekehrung zugesprochen hatte: *„Ihr werdet die Wahrheit erkennen und die Wahrheit wird euch frei machen“* [Johannes 8,32]. Das hatte ich erlebt, innerlich wie äußerlich, und erlebte es weiter, bis heute.[2]

Johanna Al-Sain und Ernst Schrupp

---

[2] Anmerkung:
Unter **www.deutsche-muslima.de** finden Sie eine Menge Material zum Thema Islam. Die Webside enthält auch ein Diskussionsforum zum Buch „Ich kämpfte für Allah“ sowie zu weiteren Themen in Bezug auf den Islam. Auch besteht die Möglichkeit, mit den Autoren auf diese Weise in Kontakt zu treten. Daher empfehlen wir Ihnen, auf der Internetseite vorbeizuschauen.

Vom Massai-Krieger zum Friedensrufer Gottes

Mein Boma (Massaikral) liegt in der Massaisteppe am Pangani-Fluss.

Als ich nach der Beschneidung Krieger wurde, war ich sehr stolz und eingebildet und hatte viele girl-friends. Ich war ein cooler, hübscher Krieger und ließ mich nicht beeindrucken.

Aber dann kam eine Missionarin und hielt evangelistische Seminare ab - und viele Freunde von mir wurden Christen, besonders die Mädchen, unsere girl-friends.

Von da an gingen die Mädchen nicht mehr mit uns in den Busch, sondern sangen jetzt im Kirchenchor. Sie waren uns nicht mehr willig und hörig, sondern bestimmten selber über sich und ihren Körper.

Da verfluchte ich die Kirche und Jesus. Mit drei weiteren Freunden machte ich es mir von da an zur Aufgabe, sie zu bekämpfen.

Wir gingen zum Laiboni. Das sind Propheten, Medizin- und Zaubermänner in unserem Stamm. Sie sollten die Christen verfluchen, damit sie sterben. An und für sich haben die Laiboni große Macht. Sie können segnen und verfluchen, Krankheiten heilen oder herbeibeschwören. Aber bei den Christen klappte es nicht.

Einmal verfluchten wir den Kirchenchor, in dem jetzt all unsere girl-friends mitsangen, statt sich mit uns zu vergnügen. Sie sollten aber nicht sterben, sondern nur schwer krank werden. Aber stattdessen wurden w i r schwer krank.

Jedesmal, wenn wir einen Fluch über die Christen sprachen, starb einer meiner Freunde. Zum Schluss war nur noch ich übrig. Eines Tages fuhr ich mit dem Einbaum über den Pangani-Fluss. Ein weiterer Mitfahrer fing plötzlich an, ein christliches Lied zu singen. Da verlor ich die Beherrschung und wollte ihn wutentbrannt töten.

Vor lauter Eifer fiel ich über Bord und rettete mich schnell ans Ufer, um nicht von den Krokodilen eingeholt zu werden. Weil der Christ mir entwischt war, erschlug ich einen Hund, der mir über den Weg lief. Ich erhob die Faust gegen Jesus zum Himmel. In diesem Moment wurde ich bewusstlos.

An die folgenden drei Monate kann ich mich nicht mehr erinnern. Die älteren Frauen in der Gemeinde versorgten mich. Sie fesselten mich an einen Baum und fütterten und reinigten mich. Ich benahm mich wie ein wildes Tier. Man kann heute noch die Narben der Fesseln an den Handgelenken sehen.

Nach drei Monaten erwachte ich und bekannte: "Jesus, du bist Sieger. Nimm du mein Leben. Ab jetzt will ich dir dienen."

Seitdem habe ich echten Frieden und Freude, wie ich sie vorher nicht gekannt habe. Gott hat mein Herz und mein Leben verändert. Ich wurde Christ, ließ mich taufen und besuchte eine Bibelschule.

Das liegt bereits gut zehn Jahre zurück. Seitdem ist es mein Bestreben, allen Menschen weiterzusagen, dass Jesus lebt und wir mit ihm leben dürfen.

Yona Elisha

Anmerkung:

Die in Tansania lebende und unter den Massai tätige Missionarin, Angelika Wohlenberg, begleitete Yona im Jahr 2001 während einer Deutschlandreise und berichtet hierüber: „Wenn es ums Predigen geht, so ist Yona nicht zu bremsen. Yona singt immer wieder zwischendurch beim Predigen, wenn er etwas Besonderes betonen will. Er hat eine Ausstrahlung, die mich beeindruckt. Sein Gesicht leuchtet vor Freude und Begeisterung." Yona ist verheiratet, hat zwei Kinder und lebt in der Südsteppe südlich von Arusha. Er ist Hirte, Evangelist und Chorsänger. Erst kürzlich eröffnete er ein neues Projekt unter den Massai.

Er arbeitet in einem Evangelistenteam mit, das vorwiegend Seminare veranstaltet, Bibelstunden hält und Gottesdienste in den Massaigemeinden durchführt. Als die ersten Missionare 1896 zu den Massais kamen, wurden sie in der Nacht nach ihrer Ankunft in ihren Zelten erstochen.

Es dauerte mehr als 60 Jahre, bis die Massais den christlichen Glauben annahmen. Es waren Kranke, Behinderte und kinderlose Frauen, die sich taufen ließen - Menschen, die unter den Massais nicht viel galten.

Auch Pf. Stefan Scheuerl, der mit seiner Familie im Auftrag des Missionswerks der Evangelisch-Lutheranischen Kirche in Bayern sieben Jahre bei den Massais in Tansania verbrachte, berichtet von unzähligen Besessenheitsfällen und Dämonenaustreibungen, von Wundern und Erweckungen, wie man sie in Europa kaum noch für möglich hält. Zwischen 4.000 bis 5.000 Menschen vom Stamm der Massai hat er getauft. Die Zahl der kleinen Gemeinden habe ständig zugenommen.

Heute leben in Kenia und Tansania über eine Million Massai. Schätzungsweise 20 Prozent von ihnen sind inzwischen Christen.

Unterdessen besucht mehr als jede zweite Frau und etwa jeder fünfte Mann den Gottesdienst.

„Die Zukunft der Massai liegt bei Jesus Christus“, sagt Stefan Scheuerl. „In 20 Jahren wird fast jeder Massai Christ sein. Und eines Tages werden sie Missionare zu uns nach Europa senden.“ (Der Herausgeber)

Ich war überzeugter Mormonen-Priester

Als junger Mensch, der im Mormonenglauben in Utah aufwuchs, musste ich schon etwas von jener Sehnsucht gespürt haben, die Hiob mit den Worten ausdrückt: *„Meinst du, dass du weißt, was Gott weiß, oder kannst du alles so vollkommen treffen wie der Allmächtige?"* [Hiob 11,7]

Die Lehren unserer Kirche lauteten: „Wie der Mensch ist, war Gott einst; wie Gott ist, kann der Mensch einst werden." - Ich taumelte wie unter einem schweren Druck. Auf der einen Schulter musste ich die schwere Wahrheit tragen, dass Gott nur ein fortgeschrittener Mensch sei; auf der anderen Schulter lag eine noch schwerere Last: ich sollte versuchen, Gott ähnlich zu werden. Ich fühlte mich überhaupt nicht gottähnlich, im Gegenteil, für eine solche Aufgabe schien ich völlig unfähig. Und sollte ich trotzdem einmal das Ziel meiner Sehnsucht erreichen, so würde ich zweifellos weitersuchen nach einem Gott, der wirklich höher ist als die Menschen. Ich lernte wie tausend andere, dass die Kirche der Heiligen der Letzten Tage die einzige wahre Kirche sei. All die anderen waren Abtrünnige, wie Joseph Smith sagte, „ein Greuel" in Gottes Augen (The Pearl of Great Price, 1943).

Mein ewiges Heil, so lautete die Lehre, hing allein von meiner Taufe, der Befolgung der vorgeschriebenen Gesetze, dem Gehorsam gegen die Kirche und einem Leben voll guter Werke ab. Aber ich musste erfahren, dass mein Versuch, Gott ähnlich zu werden, kläglich misslang. Um so mehr verlangte ich nach einem Gott ohne menschliche Züge.

In meiner jugendlichen Abenteuerlust kam ich nach Kalifornien - arbeitete da eine Weile, dort eine Weile und zog dann wieder weiter. Und doch war eine große Leere in meinem Leben, und ich wusste nicht, wie sie entstanden war. Ich merkte nicht, dass ich ein Sünder war, der einen Erlöser brauchte. Und so stürzte ich mich in den Trubel der Welt.

Ich traf ein feines katholisches Mädchen. Da ich sie bald innig lieb gewann, sollte die Verschiedenheit unserer

Religionen kein Hindernis sein. Ich bat meine Familie um die Erlaubnis, das Mädchen heiraten zu dürfen. Ich erhielt ihren Segen unter der Bedingung, dass ich alles tat, um meine Frau nach der Heirat zum Glaubenswechsel zu bewegen. Ich war überzeugt, dass meine große innere Leere durch diesen Menschen gefüllt würde. Aber bald merkten wir, dass trotz unseres Eheglücks immer noch etwas in unserem Leben fehlte. Wir besuchten weltliche Vergnügungsorte; aber sie erfreuten uns nicht. Wir suchten sonstige Zerstreuungen; aber sie befriedigten uns nicht. Eines Abends kam mir unsere innere Armut zum Bewusstsein, und ich fragte meine Frau: „Warum dies alles? Sicher gibt es noch mehr, wofür es sich zu leben lohnt!" Sie schlug vor, gemeinsam die Kirche zu besuchen. Da ich von der Wahrheit der Mormonenkirche überzeugt war, bat ich sie, mit mir dorthin zu gehen und den Mormonenglauben kennen zu lernen. Ich lud zwei Missionarinnen ein, jeden Montagabend zu uns zu kommen und meiner Frau Unterricht zu erteilen.

Mein Bruder William, der mir inzwischen nach Kalifornien gefolgt war, fühlte die gleiche innere Leere und begann, die Bibel zu lesen. Der Heilige Geist schenkte ihm ohne menschliche Hilfe den Zugang zu der rettenden Botschaft von Christus. Er drängte mich, die Bibel und eine christliche Zeitschrift zu lesen. In ihr las ich zum ersten Mal von der Wiedergeburt. Eine große Hoffnung begann in mir zu wachsen.

Gott bewegte Menschen und Verhältnisse um mich her und half mir damit weiter. Mein Angestellter erzählte mir von der Veränderung, die in seinem Leben geschah, nachdem er Christus angenommen hatte und erlöst worden war. Ich fragte ihn, wieso er zu dieser Überzeugung gekommen sei, denn ich hatte gelernt, dass niemand vor dem Jüngsten Gericht erlöst werden könne. Daraufhin lud er mich ein, die Versammlungen eines Kreises in der First Baptist Church von Escondido, Kalifornien, zu besuchen. Wir nahmen die Einladung an.

Als wir am Abend den Saal betraten, war er gedrängt voll. Nur auf der Rednerbühne gab es noch Platz. Während ich so nahe bei den Sprechern saß und ihren Zeugnissen lauschte, spürte ich förmlich ihre lebendige Zuversicht. Selbst die Musik wühlte mich auf. In jener Nacht empfing ich Jesus Christus als meinen Erlöser. Bald kam der Tag, an dem meine Frau durch die Taufe in die Mormonenkirche aufgenommen werden sollte. Die Missionarinnen kamen immer noch, aber ich stellte fest, dass etwas an ihren Lehren nicht stimmte.

Ich schrieb an einen mir nur dem Namen nach bekannten Evangelisten und bat ihn um ein Gespräch. Und nun geschah ein seltsames und überraschendes Zusammentreffen. Am gleichen Morgen, an dem die Mormonen zu uns kommen sollten, um die Unterweisung meiner Frau abzuschließen, telefonierte der Evangelist, er könne mich besuchen. Sogleich rief ich die Mormonen an, teilte ihnen den Besuch des Evangelisten mit und lud sie ein, trotzdem zu kommen, um ihn ebenfalls zu hören. Aber der Präsident der Mormonenmission entgegnete, er wisse nicht, ob es möglich sei. Als sie zur festgesetzten Zeit nicht erschienen, nahm ich an, sie kämen nicht mehr. Ich holte den Evangelisten in meinem Wagen ab und fragte ihn auf der Heimfahrt: „Was ist an der Mormonenkirche falsch?“ Er wollte diese Frage meiner Frau und mir daheim beantworten. Von dem Besuch der Mormonen erzählte ich ihm nichts, da ich damit nicht mehr rechnete. Aber als wir heimkamen, saßen sie zu meiner Überraschung im Zimmer. Bevor ich irgendwelche Erklärungen abgeben konnte, begann der Evangelist zu sprechen: „Bruder Anderson hat mich nach der Mormonenkirche gefragt, und ich will sie ihm erklären.“ Ich war natürlich verlegen und verwirrt. Die Mormonen fragten ihn: „Woher haben Sie die Berechtigung dazu? Haben Sie das Buch Mormon gelesen?“

Natürlich hatte er inzwischen gemerkt, dass sie Mormonen waren, aber er sprach weiter über die Fragen, die ich ihm gestellt hatte, und beseitigte alle meine Zweifel. Mein Gast machte keinerlei herabsetzende Bemerkungen über die Mormonenkirche, aber er bewies klar und deutlich, dass keine Kirche die Macht zur Erlösung habe, sondern nur Jesus allein. Das klärte viele Probleme, die mich bedrückten. Ich sagte, dass ich genug gehört habe, um von dem Irrtum der Mormonenkirche überzeugt zu sein. Unser neuer Freund gab uns zum Abschied eine Ausgabe von The

Mormons' Mistake von Dr. H. A. Ironside, ehemals Pastor der Moody Bible Church. Das Buch zeigte mir die Gegensätze zwischen dem Mormonenglauben und dem Wort Gottes noch deutlicher. Die herrliche Klarheit von Titus 3,5 belebte mich: *„Nicht um der Werke willen der Gerechtigkeit, die wir getan hatten, sondern nach seiner Barmherzigkeit rettete er uns durch das Bad der Wiedergeburt und Erneuerung im Heiligen Geiste!"*

Endlich konnte ich ganz aus dem Vertrauen leben. Mein Gott war mir groß genug!

Ich hätte vor Freude singen mögen. Denn da standen die Worte [Eph. 2,8f.]: *„Aus Gnade seid ihr gerettet worden durch den Glauben und das nicht aus euch: Gottes Gabe ist es, nicht aus den Werken, auf dass sich nicht jemand rühme."* Einige Tage, bevor meine Frau von den Mormonen getauft werden sollte, wurde sie durch unseren Freund und Evangelisten zu Gott geführt. Mein Eifer, den anderen von unserem Frieden und unserer Freude durch Jesus zu erzählen, kannte keine Grenzen. Nacheinander fanden einige meiner Familienglieder den Weg zu Jesus.

Um einem Mormonen die volle Erlösung durch die Gnade allein verständlich zu machen, muss man etwas von seinen Lehren wissen. Deshalb war mir meine Erfahrung als einstiges Glied der Kirche der Heiligen der Letzten Tage ungeheuer wertvoll. Gott schenkte mir bald die Gelegenheit, zu Mormonen einzeln oder in Gruppen und Versammlungen zu sprechen. Der Heilige Geist begleitete mich auf diesen Reisen und öffnete die Herzen für die Saat des Wortes.

Der Anfang des Mormonentums

Die Geschichte der Mormonenkirche ist durch so viele verschiedene Kräfte und Elemente geprägt worden, dass hier nicht versucht werden kann, sie samt ihren Führerpersönlichkeiten vollständig und genau zu beschreiben. Ich beschränke mich auf diejenigen Punkte, die uns helfen, ihre Lehren und Erfahrungen zu verstehen. Um dem Mormonenglauben gerecht zu werden, müssen wir in die Vergangenheit zurückgehen, wobei uns die Ausführungen des Historikers George M. Stephenson

(American History to 1865, S. 353 ff. New York-London, 1940) am dienlichsten sein mögen.

Der Gründer des Mormonentums, Joseph Smith, wurde 1805 in Vermont als Sohn calvinistischer Eltern geboren. Im Alter von elf Jahren zog die Familie nach Palmyra, New York. Dort wuchs der künftige Prophet in einer Umwelt auf, in der viele neue religiöse und philosophische Ideen entsprangen. Wie seine halb gebildeten und abergläubischen Nachbarn hatte er Visionen die ihn davon überzeugten, dass er von Gott auserwählt sei, als Reformer die Kirche Christi auf Erden zu erneuern. Mit der Hilfe eines Engels fand er die goldenen Platten, auf denen die wahre Geschichte der Kirche Christi in Amerika aufgezeichnet war. Er übersetzte sie, und so entstand das Buch Mormon.

Das ist in aller Kürze die Geschichte des Buchs Mormon. Historische Nachforschungen ließen jedoch einige Zweifel an der Glaubwürdigkeit dieser Darstellung aufkommen. Aus dem Inhalt lässt sich zwar nicht endgültig beweisen, wohl aber vermuten, dass das Buch Mormon auf einen geschichtlichen Roman von Solomon Spaulding zurückgeht. Wie dem auch sei, auf jeden Fall zeigen beide, das Buch Mormon und Spauldings Manuskript, den Einfluss religiöser Gespräche, wie sie zu jener Zeit überall geführt wurden. So ist das Buch Mormon trotz aller Anachronismen und Ungereimtheiten ein Produkt jener Zeit und Welt, in der die Platten gefunden wurden.

Im April 1830, drei Jahre nach dem Fund der Platten, gründete Joseph Smith die Kirche der Heiligen der Letzten Tage. Die ersten Gefolgsleute waren hauptsächlich Verwandte und Nachbarn des Propheten. 1844 hatte er schon beinahe 100.000 Anhänger, verfügte über ein großes persönliches Vermögen und war Bürgermeister von Nauvoo. Im gleichen Jahr trat er als Präsidentschaftskandidat auf.

Unglücklicherweise waren die Mormonen trotz oder vielleicht wegen ihrer Sparsamkeit und ihres Fleißes in ihrer „heidnischen“ Umgebung unbeliebt. Als Smith 1844 seine Offenbarung von der Vielehe empfing und hässliche Geschichten in Umlauf kamen, brach der Sturm los. Uneinigkeiten unter seinen Anhängern verschlimmerten die

Lage. Im Alter von 39 Jahren wurde Smith verhaftet und vom Pöbel erschossen.

Es war ein Glück für die Mormonengemeinschaft, dass auf Smith ein „löwenhafter“ Führer folgte. Es war Brigham Young. Dickköpfig, stark, eigenwillig, jedoch eine sympathische Persönlichkeit, regierte er die Gläubigen mit der Autorität und Zucht eines Generals. Young hatte keine Offenbarungen und Träume und sprach nicht mit „Engelszungen“; er war ein Praktiker, der das geistige Erbe seines Vorgängers in einen mächtigen Verwaltungsapparat verwandelte. Er leitete den Auszug aus Nauvoo, der 1846 begann. Als die Mormonen die Salzseesteppe erreichten, bauten sie auf seine Anweisung einen Kanal zur Bewässerung der dürren Ebene. Die Kirche behielt das Eigentumsrecht an den Kanälen, Kaufläden und Banken und wachte darüber, dass niemand mehr Land erwarb, als er bebauen konnte.

Die „Wiederherstellung“

Grund und Kern aller Mormonenlehren ist zweifellos der Glaube an die „Wiederherstellung“. Jeder, der nicht mit dem Mormonenglauben vertraut ist, wird fragen: „Was wurde denn wiederhergestellt und durch wen?“

Nun, die Mormonen glauben wirklich an eine wiederhergestellte Kirche.

„Der Abfall von Ordnung, Lehre, Verordnungen und dem Geist der ersten Christenheit begann schon sehr früh . . . Die Kirche Christi war verschwunden, und nicht einmal ein Schatten von ihr blieb auf Erden zurück ... Es gab keinen inspirierten Propheten . . . Deshalb konnten die Verordnungen des Evangeliums nicht in einer für Gott annehmbaren Weise verwaltet werden, und alle Zeremonien, die von den verschiedenen Sekten eingeführt wurden, waren ungültig und ohne Wirkung im Himmel . . . Joseph Smith war Gottes auserwähltes Werkzeug, um die frohe Botschaft zu empfangen und der Welt zu verkündigen“ (The Articles of Faith, S. 33 - 38).

Heute gehen nahezu 20.000 Mormonenmissionare in alle Welt und teilen Fragen wie die: „Wussten Sie, dass die Bibel lehrt, dass zwischen dem ersten und dem zweiten

Kommen Christi ein völliger Abfall vom wahren Glauben erfolgen wird? Und dass der Abfall so vollständig ist, dass kein Volk mehr den Weg zum Heil kennt?"

Bibelkundige würden solche Lehren bestreiten, aber selbst unterrichtete Leute fühlen sich manchmal davon angezogen und lassen sich vielleicht für derartige schriftwidrige Auffassungen gewinnen.

Die wiederhergestellte Kirche

Der Glaube an die „Wiederherstellung" steht und fällt wie alle anderen Sonderlehren der Mormonen damit, ob man bereit ist, die „Offenbarungen" Joseph Smiths anzuerkennen. Der Prophet überzeugte seine Anhänger, dass die Kirche Jesu Christi zur Zeit seiner (Smiths) Offenbarung nicht vorhanden war und dass er, Smith, berufen sei, sie wiederherzustellen. Hand in Hand damit wurde von Besuchen himmlischer Boten berichtet, die angeblich während einer Reihe von Jahren stattfanden.

Der Glaube an die Offenbarungen Joseph Smiths wird heute genauso leidenschaftlich bekannt wie einst in den Tagen des „Propheten". Bei Versammlungen im Mormonentempel sind Versicherungen alltäglich, wie sie das von den kirchlichen Führern abzulegende Zeugnis enthält:

„Ich glaube, nein, ich weiß, dass Joseph Smith ein Prophet Gottes war, dass er von himmlischen Boten besucht wurde. Unter ihnen waren Johannes der Täufer, Petrus, Jakobus und Johannes, Mose, Elias und Elia. Moroni führte ihn zu den verborgenen goldenen Platten, deren Schriftzeichen er übersetzte und so das Buch Mormon schuf. Ich glaube weiter, nein, ich weiß, dass er vom Vater und vom Sohn besucht und vom Sohn unterwiesen wurde.

Aber die Offenbarungen Joseph Smiths sind nicht die einzigen Visionen, die von der Kirche anerkannt wurden. Jeder nachfolgende „Prophet" gilt als Stellvertreter Jesu Christi auf Erden. Im Tabernakel in Salt Lake City bezeugen bei Generalkonferenzen alle Mitglieder des Rats der Zwölf, die Präsidierende Bischofschaft, die Präsidenten, ihren Glauben an den gegenwärtigen Präsidenten der Kirche als einen Propheten und Offenbarer."

Saat der Erneuerung

Joseph Smith gab der Welt bekannt, was seine himmlischen Besucher, Gottvater und Sohn, ihm verkündigten: „Dass alle bestehenden Kirchen im Irrtum seien, ihre Glaubensbekenntnisse ein Greuel in Seinen Augen und alle ihre Bekenner verdorben." Wie seltsam, dass Smith mit der „Wiederherstellung" der Kirche in einer Zeit beauftragt wurde, in der die Christenheit jene großartigen Früchte der Erweckungen zeitigte, die in die Geschichte eingingen!

Und gerade die von Smith genannten Denominationen - die Methodisten, Baptisten und Presbyterianer - waren besonders aktive Träger dieser Erweckungen. Ein Jahr nach dem angeblichen himmlischen Besuch, den Smith empfing, wurde Charles Finney bekehrt und 1824 ordiniert. Seine Erweckungstätigkeit begann 1825. Dr. Lyman Beecher urteilte darüber: „Das ist das größte Werk Gottes und die größte religiöse Erweckung, welche die Welt je in solch kurzer Zeit gesehen hat." Und zu Finney gesellten sich andere Erweckungsprediger wie Moody und Sankey. Wer die These vom völligen Abfall vertritt, muss sich mit der geschichtlichen Tatsache auseinandersetzen, dass die Erweckungsbewegungen des frühen 19. Jahrhunderts nach Zeitdauer und Einfluss so mächtig waren, dass es unmöglich ist, ihre Wirkungen zahlenmäßig zu erfassen. Allein in Kentucky wurden 10.000 Menschen Mitglieder der Baptistenkirche, und es gab kaum eine Denomination, die nicht an den großen Früchten der Evangelisation teilhatte.

In den Neu-Englandstaaten gerieten ganze Städte in Bewegung. In Boston und New York leiteten die berühmten Mittagsgebettreffen die Erweckungen ein; im Herzen dieser Städte strömten täglich Männer und Frauen aus ihren Büros und Häusern zu diesen Versammlungen, und viele Seelen wurden wiedergeboren. Dann verbreitete sich die Bewegung westwärts. 1820 umfassten die USA alles Gebiet westlich des Mississippi bis zu den Rocky Mountains, außer Kalifornien und Texas. Wiederbelebt und erweckt, sah der amerikanische Protestantismus dieses Gebiet als ein einziges weites Missionsfeld und machte sich mit großer Energie an die Aufgabe, „den Westen zu erretten". 1912 entstand der „Amerikanische Missionsrat zur Förderung der Mission in heidnischen Ländern“. Im gleichen Jahr segelten fünf bekannte Missionare nach Indien. Angespornt durch ihr Beispiel, folgten bald weitere Männer und Frauen, um die Welt für Christus zu gewinnen. Die Presbyterianer arbeiteten mit dem Missionsrat ebenso zusammen wie mit der Holländisch Reformierten Kirche, und das Werk dehnte sich aus. Die Baptisten schufen 1814 eine eigene Missionsgesellschaft, ebenso wie die Methodisten und Episkopalisten, und ihre Missionare zogen überallhin in die Welt. Genauso war es in Europa und England. Schließlich wurde 1816 die Amerikanische Bibelgesellschaft gegründet.

Aus des jungen Joseph Smiths Verdammung der Christenheit seiner Zeit sprachen Unwissenheit und Arroganz. Aber wenn die späteren Führer der Mormonenkirche, die die Geschichte der Christenheit kannten, das Lebenswerk von Männern wie Spurgeon, Judson, Rice, Livingstone und Scharen anderer fortwährend herabsetzten, indem sie einfach behaupteten, „alle ihre Glaubensbekenntnisse seien ein Greuel in Gottes Augen“ und „alle ihre Bekenner verdorben“, dann ist das eine wissentliche Verleumdung des Protestantismus und eine Beleidigung seiner geisterfüllten Kämpfer für das Kreuz.

Aber die Kirche, der die Mormonen die Würde einer Kirche absprachen, eilte mit neuem Eifer vorwärts. Die Missionsarbeit blieb nicht die einzige neue Frucht eines lebendig gewordenen Glaubens. Die mächtige Energie, die durch die Erweckung ausgelöst wurde, wirkte in vielen christlichen Bewegungen des 19. Jahrhunderts weiter: Sonntagsschulbewegung, Abstinenzkreise, Bibelgesellschaften verdanken ihren Ursprung dieser Zeit. Auch die christliche Erziehung wurde nicht vernachlässigt. Bis 1800 gab es nur zwei richtige Colleges westlich der Alleghenies; 1830 waren es schon 26.

Das alles zeigte die Lebendigkeit und Kraft des amerikanischen Protestantismus am Anfang des 19. Jahrhunderts.

Das wiederhergestellte Priestertum

Nach der Behauptung der Mormonen wurde zu Beginn ihrer Bewegung als erstes das Priestertum wiederhergestellt.

Die Kühnheit, sich für die einzige, für Gott annehmbare Kirche auf Erden zu halten, ist nicht überraschend, wenn wir die Vorstellung der Mormonen von der Erhöhung des Menschen näher untersuchen, die in dem Buch „The Gospel Through the Ages“ von M.R. Hunter niedergeschrieben ist.

Das Heer von Erlösern oder die Totentaufe

Wir können den Glauben der Mormonen nicht verstehen, wenn wir uns nicht mit ihrer eigenartigen Praxis der stellvertretenden Taufe zur Errettung der Toten befassen.

Ich zitiere eine Veröffentlichung in „The Improvement Era“ (Okt. 1960), wo Präsident Joseph Fielding Smith eine Frage über die „Heiligen Geheimen Bündnisse“ beantwortet:

„Im Buch Mormon finden wir die klarste Aussage über die Auferstehung der Toten, die je geoffenbart wurde. Lasst uns aber nicht vergessen, dass es einige Wahrheiten in unseren heiligen Bündnissen gibt, die nicht für die Welt bestimmt sind. Diese erscheinen natürlich nicht im Buch Mormon. Der Erlöser lehrte seine Jünger vieles, was sie nicht der Welt enthüllen sollten, sondern allein denen gehört, die ihren Bund in Rechtschaffenheit geschlossen haben. Wahrheiten dieser Art erscheinen weder im Buch Mormon noch in der Bibel, noch in irgendeinem anderen veröffentlichten Buch.“

Wir erfahren dann weiter, dass die Mormonen unter dem Begriff „Die Fülle des Evangeliums“ das „Geheime Bündnis“ der Taufe für die Toten verstehen. Kein Wunder, dass so viele Nicht-Mormonen durch derartige Schriften und Predigten verwirrt werden, da sie Vorstellungen und Formulierungen enthalten, die dem Außenstehenden dunkel bleiben und nur von Anhängern verstanden werden.

Ein nicht-mormonischer Schriftsteller fand es erwähnenswert, dass die Mormonenlehre über die Totentaufe und die himmlische Ehe viele Menschen anspricht, die ihren Verstorbenen gegenüber ein Schuldgefühl haben. Dem kann ich beistimmen, denn es gibt Beispiele, dass, wenn ein Ehepartner stirbt, dem in seinem Leben zu wenig Liebe geschenkt wurde, der untröstliche Gatte sich allein wegen dieser Lehre der Mormonenkirche zuwendet. Fieberhaft suchen sie in Familienstammbäumen nach den Namen ihrer bekannten oder unbekannten Vorfahren, um für sie einen Akt der Erlösung vornehmen zu können.

Die Glaubensartikel der Mormonen

Nach der Lektüre der Glaubensartikel der Mormonen mögen viele bibelgläubige Leser fragen: „Was soll denn da falsch sein?“ Es ist unglaublich, wie geschickt die Mormonenkirche die Seltsamkeiten und unbiblischen Lehren ihrer Religion vertuschen konnte. Wurden die Glaubensartikel vielleicht vorsätzlich zur Täuschung des Lesers formuliert? Ich stehe mit dieser Vermutung nicht allein. Walter R. Martin, der vor einigen Jahren für „Eternity Magazine“ schrieb, sagt: „Die Glaubensartikel der Mormonenkirche lesen sich an vielen Stellen wie eine orthodox-theologische Erklärung. Jedoch ist es in Wirklichkeit ein geschickter, und ich glaube, ein wohldurchdachter Versuch, den naiven Menschen zu täuschen, damit er das Mormonentum für eine christliche Religion hält, was es in keiner Weise ist. Es bedeckt geschickt breite Felder des Irrtums mit einer dünnen Lage von Halbwahrheiten und scheinbar vernünftigen Begründungen.“

Mit anderen Worten, absonderliche Lehrsätze wie etwa der polytheistische Glaube, werden gewandt hinter annehmbaren christlichen Redewendungen versteckt. Die Menschen weisen ja sofort zurück, was offenkundig antichristlich oder eindeutig schriftwidrig ist. Aber sie nehmen bereitwillig etwas an, das sich als Glaube ihrer Väter ausgibt, in biblisch klingenden Sätzen ausgedrückt und gar von guten Werken begleitet wird. Wenn intelligente amerikanische Politiker wie Ezra Taft Benson und George Romney - Benson war Landwirtschaftsminister, Romney Gouverneur und Präsidentschaftskandidat - an diese Lehren glauben, dann wird man sie nicht eingehender prüfen, da sie ja von so prominenten Leuten akzeptiert wurden.

Gespräch mit einem Mormonenpräsidenten

Vor einigen Jahren - ich befand mich gerade auf einer Geschäftsreise in Salt Lake City - ging ich zu den Amtsstellen der Mormonenkirche und bat um eine Unterredung mit dem damaligen Präsidenten George Albert Smith. Es wurde mir gesagt, ich möge in einer halben Stunde wiederkommen, und das Gespräch dürfe nicht länger als zwei Minuten dauern. Nach dreißig Minuten war ich wieder da und wurde in das Amtszimmer des Präsidenten geführt. Er stand an seinem Pult. Ich stellte mich ihm als Geschäftsmann aus Kalifornien vor und bat ihn um seinen Namenszug für ein Buch, das ich soeben in einem Mormonenladen gekauft hatte. Er erfüllte meine Bitte. Dann erst bekannte ich: „Mr. Smith, der wirkliche Grund meines Besuches ist, Ihnen mitzuteilen, dass ich einmal ein Mormone war." Er blickte mich aufmerksam an und lud mich zum Sitzen ein. Dann hielt er mir einen langen Vortrag über Joseph Smith und die Anfänge der Mormonenkirche — Dinge, die mir von Kind auf vertraut waren. Ich hörte ihn geduldig an. Er sprach etwa 15 Minuten lang. Dann hatte ich die Gelegenheit, ihm ein kurzes Zeugnis zu geben und ihm zu erzählen, wie ich in Utah im Mormonenglauben erzogen wurde und später in Kalifornien das wahre Evangelium von Christi Tod um meiner Sünden willen vernahm. Ich zeigte dem Präsidenten die Schriftstellen wie [Röm. 4,5]: *„Dem aber, der nicht mit Werken umgeht, glaubt aber an den, der die Gottlosen gerecht macht, dem wird sein Glaube gerechnet zur Gerechtigkeit. Denn so du mit deinem Munde bekennst Jesum, dass er der Herr sei, und glaubst in deinem Herzen, dass ihn Gott von den Toten auferweckt hat, so wirst du selig."* [Röm. 10,9]; *„Denn aus Gnade seid ihr selig geworden durch den Glauben - und das nicht aus euch: Gottes Gabe ist es"* [Eph. 2,8] und *„... nicht um der Werke willen der Gerechtigkeit, die wir getan hatten, sondern nach seiner Barmherzigkeit machte er uns selig durch das Bad der Wiedergeburt und Erneuerung des heiligen Geistes"* [Titus 3,5], und suchte ihm Gottes wahren Heilsplan für das Menschengeschlecht zu erklären. Ich sagte ihm dann: „Bei meiner Taufe und bei der Handauflegung durch den Mormonenpriester - zum Zweck des

Geistesempfangs - erlebte ich kein Wunder der Wiedergeburt. Aber später, als ich Christus als meinen Erlöser annahm, geschah dies Wunder. Ich wurde wiedergeboren durch den Geist Gottes und lebendig gemacht in Christus. Der Geist Gottes bezeugte mir, dass ich ein Kind Gottes geworden bin. Nun muss ich mich nicht mehr abmühen um den Gesetzesgehorsam und die Hoffnung, ein Leben zu führen, das Gott wohlgefällig ist. Nein, jetzt habe ich gefunden, was Gott für mich bereitgestellt hat in Christus, der für mich gelitten hat und gestorben ist, und ich weiß, dass ich gerettet bin." Wir diskutierten noch eine Zeitlang. Mr. Smith war sehr gütig während unseres Gesprächs. Er machte den Eindruck eines überaus rechtschaffenen Mannes mit höchsten moralischen Qualitäten, eines Mannes, dessen Freund zu sein sich jeder glücklich priese. Schließlich wurden wir durch seinen Sekretär unterbrochen, der ins Zimmer kam und ihn an eine Verabredung erinnerte; meine Zeit war um. Ich bat Mr. Smith um Entschuldigung, weil ich ihm so viel Zeit weggenommen hatte, denn ich war etwa 45 Minuten bei ihm gewesen. Kurz nachdem ich nach Kalifornien zurückgekehrt war, erhielt ich mit der Post eine in Leder gebundene Ausgabe des Buches Mormon mit dem handschriftlichen Namenszug von Mr. Smith. Ich kaufte eine Scofield-Nachschlagebibel, signierte sie und schickte sie dem Präsidenten.

Meine Verteidigung vor dem Mormonengericht

Bald nach meiner Bekehrung ging ich in San Diego, Kalifornien, zum Bischof unseres Wards (Gemeinde) und ersuchte ihn, meinen Namen aus der Mitgliederliste zu streichen, da ich mich nicht mehr als Mormone betrachtete. Ich erklärte, ich sei durch Gottes Gnade gerettet worden und hätte erkannt, dass die Mormonen nicht das wahre Evangelium Christi verkündigen; deshalb könne ich nicht mehr an die Mormonenlehre glauben. Einer meiner Onkel bestand jedoch darauf, dass mein Name in der Liste stehen bleibe. Er meinte, ich werde schließlich doch meinen Irrtum einsehen und mit Freuden zum Mormonenglauben zurückkehren. Ich drängte nicht weiter, denn ich dachte:

Was macht's schon aus, zumal ja mein Name im Himmel geschrieben ist?
Einige Jahre später, als ich in Pasadena, Kalifornien, lebte, rief mich der Bischof der dortigen Gemeinde, James C. Ellsworth, an und bat mich um ein Gespräch.

Als er mich aufsuchte, zeigte er mir einige Schriften, die ich über meine Bekehrung vom Mormonenglauben veröffentlicht hatte, und einen Artikel in der lokalen Zeitung, der eine Versammlung mit einem Vortrag von mir über das Thema „Vom Mormonenglauben zu Christus“ ankündigte. Er sagte, er habe sich die Freiheit genommen, nach Utah zu schreiben und dabei erfahren, dass ich immer noch als Mormone gelte. Ich erklärte ihm, dass sich damals einige Verwandte der Streichung meines Namens aus der Mitgliederliste widersetzt hätten, dass ich mich aber seit meinem Antrag nicht mehr als Mormone betrachte. Nach weiteren Diskussionen meinte er, ich müsse aus der Mormonenkirche ausgeschlossen werden, da ich ja nicht mehr an sie glaube. Ich war einverstanden, und wir verabredeten einen Termin für mein Erscheinen vor dem Bischofsgericht der Mormonen.

Die Sitzung war auf einen Sonntag 14.30 Uhr festgesetzt. Ich durfte nur meine Frau mitbringen. Der Bischof Ellsworth und seine beiden Anwälte saßen uns gegenüber. Auf jeder Seite des Raumes saßen ein junger Mann und eine junge Frau als Stenographen. Bischof Ellsworth eröffnete die Sitzung. Beweise wurden dem Gericht vorgelegt - Artikel von mir und Zeitungsinserate, die zum Besuch meines Vortrages aufforderten: „Vom Mormonenglauben zu Christus.“ Fragen wurden gestellt und beantwortet, und nun sollte mein Ausschluss erfolgen.

Einer der Anwälte bat jedoch um die Erlaubnis, mit mir noch einmal zu sprechen. Er forderte mich auf, meine Haltung doch zu überprüfen. Ich erwiderte ihm höflich und bestimmt: „Da ich nicht mehr an die Lehren der Mormonenkirche glauben noch ihren Grundsätzen zustimmen kann ist es für alle Beteiligten am besten, mich aus ihrer Mitgliederliste zu streichen.“ Das Gericht setzte die Verhandlung fort, als deren Ergebnis ich zum „Abtrünnigen der Mormonenkirche“ erklärt wurde.

Danach wurde mir eine erstaunliche Gelegenheit gegeben, ein Zeugnis der Heilsbotschaft unseres Herrn Jesus Christus auszulegen. Ich wandte mich an Mr. Ellsworth und sagte: „Darf ich angesichts der Tatsache, dass ich freiwillig zur Löschung meines Namens hierher kam, noch etwas sagen? Ich bin mir bewusst, welch ernste Folgen es nach den Lehren der Mormonen hat, wenn einer erst das Priestertum innehatte, es dann niederlegt und sogar wünscht, ein ‚Abtrünniger' zu werden. Deshalb erbitte ich eine kurze Zeit, um Ihnen den Grund dieses ernsten Schrittes zu erklären." Bischof Ellsworth blickte seine beiden Anwälte an und erwiderte: „Ich sehe keinen Grund, weshalb wir das nicht erlauben sollten!" Ich erzählte ihnen dann, dass ich im Alter von acht Jahren getauft und mit zwölf Jahren zum aaronischen Priestertum ordiniert wurde, und dass ich von ganzem Herzen an die Mormonenlehren geglaubt hatte. Ich erklärte, dass ich Utah verließ, und später überall in Kalifornien vielerlei Leute verschiedenen Glaubens traf und wie ich Gott dafür zu danken pflegte, dass ich ein Mormone war. Dann berichtete ich weiter, wie ich durch einen jungen Mann, dessen geistliches Wesen mich tief beeindruckte, zum Besuch einer Versammlung veranlasst wurde, in der ich das Evangelium von der Erlösung durch Christus allein vernahm; wie ich Gottes Gnade annahm und Christus mein Heiland wurde und Gott mein Leben änderte.

Ich begann die Bibel zu studieren und entdeckte bald, dass ich nicht mehr länger den Mormonen angehören konnte. Bischof Ellsworth unterbrach mich gelegentlich mit Fragen. Gleichzeitig bemerkte ich, dass die beiden Stenographen nicht mehr mitschrieben, sondern meinem Bekenntnis mit einer Begierde lauschten, als empfingen sie Manna vom Himmel.

Dann fragte mich Bischof Ellsworth: „Was ist es um dem Engel, der mitten durch den Himmel fliegt, um denen, die auf Erden wohnen, das ewige Evangelium zu verkünden?" Die Mormonen verbinden dieses endzeitliche Ereignis mit Joseph Smith, als er auf den Knien Gott bat, er möge ihm die Wahrheit aller Glaubensrichtungen enthüllen und ihm sagen, welche die richtige sei, welcher er beitreten solle. Sie behaupten, Gott habe später einen Engel, Moroni, gesandt als Antwort auf Smiths Gebet. Ich erinnerte den Bischof daran, dass dieses Ereignis in Wirklichkeit aus Offb. 14,6 entnommen wurde; dass aber dieser Engel nur einer von vielen war, die Johannes gesehen hatte, denn er sagt: *„Und ich sah einen anderen Engel."* Ich zitierte die Verse 8 und 9, in denen ein zweiter und dritter Engel folgten und ihre Botschaften verkündigten, wie es der Engel in Vers 6 tat. Ich betonte, dass dieses Geschehnis noch nicht stattgefunden habe, sondern dass alles noch in der Zukunft liege. „Was Johannes sah und für uns aufzeichnete, wird zu einer bestimmten Zeit stattfinden, nämlich zur Zeit der großen Drangsal. Während dieser Zeit der großen Not, wenn der Antichrist viele verführen wird, wird der Engel [Offb. 14,6] mitten durch den Himmel fliegen und seine Botschaft der Hoffnung und Warnung aussenden, bevor der Antichrist seine Proklamation erlässt, dass niemand kaufen oder verkaufen darf. Der Engel warnt die Erdenbewohner: *„So jemand das Tier anbetet und sein Bild und nimmt das Malzeichen an seine Stirn oder an seine Hand, der soll von dem Wein des Zorns Gottes trinken."*

Ich wies auch darauf hin, dass dieser Engel nicht auf die Erde herabkommt oder mit einem Menschen in Verbindung tritt.

Meine Antwort schien den Bischof zu befriedigen, und ich fuhr fort, diesen Menschen Gottes Heilsplan zu verkündigen. Ich hatte während der ganzen Sitzung die Macht des Heiligen Geistes gespürt und wusste, wann ich genug gesagt hatte. Ich war gerade dabei, die Zuhörer einzuladen, dass sie sich vor Christus beugen und ihn als ihren Erlöser annehmen mögen, als ich mir meiner Lage bewusst wurde: Ich stand ja vor ihrem Gericht! Aber wie Stephanus [Apg. 7] fühlte ich, dass meine Ankläger ihrerseits vor einem Gericht standen - dem des Wortes Gottes, das ich ihnen verkündigt hatte. Mögen sie erkannt haben, dass ich ihnen die Wahrheit gab.

Die Sitzung wurde geschlossen. Der junge Mann und das Mädchen kamen gleich zu mir und gaben mir die Hand. Ich überreichte ihnen einige Traktate. Ich gab auch den Anwälten die Hand und dann begleitete Bischof Ellsworth meine Frau und mich zum Auto. Nachdenklich schaute er mich an und sagte: „Der Herr segne Sie, Dr. Anderson.“ Dann kehrte er in sein Amtszimmer zurück.[1]

Einar Anderson

---

[1] Anmerkung:
Das Glaubensbekenntnis der Mormonen können Interessierte gerne beim Herausgeber anfordern.
(Der Herausgeber)

Zehn Jahre auf der Suche zwischen Wahrheit und Täuschung

Zehn Jahre befand ich mich in den Fängen der **Esoterik**. Bereits in der Schule lernten wir durch die Evolutionstheorie, dass der Mensch vom „Bananenträger" abstammt. Der Mensch sei gut, und durch die Vernunft könne er viel erreichen. Die Gesellschaft aber sei schlecht. Dies führte dazu, dass ich mich mit meiner eigenen Schuld nicht auseinander setzen musste. Aufgrund dieses Gedankengutes wurde ich offen für neue Strömungen. Ich lernte Techniken der **Autosuggestion**, bei der ich mir selbst sagen konnte: „Ich bin gut, ich bin stark, ich kann etwas erreichen." Ich befasste mich mit der **Reinkarnations-Theorie**, die besagt, der Mensch werde nach seinem Tod in einem anderen Körper wieder geboren. Der Tod hatte für mich eine reinigende Wirkung. Ich wurde auch neugierig zu wissen, ob es wahr ist, dass Sterne eine Schicksalsbestimmung für mein Leben haben. Ich wollte Kräfte in mir kennenlernen, die mir halfen, den Alltag zu überwinden, erfolgreich zu sein und meine Ziele zu erreichen. Ich wollte mich gut fühlen und anderen etwas zu bieten haben. Die Neugierde von der „Geheimlehre des Übernatürlichen" war geweckt. Die Esoterik war für mich eine faszinierende Welt, die mir versprach, dass ich mit meiner Kraft, die ich in mir habe, höchste Energie bekommen kann. Ich war begeistert.

Faszinierend für viele Menschen an der Esoterik ist der seelische „Kick". Die Seele braucht Faszination, um zu überleben. Die Esoterik verspricht mir, dass ich bekomme, was ich brauche. Wenn ich einmal angefangen habe, steigt die Lust nach mehr, und ich will mich weiterentwickeln. Die Grenzen von Gut und Böse fallen. Das Gewissen wird durch Entschuldigungen zurückgedrängt: „Du musst selbst wissen, was gut ist. Es muss für dich stimmen". So werde ich zum Maßstab von mir selbst.

Man beginnt mehr wahrzunehmen, als einem mit den Sinnen im normalen Seelenzustand möglich ist. In der übernatürlichen Welt findet jede Art von Gemüt etwas. Jemand ist fasziniert von Meditation, ein anderer von der

Idee, dass ihm Energiefelder zur Verfügung stehen, der dritte will ein höheres Bewusstsein erlangen. Jeder entdeckt einen Bereich, in dem er weiterkommen will. Mit „weiterkommen" meine ich, sich eine übernatürliche Macht dienstbar zu machen, um deren Kraft für die eigenen Ziele und Wünsche einzuspannen.

Das geschieht im Spiritismus, einer ziemlich extremen Form des Okkultismus. Aber die meisten Esoteriker wissen gar nicht, dass es Geister gibt - zumindest lange Zeit nicht. Sie sind überzeugt, dass sie es mit göttlichen Kräften zu tun haben. Sie wollen ihr Ich entdecken. Der ganz normale Alltagstrott reicht ihnen nicht mehr. In eine energetische Verbindung mit dem Kosmos zu treten, sich zu einem höheren Wesen zu entwickeln (vom Homo sapiens zum Homo noëticus), so lautet das große Ziel.

Die Auswirkungen der Esoterik auf den Menschen zeigen sich vor allem in den **Autosuggestionstechniken**. Sie machen ruhiger. Meditation ist eine geistige Narkose. Ich nehme mich zurück, werde meditativ und versenke mich in mir. So werde ich den Menschen fremd und will immer mehr allein sein. Die anderen, die eigentlich normal sind, finde ich komisch. Ich werde egoistisch. Alles dreht sich nur noch um mich. Ich frage mich dauernd, was ich brauche, damit es mir gut geht. Nur unter Gleichgesinnten fühlt man sich energetisch aufgeladen. Dauernd muss ich aufpassen, dass ich meine Energie nicht stoppe und mich immer mit neuer guter Energie auflade.

Aber die Angst, diese Energie zu verlieren, ist immer vorhanden. Auch die Angst vor dem Tod ist nicht gebannt, obwohl dieser eine reinigende Wirkung haben soll. Man weiss nicht sicher, ob die Reinkarnations-Lehre am Ende tatsächlich hält, was sie verspricht. Diese Ungewissheit führt zu starken Gefühlsschwankungen und depressiven Phasen.

Doch dann begann eine längere Zeit des Hinterfragens. Über eine Zeit von zehn Jahren liess ich mich immer wieder von der ‚Internationalen Vereinigung Christlicher Geschäftsleute' einladen. Jedes Jahr sprach Professor Dr. R. Seiss. Ich wollte ihn hören, denn er wusste über die Seele Bescheid und auch sonst, wie der Mensch funktioniert. Er erklärte, dass wir sehnsüchtig nach mehr sind als nur nach Essen und Trinken. Dies machte mich nachdenklich.

Bei einem Aufenthalt in Thailand machte ich Erfahrungen mit Geistern. Seither bin ich überzeugt, dass es Geister gibt. Von der Bibel wusste ich, dass auch Jesus mit ihnen zu tun hatte. Ich begann in der Bibel zu forschen, las alle Texte, die von der unsichtbaren Welt handeln. Dabei stieß ich auf den Abschnitt, in dem Jesus von sich sagt: „Ich bin der gute Hirte..., Ich gebe das ewige Leben..., niemand kann mir meine Schafe aus der Hand reißen". Ich war fasziniert und merkte: **Reinkarnation ist nicht das gleiche wie ewiges Leben**. Jesus redet von Auferstehung, von ewigem Leben, das es nur bei ihm gibt und vom Gegenspieler, der sich als Engel des Lichtes darstellt.

Dadurch kam ich zu einem sehr wichtigen Punkt in meinem Leben: ich entschied mich für Jesus und stellte mich unter seine Herrschaft. So habe ich mich auf Jesus eingelassen und erfahren, dass alles stimmt, was er gesagt hat. Die Ängste vor dem Tod waren weg, als ich zu Jesus betete. Ich habe alles Esoterische aufgegeben. Meine Bücher, Steine und Orakelbefragungen stiessen mich ab. Sackweise stellte ich alles auf die Strasse.

Ich bin radikal in den Glauben an Jesus eingestiegen und es auch geblieben. Der Heilige Geist ist mir besonders wichtig geworden. Er führt in alle Wahrheit. Das habe ich persönlich immer wieder erlebt.

Die Faszination des christlichen Glaubens ist etwas ganz anderes als die Faszination der Esoterik. In der Esoterik will man Zeichen und Wunder sehen. Anhand dieser wird dann behauptet: „Aha, es hat funktioniert, also muss es ja gut und göttlich sein." Dass eine übernatürliche Kraft eingreift und die dahinterstehende Macht nachher ihren Preis verlangt, das wird nie offengelegt. Aber Jesus sagt, wir sollen uns nicht mit unsichtbaren Mächten einlassen, sondern im Geist und in der Wahrheit ihn anbeten. Dann wird mein Geist durch den Heiligen Geist erneuert – das schafft eine Verbindung zu Gott – und dadurch stelle ich das Wort Gottes über meine Gefühlswelt. Jetzt kann es sein, dass mich der Heilige Geist körperlich spürbar ergreift. Aber das ist nicht zwingend, und man darf auf keinen Fall sagen, dass jemand, der so etwas erlebt, eben mehr Glauben habe als jemand, der das nicht erlebt. Deshalb ist die Faszination des christlichen Glaubens eine zu Liebesbeziehung Jesus – und nicht ein Deal „Zeichen gegen Bindung“, bei der eine Seite erst noch die Karten verdeckt hält.

Margaritha Staudenmann

Es ist in keinem andern Heil

War unlängst ein Mann, der heiraten wollte. Das wurde schwierig, weil die Braut nicht römisch-katholisch war.

Der Mann war des festen Glaubens, seine Kirche sei die einzig wahre und außerhalb des Gehorsams zu ihr gäbe es kein Heil. So hatte er es von Kind an gelernt, so war er erzogen worden. Also fragte er seine Braut, ob sie sich katholisch trauen lassen könnten, da er sonst keine Möglichkeit zum Ehebund sähe. Die Weitherzige willigte ein. Die Besorgnisse der Eltern und Anverwandten des Mannes waren zerstreut. Das Brautpaar verfügte sich zum Geistlichen.

Neue Schwierigkeit. Es hieß in der Sakristei, vom kundgetanen Vorhaben sei abzuraten. Es verstoße gegen den Willen der Kirche Jesu Christi. Mischehen seien verboten. Der katholische Teil setze sich daselbst im intimsten Lebensbereich den unerhörtesten Gefahren des Glaubens aus, setze sein Seelenheil aufs Spiel und könne keine echte Ehe führen.

Der Mann wollte das so ohne weiteres nicht einsehen; er verwies auf bereits vorhandene katholisch getraute Mischehen. Da hieß es, die Kirche habe solche Trauungen stets nur als Notlösung zugelassen. Sie erforderten bekannterweise die Genehmigung durch den Bischof. Der Mann drauf erbat eine solche Genehmigung. Da hieß es, dass keine Gewähr dafür bestehe, eine solche für die vorgesehene Frist einbringen zu können.

Jetzt sieht der Mann keinen Ausweg mehr, denn es ist Krieg und der zur Hochzeit bewilligte Urlaub lässt sich so leicht nicht verlängern. Dann müsse die Trauung eben von einem evangelischen Geistlichen vorgenommen werden, meinte der Mann resigniert.

Da handelt der katholische Priester schnell. Formulare werden aus der Schublade gezogen. Der Text wird verlesen und erläutert, die beiderseitigen Unterschriften gefordert und gegeben, der Zeitpunkt der Trauung festgelegt, die Brautleute entlassen. Auf den beiden unterschriebenen Zetteln stand etwa folgendes:

1. Wir versprechen an Eides Statt, alle unsere zukünftigen Kinder nur römisch-katholisch taufen und erziehen zu lassen;
2. der nichtkatholische Partner verspricht an Eides Statt, in Sachen des Glaubens und der religiösen Gewohnheiten keinerlei Einfluss auf den katholischen Ehepartner sowie auf die späteren Kinder zu nehmen.

Die Trauung fand termingerecht statt; der Mann zog wieder ins Feld.

Später wohnte das junge Paar in einer Universitätsstadt. Erleichtert griff man dort das neu erblühende kirchliche Leben nach der fast sterilen Glaubenszeit des Krieges auf. In den Trümmern des zerstörten Landes nahm sich der bergende Raum der Kirche als einzig verbliebenes Refugium aus.

In ihn zog nun auch die junge Frau ein. Sie tat etwas sehr Vernünftiges. Sie schloss sich dem Glaubensleben des Mannes an. Man könne nicht zwei Herren dienen, meinte sie. Dasselbe meinte auch der Mann.

Die junge Frau geht nun mit in die Messe, in die Andachten; sie nimmt den Katechismus zur Hand, sie orientiert sich im „Schott“, sie lernt den Kreuzweg, die Sakramente und das Ave Maria, sie betet in der gleichen Kirchenbank das gleiche Gebet. Sie will römisch-katholisch werden, bevor das erste Kind geboren ist. Der Mann hilft ihr dabei.

Derweil verging die Zeit. Im gegenseitigen Bemühen werden religiöse Fragen geklärt. Alles scheint planmäßig zu verlaufen. Da tritt eine Stockung ein.

Die junge Frau zieht in Zweifel, ob sie mit dem beabsichtigten Schritt nicht gerade dahin komme, wohin sie nicht kommen wollte: zum Dienst an zwei Herren nämlich. Statt dem Evangelium fürchte sie einer irdischen Macht ausgeliefert zu werden, die unter dem Vorwande, sie vollziehe den Auftrag der Bibel, eben dieses Evangelium zur Ausbreitung eigener Macht und Herrlichkeit missbrauche. Sie verweist in diesem Zusammenhang nicht nur auf die aufdringliche Darstellung des Gottesdienstes, auf Priester und Papstmacht, sondern auch auf die Fakten der Kirchengeschichte.

Der Einwand des Mannes: Es handele sich bei allen Darstellungen doch immer nur um die Ehre Gottes, der zulieb solches geschehe, und bei unchristlichen Versagern in der Geschichte doch nur um menschliche Schwächen der Hirten, die in ihrer Person nicht identisch mit dem Auftrag der Kirche seien. Erfolglos.

Auf der Suche, wie solche Einstellung der Frau ausgeräumt werden könne, werden Priester und katholische Dogmatiker befragt. So schreibt es die Kirche vor, so verlangt es der Beichtspiegel für das erste Gebot: auf der evangelischen Gegenseite darf nicht gesucht werden.

Die gewährten Lösungen befriedigen nicht.

Der Mann blieb auf der Suche. Ist es denn nicht wahr, was da vorgebracht wurde? Liegt denn nicht der Missbrauch der Gottesoffenbarung für allzumenschliche Belange auf der Hand? Hat nicht Christus gesagt: „Mein Reich ist nicht von dieser Welt?“ Und die Geschichte berichtet uns jahrhundertelang von dem fortwährenden Bestreben der Kirche, die Herrschaft über die Welt zu erringen!

Die Geschichte zeigt, wie die Kirche das mit den Mitteln des Seelendruckes Schritt auf Schritt zu bewerkstelligen wusste. Und dennoch soll die heilige Gotteswahrheit, dennoch soll Christus, „der Weg und die Wahrheit“, in ihr dargestellt sein?

Warum verbietet dann die Kirche die freie Suche nach dieser Wahrheit? Warum versperrt sie den Weg zur anderen Seite? Ist es nicht so, dass der Sucher, wo auch immer er suchen mag, zwangsläufig zu ihr, der Kirche, zurückfinden muss, wenn diese Kirche wirklich die „ganze Offenbarungswahrheit in sich trägt“, wie er gelernt hat?

Bleibt das Gebet.

Da trifft den Mann ein kleines Stückchen Evangelium. Oder erinnert er sich dieses Stückchens nur? „Man muß Gott mehr gehorchen als den Menschen!“, klingt es von dort an sein Ohr.

Da wirft er kurzentschlossen die Skrupel beiseite und begibt sich an das Studium der Reformation und deren Ergebnisse und landet - bei der Bibel.

Bald liegen Übersetzungen der Heiligen Schrift aus römisch-katholischem Raume vor und werden verglichen mit dem lateinischen Vulgatatext des Hyronimus und dem griechischen Urtext. Bald liegen daneben die so genannten unfehlbaren Dogmen der römischen Kirche und das Kirchengesetzbuch.

Eine dramatische Zeit beginnt.

Des Mannes Augen werden aufgetan. Es rollen sich Widersprüche auf zwischen dem Bibelwort und der „unfehlbaren" Lehre der Kirche. Es folgen die ersten Korrekturen der bisher sorglich gehüteten Glaubensinhalte.

Mit der „Gottesmutter" Maria fing es an. Sie erhält den ihr angemessenen Platz zurück, den Platz einer „Magd des Herrn".

Sie ist zwar die Jungfrau, die kraft des Hl. Geistes den Heiland gebar. Danach aber lebt sie in ordentlicher Ehe mit ihrem Manne Joseph weiter und hat Kinder mit ihm. Der Evangelist Matthäus nennt etliche von ihnen sogar mit Namen: Jakobus, Josef, Simon und Judas [Matth. 13, 55]. Jakobus, der Bruder des Herrn, erscheint später als der Leiter einer Gemeinde des Urchristentums.

Warum musste der Mann von Kindheit her lernen, dass Maria nur den Heiland geboren habe und dann unberührt blieb in einer sogenannten Josephsehe? Und warum wurden Schwestern und Brüder des Herrn umgestempelt zu entfernten Anverwandten des Herrn oder zu sogenannten Brüdern und Schwestern im Glauben?

Vergeblich forscht der Bibelleser auch nach einem Hinweis, der das Dogma von der „unbefleckten Empfängnis" legitimieren könnte. Nirgendwo sagt das Evangelium, daß Maria von ihrer Mutter Anna „unbefleckt empfangen", soll heißen, ohne Erbsünde geblieben sei. Die für das Dogma angeführten Beweisstellen der Hl. Schrift sind dazu noch falsch übersetzt. Warum?

Es handelt sich um l. Mos. 3, 15 und Luk. l, 28. Eine Fälschung des Bibeltextes zugunsten des Dogmas tritt zutage. Da heißt es zunächst im Mosebuch beim Fluch über die Schlange: *„Und ich will Feindschaft setzen zwischen dir und dem Weibe und zwischen deinem Samen und ihrem Samen. Derselbe soll dir den Kopf zertreten . . ."* Wir kennen einen vom Weibe Geborenen [Gal. 4, 4], den „Menschensohn", der den Kampfesauftrag im Gehorsam gegen Gott ganz ernst nahm, darüber freilich am Stich der „alten Schlange" verbluten musste, aber damit auch den

Satan für immer unter seine Füße getreten hat [Röm. 16, 20; 1. Joh. 3, 8; Hebr. 2,14; Kol. 2,15], nämlich Christus, der „Samen" Mariens.

Die Kirche aber übersetzt: *„ . . . Dieselbe wird dir den Kopf zertreten . . ."*, und bezieht solches Vermögen auf Maria.

Und im Engelsgruß heißt es im Urtext: *„Gegrüßet seist du, du Beschenkte (oder auch ‚du Begnadete')."* Das ist etwas anderes, als was die katholische Übersetzung mit *„Gegrüßet seist du, Maria, voll der Gnaden"* wiedergibt. Maria empfängt die göttliche Gunst, den Erlöser der Menschheit zur Welt bringen zu dürfen. *„Du hast Gnade bei Gott gefunden"*, heißt es im Engelsgruß weiter. Maria aber erscheint nicht als das überlaufende „Gefäß der Gnade", welches eine Eigenfunktion übernehmen könnte. Auch Maria bleibt Sünderin wie alle übrigen Menschen, auch sie bedarf der Erlösung durch Jesus Christus wie alle. *„Siehe, ich bin eine Magd des Herrn, mir geschehe nach deinem Worte"*, gesteht sie ein. Keine Rede davon, dass wir Maria als Fürsprecherin, gar als Himmelskönigin anrufen sollen oder dürfen. Jesus stößt mit seinem Gottesauftrag bei seiner Mutter noch auf größeres Unverständnis als bei den Jungen: der zwölfjährige Jesus im Tempel oder die Hochzeit zu Kana berichten davon.

(Neben diesen Textverfälschungen stößt der Forscher später auch noch auf andere, als er die Schriftbelege für das Dogma von der Unsterblichkeit der Seele überprüft.)

Und schließlich findet sich kein Zeugnis in der Hl. Schrift, welches auf eine „leibliche Aufnahme Mariens in den Himmel" schließen lassen könnte. (Mittlerweile wurde auch diese Lehre dogmatisiert, durch Pius XII. im Jahre 1950!)

Ähnlich den Mariendogmen erging es vielen anderen „unfehlbaren" Lehren der Kirche.

Vergeblich wurde nach einem Anhalt für die Messe gesucht.

Nirgends rühmt sich einer der Apostel, er könne beim hl. Abendmahl „den Kreuzestod Christi wiederholen" oder die „Früchte dieses Erlösungstodes" in verschiedenen Mengen Messkäufern zuwenden.

Nirgends behauptet einer von ihnen, er könne Brot und Wein kraft einer Priesterweihe in „die Gottheit Christi“ verwandeln.

Die Wiederholung des Herrenmahles stellt sich als „ein Gedächtnis an des Herren Tod“ und als „eine Verkündigung desselben“ heraus. Gleiches Schicksal erlitten die Sakramente der Firmung, der Priesterweihe, der letzten Ölung und der Ehe. Keine Rede davon, dass Mischehen verboten seien, keine Rede davon, daß Christen untereinander ohne die Kirche im „gotteslästerlichen Konkubinat“ lebten.

Die Sakramente der Taufe, der Buße, des Abendmahles erhalten einen völlig anderen Sinn.

Gegenstandslos wird der Ablass, von dem sich herausstellt, dass er auch heute noch, wenn auch unter dem Namen einer Messintention, verkauft wird.

Gegenstandslos wird das Fegefeuer, der Unterschied zwischen lässlichen Sünden, Todsünden und Sündenstrafen, der Verdienstschatz der Heiligen und der Kirche, die Reliquienverehrung u. a. m.

Die Vorstellung, der Glaube sei ein „Fürwahrhalten kirchlicher Dogmen“, wird im Lichte des Evangeliums berichtigt. Glauben heißt nunmehr, sich selbst gänzlich aufgeben und der Verfügungsgewalt Christi ausliefern. Dass solches nur über ein Priester- oder Papstsystem möglich sei, kann nirgends eine Bestätigung finden.

Die Matthäusstelle von der Schlüsselgewalt [Matth. 16, 16 f.] erweist sich als an alle Jünger gerichtet [Matth. 18, 18; Joh. 20, 22 f.] und erhält schon in den ersten christlichen Jahrhunderten durch die Kirchenlehrer Tertullian und Augustinus eine gegen die Ansprüche Roms gezielte Deutung. Der Felsen, auf den die Gemeinde gebaut wird, ist in den frühchristlichen Zeugnissen nicht die Person des Petrus, sondern die Person Christi jener Felsen, der an anderer Stelle als der Eckstein bezeichnet wird, den die Bauleute verworfen haben.

Wie ein Wetterstrahl gehen die Worte Tertullians auf den römischen Bischof nieder, als dieser den Primat für sich in Anspruch nehmen will: wer bist du denn schon, Bischof von Rom, der du dich erdreistest, Christus zu vertreten und im Himmel zu lösen und zu binden.

Zwar - so ist aus der Kirchengeschichte zu entnehmen - taucht das Bestreben nach dem päpstlichen Primat schon recht früh auf, aber es wurde getreu den Gepflogenheiten des Urchristentums heftig bekämpft. Durchgesetzt hat es sich erst mit Gregor VII., der das erste Schisma, den Ausschluss der christlichen Ostkirche, und den ersten Bannstrahl gegen einen deutschen König wagen durfte, also um das Jahr 1000. Beide Male wurde der Bannfluch verhängt, weil dem römischen Bischof die päpstliche Anerkennung versagt wurde.

Auf diesen Gregor geht auch der Anspruch der Kirche zurück, nur sie habe das wahre Recht, die Regierungen der Völker ein- und abzusetzen, und dass der oberste Bischof in Rom nicht irren könne (Diktatus Papae).

Das Evangelium wie auch die spätere Urkirche kennen also keinen Papstprimat.

Erst recht kennt das Evangelium keine Nachfolger des Petrus, die gewissermaßen halbgöttliche Funktionen „erben" könnten, wie beispielsweise die Unfehlbarkeit oder gar die „Stellvertretung Christi auf Erden".

Als der Mann auf der Suche nach der Wahrheit hier angelangt war, sah er das Gebäude seiner Kirche zusammenstürzen. Das stolze, machtvolle Gebäude hatte sich als trügerisches Gebilde aus Menschenhand erwiesen. Aber noch mehr.

Er sah in der Kirchengeschichte immer wieder Männer aufstehen, die gleiches erkannt und deshalb abgeschafft wissen wollten. Diese Männer gingen den Weg der Verfolgung.

Die Scheiterhaufen für Ketzer begannen zu brennen. Die kirchlich-irdische Macht wusste sich der Plagegeister auf schreckliche Weise zu entledigen.

Auch Martin Luther wäre der Feuertod seines Vorgängers Hus nicht erspart geblieben, wenn nicht inzwischen mit Luther zugleich ein Großteil der abendländischen Christenheit das römische System durchschaut, sich schützend vor den Reformator gestellt und so den Machtvollzug der Kirche vereitelt hätte.

Das Prinzip der Ausmerzung ist bis heute nicht aufgehoben - es scheint dem Betrachter nur gemildert, weil zu viele dem Befehle der kirchlichen Macht den Gehorsam verweigern. Wo diese Macht aber vorhanden ist, wird sie - wenn auch meist nur indirekt - heute noch eingesetzt.

Spanien ist dafür ein Beispiel.

Der Einwand der jungen Frau hatte seine Bestätigung erhalten: in der Römischen Kirche geht es um die Darstellung und Verwirklichung weltlicher Macht. Auch die Mittel bestätigen sich: Missbrauch des Evangeliums und Beherrschung der Seelen.

Nach alledem konnte der Mann in seiner Kirche nicht mehr den Heilsvermittler sehen. In ihr fand er Christus nicht mehr bestätigt. Den Dienst in seiner Kirche konnte er nur noch als Götzendienst empfinden, „dargebracht" einem System, das sich an die Stelle Gottes gesetzt hatte.

Was blieb ihm nun noch übrig?

Sollte er seinen Glauben laufen lassen?

Man braucht es ja nicht so genau zu nehmen. Was man denkt, braucht ja nicht unbedingt mit dem übereinzustimmen, was man tut.

Wo ist das Heil zu finden, wenn nicht in der Kirche?

Wo ist Heil?

Bleibt das Gebet.

Die Zeit verging.

Eines Tages raffte der Mann sich auf und begab sich zum Amtsgericht. Dort erklärte er seinen Austritt aus der römisch-katholischen Kirche. Er wolle evangelisch werden. Drauf stellte er sich dem evangelischen Pfarrer zum Konvertitenunterricht.

Mit seinem Übertritt aber war es nicht getan. Nun fielen die Anverwandten über ihn her. Sie prophezeiten ihm die ewige Verdammnis. Das gab sich mit der Zeit. Aber der Mann konnte nun nicht mehr schweigen. Fort und fort musste er verkündigen, was wirklich im Evangelium steht. Dadurch zog er sich viele Anfeindungen zu.

Als er auch dazu überging, das Erkundete in Schriften zu veröffentlichen, kam er auf den „Index". Katholische Kirchenkonferenzen bezeichneten das Gedruckte als falsch und lügenhaft.

Unter Hinweis auf den interkonfessionellen Frieden gelang der katholischen Kirche stellenweise sogar ein derartiger Einfluß, dass man evangelischerseits die

Veröffentlichungen einstellte oder einschränkte. Ein Beweis für die Macht der Römischen Kirche.

An Drohungen, wegen der Verkündigung auch in die berufliche Existenz des Mannes einzugreifen, hat es ebenfalls nicht gefehlt.

Aber der Mann ließ sich nicht beirren. Er wusste nun, wo der wahre Glauben zu finden war. Er wusste nun, wo ihm der Weg zur Wahrheit, wo ihm der Weg zu Christus gezeigt werden konnte: in der Bibel. Das tröstet ihn.

Er schlug die Apostelgeschichte auf und las von Petrus und Johannes. Wie sie vor dem Gericht des Hohen Rates stehen.

Hatten doch die Apostel den Zulauf anläßlich einer Krankenheilung im Tempel für eine Verkündigung des wirklichen Evangeliums wahrgenommen. *„Und viele, die dem Worte zuhörten, wurden gläubig, und ward die Zahl der Männer bei fünftausend."*

Drum werden sie von den „kirchlichen" Richtern zur Verantwortung gezogen.

„Aus welcher Gewalt oder in welchem Namen habt ihr das getan?", werden sie gefragt.

„So sei euch denn und allem Volke Israel kundgetan", antwortet Petrus, *„dass in dem Namen Jesu Christi von Nazareth, welchen ihr gekreuzigt habt, den Gott von den Toten auferweckt hat, steht dieser allhier vor euch gesund. Das ist der Stein, von euch Bauleuten verworfen, der zum Eckstein geworden ist. Und ist in keinem anderen Heil, ist auch kein anderer Name unter dem Himmel den Menschen gegeben, darin wir sollen selig werden."*

Das Gericht zog sich zur Beratung zurück.

„Dass es nicht weiter einreiße unter das Volk, lasset uns ernstlich sie bedrohen, dass sie hinfort keinem Menschen von diesem Namen sagen!", beschloss man. *„Und geboten ihnen, dass sie sich allerdinge nicht hören ließen noch lehreten in dem Namen Jesu."*

Petrus und Johannes aber antworteten: *„Richtet ihr selbst, ob es vor Gott gerecht sei, dass wir euch mehr gehorchen als Gott! Wir können es nicht lassen . . ."*

Und sie kehrten zurück zu den Glaubensbrüdern und erteilten ihnen Bericht. Versammeln sich drauf zum Gebet:

„Und nun, Herr, sieh an ihr Drohen und gib deinen Knechten, mit aller Freudigkeit zu reden dein Wort!“
Und die Predigt ging überall weiter.

„Da aber stand auf der Hohepriester und alle, die mit ihm waren, welches ist die Sekte der Sadduzäer, und wurden voll Eifers und legten die Hände an die Apostel und warfen sie in das gemeine Gefängnis“ [Apg. 4 u. 5].
So zu Zeiten der Apostel.

„Es ist in keinem andern Heil. . .“

Jener Mann, dessen Konversion erzählt wurde, aber bin ich.

Meine Kinder sind trotz der gegebenen eidesstattlichen Erklärung nicht römisch-katholisch geworden. Meine Familie lebt im Frieden des Evangeliums. Sie braucht nun nicht anderen Herren zu dienen. Sie hat den Herrn Jesus. „Es ist in keinem andern Heil . . .“

Günther Gunkel

Anhang

Zum Beitrag „Von der Astrologie zum christlichen Glauben“ - Fragen zur Astrologie -

Was ist Astrologie?

Astrologie ist die Lehre vom Einfluss der Sterne auf den Menschen. Sie deutet menschliches Schicksal nach der Stellung der Sterne im Augenblick der Geburt. Die Astrologie geht dabei von einem kosmischen Zusammenhang zwischen den Gestirnen und der Erde aus (ganzheitliche Schöpfungsordnung).

Aus astrologischer Sicht bestehen zwischen dem Makrokosmos, der das Weltall verkörpert, und dem Mikrokosmos, dem einzelnen Lebewesen, enge Beziehungen: alles, was im Makrokosmos geschieht, spiegelt sich im Mikrokosmos wider. Das heißt, Vorgänge im einen lösen Wirkungen im anderen aus. Dabei geht es der Astrologie nicht vorrangig um naturwissenschaftlich fassbare Phänomene wie den Einfluss des Mondes auf Ebbe und Flut, sondern um Auswirkungen auf den Charakter eines Menschen und den Verlauf seines Lebens.

Ausgangspunkt für die astrologische Deutung sind bestimmte Eigenschaften, die den Planeten zugeschrieben werden. Man unterscheidet zwischen günstigen und ungünstigen Einflüssen, zum Beispiel gelten Jupiter und Venus als günstige, Mars und Saturn als ungünstige Planeten.

Ein Horoskop geht von der Planetenkonstellation im Augenblick der Geburt aus. Diese Stellung der Planeten wird in ein zwölffach geteiltes Schema (Tierkreis) eingezeichnet und sogenannten »Häusern« zugeordnet. Man nimmt an, dass sie für bestimmte Lebensbereiche charakteristisch und für die individuelle Deutung ausschlaggebend sind.

Hierzu gibt es festgesetzte Regeln. Die Eigenschaften, die man den Planeten zugeordnet hat, und die Bedeutung der

»Häuser« beruhen auf jahrhundertealten Überlieferungen. Zu den Ungereimtheiten der Astrologie gehört u.a., dass man ursprünglich neben Sonne und Mond nur von fünf im Mittelalter bekannten Planeten ausging, während die im Lauf der Zeit noch entdeckten Planeten (z.B. Pluto im Jahre 1930) vernachlässigt werden.

Wo liegt der Ursprung der Astrologie?

Die uralte Lehre der Astrologie ist heidnischen Ursprungs. Sie wurde vor ungefähr fünftausend Jahren von babylonischen Priestern eingeführt. Später gelangte die Sterndeutung bis in den Vorderen Orient. Vor allem in Ägypten gewann sie an Bedeutung. Der ägyptische Astronom Ptolemäus (um 100-160 n.Chr.) entwickelte die Methode der Horoskoperstellung.

Ist Astrologie eine Wissenschaft?

Die Astrologie wird einem wissenschaftlichen Anspruch nicht gerecht, da ihre Grundlagen nicht nachprüfbar und ihre Ergebnisse uneindeutig und unzuverlässig sind. Die verschiedenen Systeme der Auslegung entbehren einer einheitlichen Grundlage, und es gibt keine Übereinstimmung bei der Deutung bestimmter Sternkonstellationen. Nachprüfbare Ergebnisse im Sinne von Fakten kann die Astrologie nicht erstellen. Ptolemäus setzte bei seinen Berechnungen voraus, dass die Erde der Mittelpunkt des Universums sei. Schon der Ansatzpunkt dieses Systems ist damit nachweislich falsch.

Welchen Anspruch hat Astrologie?

Die Astrologie hat den Anspruch, aus den Sternen die charakterliche Veranlagung eines Menschen zu erkennen und auf schicksalhafte Ereignisse in seinem Leben hinzuweisen. Sie versteht sich deshalb als Lebenshilfe; sie will dem einzelnen Menschen Richtlinien und Rat für sein Leben geben und ihm bei Entscheidungen helfen. Der Anspruch, in die Zukunft schauen zu können, entbehrt jeder nachprüfbaren Grundlage. Bei astrologischen Deutungen gibt es eine gewisse Erfolgsquote, es gibt aber auch absolut unzutreffende Aussagen.

Was kann Astrologie, und was kann sie nicht?

Auffällig ist, dass die Astrologie häufig zutreffende Charakteristiken zu erstellen vermag und dadurch Impulse für die Lebensführung geben kann. Die Astrologie legt jedoch einen Menschen auf bestimmte Charaktermerkmale und Schicksalsfügungen fest, sie kann keine Veränderung schaffen. Darin gleicht sie einem Thermometer, das bestimmte Umstände anzeigt. Darüber hinaus versucht die Astrologie auf zukünftige Ereignisse hinzuweisen, häufig in verschlüsselter Form. Trotz zutreffender Aussagen bleibt die Kritik an den letztlich nicht zu begründenden und oft widersprüchlichen Deutungen. Die Astrologie ist nicht in der Lage, allgemeingültige Aussagen zu machen, sie kann lediglich Beobachtungen interpretieren. Erst im Gespräch mit dem Menschen kommt man zu einer etwas genaueren Aussage.

Wie seriös ist Astrologie?

Man kann zwischen »Vulgärastrologie« und »seriöser Astrologie« unterscheiden. Achtzig Prozent aller astrologischen Beratungen gehören in den Bereich der Vulgärastrologie, die ohne Skrupel behauptet, in die Zukunft sehen zu können. Die restlichen zwanzig Prozent wollen Lebensberatung sein. Aber auch dort können nur nach eigener Auslegung Richtlinien gegeben werden, deren Gültigkeit nicht nachprüfbar ist. Auch die »seriöse Astrologie« kann keine Fakten liefern, und auch für sie gilt die grundsätzliche Kritik.

Wie ist Astrologie aus der Sicht des christlichen Glaubens zu beurteilen ?

Wer die Astrologie zu Rate zieht, übertritt das erste Gebot:

„Ich bin der Herr, dein Gott, ... Du sollst keine anderen Götter haben neben mir.“ [2. Mose 20,2-3]

„Gott hat die Gestirne nicht als Schicksalsmächte geschaffen, sondern als Himmelskörper, die eine schlichte Funktion haben: Sie sind nichts als ‚Lampen' oder ‚Lichter' für den Tag und die Nacht."
[Mose 14-19; ähnlich Psalm 136,5-9]

Die Bibel, Gottes Wort, verbietet uns ausdrücklich, Sternkonstellationen zu deuten:

„Ihr sollt euch nicht wenden zu den Geisterbeschwörern und Zeichendeutern und sollt sie nicht befragen, dass ihr nicht an ihnen unrein werdet; ich bin der Herr, euer Gott." [3. Mose 19,31]

„...daß nicht jemand unter dir gefunden werde, der seinen Sohn oder seine Tochter durchs Feuer gehen läßt oder Wahrsagerei, Hellseherei, geheime Künste oder Zauberei treibt oder Bannungen oder Geisterbeschwörungen oder Zeichendeuterei vornimmt oder die Toten befragt." [5. Mose 18,10-11]

Die Sterndeutung ist eine heidnische Praxis. Zur Zeit des Alten Testamentes lehrte sie, die Sterne als Götter anzubeten. Die Bibel spricht ein eindeutiges Urteil über den Gestirnsdienst:

„Hebe auch nicht deine Augen auf gen Himmel, dass du die Sonne sehest und den Mond und die Sterne, das ganze Heer des Himmels, und fallest ab und betest sie an und dienest ihnen. Denn der Herr, dein Gott, hat sie zugewiesen allen anderen Völkern unter dem ganzen Himmel." [5. Mose 4,19]

„Wenn sich jemand zu den Geisterbeschwörern und Zeichendeutern wendet, dass er mit ihnen Abgötterei treibt, so will ich mein Antlitz gegen ihn kehren und will ihn aus seinem Volk ausrotten. Darum heiligt euch und seid heilig; denn ich bin der Herr, euer Gott." [3. Mose 20,6-7]

„Ich will meine Hand ausstrecken gegen Juda und gegen alle, die in Jerusalem wohnen ... und die auf den

Dächern anbeten des Himmels Heer, die es anbeten und schwören doch bei dem Herrn ...“ [Zephania 1,4-5]

Schon die Bibel stellt die Unzuverlässigkeit astrologischer Aussagen heraus:

„So tritt nun auf mit deinen Beschwörungen und der Menge deiner Zaubereien, um die du dich von deiner Jugend auf bemüht hast, ob du dir helfen und es abwenden kannst. Du hast dich müde gemacht mit der Menge deiner Pläne. Es sollen hertreten und dir helfen die Meister des Himmelslaufs und die Sternengucker, die an jedem Neumond kundtun, was über dich kommen werde. Siehe, sie sind wie Stoppeln, die das Feuer verbrennt, sie können ihr Leben nicht retten vor der Flamme Gewalt. Denn es wird nicht eine Glut sein, an der man sich wärmen, oder ein Feuer, um das man sitzen könnte.“ [Jesaja 47,12-14]

„So hört doch nicht auf eure Propheten, Wahrsager, Traumdeuter, Zeichendeuter und Zauberer,... denn sie weissagen euch Lüge...“ [Jeremia 27,9-10]

Das Neue Testament macht deutlich, dass jeder, der an Jesus Christus glaubt und sich seiner Herrschaft unterstellt hat, nicht mehr von den Mächten dieser Welt bestimmt wird, also auch nicht unter einer Herrschaft der Sterne steht:

„Seht zu, daß euch niemand einfange durch Philosophie und leeren Trug, gegründet auf die Lehre von Menschen und die Mächte der Welt und nicht auf Christus.“ [Kolosser 2,8]

„Wenn ihr nun mit Christus den Mächten der Welt gestorben seid, was lasst ihr euch dann Satzungen auferlegen, als lebtet ihr noch in der Welt?“ [Kolosser 2,20]

„Nachdem ihr aber Gott erkannt habt, ja vielmehr von Gott erkannt seid, wie wendet ihr euch dann wieder den schwachen und dürftigen Mächten zu, denen ihr von Neuem dienen wollt? Ihr haltet bestimmte Tage ein und Monate und Zeiten und Jahre.“ [Galater 4,9-10]

Wer an Jesus Christus glaubt, soll darauf achten, die Freiheit, die Christus ihm geschenkt hat, nicht zu verlieren und sich nicht erneut unter die Mächte der Welt zu stellen:

„Alles ist mir erlaubt, aber es soll mich nichts gefangen nehmen." [1. Korinther 6,12]

„Zur Freiheit hat uns Christus befreit! So steht nun fest und lasst euch nicht wieder das Joch der Knechtschaft auflegen." [Galater 5,1]

Die Bibel fordert uns auf, Weisungen für unser Leben und Hilfe in Entscheidungen bei Gott zu suchen. Sie sagt uns, wer unser Ratgeber ist:

„Ich will dich unterweisen und dir den Weg zeigen, den du gehen sollst; Ich will dich mit meinen Augen leiten." [Psalm 32,8]

Aus der Sicht des christlichen Glaubens ist Astrologie also Sünde! Es ist Gottes Wille, daß wir in den Grenzen leben, die uns gesetzt sind, und nicht in Bereiche eindringen, die nur ihm vorbehalten sind. Gott hat wissentlich einen Schleier über unsere Zukunft gebreitet. Wie sollten wir sonst glauben lernen? Wie sollte unser Vertrauen auf Gott wachsen, wenn wir darauf bedacht sind, den Schleier zu lüften und hinter die Geheimnisse des Lebens zu schauen? Gott hat uns ausdrücklich untersagt, dies zu tun! Er möchte, daß wir stattdessen eine vertrauensvolle Beziehung zu ihm finden, denn er will unser Leben so leiten, dass wir eine erfüllte Zukunft und Gegenwart haben. Jesus Christus sagt: *„Ich bin gekommen, damit sie das Leben und volle Genüge haben sollen."* [Joh. 10,10]

Als Christen bekennen wir, dass die Astrologie ein kümmerlicher Ersatz für göttliche Offenbarung und Leitung ist; sie ist eines der vielen Ersatzangebote Satans, mit denen er uns von dem wahren Leben, das nur Gott geben kann, fernhalten will.
Leben wir aber außerhalb dieser Gebote, setzen wir uns unnötigen Gefahren aus, und unsere Beziehung zu Gott bleibt gestört.

Welche Folgen hat Astrologie?

Wer sein Leben nach astrologischen Beratungen gestaltet, wird bald dazu neigen, sich völlig von seinem Horoskop bestimmen zu lassen. Der eigene freie Wille wird unter eine ungute Kontrolle gesetzt. Furcht vor Entscheidungen und Abhängigkeit vom Astrologen sind die Folgen. Die Unfähigkeit, die eigene Verantwortung zu ergreifen, hemmt den so wichtigen persönlichen Erkenntnis- und Entwicklungsprozess. Die Astrologie redet bestimmend in jeden Lebensbereich hinein. So beraubt sie den einzelnen Menschen seiner Spontaneität. Sie errechnet die Ereignisse seines Lebens und legt ihn darauf fest. Er verliert damit etwas vom Kostbarsten, was er hat - nämlich seine persönliche Freiheit und natürliche Würde.

Dazu kommen die Auswirkungen im geistlichen Bereich. Wer sich auf die Astrologie einlässt, öffnet sich okkulten Kräften und gerät damit in Bindungen, die schwere Folgen haben können. Nicht selten sind Depressionen, Ängstlichkeit und Lebensüberdruss die erbärmlichen Resultate, die sich oft erst nach Jahren zeigen.

Haben die dunklen Kräfte erst einmal einen Fuß in unser Leben gesetzt, ist es nicht so leicht, sie wieder loszuwerden. Nur völlige Umkehr, Hinwendung zu Gott und das Bekennen unserer Schuld kann Rettung und Heilung bringen. Wir haben lebendiges Wasser, wir haben das Brot des Lebens; beides ernährt uns vollkommen. Und wir haben Gottes Gebote, die er uns als Wegweisung gegeben hat. Leben wir aber außerhalb dieser Gebote, setzen wir uns unnötigen Gefahren aus, und unsere Beziehung zu Gott bleibt gestört.

Sabine von der Wense

Anhang

Zum Beitrag: „Zehn Jahre auf der Suche zwischen Wahrheit und Täuschung“.

Margaritha Staudenmann vergleicht aus persönlicher Erfahrung die Esoterik und Jesus

Esoterik heißt geheime Lehre. Es ist eine Lehre für eingeweihte Menschen, eine elitäre Welt des Denkens. Man hebt sich vom normalen Menschen ab und ist ein neuer Mensch mit dem höchsten Bewusstsein, sich weiter zu entwickeln zum höchsten Selbst. Esoteriker denken: „Ich habe die Quelle des Guten immer in mir. Ich muss nur das Positive aus mir herausholen, so werde ich erleuchtet.“

Ich bin jedoch der Überzeugung, dass wir aus uns heraus nichts Gutes produzieren können. Wir sind von Natur aus Sünder. Der Ungehorsam hat uns von Gott getrennt. Unser ganzes Leben ist erlösungsbedürftig.

Laut esoterischem Denken sind alle Menschen, die das höhere Bewusstsein nicht haben, nicht erleuchtet und darum minderwertig. Bei Jesus hingegen hat jeder Mensch den gleichen Wert. Er bewertet den Menschen nicht nach seiner Bewusstseinsstufe oder seiner Stellung in der Gesellschaft.

Die Esoterik belastet mich. Jesus befreit! Er zieht mich aus den Problemen und aus der Sünde heraus. Er nimmt die Angst, die Esoterik aber gibt die Angst. Die Esoterik führt in die Todessehnsucht. Sie verherrlicht den Tod. Jesus nimmt die Todessehnsucht und gibt Leben. Jesus gibt mir einen einmaligen Wert. Ich bin einzigartig und war früher nicht ein Affe, ein Mensch oder ein Esel. Ich werde auch nicht in einen neuen Körper reinkarniert. Ich bin die Margaritha Staudenmann und bleibe sie auch. Das wird sich nie ändern. Die Esoterik sagt: „Du brauchst immer mehr. Je mehr du in dich selbst hinein siehst, um so mehr wirst du energetisch aufgeladen.“ Esoterik ist ein Weg, der nie aufhört, ein lebenslanger Prozess. Jesus ist Gott und Mensch gewesen und hat nie gelogen. Er hat gesagt: „Du brauchst nur mich, um deinen geistlichen Hunger zu stillen. Ich bin der Weg, wenn du mich annimmst, bist du auf dem richtigen Weg." Das Leben mit Jesus ist auch ein Prozess, aber nicht eine lebenslange Steigerung, sondern eine lebenslange Beziehung. Wenn ich Jesus annehme, habe ich die Wahrheit gefunden. Er ist die Wahrheit - unersetzbar - und nicht irgendeine Wahrheit unter vielen.

Esoterik sagt, wenn ich gute Gefühle habe, stimmt es, dann bin ich auf dem richtigen Weg. Was heute stimmt, kann aber morgen schon wieder anders sein. Es ist kein Fundament vorhanden. Der biblische Glaube gibt klare Grundlagen und ein Fundament fürs Leben. Jesus ist durch den Geist Gottes im Herzen erlebbar, wenn ich das tue, was mir Gott aufträgt. Und letztendlich kostet Esoterik viel Geld - Jesus ist gratis, ein Geschenk! (Aus „BordZEITung" Nummer 7, Blättermission Ländli, Oberärgeri, Schweiz)

Heute unterhält die Verfasserin eine Praxis für Verhaltenstherapie in Bern und ist eine gefragte Referentin. „In meinen Beratungen helfe ich Menschen, ihre seelischen Verformungen abzulegen: Verhaltensstörungen, verursacht durch falsches Denken, Depressionen, Magersucht, Geiz und sexuelle Perversionen. Die Seele wird in eine richtige Bahn gelenkt, damit die Menschen Gottes Maßstab für ihr Leben annehmen."

In einem Interview mit der Zeitschrift „Christliches Zeugnis" (Sonderausgabe, fünfte revidierte Auflage, Juli 1999 - Herausgeber: „Campus für Christus", Zürich), antwortete sie auf die Frage: „Wie geben Sie, Sie ganz persönlich, Esoterikern die Hoffnung zurück?"

„Ich hole sie immer genau da ab, wo sie gerade sind. Wenn eine Person zu mir in die Praxis kommt und mir erzählt, was sie in der unsichtbaren Welt gesehen hat, dann nehme ich das grundsätzlich einmal ernst und sage nicht: ‚Das haben Sie sich alles nur eingebildet. Wissen Sie, das war eine psychische Veränderung Ihres Hirns, ausgelöst durch chemische Prozesse.' Ich habe in Thailand selber Geister gesehen. - Nein, ich frage nach, wo sie in der

Esoterik stehen. Meistens werden sie dann sehr ehrlich und offen. Dann erkläre ich ihnen immer, dass wir Menschen auf dieser Erde Harmonie nicht machen können. (Das suchen Esoteriker nämlich, Harmonie.) Man sieht es ja, wie sich Menschen auf allen Kontinenten um Frieden und Harmonie bemühen, aber es funktioniert nicht. Und dann erkläre ich ihnen, was Jesus über die Kämpfe und Vorgänge in der unsichtbaren Welt sagt. Wohlgemerkt, was Jesus, nicht was „das Christentum" sagt. Diese Worte können sie dann auch nachlesen. Esoteriker sind belesene Leute. Sie sind akribisch und wollen im Detail wissen, wer was ist und wer was tut in der unsichtbaren Welt. Dann beginnt der Geist Gottes in ihrem Leben zu wirken, noch bevor das äußerlich auffällt."

Ergänzungen

1)

Eine **ehemalige Esoterikerin berichtet**: „Auf der Suche nach dem Sinn des Lebens bin ich tief in Esoterik, New Age und Okkultismus hineingeraten. Ich habe mich für Buddhismus und Hinduismus interessiert, bin zu Geistheilern gegangen und habe nahezu alle okkulten Praktiken ausgeübt wie z.B. Reiki, Hellsehen, Rückführung in vergangene Leben.“

Mit „Meditationen“ hat es begonnen und ist dann immer extremer geworden. Ich kam immer mehr unter den Machtbereich des Bösen.

Zwei Jahre vor dem Abitur musste ich die Schule abbrechen. Mein körperlicher und seelischer Zustand wurde immer schlimmer. Ich bekam Kopfschmerzen, Albträume, Angstzustände, Wahnvorstellungen, Depressionen, Selbstmordgedanken. Ich habe GOTT gehasst und angefangen zu fluchen.

Mein Vater hatte in seiner Verzweiflung GOTT um Hilfe gebeten, und so durfte ich eine wunderbare Begegnung mit JESUS erleben. Ich durfte Seine grenzenlose Liebe erfahren und bekam den innigen Wunsch, die Liebe GOTTES später auch an andere Menschen weiterzugeben. Es war der schönste Tag in meinem Leben.

Mit ging es dann besser, und ich konnte auch meine Ausbildung als Sekretärin abschließen, dennoch war ich nicht arbeitsfähig und musste meine zahlreichen Arbeitsversuche immer wieder abbrechen. Dann kam es zu einer schweren depressiven Erkrankung. Ich konnte monatelang kaum mehr schlafen, hatte ständige Selbstmordgedanken, Angstzustände, konnte nicht mehr normal denken, nichts mehr essen, weil ich das Essen durch die körperliche Erschöpfung erbrechen musste, konnte sogar durch die lange Schlaflosigkeit nicht mehr lesen. Es war fürchterlich! Weil ich aber JESUS liebte, habe ich mich damals nicht umgebracht.

Tag und Nacht bin ich zu Hause hin- und hergelaufen und habe meine Mutter gebeten: „Bringe mich bitte in die Psychiatrie. Ich halte es nicht mehr aus.“

Vier Monate musste ich in der Klinik bleiben, es war mein vierter Aufenthalt. Dort bekam ich viele antidepressive Medikamente. Die Krankenkasse hat für all meine Behandlungen über 200 000 Mark gezahlt. Obwohl es mit schlecht ging, spürte ich dennoch, daß GOTT bei mir war und mich durch diese schlimme Zeit getragen hat. Nach dem Klinikaufenthalt ging es mir besser, aber die Ursachen, die Wurzeln meiner Erkrankung wurden nicht erkannt, und von den bösen Mächten wurde ich schon gar nicht befreit. Die Ärzte haben mir Angst gemacht, weil jeder eine andere Diagnose für mich hatte, was mich sehr durcheinander brachte.

Nur die Seelsorge konnte mir die wahre Diagnose stellen: Dämonische Belästigung, die ich mir schuldhaft zugezogen hatte, weil ich ins „Reich der Finsternis“ hinabgestiegen war.

Im Namen JESU wurde ich geheilt.

Ich kann nur jedem abraten, sich mit okkulten Dingen zu beschäftigen oder gar Rat und Hilfe bei geheimen Mächten zu suchen. Es sind immer Dämonen, die sich melden und nur allzu gern ihre Opfer quälen. (Hanna Eisenberg in „KURIER der Christlichen Mitte, Ausgabe 2/2003, 59329 Liesborn)

2)

In der Zeitschrift **„Ruf in unsere Zeit“** (Janz Team, Ausgabe 3/2002) hat der Theologe **Albrecht Schmidt** einen beachtenswerten Artikel unter der Überschrift **„Spiritualität liegt in der Luft“** veröffentlicht, der mit freundlicher Genehmigung des Verfassers im Folgenden wiedergegeben wird:

„Was kommt Ihnen in den Sinn, wenn Sie das Wort „Spiritualität“ hören? Denken Sie an gregorianische Gesänge, halbdunkle Räume, flackernde Kerzen, Männer in braunen Kutten und Frauen mit Schleier? Oder denken Sie eher an Männer mit rasiertem Kopf und in orangefarbene Gewänder gehüllt, den Dalai Lama, Buddha, Mahatma Gandhi, indianische Medizinmänner usw.?

Höre ich das Wort „Spiritualität“, bekomme ich Gänsehaut. Ich werde zurückversetzt in meine Zeit als Vegetarier und Yogajünger. Ich meinte, mich mit der rechten Anstrengung selbst erlösen zu können. Mir fallen sofort „AUM“ und Himalaya ein. Dazu gehörten natürlich auch Kerzenmeditationen und das richtige Ambiente, wie Räucherstäbchen usw. Ich habe das alles hinter mir. Ich war einer jener zahlreichen Pilger, die in Indien oder Kalifornien ihr spirituelles Heil suchten. Rückblickend danke ich Gott, dass er mich nicht nach Indien gehen ließ, sondern „nur“ nach Kalifornien.

In diesem Artikel möchte ich Sie über drei grundsätzliche Arten von Spiritualität informieren und die Unterschiede aufzeigen. Dies soll eine Orientierungshilfe für Sie persönlich sein und eine Argumentationshilfe für das Gespräch mit Menschen, die sich mit spirituellen Themen befassen. Die Grenzen zwischen den drei Arten von Spiritualität - magisch-ritualisch, hinduistisch-esoterisch und christlich - sind fließend und nicht immer auf den ersten Blick zu erkennen.

Die magisch-ritualistische und hinduistisch-esoterische Spiritualität

Der Kürze halber und wegen der Überschneidungen der magisch-ritualistischen und der hinduistisch-esoterischen Spiritualität behandle ich diese beiden Arten in einem Abschnitt. Ich stelle sie unter den Begriff „Esoterik“, weil damit alles bezeichnet wird, was mit New-Age-Denken, Esoterik und Okkultismus zu tun hat. „Esoterik“ bedeutet Geheimlehre, die inneren, verborgenen Dinge betrachtend.

Entstehung

Der Mensch wurde ursprünglich im Bildnis Gottes erschaffen (*„Und Gott schuf den Menschen nach seinem Bild, nach dem Bild Gottes schuf er ihn; als Mann und Frau schuf er sie“* [1. Mose 1,27]. Durch die Ereignisse, die in den ersten drei Kapiteln der Bibel beschrieben sind, verlor der Mensch seine Verbindung mit Gott, seine Gott-Ähnlichkeit, das Paradies und seine Sicherheit.

Nun wird er von vier verschiedenen Zwängen getrieben:

- Er möchte sein wie Gott [1. Mose 3,4.5]
- Er möchte zurück ins Paradies [1. Mose 3,23]
- Er sucht die Gemeinschaft mit Gott [Apostelgeschichte 17,26.27]. Der Mensch möchte aber nicht den Weg Gottes nehmen, sondern seinen eigenen Weg gehen [Römer 3,23].
- Er möchte seine Angst vor der Zukunft überwinden [1. Mose 3,10]

Wo beginnt der Mensch mit der Suche nach Gott? Zunächst suchte der Mensch Gott außerhalb von sich und begründete die verschiedenen Religionen (magisch-ritualistische Spiritualität). Mit dem Aufkommen der „Geheimlehre Gottes“ (Theosophie) und Rudolf Steiners Interpretation des Lebens Jesu (Anthroposophie) begann vor etwa 130 Jahren das New Age („das neue Zeitalter“). Der Mensch begann, in sich nach Gott zu suchen und entwickelte Techniken, um selbst Gott zu werden (hinduistisch-esoterische Spiritualität). Im Hinduismus wird das schon lange praktiziert! New-Age-Spiritualität besteht hauptsächlich aus hinduistisch/buddhistischen Denkmodellen, die der westlichen Kultur angepasst wurden. New-Age-Anhänger tragen dieses Denken seit etwa 40 Jahren in die breite Öffentlichkeit und machen es mehr oder weniger salonfähig (z.B. Yoga, Bach-Blüten-Therapie, Positives Denken, Bilder (Mandala)-Meditation, Autogenes Training). Seit Aufkommen der

Hippie-Bewegung, die starke Geburtshilfe bei der Geburt der New-Age-Bewegung geleistet hat, erleben wir auch die Spiritualisierung von Film und Fernsehen, z.B. „Krieg der Sterne“, „Momo“, „Der Herr der Ringe“, „Kung-Fu-Filme“, „Die Akte X“ usw.

Praktische Auswirkungen

Esoterische Praktiken werden in der Schule, im Kindergarten, in der Medizin, in Fortbildungsseminaren und Sekten (auch „christlichen“ Sekten) angewandt, weil man davon ausgeht, dass der Mensch im Grunde gut sei bzw. dass er Gott sei, und nur lernen müsse, dieses Gute bzw. seine Gottheit auch zu akzeptieren und zur Anwendung zu bringen. Wie lernt er das? Indem er dem Guten in ihm selbst bzw. dem Gott in ihm Raum gibt.

Ich kann nicht alle esoterischen Praktiken aufzählen, aber eine Regel lautet: Wo es sich um Geheimwissen, geistliche Verbindungen, Aura, energetische Verbindungen handelt, wo sich der Geist des Menschen mit dem angeblichen Geist des Medikaments oder der Heilpflanze verbindet, um Heilung hervorzurufen, können wir davon ausgehen, dass es schädlich für die Seele und damit für den Menschen ist. Wir müssen stets den geistigen Hintergrund (z.B. einer Therapie) genau prüfen. Meistens kommen diese Praktiken aus dem Bereich des Buddhismus, Hinduismus oder der Naturreligionen.

Ganz besonders muss vor Autogenem Training und Yoga gewarnt werden, weil sie hinduistische Anbetungsrituale sind und den Menschen für Dämonen öffnen können. Dr. Peter Regez schreibt in seinem Buch „Esoterik - Antwort auf Lebensfragen?“: „Wer Yoga betreibt, mag sagen: ‚Christen meditieren ja auch, als kann es doch nicht schlecht sein.‘ Es stimmt, dass es auch eine christliche Meditation gibt, die schon eine lange Geschichte hat. Zur Unterscheidung sollte man sich zuerst fragen, worauf sich die Meditation konzentriert, oder was das Objekt der Meditation ist. In der christlichen Meditation konzentriert man sich auf Gott oder auf ein Bibelwort oder auf ein Symbol, das mit dem Glauben zu tun hat. Zweitens sollte man sich fragen, wie die Meditation durchgeführt wird. Christen denken über Gott nach und halten Zwiesprache mit ihm im Gebet. Die Gedanken werden gefüllt und geprägt von etwas, was man bewusst gewählt hat! In der Praxis der östlichen Meditation geht es darum, seine Sinne zuerst einmal ganz zu entleeren und die Kontrolle über seine Gedanken auszuschalten. Dann sollte man offen sein für Impulse, die man aus sich selber oder aus der übernatürlichen Welt empfange. Der Meditierende hat nicht mehr unter

Kontrolle, welche Kräfte oder Geistwesen dann zu wirken beginnen. Deshalb ist das christliche Nachdenken über Gott und den Glauben nicht mit der östlichen Meditation gleichzusetzen!“ (Gerth Medien GmbH, Asslar, 2002).

Beurteilung

Die Worte „Geheimwissen“, „Rituale“ und „Kultpraktiken“ warnen uns: diese Praktiken sind nicht mit dem christlichen Glauben vereinbar, auch wenn ein christlich erscheinendes Mäntelchen umgehängt wurde, wie z.B. bei der Christlichen Wissenschaft oder der Lehre von Rudolf Steiner und Carl Gustav Jung. Beim christlichen Glauben gibt es nichts Geheimes [Sprüche 1,20ff.]. Es werden auch keine Kulthandlungen propagiert.

Alles, was wir tun, um selbst Gott zu spielen und unser Schicksal selbst in die Hand zu nehmen, ist schädlich und führt uns letztendlich in die Arme des Teufels. Es ist Gottes Wille, dass wir unseren Verstand einsetzen. Im esoterischen und okkulten Bereich soll der Verstand aber gerade ausgeschaltet werden! Gott hat uns schon alles gegeben, um ein vernünftiges Leben führen zu können. Wir brauchen keine geheimen Rituale, keine Geister (in der Regel auch keine Engel), die uns führen und lehren, und wir brauchen kein Geheimwissen. Wir brauchen das Wort Gottes und den Heiligen Geist in uns! Wenn wir versuchen, durch allerlei Praktiken und Rituale (auch Gebete und Lieder können zu Ritualen werden) unser Schicksal zu bestimmen, werden wir Schiffbruch erleiden. Wenn wir „geheime“ Praktiken anwenden, führt uns das in die Verdammnis. Der Teufel wirkt im Geheimen, Jesus wirkt in aller Öffentlichkeit. Ein altes deutsches Sprichwort sagt: „Wer flüstert, der lügt“. Da ist etwas Wahres dran. Geheimwissen ist die Flüsterpropaganda des Teufels. Samuel Leuenberger schreibt in der Zeitschift „esotera“: Das Handeln des Esoterikers „erfolgt aus der Kenntnis der großen kosmischen Zusammenhänge und Gesetze“. Das sind nicht die Gesetze Gottes, sondern die Gesetze des Kosmos. Wer ist der Herr des Kosmos? Der Teufel. Weiter schreibt Leuenberger: „Der Esoteriker ist bestrebt, seine eigene Existenz in diese kosmische Ordnung einzufügen und sein Handeln dieser gemäß auszurichten“. Der Mensch soll Vervollkommnung erfahren, indem er kosmische Kräfte ausnutzt. Christen streben auch nach Vollkommenheit, wissen aber, dass diese erst in der Ewigkeit erhalten wird - aber nicht aus eigener Anstrengung heraus, sondern als Geschenk Gottes, des Vaters im Himmel.

Die christliche Spiritualität

In den vergangenen Jahren hat man immer häufiger von christlicher Spiritualität gehört. Das sind z.B. rituelle Gebete am Morgen, Mittag und Abend oder Gebete in speziellem Ambiente. Bei evangelischer Spiritualität geht es darum, den Körper durch Einhaltung gewisser Rituale, z.B. zu regelmäßigem Gebet und Besinnung, zu überwinden oder zu überlisten. Man sorgt für ein gewisses Ambiente (halbdunkler Raum, Kerzenschein usw.), meditiert über stimmungsvolle Bilder oder Liedverse und möchte, wenn man dann in die richtige Stimmung gekommen ist, sich vom Geist Gottes inspirieren lassen.

Inwieweit diese Spiritualitätsformen immer dem Anspruch der Bibel gerecht werden, möchte ich nicht beurteilen. Christliche Spiritualität richtet sich jedenfalls völlig nach dem Worte Gottes aus.

Das Wort Gottes - der Urgrund aller Spiritualität

Als Christen dürfen wir uns nicht von den materiellen Dingen um uns herum beeinflussen lassen. Wir sollen über die Umstände hinweg schauen - hin auf Jesus, das fleischgewordene Wort Gottes und den Anfänger und Vollender unseres Glaubens [Hebräer 11,1-3]. Christus sagte einmal, der Mensch lebt nicht vom Brot allein, sondern von jedem Wort, das aus dem Munde Gottes ausgeht. Die Betonung liegt auf dem Wort Gottes. Martin Luther rief aus: „Sola Scriptura!“

Praktische Auswirkungen

Wahre Spiritualität ist ein Betrachten des Wortes Gottes unter Gebet und dann die Anwendung des Wortes Gottes unter Gebet. Christliche Spiritualität ist eine Spiritualität der Tat [Jakobus 1,22]. Paulus ruft uns auf, ohne Unterlass zu beten [Epheser 6,18]. Jesus Christus hat sich immer wieder in die Stille zurückgezogen, um mit seinem himmlischen Vater zu reden. Er sagt aber nicht, dass wir uns unter Zuhilfenahme von Hilfsmitteln erst in die richtige Stimmung versetzen müssen. Es besteht nämlich die Gefahr, dass wir diesen Hilfsmitteln mehr Raum als dem Wort Gottes geben.

Schlussfolgerungen

Das ist wahre geistliche, christliche Spiritualität: dem Vater, dem Sohn und dem Heiligen Geist in unserem Leben Raum geben, indem wir stille werden vor Gott. Das geht nur durch das Wort Gottes. Wenn jemand ein gewisses Ambiente dazu braucht, sei es ihm und ihr unbenommen, wir dürfen aber eines nicht vergessen: der Geist Gottes wirkt durch das Wort Gottes!

3)

Das ist neu: **„Esoteriker sollen in Gemeinden heilen."**

Unter dieser Überschrift informiert ideaSpektrum seine Leser in der Ausgabe Nr. 49/2004 wie folgt: „Esoterische Heiler sollen in Pfarrgemeinden und kirchlichen Krankenhäusern heilen dürfen. Sie erfüllten ein Anliegen von Jesus, wenn sie sich Hilfsbedürftigen zuwenden."

Diese Ansicht vertrat der Philosoph Harald Wiesendanger (Schönbrunn bei Heidelberg) auf dem **„7. Weltkongreß für geistiges Heilen"**, der vom 26. bis 29. November in Basel stattfand. Die Veranstaltung stellte die Heilweisen von Geistheilern, Schamanen und Exorzisten vor. Geistheiler und Schamanen nehmen Kontakt mit dem Jenseits auf, um von dort „heilende Energie" für andere Menschen zu erhalten. Exorzisten versuchen durch Beschwörungen, Dämonen auszutreiben. Der Kongress, der auch unter dem Namen „Basler Psi-Tage" bekannt ist, gilt als die weltweit bedeutendste Publikumsveranstaltung dieser Art.

An den Psi-Tagen nahmen über 100 Referenten aus fünf Kontinenten und rund 7.000 Besucher teil. Nach Angaben von Wiesendanger, der den Kongreß mitorganisierte, sei es ein Ziel, **„den Kirchen Anstöße zu geben, sich für geistiges Heilen zu öffnen und gläubigen Patienten, Berührungsängste zu nehmen"**. Bisher sei den Kirchen „das Wort wichtiger als das Werk, das Seelenheil bedeutender als das Leibeswohl." Die Kirchen hätten den Fehler gemacht, alle Wunder in der Bibel zu entmythologisieren, also als natürliche Erscheinungen darzustellen. Eine Religion, die das Übernatürliche nur symbolisch verstehe, vernichte sich jedoch gründlicher, als die Naturwissenschaften das je vermocht hätten. Viele Theologen hätten mit Latein, Griechisch und Hebräisch wenig Mühe, aber Angst vor dem Handauflegen.

Therapeutische Vorhut des Satans

Während Ärzte zunehmend erkennen würden, dass die Zusammenarbeit mit Geistheilern sinnvoll sei, falle es den Kirchen immer noch schwer, deren Tun zu fördern. Von kirchlicher Seite werde Geistheilern oft der Vorwurf gemacht, sie seien die „therapeutische Vorhut des Satans." Die Kirchen müssten zudem erkennen, dass Heilungen nicht auf eine Religion beschränkt seien. Beispielsweise seien buddhistische Mönche mit ihren Methoden dazu ebenso in der Lage. **Woran man glaubt, sei Heilungsstudien zufolge letztlich egal**. Dass es für „geistiges Heilen" kaum Erklärungen gebe, hält Wiesendanger für nicht entscheidend.

Pfarrerin: Religionen nähern sich an

Der emeritierte Professor für Interkulturelle Theologie und **Missionswissenschaften, Walter Hollenweger** (Krattigen, Schweiz), sagte, die Kirchen der westlichen Welt könnten von denen der Dritten Welt lernen. Dort arbeiteten Kirchen mit Geistheilern zusammen. Es sei dort für Kirchen selbstverständlich, ihre vorchristlichen Heiltraditionen in ihr Glaubensleben einzubauen. Es sei nicht einzusehen, warum das Operieren mit Narkose mit der Bibel übereinstimme, buddhistische Heilverfahren ohne Narkose dagegen nicht. Die Qi Gong - eine chinesische Meditationsübung - und **Reiki** (Energieübertragung durch Auflegen der Hände) praktizierende **Pfarrerin Esther Suter** (Basel) sagte, „**die Weltreligionen näherten sich an**. Man müsse prüfen, welche Schätze jede Religion biete. Ein nicht-personales Verständnis von Gott sei ebenso möglich, wie Gott als persönliches Gegenüber zu verstehen."

4)

Beachtenswert und aufschlussreich ist auch ein Beitrag des **Topic-Herausgebers Ulrich Skambraks** in der August-Ausgabe 2003: „Noch ist sie im Aufbau begriffen: die „Planet Life University" **(Planetenlebenuniversität)** im nordrhein-westfälischen Neuss. Doch gleich vom Start weg erregt sie Aufsehen, denn sie ziert sich mit viel Prominenz. Die Eröffnungsrede hielt die frühere Bundestagspräsidentin Rita Süssmuth (CDU). Hinter dieser Uni, die jedoch noch keine staatliche Anerkennung hat, steckt der **„Club of Budapest"** (TOPIC 9/97). Dieser Club bezeichnet sich als eine „Vereinigung von schöpferischen Menschen aus Kunst, Literatur und spirituellen Bereichen der Kultur", die u.a. das Ziel verfolgen, „das Bewusstsein zu revolutionieren". Nur so könne der Übergang von „alten Denk- und Wertmustern" zu der vor uns liegenden „neuen Welt" schöpferisch begleitet werden. Nach eigenen Angaben zählt der Club of Budapest 50 „weltberühmte Persönlichkeiten, die für ein planetarisches Bewusstsein stehen". Dazu gehören zum Beispiel Hans Dietrich Genscher, Michael Gorbatschow, der Dalai Lama, der Ökumeniker Hans Küng oder Bischof Desmond Tutu sowie weitere Nobelpreisträger.

Wie *Spiegel online* (23.7.2004) recherchierte, **treten Vorstandsmitglieder des Club of Budapest regelmässig als Referenten bei esoterischen Tagungen auf**. Club-Präsident Ervin Laszlo, auch Chef der deutschen Planeten-Uni, glaubt fest an ein „PSI-Feld", das von einem mental begabten Menschen, einem Medium, angezapft werden kann. Ein anderes Vorstandsmitglied, Fiona Montagu of Beaulieu, arbeitet in einem Institut, in dem **„Weiße Magie"** praktiziert wird. Die Schule bezieht sich auf die **Theosophin und Okkultistin Alice Ann Baily** (1880 bis 1949). Sie gründete die Organisation „Lucifers Trust" (Teufelsbund) und war mit ihrem okkulten Gedankengut eine der entscheidenden Wegbereiterinnen des **New Age**.

An dem scheint jetzt kräftig weitergearbeitet zu werden. Die Plattform dazu bildet eine Initiative, die sich **„Globaler Marshall-Plan"** nennt. Mit dieser Initiative wollen prominente Politiker, Wissenschaftler und Geschäftsleute die Menschheit vor der Selbstzerstörung retten. Durch einen Bewusstseinswandel sollen globale Armut, Klimawandel, Überbevölkerung und Kriege überwunden werden. Die Unterstützerliste des Marshall-Plans im Weltmaßstab ist lang und mit berühmten Namen gespickt: Eugen Drewermann, Heiner Geißler, Hans-Dietrich Genscher, Sandra Maischberger, Friedrich Schorlemer, Ernst Ulrich von Weizsäcker und viele andere Unterstützer mit Doktor- und Professorentitel. Auf der Liste der unterstützenden Organisationen und Verbände findet man den **„Club of Rome"**, den „Bundesverband für Wirtschaftsförderung und Außenwirtschaft", die **„Deutsche Bundesstiftung Umwelt"**, die **„Ev. Akademie Tutzing"**, das **„Weltparlament der Religionen"** und natürlich den „Club of Budapest". Inwieweit er mit seinen am Okkulten interessierten Mitgliedern in diesem Marshall-Plan-Projekt Akzente setzen und Inhalte bestimmen kann, wird sich zeigen. Zumindest baut sich über den „Club von Budapest" ein Netzwerk auf, das wichtige Zielsetzungen des antichristlichen New Age weiterverfolgt.

5)
Anthroposophie - ein Irrweg?

Hierzu ein Artikel von Prof. Adelgunde Mertensacker in der Zeitschrift „KURIER der Christlichen Mitte", Nr. 10, Okt. 2003:

„Die ‚Anthroposophische Gesellschaft' ist mit über einer Million Anhängern (20.000 Mitgliedern) die bedeutendste Esoterik-Gruppe in Deutschland. Begründet wurde sie von Rudolf Steiner (1861-1925). Nach Steiner besitzt der Mensch nicht nur den physischen Leib, sondern noch drei andere: Der Ätherleib würde mit 7 Jahren geboren, der Astralleib mit 14 Jahren und der Ich-Leib mit 21 Jahren.
Nach Steiner entstehen Krankheiten dann, wenn das Gleichgewicht zwischen den Leibern bzw. deren Seelen gestört ist. Ziel anthroposophischer Heilkunst ist die Wiederherstellung des Gleichgewichts. Verhelfen dazu soll eine Vielzahl von den Anthroposophen entwickelter Medikamente, verbunden mit Heilverfahren wie Massagen, Bädern, Gymnastik, Heil-Eurythmie (Gebärden und Bewegungen zu Tönen, Konsonanten und Vokalen), Gesprächs- und Maltherapie, vegetarische Kost und Kontaktaufnahme mit Geistwesen, die auferlegte Schicksalsschläge wie Krankheiten und Unfälle zu koordinieren hätten. Für ihre Medikamente haben die Anthroposophen eine gesetzliche Ausnahmeregelung erwirkt, d.h. sie unterliegen nicht einer sonst für alle Medikamente vorgeschriebenen klinischen Kontrolle. Auch Blei- und Quecksilberpräparate z.B. werden nicht überprüft.

Krankheiten könnten nach anthroposophischer Lehre auch in früheren Erdenleben erworben worden sein. Als Karma dem Menschen bestimmt, könnten diese von keinem Arzt geheilt werden.

Die Anthroposophische Gesellschaft verfügt über eigene Wirtschaftsbetriebe wie **Wala, Weleda, Demeter**, über eigene Banken, Verlage, Krankenhäuser, ja sogar über eine eigene Hochschule (Herdecke).

In seinem Buch **„Über Gesundheit und Krankheit“** (Dornach 1934) schreibt Rudolf Steiner: „Aber mit der Zeit verliert sich die Blondheit, weil das Menschengeschlecht schwächer wird. Und die Erdenmenschheit würde vor der Gefahr stehen, dass die ganze Erdenmenschheit eigentlich dumm würde, wenn nicht das kommen würde, dass man eine Geisteswissenschaft haben wird, eine Anthroposophie, die nicht mehr auf den Körper Rücksicht nimmt, sondern aus der geistigen Untersuchung selbst heraus die Gescheitheit wieder holt, wenn ich so sagen darf (...) Die blonden Haare geben eigentlich Gescheitheit. Geradeso wie sie wenig in das Auge hineinschicken, so bleiben sie im Gehirn mit ihren Nährungssäften, geben sie ihrem Gehirn die Gescheitheit. Die Braunhaarigen und Braunäugigen und die Schwarzhaarigen und die Schwarzäugigen, die treiben das, was die Blonden ins Gehirn treiben, in die Haare hinein“ (S. 102f.)

In der Schrift **„Der Michael-Impuls“** (Dornach 1934) behauptet Steiner: „Der Mensch hat gewissermaßen immer daran teilgenommen an den übersinnlichen Welten, hat es wenigstens können mit seinem Seelenleben; aber die persönliche Note, die persönliche Färbung, die der Mensch dargelegt hat in dieser Sinnenwelt, kam nicht von oben herunter, sie kam von unten herauf: sie kam von Luzifer. Luzifer hat die Persönlichkeit gemacht. Daher konnte man sagen: Der Mensch kann mit seiner Persönlichkeit nicht hinein in die übersinnliche Welt, kann seine Persönlichkeit nicht hineinbringen in die geistige Welt; er muß seine Persönlichkeit auslöschen, sonst verunreinigt er die geistige Welt“ (S. 13).

Dass er sich bei der Anthroposophie um eine okkulte Irrlehre handelt, wird noch deutlicher in der Schrift: **„Die Ätherisierung des Blutes“** (Dornach 1987):

„So wie in der Gegend des menschlichen Herzens ein fortwährendes Verwandeln des Blutes in Äthersubstanz stattfindet, so findet ein ähnlicher Vorgang im Makrokosmos statt. Wir verstehen dieses, wenn wie unsere Augen hinwenden auf das Mysterium von Golgatha und auf jenen Augenblick, in dem das Blut des Jesus Christus geflossen ist aus den Wunden. Und indem es ausfloss und hineinströmte in die Erde, ist unserer Erde eine Substanz gegeben worden, die, indem sie sich mit der Erde verband, ein Ereignis war, das ein bedeutendes ist für alle Folgezeiten der Erde. (...) Dieses Blut machte im Laufe der Erdenevolution einen Ätherisierungsprozess durch. (...) so lebt im Erdenäther seit dem Mysterium von Golgatha das ätherisierte Blut des Christus Jesus. Der Ätherleib der Erde ist durchsetzt von dem, was aus dem Blute geworden ist, das auf Golgatha geflossen ist; und das ist wichtig“ (S. 19).

6)

Die Waldorf-Pädagogik versteht sich als **„Erkenntnisweg, der das Geistige im Menschenwesen zum Geistigen im Weltall führen möchte“**. Nach Ansicht christlicher Experten verbirgt sich hinter der Anthroposophie eine okkult-esoterische Lehre, die unbiblische Wurzeln hat und im Gegensatz zu den Grundwahrheiten des christlichen Glaubens steht.

In ihrem **Buch „Aus der Waldorfschule geplaudert“** bekennt dann auch die Verfasserin **Sybille-Christin Jacob**, ehemalige „Waldorf-Mutter“ und heute aktiv in der „Initiative zur Anthroposophie-Kritik“

(alibri-Verlag) ganz offen, dass sie die Verschleierungstaktik zwischen Pädagogik und esoterisch-okkultem Gedankengut damals nicht erkannt hat: „Hätte mir damals ein Außenstehender erklärt, dass unsere Kinder auf eine esoterische Erziehungsanstalt mit mystisch-okkulten Lehrinhalten gehen, hätte ich es auch nicht geglaubt.“

7)
„Kennt ein Pendel die Zukunft?“, fragt die Herausgeberin der Zeitschrift in „KURIER - die christliche Mitte“-Sonderdruck 2003, Adelgunde Mertensacker, und führt hierzu folgendes aus: „Von 15-jährigen Schülern sind 51,6 % der Überzeugung, mit Pendeln ließen sich die Zukunft und Krankheiten erforschen.

Neben Gläserrücken ist Pendeln bei Schülern besonders beliebt. Gebrauchsanleitungen liefern Jugendzeitschriften und pseudowissenschaftliche Literatur. Danach lassen sich angeblich Leben und Tod auspendeln, Lageplätze von Toten finden, verlorene Gegenstände wiederfinden, Krankheitsherde erkennen, das eigene Todesdatum feststellen und zukünftige Ereignisse vorhersagen.

Fallbeispiele machen Schlagzeilen:

- Ein Siebenjähriger fragt, wann er sterben muss. Antwort: mit neunzehn. Er bekommt einen Nervenzusammenbruch.
- Ein Schüler erhält den Auftrag, eine Mitschülerin die Treppe hinabzustürzen. Das Mädchen wird schwer verletzt.

Pendeln ist kein harmloses Partyspiel!

Den meisten Schülern und Erwachsenen ist nicht bekannt, dass dem Pendeln längst erforschte biologische und psychologische Vorgänge zugrunde liegen:

Ein Pendel bewegt sich durch Muskelbewegungen und Autosuggestion! Auch in der Ruhe sind Muskeln angespannt und Erregungs-Impulse nachweisbar. Hinzu kommen Pulswellen in den Fingern, die Atembewegungen und der Einfluss des augenblicklichen emotionalen Zustandes.

Verantwortlich für die Richtung, in die das Pendel ausschlägt, ist die Erwartungshaltung - die Psychologie spricht vom „Carpenter-Effekt“: Jede Vorstellung einer Bewegung will sich in den Vollzug der Bewegung umsetzen. Wenn der Pendler sich vorstellt, das Pendel mache einen Kreis, wird es einen Kreis machen.

Der „Carpenter-Effekt“ im Alltag wirkt sich z.B. aus beim Erlernen des Radfahrens, wenn Kinder auf das einzige Hindernis weit und breit auffahren.

8)
Hierzu zählt auch die Verharmlosung von Gericht und Hölle.

Die Hölle ist inzwischen zu einer belustigenden Unterhaltung geworden. Hexen, Zauberer und Teufel dürfen heute bei keinem Kinderfest fehlen. Ungeheuer und Monster sind zu Lieblingstierchen geworden. Schon vor Jahren hat die kleine **Hexe Bibi Blocksberg** Kinderherzen im Sturm erobert.

Vor dem bundesweiten Start ihres Films ist dieser als große Attraktion zum Weltkindertag am 20. September 2002 in Siegen stürmisch gefeiert worden.

Mit über 1.000 Teilnehmern und einem südkoreanischen Fernsehteam wurde die traditionelle Hexenabfahrt im Oberwallis zum Höhepunkt der Skisaison.

In der Tageszeitung lädt eine der bekanntesten Hexen Deutschlands Jung und Alt zum Hexennachmittag ins trauliche Museum von Lippoldsberg ein.

Es ist sehr auffallend, dass fast alle Christen zum Thema „Hölle“ schweigen, obwohl Jesus ausdrücklich und immer neu vor ihr gewarnt hat. Der Jugendevangelist Pfarrer Dr. Theo Lehmann, Chemnitz, hat es einmal so formuliert: „Die Hölle ist ganz einfach stillschweigend abgeschafft worden, weil über sie geschwiegen wird. Und wer sie erwähnt, dem würde man, hätte man sie nicht gerade abgeschafft, die schlimmsten Höllenstrafen wünschen.“

Hatte man früher nicht eine gewisse Angst vor der Hölle? Und heute hat man Angst, darüber zu sprechen.

„Mit dem Abschaffen der Hölle“, so war kürzlich in einem Mitteilungsblatt zu lesen, „hat sich etwas anscheinend widersprüchliches vollzogen: man begegnet der Hölle auf Schritt und Tritt. Allerdings nicht so, dass man darüber zum Nachdenken käme, sondern als belustigendes, spannendes Unterhaltungsprogramm. Satan wird nicht ernst genommen und kann gerade darum ungehindert seine Macht entfalten. Das alles vollzieht sich ausgerechnet in einer Zeit, in der Polizei und Justiz Schändungen und Ritualmorden mit satanistischem Hintergrund machtlos gegenüberstehen. Eben weil Hölle, Tod und Teufel grauenhafte Realität sind, ist der Finsternis ein grandioser

Schachzug gelungen - ein Triumph für die Hölle! Und wir Christen haben dazu beigetragen."

9)
Halloween - nur ein harmloser Gruselspass?

Erst vor einigen Jahren schwappte die Halloween-Welle von Amerika nach Deutschland und sie ist in dieser Zeit bereits zu einem nicht unerheblichen Wirtschaftsfaktor geworden. Für das Jahr 2003 wurde der Umsatz auf 220 Millionen EURO geschätzt.

Über die Bedeutung dieses Festes scheinen sich allerdings die wenigsten im Klaren zu sein.

„Nach **Angaben der Süßwaren-Industrie** nimmt das neuheidnische Fest am Abend des 31. Oktober auf der **Liste der umsatzstärksten Anlässe** inzwischen den dritten Platz ein - nach Weihnachten und Ostern. Immer ausgefallener würden auch die Verkleidungen. Während zunächst ausgehöhlte und von innen beleuchtete Kürbisse ausreichten, um bei Partys eine gruselige Stimmung zu erzeugen, sind heute Vampir- und Gespensterkostüme das Mindeste. Selbst in Schulen wird Halloween gefeiert, sehr zum Ärger mancher Eltern. So hat sich der sächsische Jugendevangelist Lutz Scheufler beim Kultusminister des Freistaates, Karl Mannsfeld (CDU) über ein Halloween-Fest in einer dritten Grundschulklasse beschwert, das die Lehrerin ohne Zustimmung der Eltern veranstaltete.

Dies sei um so verwunderlicher gewesen, als niemand auf die Idee komme, Neun- bis Zehnjährige zur Teilnahme an Schulgottesdiensten zu verpflichten, ohne die Eltern vorher um Erlaubnis zu bitten, schrieb Scheufler. Er verglich die Selbstverständlichkeit im Umgang mit Halloween mit den „Volksverdummungsfesten" der ehemaligen DDR, etwa „Tag der NVA" und „Geburtstag der DDR". An diesen Tagen hätten Christen ihre Kinder nicht zur Schule oder in den Kindergarten geschickt. „Ich hoffe, dass sich ähnliche Verhältnisse in einem freiheitlichen Land nicht wiederholen", schrieb Scheufler an den Minister. Sein baptistischer Kollege Arno Backhaus (Calden bei Kassel) regte einen Boykott von Geschäften an, die mit dem Horror Geld verdienen wollen (nachzulesen in ideaSpektrum 45/2004).

Was bedeutet Halloween? Wo ist der historische Ursprung zu suchen?

In seinem Buch **„Die Kelten"** (W. Ludwig Verlag) weist der Autor, **Hermann Noelle**, darauf hin, dass die Wurzeln auf die keltische Heidenregion und die Druiden zurückgehen. Die Druiden waren u.a. Priester, religiöse Amtsträger, Wahrsager und Zauberer der Kelten, die in Gallien, aber vor allem in England, Schottland und Irland gefürchtet waren. Sie praktizierten spezielle Arten der Ritualmorde, bei denen sie u.a. Menschen in ein riesiges Stroh- oder Weidengeflecht sperrten und als Opfergabe an die Götter lebendig verbrannten.

Mit dem Halloween-Tag (v. engl. „All Hollows Eve" zu deutsch „Allerheiligen-Vorabend") beendeten die Kelten den Sommer und markierten gleichzeitig den Beginn des Winters. Dies geschah zumeist in einem großen Fest zu Ehren des Sonnengottes und zu Ehren von Samhain, dem Herrn der Toten. Nach der Überlieferung hatten die sündigen und verlorenen Seelen eine Nacht lang - vom 31.10. auf den 01.11. - die Möglichkeit, von Samhain, dem Herrn der Toten, erlöst zu werden. Dazu mussten die Totengeister in die Häuser der Lebendigen eindringen und von deren Tischen essen. Zum Schutz vor den Geistern schnitzte man dämonische Fratzen in Kürbisse oder große Rüben und stellte eine Kerze hinein, um die bösen Geister damit zu erschrecken und von den Häusern fernzuhalten. Den okkult-dämonischen Hintergrund von Halloween belegt auch der aktuelle „Hexenkalender 2000", der von der modernen Hexe Tea verfasst wurde. Darin heißt es: „Samhain wird am 31. Oktober gefeiert und ist einer der größten und wichtigsten Hexensabbatte im Jahresverlauf. Samhain ist das Silvesterfest der Hexen (...) jetzt ist es Zeit, neue magische Energien zu tanken und junge Hexen in die Mysterien einzuweihen (...) die Ritualgegenstände werden neu aufgeladen (...)"

Halloween ist noch immer ein Fest des Schreckens, Grauens und des Todes. Nur die Frage bleibt, ob es wirklich so harmlos ist, mit solchen dämonischen Bräuchen spielerisch umzugehen.

Wie schnell man in okkulte Praktiken verwickelt wird, kann man im Fernsehen sehen oder in Zeitschriften lesen: „Im Banne der Dämonen" oder die Einladung, hier ein wenig Gläser zu rücken, dort etwas zu pendeln oder die Tarot-Karten zu befragen.

Nicht nur bei Kindern und Jugendlichen ist die Neugier groß, so etwas mal „auszuprobieren". Doch nur zu schnell wird aus solchen „Spielchen" tödlicher Ernst. Denn wer mit übersinnlichen Erfahrungen herumexperimentiert, gefährdet seine Seele. Er setzt sich okkulten Einflüssen aus - den Einflüssen des Bösen. Schon so mancher hat es erlebt, dass er die Geister, die er rief, nicht mehr los wurde.

In der Bibel wird deutlich von der Existenz dunkler Mächte gesprochen, von dem, was Halloween scheinbar so verharmlosend präsentiert: Geister, Dämonen, Tod und Teufel. Ganz klar warnt die Bibel davor, sich auf diese Gefahren spielerisch einzulassen.

Gruselig ging es auch am Altar der **evangelischen Gnadenkirche in Rheinbach** zu.

Butler James, Haushälterin Rose, Graf Dracula und das Gespenst Sir Simon höchstselbst. Die Kinderchöre der ersten bis fünften Klassen unter der Leitung von Mascha Korn haben „Das Gespenst von Canterville" bereits am Sonntag spuken lassen, am kommenden Sonntag um 16 Uhr sind nochmals alle Grusel-Freunde herzlich eingeladen, der Eintritt ist frei.[1]

10)
Was ist von Harry Potter zu halten?

Am 21. Juni 2003 ist der fünfte Harry-Potter-Band erschienen. Ungefähr **192 Millionen Bücher** von **Joanne K. Rowling** sind bereits verkauft. Sie wurden in bisher **55 Sprachen übersetzt** und in **mehr als 200 Ländern verbreitet**.

Wer die Bücher liest wird feststellen, dass hier Gut und Böse vermischt und Werte abgeschafft werden.

Magie, Zauberei, Verfluchungen usw. - alles, was zum Okkulten gehört, gilt als etwas Positives. Die davon nichts halten, sind „Muggel". Sie werden grundsätzlich negativ dargestellt. Das gesamte Gebiet des Okkulten wird positiver Normalzustand. Mit Harry erleben Kinder spielerisch - verpackt in atemberaubende Abenteuer, geniale Spukeinfälle, Gruseleien, Mord und Humor - ein intensives Training in Magie.

Selbst wenn die meisten Zaubersprüche in den Harry-Potter-Büchern fantasiert sind, sollte ihr ständiger Gebrauch auch nachdenklich stimmen. Hier wird etwas eingeübt, was in die Tiefe geht. Insider wissen ganz genau von der Realität, die dahintersteht. Und diese Realität erobert mit rasanter Geschwindigkeit die Herzen der Kinder. Ist das

[1] Generalanzeiger Bonn, 18. Juli 2003

Interesse erst einmal geweckt, können sich Schüler an ihrem Computer im Internet von Fachleuten in den wirksamsten Verfluchungen und Zauberritualen unterweisen lassen.

Man kann sich vorstellen, welch ein Hoch- und Überlegenheitsgefühl sich einstellt, wenn die Kinder lernen, diese Kräfte zu entwickeln und zum Beispiel unliebsame Lehrer, verhaßte Klassenkameraden zu schädigen oder andere mit Zaubersprüchen an sich zu fesseln.

„Im Kampf der Geister", schrieb eine bekannte evangelische Schriftstellerin schon vor Jahren, **„ist es das Ziel, alle Gegensätze auszugleichen. Wissenschaft und Okkultismus stehen auf einer Stufe - jegliche Wertlehre bricht in sich zusammen - Gut und Böse gibt es nicht mehr. Alles ist eins."**

Presseberichten zufolge gehören „in der Zauberschule Hogwarts Flüche und Gegenflüche, deren Macht sich von Klasse zu Klasse steigert, zum Lehrprogramm. Auf fast 2000 Seiten werden sie eingeübt: Schüler gegen Schüler - Lehrer gegen Schüler - Schüler gegen Lehrer; Flüche, die zuletzt sogar ihr Objekt willenlos machen, es foltern und töten („crucio!" - lateinisch: ich kreuzige, ich quäle, ich martere). An anderer Stelle wird ein Tötungsfluch ausgesprochen und in einem Blutritual ausgeführt, das um seiner Grauenhaftigkeit willen hier nicht beschrieben werden soll (Band 4, Seite 665-699)."

11)

Der **US-Spielwaren-Multi Mattel** hat die weltweit erfolgreichsten Barbie-Puppen mit den Namen Christie, Kayla und - Barbie herausgebracht.

Zusammen bilden sie das neue **„Trio der geheimen Zaubersprüche"**. Die Drei sind auch entsprechend ausgestattet und zwar nicht nur bezüglich der Kleidung (rosa „Zauberspruch-Trenchcoat"), sondern auch mit den nötigen Utensilien wie etwa Zauberspruch-Puder, einem „Rezeptbuch" und weiteren Gerätschaften. Mit ihnen sollen ihre jungen Besitzerinnen nun „besondere Kräfte" ausüben und „magische Mixturen für Liebe und Glück" herstellen können. Natürlich, betont der Hersteller, handelt es sich bei den Puppen um „weiße" (gute) Magie. Die Hexen-Barbie muss wohl als eines der Ergebnisse der „Potter-Manie" gesehen werden. **Es ist erschreckend, wie unkritisch mit diesem Neu-Hexentum umgegangen wird**, das etwa in den USA Teile der Schüler-Generation erobert hat und offen propagiert wird. [2]

12)
In der Zeitschrift **„New Age Pädagogik“** (2003) schreibt **Prof. Dr. Franzke, Hannover**: „Die Welt des Harry Potter ist die Welt des Horrors und des Ekels. In dieser Welt gibt es zum Beispiel folgende ‚Vergnügungen‘ für die Kinder:

- Schnecken werden erbrochen
- Froschgehirne werden verspritzt
- Ekel erregender Gestank
- Innereien mit Maden
- Katzen, die am Schwanz aufgenagelt sind
- Eingeweide, die außen sind
- das Zerstampfen von Blutegeln
- Augen groß wie Teller
- Nasen groß wie Melonen
- Hexen mit vielen Armen, die aus dem Kopf wachsen
- Zaubertränke mit Schlamm, Rattenschwänzen, Haaren, Spinnen
- getrocknete Kakerlaken usw.“

Die Welt des Harry Potter ist eine Welt der Geisteskrankheiten und des Wahnsinns:

Die Erlebnisse des Harry Potter gleichen den Schilderungen von Psychiatriepatienten, die von Psychologen und Psychiatern als bloße „Halluzinationen“ abgetan werden.

Aus schamanischer (und biblischer) Sicht gibt es diese Welt der Horrorwesen tatsächlich. Schamanische Reisen in die Unterwelt sind fast immer Begegnungen mit Horrorwesen.

Wie die Schamanen und viele Psychiatriepatienten hört Harry Potter Stimmen von unsichtbaren Wesen, die ihn ängstigen und wiederholt zum Töten auffordern. Genau dies hört man immer von Amokläufern, Triebtätern, Geisteskranken und Satanisten.

Die Welt des Harry Potter ist eine Welt der Gewalt, eine Welt des Mordens und Tötens. In der Welt des Harry Potter wird immer nur gekämpft. Angeblich geht es um den Kampf zwischen Gut und Böse. Immer wieder werden Menschen gefoltert, gemordet und getötet; ständig wird Menschen mit magischen Mitteln Gewalt angetan. Wieder

---

[2] Quelle: TOPIC Nr. 3/2004

andere Menschen werden vergewaltigt, indem ihnen ein fremder Wille aufgezwungen wird. Eine Person wird „aufgeblasen“.

Die Welt des Harry Potter ist die Welt der Blutrituale und der Menschenopfer. Wie in der Magie, im Satanismus und in schamanischen Stammesritualen gibt es eine Fülle magischer Blutrituale, in denen Blut fließt und Blut geopfert wird.

In öffentlichen Interviews hat die Autorin Rowling angekündigt, dass es in weiteren Bänden verstärkt ums Töten und Morden gehen wird.

13)

Seit fünfzehn Jahren steigt die Zahl der Besessenheits-Fälle in der Stadt Rom. Die Soziologin C.G. Trochi nahm die Besorgnis erregende Zunahme der Besessenheits-Fälle zum Anlass, die Hintergründe dieser Entwicklung zu untersuchen. Sie zählte in der engeren Umgebung Roms zehn parapsychologische Zentren, 40 Esoteriker-Treffpunkte, 35 ufologische Gruppen und 31 Untergrundreligionen.

10.000 Römer begeistern sich für die heidnischen Riten antiker Götter. Schwarze Messen und sadistische Sexualriten veranlassen die Polizei immer wieder zum Einschreiten.

In dem empfehlenswerten Büchlein **„Steinzauber“** von **Rolf Höneisen**, Schwengeler-Verlag, CH-9442 Berneck, erfährt der Leser etwas zum Thema **„Okkulte Steinzauber“**:

„Edelsteine“, so führt Höneisen aus, „sind keine Medikamente. Sie zählen nicht zu den bekannten und anerkannten Naturheilmitteln. Nach wie vor fehlt ein Wirkungsnachweis. Wissenschaftlich, das heißt mit den allgemeingültigen und überprüfbaren Naturgesetzen, lässt sich keine Heilwirkung nachweisen.

Edelsteine sind keine natürlichen Heilmittel. Ihre Wirkung beruht auf verborgenen, das heißt okkulten Phänomenen. Durch Magie soll die „kosmische Energie“ von Steinen als Abwehrzauber und als Glücks- oder Heilbringer genutzt werden.

Nein zu dieser esoterischen Erfahrungstherapie ohne wissenschaftliche Grundlage!
Die berichteten positiven Wirkungen haben psychische Gründe. Sie finden ihre Erklärung im suggestiv-magischen Bereich, im Placebo-Effekt, in der Spontan-Heilung, in der Vertrauensbeziehung Therapeut/Patient; im Entspannungseffekt, im Glauben an kosmische Kräfte oder in dämonischen Einflüssen.

Nein zu Steinen als Heilmitteln, die nur aufgrund von Suggestionen, Autosuggestionen und dem Einfluss okkulter Kräfte eine Wirkung haben könnten!
Die Edelstein-Literatur ist eine Einführung in die Welt der Esoterik und des Aberglaubens. Die Stein-Heiler belegen die Heilwirkung der Steine unterschiedlich und widersprüchlich.

Nein zu einem Weltbild, das aus dem okkulten, esoterischen Raum schöpft und mit der Hilfe von jenseitigen Kräften und Wesen rechnet!
Die Steine kommen selten allein. Damit verquickt ist ein Sammelsurium verschiedenster Techniken und Philosophien: Yoga, Spritismus, Autogenes Training, positives Denken, Psychotherapie und Aberglauben.

Nein zu okkulten Psycho- und Entspannungstechniken, die den Menschen nur auf sich selbst oder auf geistige Kräfte hinführen und GOTT zur unpersönlichen Kraft degradieren!
Ziel der Steinbehandlung ist die Suche nach der Einheit von Körper, Geist und Seele, von Mikrokosmos und Makrokosmos. Es geht nicht nur um körperliche Gesundheit. In erster Linie soll der Kontakt zur universellen Lebensenergie hergestellt werden und die kosmische Harmonie erfahren werden.

Es geht um Selbstfindung und Selbstverwirklichung. Dabei handelt es sich um religiöse Heilsversprechen.
Die damit verbundene Weltanschauung ist antichristlich.

14)
Deutsche Satanisten opfern Babys

Unter dieser Überschrift berichtet TOPIC in seiner Ausgabe Nr. 7/2003, S. 5, u.a. folgendes:

„In zwei TV-Dokumentationen des Ersten Deutschen Fernsehens (12.12.2001 und 23.6.2003) berichteten mehrere junge Frauen über ihre schrecklichen Jahre als Kind und Jugendliche in Satanslogen. Dass ihre Geschichten nicht erfunden sein können, bestätigen mittlerweile mehrere Psychotherapeuten, Frauenberatungsstellen und Rechtsanwälte, die mit Fällen gleicher Art - überall in Deutschland - befasst sind. Wieviel Satanisten es in Deutschland wirklich gibt, weiß niemand. Die Satanslogen wirken in völliger Abgeschiedenheit und unter strengster Geheimhaltung. Zu den Logen gehören Ärzte, Rechtsanwälte, Pastoren (!) - die sogenannte „feine Gesellschaft“ -, aber auch Sozialhilfeempfänger. Letztere werden in den Satanskulten „Rotte“

genannt und für die Beschaffung von zu opfernden Menschen ausgenutzt. Zumeist sind es Kinder, die man gezielt in den Satans-Beschwörungen brutal misshandelt oder sexuell missbraucht. Dazu gehört auch der sexuelle Verkehr mit Ziegenböcken. Mehrere junge Frauen berichteten, wie sie als Teenager geschwängert wurden und während eines Satans-Rituals ihr Kind zur Welt brachten. Direkt nach der Geburt mussten sie unter Mithilfe des Hohenpriesters der Satans-Loge ihr schreiendes Kind erdolchen, das Herz persönlich herausnehmen, davon essen und dieses Baby-Herz zum Verzehr an die bereit stehenden Logen-Mitglieder weiterreichen. Satanisten hoffen, durch dieses Kindesopfer besondere Macht von Satan zu erlangen. Eigentlich müssten die körperlichen wie seelischen Grausamkeiten, die den Kindern zugefügt werden, den Nachbarn, Verwandten oder Lehrern auffallen. Doch dieses ist oft deshalb nicht der Fall, weil zumeist die Eltern der Kinder selbst Satanisten sind und Logen-Ärzte körperliche Spuren beseitigen, Atteste schreiben und Totenscheine für Totgeburten ausstellen. Wieviel Kriminelles in der Satanszene abläuft, darüber will das Bundeskriminalamt (BKA) keinerlei Erkenntnisse besitzen.

Dies behauptete jedenfalls das BKA gegenüber Liz Wieskerstrauch, der Autorin beider TV-Beiträge. Da ist die ehemalige Bundestagsabgeordnete Renate Rennebach anderer Ansicht. Die Sektenbeauftragte der SPD ist der festen Überzeugung, dass sowohl der Verfassungsschutz als auch das BKA über Informationen verfügen, diese aber „unter dem Tisch halten". Rennebach, die heute einer „Stiftung für Opfer und Überlebende ritueller Gewalt in satanistischen Kulten" vorsteht, sagte vor laufender Kamera: „Es ist ein Phänomen, dass dies immer noch ein Tabu-Thema ist. Dass Täter geschützt werden und Opfer bloßgestellt werden (...) Es sind die Herren in der ‚weißen Weste', die da mitmachen, und die haben ein Netzwerk und wir nicht..." Die Hamburger staatliche Sekten-Expertin Ursula Caberta fügte hinzu: „Es ist politische Entscheidung, ob das BKA tätig wird oder nicht." Laut Rennebach gäbe es im Moment nur ein Gegenmittel, um dem Satanismus beizukommen: Öffentlichkeit herstellen und die Gesellschaft für das Thema sensibilisieren.

Dass aber auch Satansanbeter zu Jesus Christus finden können, davon berichtet TOPIC im zweiten Teil seines Beitrages: „Danny Abel (26, heute Prediger) war praktizierender Satanist, feierte schwarze Messen und trank Tierblut. Obwohl ihm Satan unbändige Kraft zu Brutalitäten aller Art schenkte, fühlte sich der junge Satanist oft einsam und fiel in Depressionen. In einer solchen depressiven Phase suchte er das Gespräch mit einem Christen und übergab wenige Zeit später sein

Leben Jesus Christus. Heute sagt der Ex-Satanist: „Wer glaubt, dass man Satanisten nie mehr aus der Szene herausbekommt, der muss nur mich ansehen. Ich traue Gott eine Menge zu. Er hat es bei mir geschafft, er schafft es auch bei anderen.“ Dieses kann auch Christine von sich sagen. Christine war bis etwa 1980 die Oberhexe der Schweiz, führte viele Prominente in schwarz-magische Praktiken ein. Dem TOPIC-Herausgeber Ulrich Skambraks schilderte sie ihren langen und schweren Weg aus dem satanischen Bereich heraus. Anfangs konnte sie keinen Gottesdienst aushalten, lief schreiend weg. Beim Lesen der Bibel verschwand zeitweise der Text vor ihren Augen. Eine Gruppe von Christen kümmerte sich jahrelang um die Ex-Hexe, bis der Durchbruch zu Jesus Christus endlich geschah. Im Gespräch mit Skambraks sagte Christine, dass sie durch die Vererbung von okkulten Fähigkeiten von Kindesbeinen an gar nicht wusste, was eigentlich ein normales Leben ist. Erst nachdem sie ihr Leben Jesus Christus anvertraut hatte, lernte sie ein völlig neues Lebensgefühl kennen: „Das war wie bei einem Kind, ein Neuanfang. Wenn ich mein Leben noch einmal von vorne beginnen könnte, würde ich gleich vom ersten Tag an nur mit Jesus leben wollen.“

15)
Immer mehr Prominente, darunter u.a. **Sharon Stone**, **Richard Gere**, **Meg Ryan**, **Leonardo di Caprio**, **Brad Pitt**, **Tina Turner**, aber noch viel mehr Nichtprominente konvertierten zum Buddhismus. In Deutschland soll es über 500.000 Buddhisten geben, in der Schweiz rund 60.000. Ein buddhistisches Kloster findet man mittlerweile sogar im Provinznest Gretzenbach.

Howard Carpendale gesteht nachdenklich in einem Interview mit dem ***Kölner Express*** (22.11.03): „Ich interessiere mich jetzt sehr für den Buddhismus. Ich will Antworten haben auf Fragen, die mich sehr beschäftigen. Warum sind wir wirklich auf dieser Welt? Das weiß ich bis heute nicht so ganz.“ Und weiter: „Ich hatte schon immer vor, einmal nach Tibet zu fliegen und den Dalai Lama zu treffen. Ich bin von ihm sehr fasziniert (...)“

16)
Unter dem Titel **„Päpstlicher Einheitsrat stellt klar“** schreibt der Herausgeber vom Informationsdienst TOPIC in der Ausgabe 5/98:

„Bei den Mitgliedskirchen des Lutherischen Weltbundes (LWB) zeichnet sich eine breite Zustimmung zu der mit dem Vatikan erarbeiteten „Gemeinsamen Erklärung zur Rechtfertigungslehre“ ab. Die meisten Voten der Mitgliedskirchen sind positiv. So stimmten 100

Prozent der Mitgliedskirchen Lateinamerikas und der Karibik für die Erklärung. Vom 8. bis 17. Juni will der Rat des LWB in Genf eine endgültige Entscheidung zu diesem Thema fällen.

Derweil hat die katholische Seite ihre Position in Bezug auf den „Verbrüderungsprozeß“ erneut skizziert und bekräftigt. In einem Interview mit dem Nachrichtenmagazin FOCUS (19/98) zeigt **Bischof Jean-Claude Périsset** vom päpstlichen Einheitsrat auf, welche Positionen bei den Römisch-Katholischen unverrückbar sind. Christus sei zwar der Erlöser für alle, „die Frage ist aber, wie das geschieht. Die Kirche als Mittel der Erlösung gehört zum Christentum (...) Wir sagen zudem, dass Christus die Erlösung durch die Kirche in die Welt gebracht hat (...)“

Für Périsset, der im päpstlichen Einheitsrat für die Kirchen der Reformation zuständig ist, spielt der Papst in einer geeinten Christenheit eine äußerst wichtige Rolle: **„Der Papst gehört zum Wesen der Kirche als Mittel der Erlösung. Der Nachfolger des Petrus ist das Zentrum der Kommunion aller Christen.“** Der Bischof stellte in dem Interview auch das Modell vor, wie sich eine geeinte Christenheit der Welt präsentieren könnte: „(...) der Papst als Zeichen der Einheit aller Christen und als Oberhaupt der lateinischen Kirche. Das Modell der Einheit sieht kein Aufsaugen der anderen Kirche vor. Es wird keine Fusion geben. Die einzelnen Kirchen behalten ihre Prägung.“ Auf die Anspielung, ob der Heilige Geist nicht mittels des Kirchenvolkes eine andere Sicht präsentieren könnte, antwortete Périsset: „Der Geist wirkt durch die Amtsträger, die Apostel, die Christus geschickt hat.“

17)

In seiner **Euphorie für Religionen** und seinem Anspruch vermag der derzeitige **Papst** offensichtlich nicht mehr zwischen Christen und Anhängern nichtchristlicher Religionen zu unterscheiden. Beim Angelus am 23. Februar 2003 in Rom redete Johannes Paul II. denn auch unterschiedslos von „Brüdern und Schwestern anderer Religionen“, was nach dem biblischen Befund unmöglich ist, weil Brüder und Schwestern sich nur auf Christen beziehen kann, und auch damit nicht richtig wird, wenn es der Papst vertritt. Er sagte: „Die Christen teilen die jahrtausendealte Praxis des Fastens mit vielen Brüdern und Schwestern anderer Religionen, die durch sie allen Hochmut ablegen und bereitwillig von Gott die größten und notwendigsten Gaben annehmen wollen, unter ihnen vor allem das Geschenk des Friedens.“ Damit geht er allerdings davon aus, alle, ob Christ, ob Jud‘ ob Hottentot, glaubten an denselben Gott, was zwar völlig verkehrt ist und womit seine

Aussage von „vielen Brüdern und Schwestern anderer Religionen“ zwar eine gewisse Logik enthält, aber grundlegend verkehrt bleibt, weil sie von einer falschen Voraussetzung ausgeht. Aufgrund seiner - gewiss falschen - Voraussetzung konnte der Papst dann auch fast gleichzeitig von der Notwendigkeit einer Verbesserung der gegenseitigen Beziehungen zwischen der römisch-katholischen Kirche und dem Islam am Beginn des dritten Jahrtausends sprechen, ohne allem Anschein nach auch nur zu fragen, ob von islamischer Seite überhaupt Bereitschaft dafür vorhanden ist; und er konnte - ebenfalls fast gleichzeitig - bei einer Audienz für Mitglieder einer interreligiösen Delegation aus Indonesien den Appell an alle Menschen guten Willens richten, gemeinsam eine brüderliche, versöhnte und solidarische Menschheit aufzubauen. Weder ein drohender noch ein realer Krieg dürfe Christen, Muslime, Buddhisten, Hindus und Vertreter anderer Religionen entfremden, sagte Johannes Paul II.[3]

18)
In seiner Grundsatzrede auf dem **95. Deutschen Katholikentag in Ulm** führte **Kardinal Kasper** u.a. folgendes aus: „Über der Bibel haben wir uns getrennt, über ihr müssen wir uns wieder einen.“ Zugleich ereilte er der protestantischen Forderung nach einer „Einheit in Vielfalt“ eine Absage, in der praktisch jede Kirche ihren bisherigen Charakter und ihr Amtsverständnis beibehalten könne. Die katholische Kirche halte aber an einer Einheit im Glauben, in den Sakramenten und im apostolischen Dienst fest (...) Er zeigte sich erfreut, dass es inzwischen gelungen sei, die „Mauer der Feindschaft“ zwischen Katholiken und Protestanten niederzureißen. Aber es würden noch viele schwere Stolpersteine auf dem Weg liegen. Wer diese einfach ignoriere, der dürfe sich nicht wundern, wenn er hinfalle und sich schwere Verletzungen zufüge. Kasper: „Orthodoxe, Evangelische, Freikirchliche und Katholiken sind Hausgenossen in dem einen Haus Gottes.“

Nach Kardinal Kasper kommt es bei der Ökumene heute aber gerade auch im Blick auf die Einheit Europas und die weltweite Herausforderung der Christen nicht mehr nur auf eine katholisch-evangelische Zusammenarbeit an, sondern auch auf eine mit den orthodoxen Kirchen. Sie sind auf dem 95. Deutschen Katholikentag besonders stark vertreten.

---

[3] Zitiert nach „Informationsbrief“, Juni 2003, Nr. 218 der Bekenntnisbewegung „Kein anderes Evangelium“

Für den Vizepräsidenten des Zentralkomitees der deutschen Katholiken, Walter Bayerlein, zeigt der „Schub des Ökumenischen Kirchentages von Berlin im letzten Jahr Wirkung." Der Ökumenische Kirchentag habe bei vielen Christen in den verschiedenen Konfessionen die Hoffnung und die Erwartung gestärkt, dass es in der Ökumene auf dem Weg zu einer sichtbaren Einheit weitergeht.[4]

19)

Der neue **Generalsekretär des Weltkirchenrates, Sam Kobia,** will dem interreligiösen Dialog Vorrang einräumen und bringt den Weltkirchenrat (ÖRK) dafür als Plattform ins Gespräch. Der aus Kenia stammende methodistische Ökumeniker strebt ein globales Symposion über interreligiösen Dialog und Zusammenarbeit an. Dagegen steht der „Fundamentalismus", der eine Gefahr und Quelle für Konflikte und Gewalt sei. Dieses Phänomen gibt es laut Kobia nicht nur im Islam, sondern auch im Buddhismus, Hinduismus und Christentum. Dagegen begrüßte Kobia die „Vielfalt" von Bibelübersetzungen, da sie „ein plurales und ökumenisches Lesen der Bibel" fördere und damit „ein hervorragendes Mittel im Kampf gegen den religiösen Fundamentalismus" darstelle. Kritiker des ÖRK sehen in diesen Äußerungen den Versuch, unbequeme theologische Gegner von vornherein aus der Debatte auszuschalten, indem man ihr biblisch begründetes Anliegen als „Fundamentalismus" verleumdet und mit der Gewaltbereitschaft anderer Religionen auf eine Ebene stellt.[5]

20)

Wohin steuert die Ökumene? - Oder: Falsche Brückenbauer

Hierzu meldete sich **Michael Urban** in der Zeitschrift „Mitternachtsruf", Nr. 6 ff., Juni 2003 mit einem umfangreichen, fundierten und aufschlussreichen Beitrag zu Wort; der hier auszugsweise mit freundlicher Genehmigung des Verlags wiedergegeben wird:

---

4 Quelle: Generalanzeiger Bonn, Ausgabe v. 19./20.06.2004

5 Quelle: „Bekennende Kirche", Ausgabe 17/2004

„Ökumene weltweit im Vormarsch“

Die Ökumene ist in ihrer Entwicklung schon viel weiter fortgeschritten, als man gemeinhin annimmt. Im Grunde genommen gibt es schon kein Zurück mehr, denn das ökumenische Denken, das bereits Einzug gehalten hat in Kirchen, Freikirchen und Einrichtungen, ist nicht mehr zu korrigieren - es sei denn, Einzelne haben die Kraft, sich kompromisslos davon zu trennen.

Ökumene ist nicht erst dann vollzogen, wenn alle Kirchen, Religionen und Gemeinschaften ein gemeinsames Glaubensbekenntnis unterzeichnet haben. Dazu wird es nie kommen. Weder wird ein überzeugter Muslim mit einem überzeugten Christen das Abendmahl feiern, noch wird ein Katholik gemeinsam mit einem Buddhisten die „Jungfrau Maria“ anbeten.

Das Streben nach Welteinheit auf „religiösem“ Gebiet, gemäß dem Motto: „Kein Weltfrieden ohne Religionsfrieden“ bedeutet nicht, dass jede Religion ihr Gedankengut mitbringt und eine Expertenkommission daraus einen von allen akzeptierten Einheitsglauben mischt. Diese Form der Ökumene, wie sie sich viele Gläubige vorstellen, ist nicht konstruierbar und ausserdem auch nicht wünschenswert. Es geht nicht um die Annäherung von Glaubensbekenntnissen, wie z. B. die „gemeinsame Erklärung zur Rechtfertigungslehre“ zwischen der katholischen und evangelischen Kirche. Diese ist, mit Verlaub gesagt, ein „Papiertiger“. **Nein - bei der Ökumene geht es um etwas viel Revolutionäreres.**

Kein neuer Glaube - ein neuer Gott muss her!

Es muss ein neuer Gott geschaffen werden, der den Wünschen und Voraussetzungen aller Menschen auf Erden entspricht. Dieser menschliche Schöpfungsakt wird mit grosser Anstrengung betrieben. Der neue Gott oder das neue Gottesbild ist konträr zum Vater im Himmel, zum Vater unseres Herrn Jesus Christus. Dieser neue Gott hat die Akzeptanz der Menschheit nur in der Verneinung und Leugnung des wahren Schöpfers und in der Verneinung seines Sohnes Jesus Christus als „**der** Weg und **die** Wahrheit und **das** Leben“ [vgl. Joh. 14,6)].

Nicht die Glaubensbekenntnisse sind es, die sich einander nähern müssen, sondern Gott selbst soll sich den Vorstellungen der Menschen anpassen. Und genau das wird am Ende der letzen Zeit zur Anbetung eines Menschen führen. Wir lesen das in Offenbarung 13, 11-18, insbesondere in Vers 18: „Hier ist die Weisheit. Wer

Verständnis hat, berechne die Zahl des Tieres! Denn es ist eines Menschen Zahl; und seine Zahl ist 666."

Walter G. Bauer schreibt: „Das Christentum schlägt mit dem Namen ‚Jesus' die Menschheitszukunft tot: Das ist die Wahrheit! Das Christentum tötet die Gottheit mit dem Namen Gottes! Deshalb soll dieser Name fortan nicht mehr genannt, sondern nur noch umschrieben werden! Gott braucht einen neuen Namen, damit Er wieder Gott sein kann; Er wird ihn erhalten, weil er wieder Gott sein will unter uns, auf dass wir Ihn erkennen als einen Gott aller Menschen, der nur eine Forderung an uns stellt und nur ein Gesetz uns gibt - nämlich, dass wir alle Brüder sein sollen, Brüder der einen Menschheitsfamilie, die aus vielen Völkern besteht.

Es wird allem Dasein auf Erden ein neues Maß gesetzt werden, es wird zur Menschwerdung des Menschen kommen, und ‚Mensch', das wird der neue Name Gottes sein!"[6]

Fast sträubt sich einem die Feder, so etwas niederzuschreiben, aber man ist in dem Prozess, ein neues Gottesbild zu schaffen, weiter als wir denken. Das zeigt das nächste Zitat der auch von vielen Mitgliedern von Freikirchen verehrten, inzwischen verstorbenen **Mutter Theresa**:

„Wenn wir von Angesicht zu Angesicht Gott begegnen und Ihn in unser Leben aufnehmen, werden wir ein besserer Hindu, ein besserer Muslim, ein besserer Katholik, ein besserer - was immer wir sind - man muss Gott so annehmen, wie Er in unserer Vorstellung existiert."[7]

Ökumene ist nicht das Zusammentragen bestehender Lehren und Traditionen, sondern das Schaffen einer neuen Weltanschauung, eines alle Religionen umfassenden Gottesbildes.

Dazu ein letztes Zitat aus einer katholischen Monatszeitschrift:

„Die Einheit der Religionen, die vom Heiligen Vater, Papst Johannes Paul II., vorangetrieben und von seiner Heiligkeit, dem Dalai Lama, begrüßt wird, ist kein Ziel, das in Kürze erreicht werden wird. Aber der Tag wird kommen, da die von Buddha und Christus so wortreich verfochtene Nächstenliebe die Welt retten wird, indem man gemeinsam alles daransetzen wird, die Menschheit dadurch vor

---

[6] Walter G. Bauer, Ende oder Wende des Christentums, S. 223ff.

[7] D. Doig, Mutter Theresa, S. 156

sinnloser Zerstörung zu retten, dass man sie zu dem Licht führt, an das wir alle glauben."[8]

Wir müssen diesen Zitaten das heilige und ewige Wort Gottes gegenüberstellen. Die oben angeführte Situation ist beschrieben in Psalm 2: „Warum toben die Nationen und sinnen Eitles die Völkerschaften? Es treten auf Könige der Erde, und Fürsten tun sich zusammen gegen den Herrn und seinen Gesalbten (indem sie sagen; d. Verf.): ‚Lasst uns zerreissen ihre Bande und von uns werfen ihre Stricke!' Der im Himmel thront, lacht, der Herr spottet über sie. Dann spricht er sie an in seinem Zorn, in seiner Zornglut schreckt er sie (indem Er sagt; d. Verf.): ‚Habe doch ich meinen König geweiht auf Zion, meinem heiligen Berg.' Lasst mich die Anordnung des Herrn bekannt geben! Er hat zu mir gesprochen: ‚Mein Sohn bist du, ich habe dich heute gezeugt. Fordere von mir, und ich will dir die Nationen zum Erbteil geben, zu deinem Besitz die Enden der Erde. Mit eisernem Stab magst du sie zerschmettern, wie Töpfergeschirr sie zerschmeißen.' Und nun, ihr Könige, handelt verständig; lasst euch zurechtweisen, ihr Richter der Erde! Dienet dem Herrn mit Furcht und jauchzt mit Zittern! Küsst den Sohn, das er nicht zürne und ihr umkommt auf dem Weg; denn leicht entbrennt sein Zorn. Glücklich alle, die sich bei ihm bergen!"

Die ökumenische Bewegung ist letztendlich eine antichristliche Bewegung, wenn auch einzelne evangelikale Kreise und Freikirchen etwas anderes behaupten. Es geht in der heutigen Ökumene nicht mehr zuerst um die Mission, sondern um den Dialog, nach dem Motto: „Glaube du mir meinen Glauben, dann glaube ich dir deinen Glauben."

Verführerische und wohlklingende Gedanken

Ein von vielen Christen gedankenlos übernommener Wahlspruch der Ökumeniker lautet: „Lehre trennt, Gebet eint."

Andere Anhänger der Ökumene sagen: **„Wir wollen Brücken bauen und keine Mauern."**

Wieder andere verkünden: „In der Hauptsache Einheit, in Nebensachen Freiheit, über allem aber die Liebe."

Alle diese Schlagworte klingen vernünftig und werden deshalb auch unkritisch übernommen, vor allem deshalb, weil sie auch von solchen

[8] Zeitschrift Katholische Welt, Juni 1989, S. 140

wiederholt werden, die gemeinhin als treue evangelikale Christen bekannt sind. Aber die drei oben genannten Trendsätze widersprechen grundlegend der Lehre der Bibel!

♦ **Lehre trennt, Gebet eint.**

Es ist wahr, dass das Wort Gottes trennt, oft radikaler, als wir es und selbst trauen würden. Aber können wir das, was Gottes Wort trennt, im Gebet vereinen? Können wir das, was Gott verboten und geboten hat, im Gebet aufheben? Können wir die neutestamentliche Lehre über die Taufe oder über das Gedächtnismahl des Herrn beiseite stellen, um uns im Gebet zu einigen über Dinge, die wir für wichtiger halten? Welche Vermessenheit gegenüber dem heiligen Wort Gottes, das uns im zweiten Johannesbrief sagt: „Jeder, der weitergeht und nicht in der Lehre des Christus bleibt, hat Gott nicht; wer in der Lehre bleibt, der hat sowohl Vater als auch den Sohn. Wenn jemand zu euch kommt und diese Lehre nicht bringt, so nehmt ihn nicht ins Haus auf und grüßt ihn nicht! Denn wer ihn grüßt, nimmt teil an seinen bösen Werken.“ [2. Joh. 1,9-11] Wie können wir im Gebet das vereinen, was Gott getrennt hat?

♦ **Brücken bauen statt Mauern.**

Abgesehen davon, dass das Thema Brücken bauen in der Bibel nicht vorkommt, das Thema Mauern dagegen etwa dreißig Mal erwähnt wird, zieht sich das Thema der Absonderung und Abgrenzung wie ein roter Faden durch die Heilsgeschichte. Mauern zu bauen ist eine Aufforderung Gottes, damit sich Freund und Feind voneinander unterscheiden [Jes 62,6]. Mauern boten Schutz nicht nur vor Feinden, sondern sinnbildlich auch vor den Einflüssen derer, die nicht an den Gott Abrahams, Isaaks und Jakobs glaubten [vgl. Jes 26,1-2]. So war es im ersten Bund. Auch im neuen Bund ist es uns geboten, eine Grenze zu ziehen zwischen Wiedergeborenen und Namenschristen. Paulus schreibt: „Ein natürlicher Mensch aber nimmt nicht an, was des Geistes Gottes ist, denn es ist ihm eine Torheit, und er kann es nicht erkennen, weil es geistlich beurteilt wird“ [1.Kor 2,14]. Gibt es einen klareren Hinweis auf eine notwendige Trennung zwischen Wiedergeborenen und Namenschristen? Und sind nicht unzählige Fehlentscheidungen im Raum der Kirche getroffen worden, weil in den verantwortlichen Gremien Ungläubige sitzen?

Wie soll unser Missionsauftrag sonst gedeutet werden, wenn in Deutschland oder der Schweiz sowieso „alle“ irgendwie an irgendeinen Gott glauben? Wen soll ich denn missionieren, wenn ich durch meine Brücke deutlich mache, dass Glaube und Unglaube gar nicht so weit voneinander entfernt sind? Die Trennung zwischen einem Wiedergeborenen und einem Namenschristen kann niemals durch eine Brücke aufgehoben werden, wohl aber durch die Liebe Gottes. Ein unverbrüchliches Merkmal aber der Liebe Gottes ist die Wahrheit. So lieb und das auch wäre, es gibt keinen Unterschied zwischen halb gerettet und ganz gerettet, sondern nur zwischen gerettet und verloren. Wenn wir eine Brücke zu verlorenen Menschen bauen, dann nur deshalb, um sie auf die Seite der Wahrheit zu ziehen, von der Finsternis ins Licht. Diese Brücke dient zur Rettung und nicht zur allgemeinen Verständigung unter Namenschristen, um zu beteuern, dass wir irgendwie alle doch dasselbe glauben. Wer solche Brücken baut, macht sich schuldig an denen, die unter dem Verzicht auf die Wahrheit der Bibel zu Gläubigen erklärt werden.

- **In der Hauptsache Einheit, in den Nebensachen Freiheit, über allem aber die Liebe**

Diese so logisch klingende Formel des Augustinus (frei formuliert) birgt ebenfalls zwei grosse Probleme in sich:

Zunächst wird damit der Eindruck erweckt, dass die biblische Botschaft - denn um die geht es ja - in Hauptsachen und Nebensachen zerfällt, in Wichtiges und Unwichtiges, in Grundlagen, die alle Gläubigen betreffen und in Glaubenssätze, die jeder halten kann, wie er will. Das führt dann letztendlich zu der verhängnisvollen Schlussfolgerung, die in den letzten Jahren immer häufiger gezogen wird: „Hauptsache Jesus - der Rest ist egal“. Damit trennt man die Person des Herrn Jesus Christus von seinem Auftrag und seiner Lehre. Das Ziel vieler „überkonfessioneller“ ist die **Bekehrung** und nicht die **Belehrung**. Der evangelistische Zweck heiligt sozusagen das Mittel der Beschränkung auf den kleinsten gemeinsamen Nenner.

Es kann nicht sein, dass zum Zweck gemeinsamer Aktionen von evangelischer Kirche, katholischer Kirche und Freikirchen der von Jesus selbst formulierte und unbedingte Zusammenhang von Missionsbefehl **und** Lehre aufgehoben wird. Es kann nicht sein, Jesus die Hauptsache zu nennen und z. B. die Abendmahls- oder die Tauflehre der Schrift als Nebensachen zu bezeichnen. Und schon gar nicht kann es sein, dass wir eindeutige Irrlehren wohlwollend als Sondertradition der jeweiligen Kirche akzeptieren. Es ist durchaus nicht nebensächlich, dass durch die Irrlehre der Säuglingstaufe Milliarden Namenschristen erzeugt worden sind. Und es ist auch nicht nebensächlich, dass in der katholischen Eucharistie (Abendmahl) durch die mystische „Wandlung“ Jesus immer wieder neu „geopfert“ werden muss zur Vergebung der Sünde - ganz abgesehen davon, dass diese Handlung ungültig wird, wenn der Priester auch nur einmal von der vorgeschriebenen Wortformel abweicht.

Zum anderen stellt sich bei der Formel des Augustinus das Problem, wer denn nun entscheidet, was die Hauptsachen und was die Nebensachen sind. Und wie kann dann über diesem allen auch noch die Liebe Gottes schweben?

Liebe Leser und Leserinnen, es ist ein ernster Tatbestand, dass wir leichtfertig Formeln übernehmen, die durchdacht und geistlich klingen, letztendlich aber die absolute Wahrheit des Evangeliums aufweichen. Genau das ist eben die Tatsache, dass der ökumenische Prozess schon sehr weit fortgeschritten ist - der zweite Gedanke dieses einleitenden Beitrags.

Die ökumenische Bewegung arbeitet mit den Mitteln der Verführung

Das Wesen der Verführung ist ja gerade, dass sie nicht so offensichtlich ist und nicht sofort enttarnt werden kann. Verführung lebt davon, dass sie Sachverhalte geschickt verschleiert; und nur studierte Germanisten können entdecken, welch brisanter Inhalt sich hinter positiv dargestellten Fakten versteckt. Ich möchte hier ein Beispiel aus der jüngeren Vergangenheit anführen. Ein weiterer Meilenstein auf dem Weg zur „Einheit der Kirchen“ ist die Unterzeichnung der „Gemeinsamen Erklärung zur Rechtfertigungslehre“, die vom Vatikan wie folgt kommentiert wurde:

„In Augsburg findet heute und eben zu dieser Stunde ein Ereignis von großer Bedeutung statt. Die Vertreter der katholischen Kirche und des Lutherischen Weltbundes unterzeichnen eine gemeinsame Erklärung über eines der Hauptargumente, die Katholiken und Lutheraner in Gegensatz zueinander gebracht haben: Die Lehre über die Rechtfertigung durch den Glauben. (...) Es handelt sich um einen Meilenstein auf dem nicht leichten Weg zur Wiederherstellung der vollen Einheit zwischen den Christen. (...) Vertrauen wir den ökumenischen Weg der mütterlichen Fürsprache der Heiligen Jungfrau an.“[9]

Die ***„Frankfurter Allgemeine Zeitung“*** (FAZ) schrieb darüber:

---

[9] Johannes Paul II. am 31.10.99 in Rom. Quelle: Osservatore Romano, 5.11.99

„Es ist Sach- und Wortverdrehung, wenn das angeblich bahnbrechende Dokument eine grundsätzliche Änderung des allseits bekannten römischen Totalanspruches enthielte.

Nach wie vor bleibt die Rechtfertigungslehre nur ein unverzichtbares Kriterium, nicht *das* unverzichtbare Kriterium.“[10]

„Selbst dieser Kommentar der FAZ ist problematisch. Vereinfacht ausgedrückt, sagt er Folgendes aus: Die Unterschrift der Kirchen unter die gemeinsame Erklärung hat am Tatbestand, dass die katholische Kirche weiterhin auf ihren Anspruch, die allein selig machende Kirche zu sein, besteht, nicht geändert!

Die Entwicklung der Ökumene läuft über die Schiene der Verführung, denn das Ziel Satans ist die Verwirrung möglichst vieler Gläubiger. Er weiss, was auch die Kirchengeschichte beweist: Verführung ist ein besseres Mittel zu Aufweichung des Glaubens als Verfolgung, oder anders ausgedrückt: Man muss das Christentum weder auflösen noch eliminieren. Es genügt, wenn man es neutralisiert. Verführung lebt davon, dass sie Formulierungen benutzt, die geistlich, religiös und biblisch klingen, es aber in ihrer Tiefe nicht sind.

Im neuen, globalen Gottesbild wird das Christentum nicht verschwinden, sondern trotz großer Parolen sinnentleert sein - ohne Christus als den Weg, die Wahrheit und das Leben. Der Anspruch Jesu Christi, der Erlöser aller Menschen zu sein, ist die Grundlage des Evangeliums und gleichzeitig das größte Ärgernis für die ökumenische Bewegung.“

21)

Brauchen die rund zwei Milliarden Kirchenmitglieder einen Sprecher? Nach Ansicht des leitenden Bischofs der Vereinigten Evangelisch-Lutherischen Kirche Deutschlands (VELKD**), Hans Christian Knuth** (Schleswig), würde ein solches Amt zur Überwindung der konfessionellen Grenzen beitragen. Auch im Blick auf den Weltfrieden wäre es wünschenswert, wenn die Christen gemeinsam gegen Hass und Gewalt auftreten würden, schreibt Knuth in der katholischen „Neue Kirchenzeitung“ (Hamburg). Für das Sprecheramt müssten mehrere Bedingungen erfüllt sein. So müsse die Aufgabe zwischen Repräsentanten der großen Kirchen abwechseln. Infrage kämen der Papst, der Generalsekretär des Weltkirchenrats, der Präsident des Lutherischen Weltbundes, der Erzbischof von Canterbury als

---

[10] Frankfurter Allgemeine Zeitung, 31.5.99, S.6

Oberhaupt der Anglikaner und der Patriarch von Moskau als Oberhaupt der russisch-orthodoxen Kirche. Zudem dürfe das Amt keine für die gesamte Christenheit verbindlichen Vorschriften erlassen.[11]

Ganz anders dagegen **Dr. theol. Wolfgang Nestvogel, Hannover**, in seinem empfehlenswerten Buch **„Evangelisation in der Postmodernde“** (CLV-Verlag): „Die Evangelisation in unserem Jahrhundert steht vor einer besonderen Herausforderung: Sie muss die aktive Auseinandersetzung mit den Religionen suchen. Wer Jesus als einzigen Weg zu Gott verkündigt [Joh. 14,6] kündigt damit jedes interreligiöse „Stillhalteabkommen“ auf. Schon die Apostel forderten den religiösen Pluralismus des ersten Jahrhundertes heraus. Sie treten - friedfertig, leidensbereit und offensiv - in einen Konkurrenzkampf um die Herzen der Menschen ein. Sie warben mit Leidenschaft und guten Argumenten um Gehör für ihre exklusive Botschaft. Ein Ja zu Jesus bedeutete zugleich in begründetes Nein zu allen Gegenpositionen.

Wie es nicht ist

Für unsere Zeitgenossen gehören die verschiedenen Religionen längst zur Alltagserfahrung. Schon in der Grundschule sitzen unsere Kinder Seite an Seite mit Moslems und Buddhisten. Massenmedien und „politische Korrektheit“ wollen uns weismachen, dass hinter allen Religionen derselbe Gott stehe, und dass friedliches Zusammenleben auf Dauer nur möglich sei, wenn alle auf ihren Absolutheitsanspruch verzichteten.

Beide Behauptungen widersprechen den Tatsachen und der Lehre der Bibel. Mehr denn je müssen Evangelisten deshalb das Religionsthema mutig und besonnen aufgreifen. Es reicht nicht aus, das Evangelium nur als persönliche Lebenshilfe für Sinnfindung und Angstbewältigung anzupreisen. Wir müssen ehrlich sagen, dass die Hinwendung zu Jesus zugleich Abwendung von allen anderen Göttern und Mächten erfordert. Unsere Zeitgenossen haben ein Menschenrecht darauf zu erfahren, warum sie sich ausgerechnet Jesus als Retter und Herrn anvertrauen sollen – und warum Mohammed und Buddha ihre Anhänger in die Irre führen. Nur Jesus opferte sein Leben freiwillig für unsere Schuld, besiegte den Tod und erstand leibhaftig aus dem Grab. Darüber ist aufzuklären und die einzigartige Überlegenheit Jesu Christi zu bezeugen.

---

[11] Zitiert nach ideaSpektrum, Ausgabe 29/2004

Evangelisation gibt es darum nicht ohne Konfrontation, aber sie hat nichts gemein mit Gewalt und Druck. Wer den Andersdenkenden achtet und liebt, will ihm die ganze Wahrheit bringen. Er kann sich nicht auf kleine persönliche Glaubensgeschichten zurückziehen, sondern muss Gottes große Geschichte darbieten: seine universale Erklärung der Welt und des Menschenschicksals. Kreuz und Auferstehung Jesu sind nicht religiöse Episoden, sondern die Schlüsselereignisse der Weltgeschichte, an denen sich jedes Menschenleben entscheidet."

22)
Die **Bestrebungen und Entwicklungen zur „Welt-Einheits-Religion"** wurden bereits 1972 eingeläutet. Zu diesem Zeitpunkt hat bereits John Marks Templeton einen Preis von 1 Million Dollar für den Fortschritt der Religion und den Frieden gestiftet. Verliehen wird der Preis von einer Kommission des 33. Grades der Freimaurer, zu der u.a. Gerald Ford, George W. Bush, der Dalai Lama, Philip M. Klutznik, der ehemalige Präsident der (jüdischen) B`nai B`rith-Loge (Söhne des Bundes); Otto von Habsburg, Edmond von Rothschild, J. Peter Grace Jr., Ritter des Malteserordens und Präsident der kath. Jugendorganisation von New York; der Prince of Wales, der im Verlauf der Zeremonie im Königspalast von London den Preis persönlich verleiht; sowie der anglikanische Erzbischof von Canterbury gehören.

Im Jahr 1998 wurde Sigmund Sternberg geehrt, der Direktor des „Internationalen Rates für Christen und Juden". Der geborene Ungar unterhält die „Sternberg-Wohltätigkeits-Stiftung" und war eine der treibenden Kräfte dafür, dass die Karmel-Schwestern 1986 ihr Kloster im KZ Auschwitz verlassen mussten. Als Mitglied des Päpstlichen Ritterordens St. Gregor trägt Sternberg gelegentlich den Mantel der Ordensritter.

„Zusammen mit Gorbatschow, dem Dalai Lama und der Witwe des Gründers von ‚Scientology', Barbara Marx Hubbard, unterstützt Sternberg die ‚Weltkommission für globales Bewußtsein und Spiritualität'. Diese Kommission half mit, 1997 in Kalifornien die „Bewegung zur Vereinigung aller Religionen" zu gründen, auch **„Welt-Einheits-Kirche"** genannt (U.R.I.).

In Pittsburgh/USA, wo sich die URI-Zentrale befindet, lud Großmeister Nesky ein, die URI-Charta der Loge zu erklären. „Feste der Sonnenwende" sollen eingeführt werden zugunsten einer weltweiten „Spiritualität". Letztere aber ist ohne den Spiritus Sanctus, den

HEILIGEN GEIST, den allein der Glaube an den dreieinigen Gott bekennt, nicht möglich. Wer IHN anbetet und nach seinem Willen lebt, in dem atmet der HEILIGE GEIST, der Geist der Wahrheit.[12]

23)

Zu denen, die die „**Einheit der Religionen**" für etwas Erstrebenswertes halten, gehört auch der reformierte **US-Pfarrer Robert Schuller**, dessen Gottesdienste in seiner „Glaskathedrale" in Garden Grove (Kalifornien) aufgenommen und in alle Welt ausgestrahlt werden (pro Woche sind 30 Millionen Zuschauer dabei).

Der weltbekannte Fernsehprediger beteiligte sich am Heiligabend 1999 live aus Bethlehem an der in den USA sehr bekannten Show des **Talkmasters Larry King**, der mit einer Mormonin verheiratet ist. Anwesend bzw. zugeschaltet waren außerdem **Gordon Hinckley**, Präsident der Mormonen, und **Erzbischof Desmond Tutu**. Ausgerechnet vor diesen Mitstreitern und am angeblichen Geburtstag Jesu also berichtete Schuller, er habe sich mehrfach mit dem Großmufti (islamischer Rechtsgelehrter) von Syrien getroffen. Auf die Frage von King, ob dahinter „**die Idee, die Religionen zusammen zu bringen**", stecke, antwortete er: „Unbedingt." (Schullers Reise ins Heilige Land stand unter dem bezeichnenden Motto „Ein Licht, eine Welt".) Und weiter: „Ich habe selten einen Mann getroffen, zu dem ich sofort eine solche Verwandtschaft im Geiste und eine solche Übereinstimmung in Glauben und Philosophie verspürte wie bei diesem Großmufti des Glaubens.."

Im weiteren Verlauf des Interviews **zeigte sich Schuller begeistert von der Annäherung zwischen den Religionen und sagte voraus: „Im nächsten Jahrtausend werden wir als religiöse Führer uns darauf konzentrieren, die Verschmutzung der Religion zu beseitigen (...) Es ist an der Zeit, dass die Religionen der Welt aufhören, miteinander in Wettstreit zu treten. Versuche nicht, mich zu bekehren, und ich werde nicht versuchen, dich zu bekehren.**" Folgerichtig pflegt Schuller eine überaus großzügige Definition dessen, was christlich ist. Dort in Bethlehem befand er beispielsweise: „Die Hälfte der Menschen auf dem Planeten gehört zu Glaubensrichtungen und Religionen, die den Namen Jesus Christus ehren: Römisch-Katholische, Muslime, Orthodoxe, Protestanten und hunderte von anderen christlichen Denominationen." Schuller ist der Meinung, die christliche Religion müsse von ihrem Ballast an Regeln und Zwängen

[12] Quelle: KURIER der Christlichen Mitte, Nr. 1/2004

befreit werden, damit der religiöse Mensch seinen Wünschen gemäß leben könne. Er möchte „dem Glauben ein neues Gesicht geben, das innere Kraft, emotionale Kraft, Kraft zu lächeln, Kraft zum Erfolg und magnetische Kraft widerspiegelt". Eines seiner theologischen Grundprinzipien lautet: „Kräftigen Sie Ihr Ego. Das Ich ist die Stärke einer Persönlichkeit. Füttern Sie es nicht. Zerstören Sie es nicht. Verdammen Sie es nicht. Erlösen Sie es. Retten Sie es. (...) Kräftigen Sie Ihr Ich, und es wird Wunder für Sie vollbringen."

Eine Analyse von Schullers aktuellen Veröffentlichungen seiner eigenen Internet-Seiten belegt: **Schuller verwischt nicht nur die Grenzen zwischen den einzelnen christlichen Denominationen, sondern reißt die Barrieren zwischen definitiv anti-christlichen Religionen und den (vielleicht noch) christlichen Glaubensrichtungen ein**. Die eigentliche Botschaft des Evangeliums lehnt er ab. Sünde, Gnade, Erlösung werden in psychologischen Begriffen ausgedrückt, und dem entspricht auch sein „Rettungsangebot": das positive Denken. Von Gott ist nur in Bezug zu Liebe, Freude und Frieden die Rede, nicht in Bezug auf Gnade, Kreuzestod oder unsere Sünde. In seinem Interview aus dem Jahr 1992 verneinte Schuller die Frage, ob er bereit sei, seine Gemeinde als eine Gruppe von Sündern anzusprechen. Man müsse die Menschen da ansprechen, wo sie gerade seien. Auf den Einwurf des Interviewers: „Genau, und sie sind in Sünde", antwortete Schuller: „Sie sind in einem Zustand, den man als Sünde bezeichnet. Und das bedeutet: Sie vertrauen nicht." Im Verlauf des Interviews zeigte sich, dass Schuller ausgesprochen aggressiv auf Menschen reagiert, die ihm biblische Wahrheiten vorhalten: „Dass es in der Bibel steht, bedeutet noch lange nicht, dass man es predigen sollte." Auf die Frage, was er jemandem antworten solle, der behauptet, er brauche das Evangelium nicht, weil er bereits glücklich und erfüllt lebe, konnte Schuller nicht antworten. **Schuller predigt ein Wohlfühl-Evangelium**.

Für ihn ist der Glaube nichts anderes als eine Art Grundlage für Service-Leistungen Gottes, um menschliche Lebenswünsche in Erfüllung gehen zu lassen. Schuller**: „Das Kreuz heiligt den Ego-Trip!"** (aus TOPIC Nr. 3/2000)

Und weiter in der Topic-Ausgabe Sept. 2004: „Renommierte Evangelikale in den USA wie Dave Hunt oder John MacArthur stufen Schuller als einen der schlimmsten religiösen Verführer unserer Zeit ein. Schuller bezeichnete den US-Pastor Norman Vincent Peale als „den Mann, der mehr prägenden Einfluss auf mein Denken und meine Theologie und mein Leben hatte als jede andere lebende Person." Peale war Mitbegründer des „Positiven Denkens“ und entwickelte daraus eine Mixtur aus Christentum und Psychologie. Er behauptete, okkulte Botschaften erhalten zu haben, und war zudem im höchsten, dem 33. Grad des antichristlichen Freimaurertums. Auch Schuller arbeitete das Positive Denken in seine Theologie ein. Folgerichtig lehnt er die eigentliche Botschaft des Evangeliums auch ab. In seinen Predigten ist von Gott nur in Bezug zu Liebe, Freude und Frieden die Rede, nicht in Bezug auf Gnade, Kreuzestod oder Sünde.“

24)
Soll Maria zur „Miterlöserin“ werden? - Kampagne sorgt für Beunruhigung

Mit großer Sorge verfolgen katholische, protestantische und orthodoxe Theologen eine weltweite Unterschriftenaktion. Mit ihr soll Papst Johannes Paul II. veranlasst werden, die Jungfrau Maria in einem Dogma zur „Miterlöserin, Mittlerin aller Gnaden und Fürsprecherin des Gottesvolks“ zu erheben. Wie das Nachrichtenmagazin Newsweek (New York) weiter meldet, sind in den letzten vier Jahren 4,3 Millionen Unterschriften aus 157 Ländern im Vatikan eingegangen. Zu den Unterzeichnern gehören die Friedensnobelpreisträgerin Mutter Teresa, 500 Bischöfe und 42 Kardinäle. Laut „Newsweek“ hat „Rom“ nie zuvor eine solche Kampagne erlebt. Der Papst soll das neue Dogma mit Unfehlbarkeitsanspruch verkündigen, so die Forderung. „Newsweek“: „Anscheinend solle eine Art Heiliges Quartett die Heilige Dreifaltigkeit ersetzen; Maria würde darin mehrere Rollen zufallen: Tochter des Vaters, Mutter des Sohnes und Gemahlin des Heiligen Geistes.“

Sollte die Aktion Erfolg haben, so wären alle katholischen Christen verpflichtet, drei neue Lehren zu glauben:

1. Maria ist am Erlösungswerk ihres Sohnes beteiligt;
2. alle Gnaden, die vom Leiden und Sterben Jesu Christi abhängen, werden nur durch Marias Fürbitte bei ihrem Sohn gewährt;
3. die Katholiken auf Erden müssen ihre Gebete und Bitten an Maria richten, die sie dann Jesus vortragen wird.

Inzwischen hat Vatikan-Sprecher Joaquin Navarro-Valls erklärt, daß der Papst eine solche Proklamation weder plane noch erwäge. (Zitiert nach „Licht und Leben, Ev. Monatsblatt, Ausgabe 11/97)

„Kirchliche Linke“ reiht sich in die Schar der Marienverehrer ein

Das 20. Jahrhundert ist, so „Newsweek“, ein Jahrhundert der Maria. Mehr als 400 Marienerscheinungen seien bekannt geworden. Das Blatt setzt dieses Phänomen mit dem „New-Age-Hunger nach dem Übersinnlichen“ in Zusammenhang und bemerkt, dass neuerdings selbst kirchliche Linke zu Marienverehrern geworden seien: die Feministinnen sähen in ihr jetzt die „freie Frau“, die aus freien Stücken „Ja“ zu Gott sage, im Gegensatz zum „Nein“ der Eva im Garten Eden. Befreiungstheologen hingegen priesen die bescheidene Gottesmutter als die „bevorzugte Option für die Armen an“.

25)
Marienkultstätte Fatima soll zum „Schrein der Weltreligionen“ werden

Wie die in englischer Sprache erscheinende Zeitung ***Portugal News*** in mehreren Artikeln berichtete, fand vor einigen Wochen im portugiesischen Fatima eine interreligiöse Konferenz zum Thema „Die Zukunft Gottes“ statt. Zu diesem Treffen, das unter der Schirmherrschaft *World Conference on Religion and Peace* (WCRP - eine Art UNO der Weltreligionen) stand, kamen hochrangige Vertreter aus verschiedenen Religionen zusammen. Geleitet werden solche Zusammenkünfte von weltbekannten Persönlichkeiten wie beispielsweise Michail Gorbatschow. Während des Kongresses teilte der Direktor der Marienheiligtums, Monsignore Luciano Guerra, den versammelten Religionsvertretern mit, dass Fatima zu einem Ort werden müsse, wo alle Religionen ihren Göttern huldigen könnten: „Die Zukunft von Fatima bzw. die Anbetung Gottes und seiner Mutter in diesem heiligen Schrein muss aufgehen in einen Schrein, wo verschiedene Religionen sich vermischen können.“ Dies sei „der Wille der gesegneten Jungfrau Maria“. Der Vertreter der Hindus, Ansshok Ansraj, berichtete, wie jetzt schon im Fernen Osten Millionen von Hindus „positive Energien“ beim Besuch von Marienheiligtümern empfingen, ohne dass ihr Hindu-Glaube dadurch gefährdet würde. Einer der Hauptredner des Kongresses, der jesuitische Theologe Jacques Dupuis, forderte, dass sich alle Religionen vereinen müssten: „Die Religion der Zukunft wird ein generelles Zusammenströmen der Religionen in einem universellen Christus sein, der alle zufrieden stellen wird.“ In der Abschlusserklärung des Kongresses wurde zu einer Annäherung der Religionen ohne Bekehrungsabsichten aufgerufen. Man solle den Glauben des anderen unbehelligt stehen lassen und sich auf das konzentrieren, was eine, und nicht auf das, was trenne. Erzkonservative Katholiken, die die Absicht der multi-religiösen Umgestaltung von Fatima kritisierten, wurden vom

Heiligtums-Direktor Guerra als „altmodische, engstirnige, fanatische Extremisten und Provokateure“ beschimpft.[13]

26)
Kürzlich erschien im „Verlag für Reformatorische Erneuerung“, Wuppertal, eine Aufsehen erregende Studie mit dem Titel **„Maria - Die unbekannten Seiten der ‚Mutter Gottes‘“**.

Es geschah im Sommer 2000, als die Katholikin Elvira Maria Slade einen Protestbrief an den bereits mehrfach zitierten Herausgeber des christlichen Informationsdienstes „TOPIC“, **Ulrich Skambraks**, richtete. Skambraks hatte mehrere kritische Artikel über die römisch-katholische Kirche, u.a. über die Marienverehrung, veröffentlicht. Frau Slade widersprach und wollte mit ausführlichen Recherchen zum Thema Maria beweisen, dass seine Kritik an Marienverehrung zu Unrecht bestehe.

Hierzu schreibt nun Ulrich Skambraks in der Ausgabe Nr. 7/2003 u.a. folgendes:
„Elvira Maria Slade ist seit Jahrzehnten Katholikin. Die gelernte Diplom-Bibliothekarin arbeitete u.a. viele Jahre als Bibliotheksleiterin an öffentlichen Bibliotheken. Der Umgang mit Texten aller Art und das dazugehörige gründliche Quellenstudium haben lange Zeit ihren Berufsalltag bestimmt. Um so bedeutungsvoller darf ihre Studie angesehen werden, die sie jetzt als Buch vorgelegt hat: „Maria - Die unbekannten Seiten der ‚Mutter Gottes‘“. Darin untersucht sie akribisch die über 900 bezeugten Marienerscheinungen. Die Aussagen der „Mutter Gottes“ verglich sie mit der Bibel, die auch von der katholischen Kirche als authentisches Wort Gottes anerkannt wird.

Was Frau Slade zu Tage förderte, hat die Sprengkraft, eine der tragenden Säulen des katholischen Glaubens zu zerstören: die **Marienverehrung**. Bei ihren Untersuchungen entdeckte sie etwas, das bisher der Öffentlichkeit so nicht bekannt war:

Seit den ersten Marienerscheinungen - wenige Jahre nach dem Leben Jesu - bis heute durchzieht alle Auftritte „Marias“ ein „logischer Aufbau vorausgeplanter Handlungen, bei denen Rollenspiel, Kostüm und Botschaft sorgfältig aufeinander und auf das Publikum abgestimmt sind und das gleiche Ziel verfolgen...“ Die Marien-Forscherin fand heraus, dass „Maria“ - Slade gibt ihr die Bezeichnung „Maria-Phantom“ - Schritt für Schritt planvoll ihre Position als „Fürsprecherin“,

[13] TOPIC, Kreuztal, Nr. 1/2004

„Mittlerin“, „Miterlöserin“ bis hin zur „Retterin der Welt“ ausbaute. Auch die Inhalte der Mariendogmen stammen von ihr. Es sind praktisch Diktate des Marien-Phantoms aus dem Jenseits, die die Päpste einfach zu kirchlichen Glaubenssätzen erhoben. 1917 erscheint das Marien-Phantom im portugiesischen Dorf Fatima und bezeichnet sich als „Weg, der zu Gott führt“ - stellt sich somit Jesus Christus gleich.

1972 erhält eine Seherin in Österreich die Botschaft „Jesus hat mir die Rettung übergeben, seiner Mutter, weil seine Mutter alles vermag und noch dazu mit seinem Blut.“ Anhand zahlreicher Marienerscheinungen belegt Frau Slade, dass die dort verkündeten Inhalte den Aussagen der Bibel völlig widersprechen. Auch einer rein logischen Betrachtung halten die Marien-Durchsagen nicht stand. Denn „Maria“ erscheint mal als Aztekin, mal als Araberin, als Inderin oder als Jüdin, so Slade.

Ein bisher völlig unberücksichtigter Aspekt erhält durch Slades Enthüllungen eine hochbrisante Aktualität: Inwieweit sind die ökumenischen Aktivitäten der katholischen Kirche durch „Marien“-Durchsagen beeinflusst worden? In den von der katholischen Kirche nicht voll anerkannten Amsterdamer Marienerscheinungen (1945 bis 1957) fordert das Phantom nicht nur, dass sich alle Völker Europas zusammenschließen sollten, sondern es fordert auch eine Welteinheitspolitik mit einer Welteinheitsregierung sowie das Zusammengehen der Kirchen.

In Polen verkündigt 1989 „Maria“, Papst Johannes Paul II. solle „alle Völker in einer Herde vereinigen“. Slade schreibt dazu: „Die ökumenischen Bestrebungen des jetzigen Papstes gehen demnach auf einen direkten Auftrag eines Marien-Phantoms zurück, den er auch getreulich ausführt.“ Wie kaum ein Papst vorher, präsentiert sich Johannes Paul II. als glühender Maria-Verehrer und schrieb zu Ehren der „Gottesmutter“ sogar ein Buch mit dem Titel „Maria, Stern des Morgens“. Im und mit dem Licht der Bibel ist der Katholikin Slade klar geworden, dass hinter Maria nicht die eigentliche „Gottesmutter“ stecken kann: „Nach Überprüfung der vorliegenden Marienerscheinungen muss demnach festgestellt werden: Da das Vorgehen der Erscheinungen planvoll verläuft, die ganze Welt umspannt und eindeutig eine Zielrichtung besitzt, handelt es sich bei den bibelfremden Botschaften um beabsichtigte Irreführungen durch antigöttliche Intelligenzen. Diese sind in der Heiligen Schrift als die ‚Gewalten, Mächte und Fürstentümer‘ der Hölle benannt, deren Ziel es ist - wenn möglich - auch die Gläubigen zu verführen.“ Da das Amsterdamer

„Marien-Phantom" auch eine „Ausschüttung des Heiligen Geistes" ankündigt, stellt Slade in einem besonderen Abschnitt ihres Buches Überlegungen an, was „Maria" mit dem antichristlichen Geist der Endzeit zu tun haben könnte. Denn mehrfach ist die „Gottesmutter" auch Muslimen erschienen.

„Der Inhalt", so schrieb die Verfasserin an den TOPIC-Herausgeber, „verdankt sein Entstehen vorwiegend Ihrem Hinweis, die Römisch-Katholische Kirche würde Irrlehren verbreiten. Um diesem Vorwurf nachzugehen und ihn zu entkräften, habe ich eine Untersuchung begonnen, die mich nun mehr dazu bewegt, mich bei Ihnen in aller Form zu entschuldigen".

Frau Slade korrespondierte auch mit dem Papst bzw. seinen Mitarbeitern wie mit Kardinal Meissner und der Deutschen Katholischen Bischofskonferenz. Dieser Briefwechsel war für die Manuskriptbearbeitung ausschlaggebend und ist im Buch mit verarbeitet worden.

27)
Die katholischen deutschen Bischöfe haben Ende April 2003 als „Handreichung" (datiert vom 25.1.2003) sog. **„Leitlinien für multireligiöse Feiern von Christen, Juden und Muslimen"** herausgegeben. Daraufhin haben Muslime einen **„offenen Brief an alle katholischen Bischöfe"** verfasst, in dem es u.a. heisst:

Allah ist nicht Gott!

Wir protestieren daher gegen die „Leitlinien".

Folgenden Aussagen sind für uns Muslime völlig unannehmbar:
„Diese Leitlinien widmen sich gemeinsamen religiösen Feiern von Christen, Juden und Muslimen, weil diese drei Glaubensgemeinschaften den Glauben an Gott und das Gebet zu ihm gemeinsam haben".

Keineswegs haben wir Muslime den Glauben an Gott mit den Christen gemeinsam:

Allah ist nicht der Gott der Christen. Allah hat keinen Sohn, Allah ist **einer:** Der Koran sagt: „Wer Allah einen Sohn beigesellt (wie die Christen das tun!), dem verwehrt Allah das Paradies. Seine Heimstätte ist das Feuer" (Koran 5,72).

Die Christen beten drei Personen an, d.h. drei Götter. Das ist die schlimmste Sünde gegen Allah, der nur ein einziger ist. Wenn die Christen nicht aufhören, „drei zu sagen", werden sie alle in die Hölle kommen (Koran).

Die Leitlinien stellen weiter fest:

„So sieht die Kirche ihre Verbundenheit mit dem Islam durch die Hochschätzung Jesu (...) gegeben."

Wir Muslime wissen es besser: Die Christen beten Jesus als Gott an. Das ist die größte Sünde gegen Allah: Jesus ist ein Geschöpf Allahs. Allah hat ihn aus Erde erschaffen (Koran 3,59)! „Ungläubig sind diejenigen, die sagen, Jesus ist Gott" (5,72) Allahs Fluch und Vergeltung trifft alle, die das sagen (Koran 9,30). Wir Muslime schätzen Jesus als Propheten, die Christen dagegen begehen eine Todsünde gegen Allah!

Wir Muslime bezeugen, dass es keinen Gott gibt außer Allah und dass Muhammad sein Prophet ist. Das ist unser Glaubensbekenntnis.

Wir empfinden es außerdem als eine Provokation, wenn die ‚Leitlinien' behaupten, dass die Kirche mit den Muslimen den Tag erwartet, an dem alle Völker mit einer Stimme den Herrn anrufen werden.

Niemals werden wir Muslime Jesus Christus als Herrn anrufen. Nach islamischer Lehre wird der Prophet Jesus nach seiner Wiederkunft 40 Jahre leben, heiraten, alle Kreuze zerschlagen, die Schweine vernichten und alle Christen zum Islam bekehren.

Unser Herr ist Allah, der Herr aller Menschen!

Wenn wir Muslime Einladungen zum interreligiösen Dialog und zu interreligiösen Feiern annehmen, dann allein, weil der Koran sagt: „Geht zu den Leuten der Schrift und redet mit ihnen", das aber heißt unmissverständlich: Ladet sie ein, den Islam anzunehmen!

In der Beziehung zu den Christen haben wir Muslime eine klare Rolle zu spielen: Wir sind von Allah beauftragt, den Christen den Islam nahezubringen, damit die Christen Muhammad als Propheten Allahs anerkennen.

Interreligiöse Feiern können nicht den Sinn haben, uns Muslime zu Objekten christlich verstandener Liebe zu degradieren und uns zu missionieren. Wir Muslime sind davon überzeugt, dass der Islam die einzige wahre Religion ist. Der Koran ist die Offenbarung Allahs, und unsere Aufgabe ist es, die Christen von der Wahrhaftigkeit dieser Botschaft zu überzeugen.

Deshalb ist uns Muslimen vorgeschrieben, bei jedem öffentlichen Gebet die Eröffnungs-Sure des Koran vorzutragen:

Im Namen Allahs, des Allbarmherzigen! Lob und Preis sei Allah, dem Herrn der Welten, dem gnädigen Allerbarmer, dem Herrscher des Gerichtstages.

Dir allein wollen wir dienen, zu dir allein flehen wir um Beistand!

Wir Muslime lassen uns nicht durch interreligiöse Begegnungen austricksen! Wir sind Allah treu ergeben und kämpfen für seinen Frieden, der erst dann erreicht ist, wenn der Islam über die ganze Welt ausgebreitet ist.

Friede ist da, wo Allah herrscht!

Nur so verstehen wir Muslime Friedensgebete interreligiöser Feiern."

(Dieser offene Brief ist eine Zusammenfassung von Aussagen deutschsprachiger Imame in Gesprächen mit der Bundesvorsitzenden der „Christlichen Mitte für Deutschland", Frau Prof. Adelgunde Mertensacker, 59531 Lippstadt).

28)

Anlässlich des Jahresfestes der Evangelischen Karmelmission in Stuttgart berichtete der Leiter, **Martin Landmesser** (Schorndorf bei Stuttgart), **dass für die meisten Moslems gemeinsame Gebetsveranstaltungen mit Christen ein „Greuel" sind**, weil sie den Lehren des Koran widersprechen.

Das wichtigste Buch des Moslems beschreibe grundlegende Unterschiede zwischen christlichem und islamischem Glauben. So verfluche Allah Christen, weil diese glauben, dass Gott einen Sohn habe. Dass sich manche Moslems dennoch an gemeinsamen Gebetsveranstaltungen mit Christen beteiligen, führt Landmesser auf taktische Überlegungen zurück. Der Koran erlaube Moslems zu heucheln, wenn es der Ausbreitung des Islam diene. Deshalb brauchen sie keine Skrupel zu haben, wenn sie sich an den meist von kirchlichen Gruppen angeregten Veranstaltungen beteiligten. Sie sähen in der von liberalen Theologen vertretenen Absicht, **durch die Verbrüderung von Christentum und Islam zum Weltfrieden beizutragen**, einen begrüßenswerten Schritt zur absoluten Weltherrschaft des Islam.

Um sich unmissverständlich von dem biblischen Gott abzugrenzen, benutzen Moslems das arabische Wort „Allah", selbst wenn sie deutsch oder englisch sprechen. Umgekehrt fügten arabische Christen dem Begriff „Allah" stets die Erklärung „Vater Jesu Christi" zu, wenn sie von ihrem Gott sprächen. Auch das Gebetsverständnis unterscheide Christen und Moslems, so Landmesser. Während Christen vertrauensvoll und freiwillig mit ihrem himmlischen Vater redeten, betrachte der Islam das Gebet als religiöse Pflicht, die man korrekt nur auf arabisch erfüllen könne. „Verstehen ist nicht gefragt", sagte Landmesser im Blick darauf, dass etwa zwei Drittel der rund eine Milliarde Moslems kein Arabisch sprechen.

Nach Angaben überseeischer Mitarbeiter der Karmelmission hat sich die Situation ehemaliger Moslems, die Christen wurden, in den vergangenen Jahren dramatisch verschlechtert. In den Moscheen werde immer öfter zum Mord an Konvertierten aufgerufen. Im nordindischen Kaschmir habe eine Tageszeitung sogar die Namen von Missionaren und deren Adressen veröffentlicht. Diese hätten daraufhin zahlreiche Todesdrohungen bekommen. Allerdings erhielten die Missionare auch vermehrt Anfragen von Moslems, die mehr über Jesus Christus erfahren möchten. Erst durch die Zeitung hätten sie erfahren, dass es auch in ihrer Region Christen gebe, die ihnen Auskunft geben könnten. Die Karmelmission begann ihre Arbeit vor 99 Jahren unter der arabischen Bevölkerung Palästinas und Libanons. Heute ist sie in 25 asiatischen und afrikanischen Ländern tätig.[14]

29)
Schulbücher hetzen weiter gegen Juden und Christen

Nach den Terroranschlägen vom 11.9.2001, in die saudi-arabische Al-Kaida-Terroristen verwickelt waren, ordnete das Saudi-Königreich an, alle Schulbücher auf Hass, Intoleranz und antiwestliches Denken zu untersuchen und gegebenenfalls zu verändern. Wie jetzt der Pressedienst *asianews* meldet, schürten auch die neuen Schulbücher wieder Vorurteile und Ablehnung gegenüber Christen und Juden. In einem Unterrichtsbuch für Sechsjährige heißt es etwa: **„Alle Religionen sind falsch, mit Ausnahme des Islam.“**[15]

30)
Mit dem merkwürdigen Slogan **„Moslem sein ist cool“**, hat der Kinderkanal von ARD und ZDF **„KI.KA“** (Erfurt) den Spielfilm „Salom, Aksel“ angekündigt, der am 21. Mai 2004 in der Reihe „Lollywood“ ausgestrahlt wurde. Der Film wurde beim Kinderfilmfest der Berlinale 2003 mit dem „Großen Preis der Internationalen Jury“ ausgezeichnet.[16]

---

[14] Zitiert nach ideaSpektrum 29/2003
[15] Zitiert nach Topic, August 2004
[16] Quelle: ideaSpektum 22/2004

31)

In München wurde im Februar 2004 von evangelischer Seite ein **„Spirituelles Zentrum"** in Zusammenarbeit mit Islam-Geistlichen aus der Taufe gehoben. Für erhebliche Irritationen sorgte der Eröffnungsgottesdienst. Dort trat am Ende der Feier nach dem gemeinsamen Abendmahl der muslimische Geistliche Ingo Taleb-Rashid auf und sang mit den Gottesdienstbesuchern ein muslimisches Anbetungslied. Augenzeugen berichten, Taleb-Rashid habe zuerst auf Arabisch eine Sure aus dem Koran vorgelesen und dann die Gemeinde eingeladen, mit ihm ein Lied zu singen, in dem Allah angerufen wurde.

„Hier ist eindeutig das Erste Gebot verletzt worden", äußerte sich später ein Gottesdienstbesucher.

Taleb-Rashid war vom Leiter des Spirituellen Zentrums, Pfarrer **Andreas Ebert**, als „Gottesfreund" angekündigt worden. Der islamische Geistliche stammt aus dem Irak und gehört der sufistischen Glaubenstradition an.

Ebert wurde während des Gottesdienstes in das Amt des Leiters des Spirituellen Zentrums eingesetzt. Er ist auch Studienleiter bei der Evangelischen Stadtakademie, wo er unter anderem mit Ingo Taleb-Rashid ein Einführungswochenende in die Kunst islamischer Derwischtänze durchführt. Der evangelische Pfarrer ist bekennender Homosexueller, in seiner Gemeinde bietet er einen „Schwulen Bibelkreis" und Segnungshandlungen für gleichgeschlechtliche Paare an. Ein von ihm konzipiertes Seminar der Evangelischen Stadtakademie setzt sich für die Anerkennung einer „schwulen und lesbischen Spiritualität" ein. Das **Spirituelle Zentrum St. Martin** dient der Evangelisch-Lutherischen Kirche in Bayern seit kurzem als meditative Einrichtung für den Süden der Landeskirche. Es ist Einsatz für das umstrittene Meditationszentrum Schloß Altenburg, in dem ein Schwerpunkt auf fernöstlliche Spiritualität gelegt worden war. Die Landessynode hatte das Schloß aus finanziellen Gründen aufgegeben.[17]

32) Wer ist der Dalai Lama?

1940 bestieg der jetzige Dalai Lama den „Löwenthron" - das Symbol des Weltkönigtums (ein Symbol der weltlichen Macht). 1950 erhielt er das „goldene Rad", das ihn als „universellen Raddreher" (Chakravartin)

---

[17] Quelle: Zitiert nach ideaSpektrum 10/2004

ausweist - somit also als die Person, die den Endzeitkrieg gegen alle Ungläubige auslöst.

Wir dürfen bei den Aussagen des Dalai Lama nie vergessen, dass das tantrische Prinzip der Umkehrung gilt. Der „einfache Mönch aus dem Tibet“ kann innerhalb kürzester Zeit zum mächtigsten Hierarchen des Universums aufsteigen. Höchste Bescheidenheit und höchster Machtanspruch sind für ihn als Tantriker die beiden Seiten derselben Medaille.

Es ist zudem unglaubwürdig, daß der Dalai Lama ein asketisches, asexuelles Mönchstum vorführt. Gerade die notwendigen Weihen zum Dalai Lama verlangen etwas ganz anderes. In der Öffentlichkeit tritt er als der Mahayana-Bodhisattva auf, der nur Mitgefühl für das Leiden der Lebewesen empfindet. Er ist aber eben nicht nur das. Das Gegenteil ist genauso wahr:

Die Aggressivität und Morbidität der Tantras, die sexuellen Exzesse, das „Frauenopfer“, der energetische „Vampirismus“, die omnipotenten Machtansprüche, die globale Zerstörungswut (Versklavung der Natur, weil weibliches Prinzip - symbolisch dargestellt durch das Einschlagen von Nägeln am Anfang einer Mandalazeremonie) - all das wird seitens des 14. Dalai Lama systematisch verschleiert.

Der Dalai Lama sieht eine Ursache zwischen einem von ihm 1976 durchgeführten tantrischen Ritual und dem Tode Mao Tse-Tungs. Dasselbe geschah beim Besuch eines Bruders des Dalai Lama in China: Gyalo Thondup verhandelte mit Deng Xiaoping über die Tibetfrage. Wenige Tage nach diesem Treffen starb Deng Xiaoping. Schon immer waren die lamaistischen Geistlichen davon überzeugt, dass es ihnen gelingen kann, ihre Feinde anstatt durch Waffen durch Magie zu besiegen. Die entscheidenden politischen Schritte werden nicht aufgrund von politischen und demokratischen Prozessen gefällt, sondern durch ritual-magische. So hat die oberste Autorität der Exiltibeter ein spiritistisches Medium, das Staatsorakel. Erst nachdem es befragt worden ist, werden staatspolitische Handlungen unternommen.

Der Dalai Lama dazu: „Ich glaube nicht nur an Geister, sondern an verschiedene Arten von Geistern! Zu dieser Kategorie gehört das Staatsorakel Nechung (Pehar). Wir halten diese Geister für zuverlässig, denn sie haben eine lange Geschichte ohne jede Kontroverse in über 1000 Jahren.“

Das Endziel des tibetischen Buddhismus sieht einen Gottkönigstaat vor, der das Zentrum der gesamten Welt darstellt. Die obersten Herrscher sind der Dalai Lama und die Mönche. In diesem Sinne sieht sich Tibet als auserwählte religiöse Nation:

„Es gibt viele große Nationen auf der Erde, die unvorstellbaren Reichtum und Macht angehäuft haben, aber es gibt nur eine Nation, die für das Wohlbefinden des Menschheit auserwählt ist, und das ist das religiöse Land von Tibet, welches die Verbindung eines spirituellen und weltlichen Systems bewahrt hat."

In diesem Sinne strebte die tibetische Mönchsklasse schon über Jahrhunderte hinweg nach weltlicher Macht. Die Bekenntnisse des Dalai Lama zur westlichen Demokratie müssen vor diesem Hintergrund hinterfragt werden. (Aus: „Und der Dalai Lama lächelte - Die dunklen Seiten des tibetischen Buddhismus" von Bruno Waldvogel-Frei (122 S.), Schwengeler Verlag, CH-9442 Berneck).

33)

Der Verfasser des Buches **„Ich war Buddhist"**, **Martin Kamphuis**, äußerte sich in der Zeitschrift ideaSpektrum 41/2002 zu dem **Buddhismus-Treffen in Graz** u.a.: „Ist der Dalai Lama wirklich so friedlich? Er beeindruckt zwar durch seine Freundlichkeit, die vielen Menschen wie die Umsetzung des von Jesus Christus gelehrten Liebesgebots erscheint.

Sätze wie „Geld macht nicht glücklich" halten sie für eine Variante von biblischen Weisheiten. Seite Rituale wirken zwar merkwürdig, werden meist als harmlos eingestuft. Aber dient das Kalachakra-Tantra wirklich dem Frieden? Aufgrund der Selbstaussagen des Kalachakra-Schrifttums muss ich sagen: Nein.

Ziel des **Kalachakra-Tantras** ist es, die Voraussetzungen für eine buddhistische Weltherrschaft zu schaffen. Dieser künftige Religionskrieg zwischen Buddhisten und Nicht-Buddhisten wird Shambhala-Krieg genannt. Als Gegner nennt das Tantra ausdrücklich die Führer der drei monotheistischen Religionen Judentum, Christentum und Islam: „Abraham, Mose, Jesus und Mohammed". Das Kalachakra-Tantra bezeichnet sie als „die Familie der dämonischen Schlangen" (Shri Kalachakra I. 154). Seitenlang werden mörderische Superwaffen beschrieben, über die die buddhistische Shambhala-Armee verfügt und die sie gegen die „Feinde der Lehre" einsetzt. (Shri Kalachakra I. 128-142) „Die äußerst wilden buddhistischen Krieger sind gnadenlos und grausam und werden die barbarischen Horden niederwerfen und eliminieren." (Shri Kalachakra I. 163/165). Alle Teilnehmer an einer Kalachakra-Initiation - also auch diejenigen von Graz - haben das fragwürdige Recht, als Shambhala-Krieger wiedergeboren zu werden, um in der prophezeiten Endschlacht je nach Rang als Fußvolk oder Offiziere für die Buddhisierung unseres Planeten zu kämpfen.

Buddhisten, die diese Texte nur geistlich deuten wollen, indem sie beispielsweise nur von einem Krieg gegen die Unwissenheit sprechen, bekämpfen unter anderem die Vorstellung von einer eigenständigen Existenz des Menschen und Gottes. Auch wenn sie den angeblich friedvollen Zustand des Nirwana fördern möchten, bedroht ihr Krieg alle, die glauben, daß es einen Gott gibt. Selbst wenn Kalachakra einen buddhistischen Frieden wünscht, beleidigt das Schrifttum die Religionsstifter monotheistischer Religionen und macht klar, dass dieser angebliche Friede gottgläubige Menschen nicht toleriert. So zeigt sich, dass der Buddhismus trotz seines ursprünglich hohen moralischen Anspruchs einem gottlosen System verpflichtet ist, das in einen gottlosen Zustand führt.

Wer an diesen Ritualen teilnimmt, bereitet sich innerlich auf diesen unsichtbaren Kampf vor. Äußerlich gesehen findet eine kriegerische Eroberung der christlich geprägten Länder durch den Buddhismus noch nicht statt. Nach buddhistischer Überzeugung ist sie in der unsichtbaren Welt jedoch bereits in vollem Gange. Der Dalai Lama wurde mittels tantrischer Rituale an vielen Plätzen dieser Welt als spiritueller Herrscher ausgerufen. Gemäß dem Prinzip der tantrischen Lehre, nachdem alles, was im Spirituellen geschieht, sich auch im Sichtbaren manifestieren muss, erheben die Vertreter des **Tantra-Buddhismus** den Anspruch, dass es unsichtbar bereits eine buddhistische Herrschaft über zahlreiche Orte gibt. Nach Barcelona und Zürich ist Graz die dritte Stadt in Europa und die achte in der Welt, in der das Kalachakra-Ritual veranstaltet wird. Bei der Ausbreitung seines Reiches benutzt der Dalai Lama magische und okkulte Praktiken. Damit steht er im schärfsten Gegensatz zum christlichen Glauben, wonach Wahrsagerei, Hellseherei, geheime Künste, Zauberei, Geistesbeschwörungen, Zeichendeuterei Gott ein Greuel sind [5. Mose 18,10-12].“

34)
Zwischen Euphorie und heftiger Kritik bewegte sich das Urteil über den ersten ökumenischen Kirchentag.

Die Berichterstattungen fiel sehr unterschiedlich aus.

So schrieb z. B. die **Zeitschrift „Bekennende Kirche“** in ihrer Juli-Ausgabe u.a.: „Allen voran fällt die bunte Palette der Weltreligionen ins Auge, die das Massenevent als Plattform für ihre missionarischen Bemühungen nutzen durften. Vor allem Islam und Buddhismus konnten hier Akzente setzen.“

Der Mann, der sich göttlich verehren lässt, wurde auf dem „Christentreffen“ ehrfürchtig mit „Seine Heiligkeit“ angeredet und verkündete seinen Weg zum inneren Frieden. Widerspruch wurde nicht bekannt. Auch sein „Kollege“, der buddhistische Mönch und Zen-Meister Thich Nhat Hanh, wurde von Frau **Jepsen** (evangelische Bischöfin in Nordelbien) und dem katholischen **Weihbischof Jaschke** für die „Intensität und Schönheit“ seiner Gedanken gelobt. Der Islam war ebenfalls ausführlich vertreten, aus der langen Veranstaltungsliste seien hier nur einige Beispiele genannt:

- in einem gemeinsamen „Raum der Stille“ wurden täglich abwechselnd muslimische und christliche Gebetszeiten angeboten (christliches Morgengebet - muslimisches Mittagsgebet - christliches Mittagsgebet - muslimisches Nachmittagsgebet - christliches Abendgebet - muslimisches Abendgebet);

- am Himmelfahrstag beging man in der Kreuzberger Thomaskirche eine christlich-islamische Himmelfahrtsfeier, in der u.a. verkündigt wurde, dass Mohammed vom Erzengel Gabriel nach Jerusalem geführt worden sei, wo er mit Abraham und Mose gebetet habe, um anschließend gen Himmel aufzusteigen; diese Veranstaltung endete mit dem Vaterunser und einem islamischen Gebet;

- die stellvertretende Vorstandsvorsitzende des Netzwerkes für muslimische Frauen e.V., **Hamideh Mohagheghi**, führte gemeinsam mit **Weihbischof Voß** eine „Bibelarbeit“ durch, gleiches versuchte der Imam Bekir Alboga mit der Theologin Sandra Kamutzki.

Auch sonst gab es theologisch wenig Neues: Der Schulreferent (!) des Evangelischen Stadtkirchenverbandes Köln, **Rainer Stuhlmann**, lehrte, dass ohne den aktiven Beitrag der Homosexuellen „die Kirche zugrunde gehe“; schließlich habe sich auch Jesus in den reichen Jüngling „verliebt“. Die Blasphemie blieb öffentlich unwidersprochen. Die **„Aktion Lebensrecht“** wurde dagegen vom Markt der Möglichkeiten ausgeschlossen, weil sich angeblich einige Besucher über die Grausamkeit der dort ausgestellten Abtreibungsfotos beschwert hatten. Auch die Veranstaltung mit dem lutherischen **Bischof** aus Lettland, **Janis Vanags**, wurde aus dem offiziellen Kirchentagsprogramm gestrichen, er ist schließlich ein profilierter Gegner der Frauenordination. Die **„messianischen Juden“** gehörten ebenfalls zu

den beim Kirchentag unerwünschten Organisationen, da sie das Verhältnis des Kirchentags zur jüdischen Gemeinde belasten würden. Man sieht also: der Pluralismus des Kirchentages hat seine Grenzen.
Am treffsichersten hat es m. E. der **Publizist Klaus Schmidt** aus Creidelsheim auf den Punkt gebracht: „Neues bot er nicht, der erste ökumenische Kirchentag zu Berlin. Wegen der mitveranstaltenden Katholiken konnten sich Homos und Lesben zwar nicht wie gewohnt entfalten, sonst aber war im Prinzip alles wie gehabt: Fernost ließ mit Zen, Gi Gong, und Yoga grüßen. Dazu unter anderem ein Kabarett „Heiliger Bimbam" und legionhaft Rockbands wie vergnügliche Tänze. Zuhauf auch wieder Politiker höchsten Ranges, von den Vorsitzenden der großen Parteien abwärts. Für diese willkommene Gelegenheit zur Selbstdarstellung auf den ausgetretenen Gemeinplätzen Frieden, Asyl und Umwelt. Auffallend an diesem bunten Jahrmarkt das nochmals verstärkte Zusammenrücken der „Buchreligionen" Christentum, Judentum und Islam, wobei vermehrt die Bibel dem Koran gleichgestellt wurde. Messianische oder an Jesus glaubende Juden waren zu diesem gottwidrigen Einheitspotpourri nicht zugelassen.

Wie nicht anders zu erwarten, avancierte ein prominenter Heide zum Megastar der Veranstaltung.

Am „Angora" oder „Markt der (Un)Möglichkeiten" war nahezu alles anzutreffen: Von buddhistischen „Tibetfreunden" bis zur PDS, die vorwiegend Pamphlete aus der Feder von Atheist Gregor Gysi verteilte - wogegen zwei Initiativen gegen Abtreibung wegen zu realistischer Darstellung ermordeter Föten ihren Stand vorzeitig räumen mussten. Demokratie á la Kirchentag!

Der unsägliche Verfall christlicher Konfessionen wie auch der anvisierte Einheitsprozess aller Religionen vollzieht sich also planmäßig weiter. Auch Berlin 2003 war nur Zwischenstation und Zeichen hierfür. Bald wird es zum verachtungswürdigen Delikt, Apostelgeschichte 4,12 zum Bekenntnis zu erheben: „In keinem andern ist das Heil, auch ist kein andrer Name unter dem Himmel den Menschen gegeben, durch den wir gerettet werden sollen." Den aber opfern Rom und Wittenberg heute schon auf dem interreligiösen Altar, wie wiederum erfolgt. Und in den meisten anderen Bereichen war das Spektakel mit 720 Seiten dickem Programmheft allergrößtenteils simples Strohdreschen und wiederholte sich lediglich der Aufruhr des Demetrius, der nach Apostelgeschichte 19,32 so ausging: „Dort schrien die einen dies, die andern das, denn die Versammlung war in völliger Verwirrung, und die meisten wussten nicht, warum sie zusammengekommen waren".

35)
„Die Tagespost" informierte ihre Leser in der Ausgabe vom 20.11.2003 u.a. darüber, dass es in Deutschland „recht **viele protestantische Geistliche, aber keine Rabbiner" gebe, die Freimaurer seien**. Behauptet hat dies der Großmeister der Freimaurer-Großloge von Österreich, Michael Kraus, anlässlich einer Buchpräsentation am 18. November 2003. Auch verschiedene katholische „Würdenträger waren und sind bis heute Mitglieder der Freimaurerei", sagte Kraus. Erst vor kurzem hatten die dänischen Freimaurer offen bekannt, dass jeder 13. evangelische Pfarrer in Dänemark Freimaurer ist.

Das Buch, das Kraus vorstellte, trägt den Titel „**Gott ohne Kirche, Religion und Freimaurer**".

Der Autor, **Peter Stiegnitz**, der nach eigenen Angaben seit 33 Jahren Freimaurer ist, bezeichnete die „Befreiung der Religion von konfessionellen Entartungen" als ein Ziel der Freimaurerei. Von daher ist darüber neu nachzudenken, inwieweit die Aktivisten, die im katholischen, evangelischen wie evangelikalen Raum sich stürmisch für eine große Ökumene und einen interreligiösen Dialog einsetzen, nicht aus einem freimaurerischen, antichristlichen Raum heraus gesteuert werden.

In der Topic-Ausgabe 10/2003 ergänzt der Herausgeber: „Die dänische Zeitung *Christliches Tagblatt* brachte jetzt etwas ans Tageslicht, was wenigen Christen näher bekannt ist: **Viele Kirchenmänner bekleiden Führungsämter in der Freimaurerei.** Auf der allerersten Pressekonferenz ihrer gesamten Geschichte, am 1.9.03 in Kopenhagen, offenbarten die dänischen Freimaurer, dass jeder 13. Pfarrer in Dänemark Freimaurer ist. Es sind sogar führende Ämter in der dänischen Freimaurerei,wie das des „ersten Prälaten" oder des „Großredners" mit Pfarrern besetzt.

Wie in der aktuellen Ausgabe (2000) des Internationalen Freimaurerlexikons nachzulesen ist, gibt es zigtausende von protestantischen Geistlichen, die „in Deutschland, Holland und anderen kontinentalen Ländern" als „Großmeister oder Träger anderer bedeutenden Funktionen" tätig sind.

Aber auch unter Evangelikalen, vor allem in den USA, und in der katholischen Kirche gibt es Freimaurer. Ein Freimaurer, der später ermordet wurde, veröffentlichte 1978 eine Liste mit 121 Freimaurer-Persönlichkeiten im Vatikan. Als gesichert gilt, dass Papst Paul VI. auch ein Freimaurer gewesen ist, wahrscheinlich auch Johannes XXIII."

36)

Christian Starke schrieb in ideaSpektrum 23/03 unter der Überschrift „**Ein Buddhist - der Star des Kirchentages**“ u.a. folgendes: „Man stelle sich einmal vor, der Volkswagen-Konzern würde zu seiner Aktionärsversammlung den Vorstandsvorsitzenden der BMW AG als einen Hauptredner einladen, damit er die Vorzüge seiner Automarke anpreisen kann. Ein absurder Gedanke. Auf dem Ökumenischen Kirchentag wurde er in religiöser Hinsicht Wirklichkeit: das Mammuttreffen bot dem Dalai Lama, Oberhaupt des tibetischen Buddhismus, die Gelegenheit, für sich und seine religiösen Lehren zu werben. Eingeladen hatten ihn die kirchlichen Hilfswerke ‚Brot für die Welt‘ und ‚Misereor‘. Etwa 15.000 Kirchentagsteilnehmer pilgerten zur Waldbühne. Sie feierten den Religionsführer mit stehenden Ovationen, als er die Bühne betrat und seinen ‚Fans‘ lächelnd zuwinkte. Seine Botschaft: Die Menschen sollen mit Hilfe von Intelligenz und Meditation eine Haltung des Mitgefühls entwickeln. Dadurch entstehe innerer Frieden, der der Schlüssel zum Weltfrieden sei. Das kam gut an bei den Besuchern mit orangenfarbenen Tüchern (Aufschrift ‚Selig, die Frieden stiften‘). Die Herzen der Besucher flogen dem Dalai Lama förmlich zu. Die Medien waren sich einig: Der Dalai Lama war ein oder vielleicht sogar der ‚Superstar des Kirchentages‘. Manche Kirchenoberen mögen solche Schlagzeilen als ärgerlich empfinden. Aber wer ‚Seiner Heiligkeit‘ - wie er immer wieder ehrfurchtsvoll genannt wurde - ein solches Forum bietet, darf sich darüber nicht wundern.

Die Signalwirkung ist fatal: ein Buddhist - der gefeierte Star des Christentreffens. Außenstehende werden das als eine Bankrotterklärung des Christentums empfinden. Sie werden sich fragen: Haben die Kirchen inzwischen so wenig Vertrauen in ihre eigene Botschaft, dass sie auf Inhalte und Repräsentanten fremder Religionen zugreifen müssen?

Es stimmt nachdenklich, dass die Tageslosung für den 30. Mai - an diesem Tag war die Veranstaltung mit dem Dalai Lama - lautete:

„Wenn ihr euch von ganzem Herzen zu dem Herrn bekehren wollt, so tut von euch die fremden Götter“ [1. Samuel 7,3]. **Auch zahlreiche andere Veranstaltungen mit Buddhisten, Muslimen, Esoterikern, Yoga- und Zen-Lehrern ließen den Eindruck entstehen, dass der Kirchentag auch ein multireligiöses Festival war**. Zwar wurde viel vom Dialog gesprochen, aber vielfach kam es nur zu Monologen. Ein kritisches Hinterfragen fremder Religionen fand weithin nicht statt, auch nicht bei der Veranstaltung mit dem Dalai Lama. Er wurde von der Moderatorin als eine „der wichtigsten moralischen Instanzen unserer

Zeit“, als Mann der Gewaltlosigkeit und Weisheit hofiert. Dabei hat der Lamaismus keineswegs nur friedliche Seiten, wie das umstrittene Kalachakra-Tantra-Ritual zeigt, das Kritiker als einen Beitrag zum „Krieg der Religionen“ ansehen. Auf dem Ökumenischen Kirchentag war aber interreligiöse Harmonie angesagt.

Christliche Repräsentanten äußerten sich mitunter sogar lobend über die Aussagen fremdreligiöser Repräsentanten. So zeigten sich die Hamburger **Bischöfin Maria Jepsen** und der **katholische Weihbischof Hans-Jochen Jaschke** berührt von der „Intensität und Schönheit“ der Gedanken des buddhistischen Mönches und Zen-Meisters Thich Nhat Hanh.

„Bei jeder Logen-Sitzung liegt die Bibel - das Alte und Neue Testament - auf dem Freimaurer-„Altar“ als Bekenntnis, dass wir erschaffen sind. Dennoch ist der Gottes-Begriff der Maurer völlig verschieden vom christlichen.

Das zeigt sich auch dadurch, dass die Bibel durch den Koran, die hinduistischen Veden oder den Talmud ersetzt werden kann, wenn die regionale Prägung der Loge das anrät.

Was aber weniger bekannt ist: Die Freimaurer-Bibel enthält - zumindest bei manchen Logen - einen entscheidenden Zusatz: **Kommentare zur Logen-Lehre über die Bibel.**“ Der amerikanische Protestant Texe Marrs konnte solch ein Exemplar einsehen und berichtet aus den Zusatz-Texten:

„Die Maurerei weiß, was so viele vergessen, dass der Religionen viele sind, aber die Religion nur eine ist (...) Deshalb lädt sie Männer aller Glaubensbekenntnisse zu ihrem Altar, wohl wissend, dass sie, wenn sie auch verschiedene Namen für den ‚namenlosen Einen mit hundert Namen‘ verwenden, doch zu dem einen Gott und Vater aller beten; wissend auch, dass sie, während sie verschiedene Bände lesen, in Wirklichkeit dasselbe riesige Buch des Glaubens des Menschen lesen, geoffenbart in der Anstrengung und Mühsal seiner Rasse bei der Suche nach ihrem Gott (...)

So lehrt uns die Freimaurerei gerade durch die Ehre, die sie der Bibel erweist, jedes Buch des Glaubens zu verehren, in dem die Menschen Hilfe für heute und Hoffnung für morgen finden, indem wir uns mit dem Moslem zusammentun, wenn er seinen Eid auf den Koran leistet, und mit dem Hindu, wenn er seinen Bund mit Gott gemäß jenem

Buch schließt, das er am liebsten mag.Selbsterlösungs-Lehre und Welt-Einheits-Religion lassen grüßen!“[18]

37)

In seinem neuesten Buch **„Ratschläge des Herzens“**, das sich an die Spitze der Buch-Bestsellerlisten heranarbeitete, gibt der Dalai Lama seinen Lesern **Tipps zum Glücklichsein**.

Doch was der Dalai Lama hierzulande als Glückseligkeit anpreist, stürzt anderenorts gläubige Buddhisten in tiefstes Unglück.

Was hinter dem Buddhismus tatsächlich steckt, erfahren Missionare in buddhistischen Ländern täglich hautnah. Beispiel: Kalmykien. Die Republik Kalmykien liegt im Süden Russlands. Etwas über 50 Prozent der 320 000 Einwohner sind Buddhisten der Glaubensprägung, die auch der Dalai Lama vertritt. Eine einheimische Missionarin der *Mission für Süd-Ost-Europa* (MSOE) schilderte vor kurzem in einem Zeitschriften-Beitrag, welche Dimensionen den Buddhismus tatsächlich bestimmen:

Nachdem eine alte kalmykische Buddhistin, die an vielen buddhistischen Geheimritualen teilnahm, Christ wurde, sagte sie: „Ich dachte immer, dass ich für Gott arbeite. Ich wollte etwas Gutes für die Menschen tun, aber ich merkte, dass mein Leben heillos war. Meine beiden Söhne starben beide eines unnatürlichen Todes. Ich betete zwar weiter zu meinen Göttern, aber mein Zimmer war zu einer Kammer des Schreckens geworden. Ich konnte nicht mehr schlafen. Ich machte vieles durch. Erst jetzt habe ich verstanden, dass ich die ganze Zeit dem Teufel gedient habe. Menschen wie ich sind in Kalmykien sehr zahlreich. Alle leiden. Sie verstehen nichts und werden von Satan betrogen. Ich bin froh, dass ich euch (die Missionare) kennen gelernt habe. Bitte helft mir!“ Das taten die Missionare auch und halfen der neuen Christin, alle buddhistischen Bilder und Skulpturen zu verbrennen. Als das Feuer loderte, geschah etwas, was die MSOE-Missionarin so schilderte: „Als wir dann am Abend die Götzenbilder verbrannten, betete die Frau zu Jesus. Den ganzen Tag war es regnerisch gewesen, aber gerade im Augenblick des Gebetes trat die Sonne hinter den Wolken hervor; ihr Licht malte einen wunderschönen, doppelten Regenbogen an den Himmel (...)“[19]

---

[18] Pfr. Winfried Pietrek in der Zeitschrift „KURIER der christlichen Mitte“, Ausgabe 7/2004

[19] Zitiert nach TOPIC Nr. 12/2003

Während Richard Gere noch begeistert von dem Dalai Lama schreibt: „Eine Begegnung mit dem Dalai Lama verändert unser Leben. Herz und Verstand erfahren eine vollkommene Wandlung (...)“ rechnen andere Dalai-Lama-Sympathisanten mit dem Buddhismus gnadenlos ab und machen darauf aufmerksam, **dass die neue Trendreligion tief in abergläubische Praktiken verstrickt ist. So z. B. die Aussteiger Victor und Victoria Trimondi - alias Herbert und Mariana Röttgen - in ihrer 800-seitigen Studie „Der Schatten des Dalai Lama“ (Patmos Verlag).**

In einem Focus-Interview (Ausgabe 11/1999, S. 206-211) antwortete Trimondi auf die Frage des Reporters „Dämonisieren Sie den Orden nicht? Sie schreiben, dass der Lamaismus ‚durch Ritualistik und Beschwörungen, durch magische Praktiken und Konzentrationsübungen Einfluss auf den Geschichtsverlauf unseres Planeten‘ nehmen will. Parallel dazu deuten sie den Dalai-Lama-Kult des Abendlandes als Ergebnis okkulter Überrumpelung. Müssen wir uns vor der tibetischen Gefahr schon gruseln?“, wie folgt: „Bei dem geistigen und rituellen Einfluss auf den Geschichtsverlauf handelt es sich um ein Programm, das nicht an das Lebensalter der einzelnen Dalai Lamas gebunden ist. Der tibetische Buddhismus glaubt wegen der Inkarnationslehre an die Identität seiner Gottkönige. Am deutlichsten ist dieses Programm ausgedrückt im sogenannten Shambala-Mythos des Kalachakra-Tantra. Gemeint ist die buddhokratische Eroberung des Planeten durch den Chakravartin, sprich den prophezeiten Weltenherrscher eines verborgenen mythischen Reichs. Erst nach einer gewaltigen Schlacht, in der die Feinde des Buddhismus vernichtet werden, besteigt dieser im Jahr 2327 den Weltenthron. Diese Endzeiterwartung wird durch Rituale ständig magisch vorangetrieben - denken Sie an die Sand-Mandalas, die allerorten inszeniert werden.

Offiziell dienen sie dem Weltfrieden. Inoffiziell handelt es sich dabei um Signaturen einer kommenden weltweiten Buddhokratie. In der christlichen Eschatologie erscheint der Messias unberechenbar wie der Dieb in der Nacht. In der buddhistischen Kalachakra-Tantra dagegen wird der Chakravartin bewusst durch Meditation und Ritual als ein Energiekörper produziert. Die Vision von der Shambalisierung der Welt hat übrigens den okkulten Rechtsextremismus stark beeinflusst.“

38)

„Dalai Lama - ein Friedensfürst?“, fragt die Herausgeberin der Zeitschrift „KURIER der Christlichen Mitte“ in der September-Ausgabe

2003. „Er predigt den Frieden in der Welt und „Harmonie zwischen den Religionen“. Wer ist er wirklich, der Dalai Lama?

Tensin Gyatso wurde 1935 in einer Bauernfamilie geboren. Mit zwei Jahren „entdeckte“ man ihn als 14. Wiedergeburt des Dalai Lama, und mit fünf Jahren machte man ihn zum Oberhaupt der tibetischen Buddhisten.

„Ich glaube nicht an Gott und nicht an den Schöpfer“, bekennt er in einem Interview mit „Readers Digest“ (8/03). Und weiter unter Lachen: „Ein katholischer Priester in Paris versuchte vor Jahren, mich zum Christentum zu bekehren. Das ist unmöglich!“

Sein Führer bleibt Buddha und sein Vorbild. Der Dalai Lama erzählt: „In einem seiner früheren Leben tötete der Buddha einen Menschen (...) Jener Mensch wollte 499 seiner Gefährten ermorden (...) Der Buddha war überzeugt, dass nicht nur 499 Menschen ihr Leben verlören, sondern sich ihr Mörder außerdem mit Schuld beladen würde, wenn keiner ihm Einhalt gebot. Der Buddha befreite ihn von der Sünde, indem er ihn tötete (...)“

Mord, um Mord zu verhindern? Mord, um vor Schuld zu bewahren? Der Dalai Lama hält dies für eine großartige Leistung.

Wie passt dazu seine Botschaft, die er vor 15.000 Besuchern des ökumenischen Kirchentages verkündete: Die Menschen sollen mit Hilfe von Intelligenz und Meditation Mitgefühle entwickeln, um dadurch den Weltfrieden zu bauen.

„Ich bin für Gewaltlosigkeit“, erklärte der Dalai Lama weiter in seinem Interview, „aber wenn ein Habicht auftaucht, während ich andere Vögel füttere, kann ich mich nicht beherrschen. Dann hole ich mein Luftgewehr!“

39)

Zum Thema: **„Multireligiöser Religionsunterricht in Europa“**

Nachstehend ein Kommentar von Ulrich Skambraks in TOPIC Nr. 8 vom August 2003 (mit freundlicher Genehmigung):

„Sie sind unglaublich reich und dadurch auch mächtig: private Stiftungen wie die **Bertelsmann-Stiftung** oder die **Herbert-Quandt-Stiftung**. Ohne dass die Öffentlichkeit dies merkt, werden in solchen Stiftungen Weichen gestellt, die politisch und gesellschaftlich weitreichende Auswirkungen haben. So lädt die Gütersloher Bertelsmann-Stiftung regelmäßig Spitzenpolitiker auf Schloss Grunewald in Berlin ein, um mit ihnen im sogenannten ‚Kanzlerdialog‘ Strategiepapiere der Stiftung zu diskutieren.

Auf einer anderen Ebene arbeitet die Herbert-Quandt-Stiftung (HQS) in Bad Homburg. Sie ist benannt nach dem einstigen Vorstandsvorsitzenden der Varta AG (Batterien etc.) und Miteigentümer des Autokonzerns BMW, Herbert Quandt. Heute arbeitet die Stiftung unter dem Dach der Altana AG, einer internationalen Pharma- und Chemiegruppe mit weltweit 9500 Mitarbeitern. Die HQS hat es sich unter anderem zur Aufgabe gesetzt, den interreligiösen Unterricht in Schule und Kindergarten zu fördern. Vor allem geht es der Stiftung darum, die drei abrahamitischen Weltreligionen - Judentum, Christentum, Islam - einander näher zu bringen. Dies gelinge am besten, wenn man viel über den anderen wisse und ihn dadurch besser verstehen könne, heißt es dazu. Um dieses ‚Verstehen des anderen' zu fördern beauftragte die Stiftung die größte theologische Fakultät in England, die der Universität von Birmingham, Schullehrpläne von acht europäischen Ländern zu analysieren. Man wollte herausfinden, ob und wie die drei abrahamitischen Glaubenstraditionen und Kulturen in den Lehrplänen der Fächer Geschichte, Religion sowie Sprache und Literatur behandelt und dargestellt werden!

Aufgrund der Erkenntnisse der Studie produzierte die Stiftung Leitlinien, **wie in Zukunft der Religionsunterricht in Europa aussehen könnte**. Diese ‚Empfehlungen' veröffentlichte die HQS in einem 100 Seiten starken Buch mit dem **Titel ‚Europäische Identität und kultureller Pluralismus: Judentum, Christentum und Islam in europäischen Lehrplänen - Empfehlungen für die Praxis**'. Danach sollen die Kinder in Europa zunächst einmal ein Grundwissen über die Religionen erwerben und religiöses Leben (Feiertage etc.) kennen- und verstehen lernen. Interessant dabei ist, welche Ausgangspositionen das Schulpapier einnimmt. So gehört zu den ‚zentralen Stoffen' im Bereich Christentum die ‚Deutung historischer Figur Jesu als Menschensohn und Sohn Gottes'. Deutung bedeutet wohl, dass Jesus zum Sohn Gottes durch Menschen gemacht wurde, es aber nicht sein muss. Auf derselben Schiene läuft die ‚Entstehung des Glaubens an die Auferstehung Christi'. Entstehung muss wohl so verstanden werden, dass der Glaube an die Auferstehung sich irgendwie entwickelt hat, aber keinen realen Grund haben muss. Wie deutlich die Grundlagen des Christentums zurückgewiesen werden, zeigt ein anderes ‚Schwerpunktthema'. So behaupten die HQS-Leitlinien, das Neue Testament (NT) überliefere ‚bei ethischen Fragen generelle Prinzipien und keine detaillierten Vorschriften'. Diese Aussage ist schwer nachzuvollziehen, wenn man an manche Passagen des NT denkt, in denen Jesus selbst Vorschriften des Alten Testamentes (z. B. in Bezug auf die Ehe) präzisiert.

Wie ein roter Faden durchläuft die HQS-Leitlinien die schwerpunktmäßige Beschäftigung mit den **Auswirkungen von Glaubensinhalten** - beispielsweise in Form des religiösen Lebens - und nicht mit den theologischen Grundaussagen der Religionen selbst. Somit wird der Religionsunterricht zum reinen Kurlturunterricht mit weitreichenden Auswirkungen. Die herausragende Bedeutung von Religion für die Sinnfindung eines Menschen wird durch diese Strategie eingeebnet. Jugendlichen wird der Eindruck vermittelt, alle religiösen Wege führten irgendwie zu Gott und unterschieden sich nur in ihrer kulturellen Ausgestaltung. Durch die verstärkte Konzentration auf Islam und Judentum im Schulunterricht dürfte etwa in den Vordergrund rücken, was in keinem Verhältnis zum Glauben der christlichen Mehrheit der europäischen Bevölkerung steht. Es ist anzunehmen, dass über die Neugestaltung eines solchen Religionsunterrichtes eine europäisch-christliche Tradition weiter zurückgedrängt wird.

Durch das HQS-Papier wird noch kein neuer europäischer Schulunterricht eingeführt. Es ist nur eine private Vorlage, eine Empfehlung. Dennoch ist es sehr ernst zunehmen, liegt es doch bereits der deutschen Kultusminister-Konferenz zur Diskussion vor. Ausdrücklich heißt es in dem HQS-Buch, dass die „Empfehlungen" eingebettet sind in das UNESCO-Programm „Spirituelle Konvergenz (gegenseitige Annäherung) und interkultureller Dialog". Mit diesem Programm will die UNO-Organisation „Kinder von der frühen Kindheit an" multi-religiös erziehen bzw. prägen.

40)

Vural Öger, Flugreiseunternehmer, Mitglied der Zuwanderungs-kommision unter Prof. Rita Süßmuth, Bundesverdienstkreuzträger und heutiges Mitglied des Europarates (SPD) behauptet, dass es im Jahre 2100 in der Bundesrepublik Deutschland 35 Millionen Türken und rund 20 Millionen Deutsche geben wird. „Das, was Kanuni Sultan Suleyman 1529 mit der Belagerung Wiens begonnen hat, werden wir über die Einwohner mit unseren kräftigen Männern und gesunden Frauen verwirklichen (...) Es geht einfach nicht an, daß 40 von 100 deutschen Frauen keine Kinder machen."

41)

Prof. Reinhold Mokrosch, Osnabrück, hat unlängst eine Studie über den interreligiösen Unterricht, der an Hamburger-Schulen bereits seit **1998** läuft, angekündigt. „Zusammen mit zwei Hamburger Kollegen will Prof. Reinhold Mokrosch untersuchen, ob interreligiöses Lernen eine

Alternative oder Ergänzung zum traditionellen Religionsunterricht sein könne, ob Einblicke in die jeweils andere Religion das Alltagsverhalten der Schüler verändern, ob sich Schüler von anderen Religionen und ihren Gottesbildern beeinflussen lassen oder wie sie sich über die Bergpredigt und Scharia verständigen. Studien in Birmingham haben gezeigt, dass viele Kinder Begriffe wie Kirche, Synagoge und Moschee wild durcheinander werfen, während andere Jugendliche genau differenzieren können. Mokrosch behauptet, der interreligiöse Unterricht sei **keine Konkurrenz** zum christlichen oder islamischen Religionsunterricht. Der Unterricht in einer bestimmten Religion sei eine **notwendige Vorbereitung für den interreligiösen Unterricht.**“[20]

42)
Der „**Rheinische Merkur**“ äußerte sich in seiner Ausgabe vom 29.04.2004 u.a. wie folgt: „In einem Interview hat sich **Landesbischof Wolfgang Huber** erneut für eine ‚Gruppe von Unterrichtsfächern‘ ausgesprochen, zu denen außer Religionsunterricht (RU) auch einem Ethik-Unterricht, der diesen Namen verdient, auch **‚islamischer Religionsunterricht‘**, gehören soll. Laut Huber muss die Stellung des RU verändert werden, weil nur so das Problem des Islam-Unterrichts zu lösen ist. Es ist nämlich nicht lösbar, wenn man die unterschiedlichen Anbieter einfach nebeneinander zum Zuge kommen lässt – sogar noch nach der in Berlin herrschenden Rechtslage zum Zuge kommen lassen muss. Für den Unterricht der Islamischen Förderation müssten dieselben Qualitätskriterien gelten wie für die anderen Fächer, was ‚selbstverständlich die Bindung an die Maßstäbe unserer Verfassung‘ beinhalte.“

43)
Auf die Kritik verschiedener Kommentatoren und Publizisten schrieb **Martin Bauschke** nachstehend auszugsweise wiedergegebenen Leserbrief (Veröffentlicht in ideaSpektrum Nr. 48/2004):

„Es geht uns drei Herausgebern um das gemeinsame Gebet zu dem einen Gott, der uns als Juden, Christen und Muslime verbindet. Im jüdisch-christlichen und jüdisch-islamischen Dialog ist die Frage nach dem einen, gemeinsamen Gott nie ernsthaft strittig gewesen. Ähnliches gilt seit einigen Jahrzehnten auch im christlich-islamischen Dialog! Muslime verweisen auf das klare Wort des Korans: ‚Unser Gott und euer Gott ist einer‘ [Sure 29,46; vgl. 2,139; 3,64; 42,15]. Zur

---

[20] Quelle: SELK-Info 291 (IX’04)

Gemeinsamkeit des einen Gottes hat sich das Zweite Vatikanische Konzil 1964 bekannt (Konstitution über die Kirche). Wenige Jahre später folgte der Ökumenische Rat der Kirchen. Im Schlussdokument des ersten Dialogtreffens mit Vertretern des Islams 1969 in Cartigny steht: ‚Judentum, Christentum und Islam gehören nicht nur historisch zusammen; sie sprechen von demselben Gott, Schöpfer, Offenbarer und Richter.'"

44)

In einem Interview mit der Zeitschrift PRO (KEP-Konferenz Evangelikaler Publizisten) stellt der bereits zitierte Islam-Wissenschaftler **Dr. Hans-Peter Raddatz** (siehe auch unter „Weiterführende Literatur") klar:

„Die Entwicklung des West-Bildes in den arabischen Medien entspricht der Radikalisierung des Islams in den letzten drei Jahrzehnten. So wie sich der Islamismus immer mehr als ‚Leitkultur' etablieren konnte, so haben sich auch seine brutale Ideologie und Sprache verbreiten können.

Vergessen wir aber nicht, dass der Kern der Hass-Propaganda gegen Israel und den Westen seine Wurzel im Koran hat, wo man aggressive Stellen gegen Juden und andere ‚Ungläubige' findet. – Der Islamismus ist eben nicht, wie hierzulande monoton behauptet wird, vom Islam zu trennen."

Trotz der vielen Todesopfer halte die bundesdeutsche Politik an dieser fragwürdigen These fest. „Sie erweist sich damit als nützliche Dienstfunktion für den radikalen Islam. Ob man damit langfristig dem Frieden dient, darf bezweifelt werden."

Raddatz erwartet kein Einschreiten gegen die Hass-Propaganda – weder von der EU, die verkündet hat, sie wolle die islamische Gewalt nicht kritisieren, noch von den Vereinten Nationen, unter denen viele mit der antiwestlichen Strategie der Islamisten sympathisieren.[21]

45)

Eberhard Troeger äußerte sich zum Thema **„Moscheenbau im deutschsprachigen Europa - Kirchbau in islamischen Ländern"** in der idea-Ausgabe 48/2001 u.a.: „Für viele Bundesbürger ist es nicht leicht zu ertragen, dass in Deutschland und in der Schweiz immer mehr Moscheen gebaut werden. Neben sachlichen Gründen spielen dabei

[21] Zeitschrift PRO Nr. 3/2004

Emotionen eine Rolle, die nach dem 11. September 2001 gewiss nicht geringer geworden sind. Hinzu kommt, dass gleichzeitig in etlichen wichtigen islamischen Ländern der Bau von christlichen Kirchen und Gemeindehäusern entweder ganz verboten oder nur unter großen Behinderungen möglich ist".

Moscheen sind auch politische Zentren

Im heutigen Islam gibt es unterschiedliche Auffassungen darüber, ob die Moschee lediglich ein Raum für das Gebet oder auch ein Raum für politisches Wirken sein soll bzw. darf. Die Zweckbestimmung der ersten Moschee von Madina lässt sich aber nicht einfach vergessen machen, sondern behält für viele Muslime ihre Vorbildfunktion. Deshalb neigen fundamentalistische Muslime - und das sind heute oft die aktiven Gruppen - auch in Deutschland dazu, ihre Moscheen nicht nur als Stätten des Gebets, sondern auch als Orte ihrer politischen und wirtschaftlichen Aktivitäten zu nutzen. Moscheen sind in Deutschland auch Kulturzentren, Schulungsstätten und Clubs mit vielen Aktivitäten. Vor allem die politischen Aktivitäten, die auch in der Freitagspredigt zur Sprache kommen können, machen Nichtmuslimen Sorgen. Diese beziehen sich sowohl auf die über 2.000 Hinterhofmoscheen in Deutschland als auch auf die rasch zunehmende Zahl repräsentativer Moscheeneubauten. Die rechtliche Lage ist in Deutschland einigermaßen klar. Muslime haben das Recht, Moscheen zu bauen, wenn bestimmte städtebauliche Gesichtspunkte berücksichtigt werden.

Größer als die Kirchen?

Das gilt auch für Minarette, wenn Höhe und Lage vertretbar sind. In diesen geringfügigen Einschränkungen durch den säkularen Staat sehen fundamentalistische Muslime aber bereits ein Problem. Sie wollen volle Freiheit für den Moscheenbau. Denn seinem Wesen nach ist der Islam auf öffentliche Demonstration seiner Präsenz und Dominanz aus. Das hängt damit zusammen, dass überzeugte Muslime glauben, zur einzig wahren Religion Gottes zu gehören, die allen anderen Glaubensweisen überlegen ist. Das muss sich nach ihrer Meinung auch in der Größe einer Moschee und in der Höhe und Zahl der Minarette auswirken. In islamischen Ländern wird deshalb darauf geachtet, dass die Moscheen größer als die Kirchen und die Minarette höher als die Kirchtürme sind. Manche Muslime hätten das natürlich auch gern in Deutschland. Es ist verständlich, dass viele Nichtmuslime ärgerlich auf solches Ansinnen reagieren.

Gebetsruf per Lautsprecher

Ein spezielles Problem ist der Gebetsruf, zumal der mit Lautsprecher verstärkte. Engagierte Muslime argumentieren, dass das Minarett nicht nur zur traditionellen Bauweise gehört, sondern für den Gebetsruf bestimmt ist. Das ist nur eingeschränkt richtig. Hinzu kommt, dass in einer modernen Stadtkultur ein Gebetsruf mit menschlicher Stimme nicht gerade sinnvoll ist und die Lautsprecherverstärkung als eine moderne Unsitte auch von manchen Muslimen kritisch gesehen wird. Muslime sollten deshalb die Einladung zum Gebet im Innern der Moschee ertönen lassen. Für die Einladung von Nichtmuslimen in die Moschee haben sie in der modernen Kommunikationsgesellschaft andere Möglichkeiten.

46)
„Der Islam will herrschen", so überschreibt die Herausgeberin von „Kurier", Frau Prof. A. Mertensecker, einen Artikel in ihrer Zeitung vom Juli 2004 und führt hierzu u.a. folgendes aus: „Zahlreiche Moscheen in Deutschland tragen provozierende Namen: ‚Fatih-Moschee' z. B. heißt ‚Eroberermoschee'; ‚Sultan-Selim'-Moscheen sind nach Sultan Selim (1326-59) benannt, der verordnete, dass alle drei Jahre Christen-Kinder mit Gewalt ihren Eltern entrissen und versklavt wurden. Meisterhaft versteht es die ‚Sultan-Selim-Moschee' in Mannheim-Jungbusch, ihre wahren Absichten hinter Dialog-Angeboten zu verstecken. Nach zehn Jahren will sie - die größte Moschee Deutschlands - ihr Minarett nun um drei Meter erhöhen, denn dieses Minarett ist niedriger als der Turm der benachbarten katholische Liebfrauenkirche. Der katholische Pfarrer hat nichts dagegen einzuwenden – und die anderen Nachbarn auch nicht."

47)
Raus aus den Hinterhöfen

Unter dieser Überschrift berichtet das „Westfalen-Blatt" (Bielefeld) am 2./3. August 2003 von der stillen, aber folgenschweren Wandlung, die in der Bundesrepublik Deutschland vor sich geht: **„Zahl der Moscheen in einem Jahr verdoppelt".**
„Die christlichen Kirchen sind auf dem Rückzug. Vielerorts stehen, wie wiederholt berichtet, sogar schon Gotteshäuser zum Verkauf. Islamische

Glaubensgemeinschaften hingegen gehen immer stärker in die Offensive. Auch in den Klein- und Großstädten Ostwestfalen-Lippes. Im Kreiskrankenhaus Lübbecke richtete die Klinikleitung den dortigen Andachtsraum für Patienten jetzt wunschgemäß so her, dass Christen und Moslems ihn gleichberechtigt für sich nutzen können.

Währenddessen hat sich die Zahl der Moscheen mit weithin sichtbarem Minarett in Deutschland innerhalb nur einen Jahres nahezu verdoppelt; von 77 auf nunmehr 141. Die Entwicklung setzt sich nach Angaben des Zentralinstituts Islam-Archiv in Soest zügig fort.

Zusätzliche 154 Moscheen sind derzeit in Bau oder konkret in der Planung. Nach eigenem Bekunden wollen die islamischen Vereinigungen „raus aus den Hinterhöfen", um zu dokumentieren, dass sie den Willen hätten, „sich mit der Moderne zu versöhnen", wie der **Islam-Wissenschaftler Michael Lüders** es ausdrückt.

Dieser Zielrichtung folgen auch die islamischen Vereine in Ostwestfalen-Lippe. Sie setzen darauf, dass das Beispiel des neuen, **gemeinsamen Andachtsraumes für Christen und Moslems im Kreiskrankenhaus Lübbecke** und am Klinikum Minden dann aber auch weit darüber hinaus Schule machen möge.

In dem Andachtsraum hat der Türkisch-Islamische Verein Espelkamp ein Regal aufgestellt, das gen Mekka ausgerichtet ist; davor liegen Gebetsteppiche. Im Regal steht jeweils ein Koran in arabischer und türkischer Sprache sowie einer in deutscher Übersetzung und eine ins Türkisch übersetzte Bibel.

Über das Andachts-Angebot hinaus berücksichtigt die Lübbecker Klinikleitung auch bei der Zubereitung der Speisen und bei der Physiotherapie die Wünsche und Erwartungen des moslemischen Patienten gemäß den islamischen Glaubensvorschriften.

Inzwischen regt sich allerdings Widerspruch. Kritiker verweisen darauf, dass selbst die Evangelische Kirche von Westfalen ausdrücklich davor warne, leerstehende christliche Kirchen an Moslems zu veräußern. In den meisten islamischen Ländern dürfe nicht einmal ein Christuskreuz offen getragen werden. **Sogar im EU-Anwärter-Land Türkei habe seit dem Jahre 1923 keine einzige christliche Kirche mehr errichtet werden dürfen**. Bis heute sei ein einziger der derzeit 36 islamisch bestimmten Staaten demokratisch-rechtsstaatlich verfasst.

Deshalb könne man sich unschwer vorstellen, wie ein gemeinsamer Andachtsraum von Christen und Moslems denn wohl auf Menschen wirke, die nach Deutschland fliehen mussten, weil sie in ihren islamischen Heimatländern allein wegen ihres christlichen Glaubens verfolgt, gefoltert oder gar eingekerkert worden waren.

Zahlen und Fakten:

♦ Neben den 141 fertigen Moscheen verfügen die verschiedenen koranglӓubigen Gemeinschaften hier in Deutschland inzwischen (soweit bekannt) über 2380 Gebets- und Versammlungsräume

♦ Dort kommen täglich mehr als 185.000 Gläubige zusammen. Das sind 18.000 mehr als im Vorjahr. Die hohe Steigerung innerhalb dieser kurzen Zeit erklären die Moslems damit, dass sie „aus Furcht vor einer feindseligen Stimmung wegen des Irak-Krieges zusammengerückt“ seien.

♦ Auch die Koran-Schulen sind stärker denn je gefragt. Vor Jahresfrist wurden dort noch sieben Prozent der hiesigen Moslem-Kinder unterrichtet, heute sind es bereits 18 Prozent.“

48)

Mitte Januar 2003 trafen sich an der Akademie der württembergischen Landeskirche in Bad Boll Vertreter von neun Gesellschaften zur **Gründung eines Koordinationsrates**. Federführend war hierbei die Christlich-Islamische Gesellschaft (CIG), Region Stuttgart.

Für den CIG-Vorsitzenden Blume ist der Schritt überfällig. „Es ist fahrlässig, dass es keine Strukturen für den Dialog zwischen Christen und Muslimen gibt“, sagte er mit Hinweis auf die seiner Meinung nach schwierige Situation von Muslimen. Sie hätten verängstigt auf Razzien in Moscheen reagiert und fühlten sich allein gelassen. Blume beklagte, dass der christlich-muslimische Dialog im Gegensatz zum christlich-jüdischen bisher als Stiefkind behandelt worden sei, und hofft auf eine stärkere Kooperation beider Bereiche.

Zur Information: **Gegenwärtig leben in Deutschland rund 3,5 Millionen Muslime. Ein Drittel von ihnen besitzt die deutsche Staatsbürgerschaft.**[22]

---

[22] Quelle: Südwestpresse, Ulm, 20.01.2003, S. 2

49)

Der Islam zeigt sich - mitten in Europa

Viel höher als erlaubt ragt der **Moschee-Neubau in Berlin-Neukölln** in die Luft. Die Sehitlik-Moschee mit ihrer 17 Meter hohen Kuppel ähnelt Moscheen in Instanbul oder Ankara und währe auch für Staatsbesuche geeignet. Krönender Abschluss des mindestens 1,5 Millionen Euro teuren Gebetshauses sind die 28 Meter hohen Minarette.Beim Neuköllner Bezirksamt wollte dagegen keine Freude über den Prachtbau aufkommen. Denn die Kuppel ist vier Meter höher als beantragt und genehmigt, die Minarette ragen sogar 8,50 Meter weiter in die Höhe als abgesprochen.[23]

50)

„Mantra-Gesänge in Westfalen" betitelte der „***Rheinische Merkur***" seinen Artikel über den **größten Hindu-Tempel seiner Art auf dem Kontinent**, zu dem Hindus aus ganz Europa pilgern, besonders zu den jährlichen Reinigungsfesten. Der 1,7 Millionen teure und größte Hindu-Tempel Europas, finanziert allein durch Spenden und zinslose Darlehen von Gläubigen, steht am östlichen Rand des Ruhrgebietes in Hamm-Uentrop.

Das Reinigungsfest soll jährlich die spirituelle Energie des Ortes erneuern.

Kmadchi, der Göttin der liebenden Augen, ist der Tempel geweiht. „Sie ist Göttin der Willenskraft, mit deren Hilfe alles gelingt, was man sich vornimmt", sagt T. S. Srinivasan, ein indischer Buchhändler.

Mit zwei heiligen Kühen, zwei Rindern von einem Ökohof in der Nähe, hat Sri Paskaran im März 2000 zur Grundsteinlegung das Tempelgelände geweiht. Das 17 Meter hohe Tempelportal, das Gopuram, ist mit Schreinen, mit Göttern aus Gips, verziert. „Unsere Religion", so der Tempelpriester, „ist eine ewige Religion. Wir wissen nicht, was der Anfang ist, und auch nicht, wo alles endet. Wir glauben daran, dass es kein Ende gibt. Wir fühlen, dass alles schon da gewesen ist."[24]

51)

Der **hessische Innenminister Volker Bouffier** äußerte sich in der Tageszeitung „***Die Welt***" wie folgt: „Zahlreiche islamische Gruppen verfolgen in Deutschland eine Doppelstrategie: In der Öffentlichkeit

---

[23] Zitiert nach ideaSpektrum, Ausgabe 48/2003

[24] Aus „Rheinischer Merkur", Nr. 26, 2003, S. 27

zeigen sie sich gesetzestreu, tolerant und dialogbereit. In Wahrheit aber **„streben sie eine totalitäre islamistische Gesellschaft an, die sämtliche Werte unserer Ordnung außer Kraft setzen soll“**. Zu diesem Ziel nutzen sie „massiv Einbürgerungen“. Dadurch erhielten extreme Moslems alle Rechte deutscher Staatsbürger, was sie vor Abschiebung schütze und ihnen gleichzeitig ermögliche, an allen Wahlen teilzunehmen. Die so betriebene „Unterwanderung ist eine schleichende Gefahr für unsere Gesellschaftsordnung“, sagte der CDU-Politiker. Laut Verfassungsschutz bilden die islamistischen Organisationen mit 30.600 Aktivisten den größten Anteil unter extremen Ausländergruppen in Deutschland. Im Kampf gegen alle Nicht-Moslems und für die Weltherrschaft des Islam strebten sie die Gründung einer islamischen Partei in Deutschland an.

Europa mit Moscheen überziehen

Im Verfassungsschutzbericht Bayerns wird ein Predigttext aus einer Moschee des Freistaates zitiert, in dem es heißt: „Amerika ist ein großer Teufel, Großbritannien ein kleiner, Israel ein blutsaugender Vampir (...) Wir müssen die Ungläubigen bis in die tiefste Hölle treiben. Wir müssen zusammenhalten und uns ruhig verhalten, bis es soweit ist. Ihr könnt jetzt noch nichts sehen, aber es ist alles in Vorbereitung. Es läuft im Verborgenen. Ihr müßt euch bereithalten für den richtigen Zeitpunkt. Wir müssen die Demokratie für unsere Sache nutzen. Wie müssen ganz Europa mit Moscheen und Schulen überziehen.“

52)
Christenverfolgung 2003 - In kommunistischen und islamischen Staaten geht es am schlimmsten zu

Christenverfolgung ist eine der meistverbreiteten Menschenrechtsverletzungen der Welt.

Max Klingberg und Marcus Mockler berichteten hierzu in ideaSpektrum, Ausgabe 44/2003, u.a. folgendes:

„Von den zehn schlimmsten Christenverfolgerstaaten werden sechs von einem islamischen Regime beherrscht: **Saudi-Arabien, Turkmenistan**, die vor Indien liegende Inselgruppe der **Malediven, Pakistan, Afghanistan und Somalia**. Insbesondere im Touristenparadies Malediven hat die muslimische Gewalt gegen Christen drastisch zugenommen, jetzt rangiert das Land auf Platz sechs. Den traurigen ersten Platz auf der Liste der Christenverfolgerstaaten nimmt allerdings nicht mehr das islamische Saudi-Arabien, sondern ein kommunistisches Land ein: **Nordkorea**. Außer drei Vorzeigegemeinden in der Hauptstadt **Pjöngjang** gibt es dort offiziell kein christliches Leben.

Christen werden mit aller Härte verfolgt, inhaftiert, ohne Prozess ermordet. Weitere kommunistische Staaten unter den ersten zehn sind **Laos** und **Vietnam**.

Dass auch der Buddhismus, der in westlichen Breiten gerne als besonders friedliche Religion dargestellt wird, einen menschenverachtenden Umgang mit Christen betreiben kann, zeigt das zwischen China und Indien liegende Land **Bhutan**, das an sechster Stelle rangiert. Jede öffentliche Versammlung einer anderen Religion ist dort gesetzlich verboten und wird verfolgt, christliche Hilfswerke stehen unter absolutem Missionsverbot. Auch auf **Sri Lanka** (früher Ceylon) sehen sich Christen vermehrt Angriffen militanter Buddhisten ausgesetzt, so dass die Kirchen des Inselstaates die Regierung um Schutz gebeten haben.

Christenverfolgung geschieht nicht nur durch Staatsterror. In einem christlich geprägten Land wie **Kolumbien** stehen Christen unter Lebensgefahr, wenn sie sich den Rebellengruppen oder dem Drogenkartell widersetzen. Ein Pfarrer, der Gewaltlosigkeit predigt und den Drogenhandel verurteilt, riskiert damit in manchen Regionen sein Leben. In zahlreichen Ländern scheint es oberflächlich betrachtet keine religiösen Spannungen zu geben, und doch können dort durchaus antichristliche Ressentiments bestehen, die sich zuweilen auch blutig entladen, ohne dass die westlichen Massenmedien davon Notiz nehmen.

Zwei Beispiele aus Afrika: Am 13. Juni rief in **Kenia** ein radikaler islamischer Führer einen Heiligen Krieg gegen die örtlichen Christen aus, in dessen Folge ein muslimischer Mob fünf Kirchen niederbrannte. Am 27. und 28. Juni **brannten rund 200 Muslime sieben Kirchen in Malawi nieder**."

Auch die **Internationale Gesellschaft für Menschenrechte** (IGTM) machte anlässlich des „Internationalen Tages der Menschenrechte" am 10. Dezember 2003 darauf aufmerksam, dass in vielen Ländern mit Verfolgung bis hin zur Todesstrafe zu rechnen ist, wenn ein Moslem, Buddhist oder Hindu zum christlichen Glauben übertritt.

„Die wachsende Zahl der Inhaftierungen und Ermordungen vom Konvertierten in diesem Jahr sei besorgniserregend", heißt es in einer Erklärung des IGTM (Frankfurt am Main).

Nach der Ermordung des Islam-Kritikers van Gogh **wachsen in Holland die Bürgerkriegs-Ängste**. Eine Eskalation der Gewalt tritt ein. Da brannte noch in der Nacht des Verbrechens eine Koranschule nieder, Moscheen wurden attackiert, aber auch Kirchen verschiedener Konfessionen wurden durch Brandanschläge heimgesucht.

Der vielgerühmte „interreligiöse Dialog" ist gescheitert, weil man allerorts so getan hat, als ob alle an denselben Gott glauben.

„Europas Lebenslüge" titelte die „**Frankfurter Allgemeine**".
Weil die Deutschen anderen Religionen gegenüber alles andere als provozierend und beleidigend sind, darf die eigene Religion in Deutschland grenzenlos verhöhnt werden - man denke nur an die umstrittenen Filme „Das Gespenst" und „Die letzte Versuchung Christi". So wenig Selbstrespekt bedeutet aber eine Ermutigung für radikale Moslems, den Druck auf Deutschland zu erhöhen.

53)
Toleranz ist absurd! Massakriert die Christen!

Mit einer Massendemonstration in Indonesiens Hauptstadt Jakarta haben mehrere zehntausend Moslems auf die gewalttätigen Auseinandersetzungen zwischen Christen und Moslems auf den 2.300 Kilometer entfernten Molukken reagiert. Dabei rief der Moslemführer und Vorsitzende der beratenden Volksversammlung, Amien Ras: „Toleranz ist absurd! Massakriert die Christen!" Die Teilnehmer skandierten immer wieder „Dschihad" (Heiliger Krieg). Die Demonstration war Folge eines in der Hauptstadt ausgestreuten Gerüchtes, christliche Milizen hätten auf der Insel Halmahera 2.000 Moslems ermordet. Nach Angaben der indonesischen Armee gibt es jedoch keine Belege dafür, dass ein solches Blutbad stattgefunden hat.

Die Bilanz des Jahres: 1.200 Tote

Die gewalttätigen Auseinandersetzungen zwischen Moslems und Christen auf den Molukken haben in den vergangenen zwölf Monaten mehr als 1.200 Menschen das Leben gekostet. Über 2.300 wurden verletzt. Die Molukken-Hauptstadt Ambon ist zerstört; insgesamt sind fast 10.000 Gebäude in Brand gesteckt worden, darunter mehr als 120 Kirchen und Moscheen. Derzeit versuchen 10.000 Regierungssoldaten, die Lage unter Kontrolle zu bekommen. Unter anderem haben sie den Auftrag, mit neun Kriegsschiffen eine Seeblockade der Inseln durchzusetzen.

Die Regierung lehnt eine Friedenstruppe ab

Die Forderung christlicher Führer, die Hilfe einer internationalen Friedenstruppe in Anspruch zu nehmen, wird von der Regierung in Jakarta abgelehnt. In Indonesien sind 90 Prozent der 210 Millionen Einwohner Moslems. Auf den Molukken gehören 54 Prozent der Bevölkerung dem Islam an, 44 Prozent sind Christen. (nach ideaSpektrum 2/2000)

54)
Zu dem Bericht der **„Hindustan Times“** seien noch folgende Informationen nachgetragen: „Kurz hintereinander wurden im August in Orissa eine Kirche von Hindus verwüstet, wenige Tage später ein katholischer Pfarrer in seinem Haus erstochen. Bereits im Januar hatte ein Hindu-Extremist ein neunjähriges Mädchen in einer Missionsschule in Zentralindien vergewaltigt. In der Stadt Alirajpur hatten aufgeputschte Hindus die Häuser von 20 Christen niedergebrannt. In Orissa rasierten Hindus sieben Christinnen die Köpfe, nachdem diese sich weigerten, zum Hinduglauben zurückzukehren.“

55)
In Saudi-Arabien sind Christen, insbesondere während des Ramadan, akut gefährdet.
Nach einem Bericht der internationalen Gesellschaft für Menschenrechte (IGFM) sind es besonders ehemalige Muslime, die zum Christentum übergetreten sind. “In Afghanistan seien im Sommer fünf Konvertiten ermordet worden. Anfang Juli hätten Taliban-Kämpfer den ehemaligen islamischen Geistlichen Maulawi Assadullah enthauptet. Das saudi-arabische Innenministerium hat am 10. Oktober mitgeteilt, dass alle Nichtmuslime, auch Ausländer, des Landes verwiesen werden, wenn sie sich nicht an die Regeln des Ramadan halten. Dazu gehören das Fasten von Sonnenauf- bis Sonnenuntergang und sexuelle Enthaltsamkeit. In Saudi-Arabien leben rund 500.000 christliche Gastarbeiter.“

56)
Dr. Hans Christoph Buch hat in seinem Artikel in „Die Welt“/Januar 2004 noch weitere beachtenswerte Ausführungen gemacht, die dem geschätzten Leser nicht vorenthalten bleiben sollen:

„Aus Angst, irgendwo anzuecken, scheint Entspannung um jeden Preis immer noch die Devise evangelischer Kirchenführer zu sein. Die gegenwärtige Verfolgung und Ermordung der Christen in Pakistan,

Indien, Indonesien, China und Vietnam wird von ihnen ähnlich kleingeredet oder relativiert wie einst Menschenrechtsverletzungen in Staaten des Warschauer Pakts.
Zu den Anschlägen des 11. September fiel ihnen nicht Besseres als die nachträgliche Entschuldigung für das Unrecht der Kreuzzüge ein, gekoppelt mit der Einladung zum ökumenischen Dialog - der einem Monolog ähnelt, denn islamische Fundamentalisten verweigern sich jedem über Floskeln hinausgehenden Gespräch.

‚Die Ungläubigen müssen sich dem Koran unterwerfen - nicht umgekehrt', sagt mir der Vorsteher der Moschee von Akhora Kattak in Pakistan, von wo die Taliban-Bewegung ihren Ausgang nahm. Bis heute werden Dschihad-Kämpfer in Medressas ausgebildet denn Koranschulen, in denen es Essen und Trinken gibt, dienen nicht nur religiöser Erziehung, sonder auch politischer Indoktrination und sind ein ideales Rekrutierungsfeld für Selbstmordattentäter und Terroristen.
Warum protestiert kein Kirchenvertreter gegen die Zustände in der Türkei, wo evangelische Gottesdienste nur unter konspirativen Umständen in Privathäusern möglich sind? Oder im westafrikanischen Dakar, wo das Läuten der Glocken verboten ist, weil es die Gefühle der Moslems verletzt? Dagegen ist der Aufruf des Muezzin zum Gebet, bis zur Schmerzgrenze verstärkt, in der ganzen Stadt zu hören. ‚Dass der Türke nicht dein Schulmeister werde, das rate ich dir', schrieb Martin Luther in seiner Predigt gegen die islamische Bedrohung, die es damals schon gab. Und anders als seine Amtsnachfolger, die sich solcher Worte schämen, nahm er kein Blatt vor den Mund."

Nachwort

Haben alle Religionen nur einen Gott, oder ist Jesus der einzig wahre Gott?
Beten wirklich alle Moslems, Buddhisten, Hindus, Juden und Christen zu einem und demselben Gott?

Der in Indien geborene, im hinduistischen Umfeld, mit langjährigen Kontakten zum Islam aufgewachsene und heute bekennender Christ **Ravi Zacharias** schreibt darüber in seinem beachtenswerten Buch **„Jesus - der einzig wahre Gott?** Christlicher Glaube und andere Religionen, Brunnen-Verlag, Gießen/2002:

„In der toleranten westlichen Kultur darf man heutzutage alles glauben, solange man nicht behauptet, es sei die absolute Wahrheit. Ebenso darf man alles tun, so lange man nicht darauf besteht, es sei ‚der bessere' Weg. Einzig wenn Jesus Christus ins Spiel gebracht wird, keimt sofort Kritik auf. Problemlos kann in Europa ein Journalist den christlichen Glauben heftig angreifen, eine ähnliche Attacke auf den Islam oder östliche Glaubensrichtungen ruft sofort allgemeinen Protest hervor. So und nicht anders stellt sich die derzeitige spirituelle Stimmungslage dar. Aber Stimmungen sind gefährlich. Denn sie können den logischen Verstand unter dem Gewicht der Gefühle begraben.

Auch wenn die derzeitige spirituelle Stimmung gern jeglicher Religion einen Wahrheitsgehalt zubilligt, ist es doch eine schlichte Tatsache: Die großen Weltreligionen Buddhismus, Hinduismus, Islam und Christentum können nicht gleichzeitig wahr sein. Wer das Gegenteil behauptet, nimmt die Aussagen der einzelnen Religionen letztlich nicht ernst und beleidigt sogar die praktizierenden Gläubigen. Aber wie löst man das Dilemma? Gibt es unumstößliche Maßstäbe, mit denen man den Wahrheitsgehalt einer Religion wirklich überprüfen kann?"

Wo ist in all den Verwirrungen und Verführungen der richtige Weg? Was ist Irrtum, was ist Wahrheit? Wo finden wir glaubhafte Antworten auf Strömungen, die alle Welt, auch die gläubige Welt, heute bewegen?

Wer hat Recht? Ist eine Kirche oder Religion die wahre, oder sind sie im Grunde alle miteinander gleich? Welches ist die alleinseligmachende Kirche bzw. Religion? Wem soll und darf man glauben?

Fragen wir zunächst einmal die Bibel. Paulus schreibt im Römerbrief: *„Denn es offenbart sich der Zorn Gottes vom Himmel her über alle Gottlosigkeit der Menschen, die die Wahrheit in Ungerechtigkeit aufhalten, weil das, was man von Gott erkennen kann, unter ihnen offenbar ist, denn Gott hat es ihnen offenbart. Sein unsichtbares Wesen, das ist seine ewige Kraft und Gottheit, ist ja seit der Erschaffung der Welt, wenn man es in den Werken betrachtet, deutlich zu sehen, damit sie keine Entschuldigung haben"* [Röm. 1, 18-20].

Hiernach hat sich also Gott der Menschheit am Anfang ihrer Geschichte offenbart. Die moderne religionsgeschichtliche Forschung scheint das zu bestätigen. Schon dem Religionsforscher Andrew Lang (gest. 1912) fiel es auf, daß ausgerechnet die ältesten und kulturärmsten Völker den ausgeprägtesten Gottesglauben besitzen.

In seinem **Buch „Das Problem des Monotheismus"** vermutet der bekannte **Urgeschichtsforscher Prof. Herbert Kühn**, dass schon der Neandertalmensch, ja schon der Vorneandertaler, nur einen Gott verehrt hat.

In der Fortsetzung unserer Römerbriefstelle heißt es dann weiter: *„Weil sie (die Menschen) Gott zwar kannten, ihm aber doch nicht als Gott die Ehre gaben, sondern in ihren Gedanken in eiteln Wahn verfielen und ihr unverständiges Herz verfinstert wurde. Während sie vorgaben, weise zu sein, wurden sie zu Toren und vertauschten die Erhabenheit des unvergänglichen Gottes mit Bild und Gestalt von vergänglichen Menschen und Vögeln und vierfüßigen und kriechenden Tieren. Daher gab sie Gott den Gelüsten ihrer Herzen dahin (...)"* [Röm. 1, 21-24].

Die Menschheit wurde also, nachdem sie zuerst eine Offenbarung empfangen hatte, religiös verfinstert. Was aber ist damit über die nichtchristlichen Religionen gesagt? Nun, es ist nicht unbedingt alles an ihnen falsch. Das Heidentum kommt ja von der Uroffenbarung her. Und davon ist im

Heidentum noch überall etwas zu spüren. Wir finden Echtes, Edles und Göttliches in den heidnischen Religionen. Aber daneben treffen wir auch furchtbare Verirrungen, nicht nur im Leben, sondern auch in der Lehre. Das Wesentliche ist eben falsch.

Darum ist es auch unrichtig zu sagen, dass z. B. der Hinduismus für die Inder das Richtige sei.

Wo aber ist die Wahrheit? Etwa im Christentum? Gewiss nicht, denn Christentum ist ein sehr verschwommener Begriff. Sowohl die verschiedenen christlichen Kirchen, wie auch die römisch-katholische Kirche, ihre Bräuche und ihre Geschichte mit ihren vielen Irrtümern und Gewaltakten gehören unter den Allgemeinbegriff „Christentum“. „Christentum“ ist deshalb nicht wahr.

Wahr ist überhaupt keine Religion und Weltanschauung. Wahr, gültig, verpflichtend ist nur eine Person, Christus (kein -tum, kein -ismus). Jesus gehört nicht nur seinem Volk an. Er ist absolut, das heißt, der einzig Wahre.

Was ist denn eigentlich Religion?

Ich will es an einem einfachen Beispiel erklären. Stellen wir uns eine dicke, breite, riesige Wolkenwand vor, hinter der Gott verborgen ist. Er ist ja „unsichtbar“.

Nun kommen aber die Menschen von Gott nicht los. Sie suchen ihn. Und dieses Suchen, dieses Eindringenwollen in die Wolkenwand, dieses Verirren in der Wolkenwand, das nennen wir Religion.

Allen Religionen ist gemeinsam, dass sie Gott nicht gefunden haben. Darum machen sie sich Bilder von Gott. Dabei ist es vollkommen gleichgültig, ob diese Bilder aus Gold, Stein oder nur von Gedanken fabriziert sind. Der bekannte Essener Pfarrer W. Busch schrieb einmal: „Der ‚Herrgott der guten Deutschen‘ ist ebenso ein selbstfabrizierter Götze wie der Baal der Kananiter.“

Buddha, Konfuzius, Mohammed und andere Religionsstifter waren tiefreligiöse Menschen. Jesus aber war nicht nur fromm, nicht nur religiös, nicht nur Lehrer,

nicht nur Mensch oder irgendein Religionsstifter. Christus stammt aus einer anderen Welt. Er ist Gottes Sohn.
Mohammed, Buddha, Konfuzius, Plato, Sokrates waren himmelstürmende Menschen. Sie stammten von der Erde und strebten empor zum Ewigen. Im Grunde aber wissen alle Völker, dass sie Gott nicht gefunden haben und dass all ihre Religion nur Ersatz ist. Darum liegt über allen Religionen der Schrei: „O, dass du die Wolkenwand zerrissest und führest herab!"

Die verschiedenen Religionen einander anzugleichen oder gegeneinander abzuwägen, wäre wenig sinnvoll, da sie ja nur Sehnsuchtsschreie sind, Ausdruck für das unstillbare Heimweh nach dem lebendigen Gott.

Und diesen Schrei hat Gott erhört. Er ist herabgefahren. Das nennen wir „Offenbarung". Jesus ist menschgewordener Gottessohn, gestorben und auferstanden; er war das einzige Wesen auf Erden, das von oben kam.

Woher wir das wissen? Weil Jesus es uns selbst gesagt hat. Jesus hat sich selbst als Messias, als Gottessohn bezeichnet.

„Alle Dinge sind mir übergeben von meinem Vater; und niemand kennt den Sohn denn nur der Vater; und niemand kennt den Vater denn nur der Sohn und wem es der Sohn will offenbaren" [Matth. 11, 27]. Jesus hat das Bekenntnis des Petrus *„Du bist Christus, des lebendigen Gottes Sohn"* [Matth. 16, 16 f.], eine Offenbarung Gottes genannt. Und als jene samaritische Frau zu ihm sprach: *„Ich weiß, dass der Messias kommt, der da Christus heißt; wenn derselbe kommen wird, so wird er's uns alles verkündigen"*, sagte Jesus ihr: *„Ich bin's, der mit dir redet"* [Joh. 4, 25-26]. Vor dem Hohen Rat gestellt, wurde ihm eröffnet: *„Ich beschwöre dich bei dem lebendigen Gott, dass du uns sagest, ob du seist Christus, der Sohn Gottes. Jesus sprach zu ihm: Du sagst es (...)"* [Matth. 26.23].

Es ist freilich schwer zu glauben, dass Gott gerade in diesem einen Jesus vollgültig zu uns gesprochen haben soll. Gewiß, rational beweisen kann man den Ausschließlichkeitsanspruch Christi nicht. Hier setzt der Glaube ein, und der wiederum ist ein reines Geschenk, das nur angenommen werden will, weil Gott keinem Menschen seine Offenbarung aufzwingt.

Bedenken wir: **Religion ist immer das Streben des Menschen von unten nach oben. Das Evangelium aber ist die Antwort Gottes von oben nach unten.**

Darum ist Jesus Christus das Ende aller Religionen. Wer allerdings lieber „religiös“ bleiben will, der bleibe es. Aber er erwarte von der Religion nicht etwas, was sie ihm nicht zu geben vermag: Heimkehr zu Gott.

Über unser Heimatrecht bei Gott entscheidet nicht unsere Religiosität, sondern allein unsere Stellung zu Jesus.

Ein **chinesischer Prediger** erzählte einmal, **warum er Christ geworden ist:** „Ich war in eine tiefe Grube gefallen, aus der ich mich nicht mehr befreien konnte. Da kam Konfuzius vorbei und sprach: ‚Mein Sohn, wenn du meiner Lehre gehorcht hättest, würdest du jetzt nicht in der Grube sitzen.‘ – ‚Das weiß ich,‘ schrie ich, ‚aber das hilft mir nicht. Hol mich heraus und ich will dir folgen.‘ Aber Konfuzius ging fort und ließ mich ohne Hoffnung zurück. Da schaute Buddha über den Rand. Er kreuzte die Arme und sagte: ‚Mein Sohn, nur wenn du die Arme kreuzest und die Augen schließest und in einen Zustand völliger Ruhe und Unterwerfung kommst, wirst du einmal das Nirwana erreichen. Du musst dich gleichgültig verhalten in allen äußeren Umständen, so wirst du Ruhe finden.‘

Mit stürmischen Schritten kam Mohammed, beugte sich über der Grubenrand: ‚Mann, mache keinen solchen Lärm. Gewiss, du bist in einer elenden Lage. Aber du brauchst dich nicht zu fürchten. Es ist alles Allahs Wille. Sprich das Bekenntnis aus: Allah ist groß und Mohammed ist sein Prophet. Sage dies Bekenntnis bis sich dein Mund für immer schließt. Hernach wirst du das Paradies doppelt genießen.‘ - Und Mohammed ging fort.

Dann hörte ich eine liebevolle Stimme: ‚Mein Sohn!‘ Jesus sah meine Not und kam sofort zu mir in die Grube hinab. Kein Vorwurf! Keine Redensarten! In seiner Liebe umfasste er mich und hob mich aus der Grube heraus. Dort nahm er meine schmutzigen Kleider ab und gab mir reine, neue Sachen. Dann stillte er meinen Hunger und Durst und sprach zum Schluss: ‚Folge mir nach. Ich werde dich von nun an leiten‘. Darum wurde ich Christ und folgte Jesus nach.“

Ist Ihnen, verehrter Leser, etwas aufgefallen? **Allen geschilderten Lebensberichten ist eines gemeinsam, alle Personen kamen und kommen aus den unterschiedlichsten Religionen und Weltanschauungen. Und sie alle sind irgendwann in ihrem Leben auf die *gleiche* Quelle gestoßen: Jesus Christus.**

Sie alle haben völlig unabhängig voneinander die gleiche Erfahrung gemacht, dass es nur *einen* einzigen wahren Gott gibt, nämlich der, der in Jesus Christus Mensch wurde und für unsere Sündenschuld am Kreuz von Golgatha gestorben ist, aber der auch Tod und Sünde durch seine glorreiche Auferstehung *ein für allemal* besiegt hat, und *allen* die an ihn glauben, eine unbeschreibliche Geborgenheit, unvergängliche Freude und einen tiefen inneren Frieden schenkt.

Die Bibel bezeugt den durch Jesus Christus erwirkten Heilsweg zum Leben als einen *einzigartigen*, im Glauben beschreitbaren Weg und markiert damit alle menschlich ersonnenen Heilskonzepte als Irrwege zur Verlorenheit.

Diese **Einzigartigkeit und Ausschließlichkeit** finden wir an zahlreichen Stellen der Bibel belegt:

1) *„Ich bin der Weg, die Wahrheit und das Leben, niemand kommt zum Vater denn durch mich“* [Joh. 14, 6].
2) *„Wer an den Sohn (Gottes) glaubt, der hat das ewige Leben. Wer dem Sohn (Gottes) nicht glaubt, der wird das (ewige) Leben nicht sehen, sondern der Zorn Gottes bleibt über ihm“* [Joh. 3, 36].
3) *„Wer den Sohn (Gottes) hat, der hat das (ewige) Leben; wer den Sohn Gottes nicht hat, der hat das (ewige) Leben nicht“* [1 Joh. 5, 12].
4) *„Einen anderen Grund kann niemand legen außer dem, der gelegt ist, welcher ist Jesus Christus“* [1 Kor. 3, 11].
5) *„Ich, ich bin der Herr, und ist außer mir kein Heiland“* [Jes. 43, 11].
6) *„Wer da glaubet und getauft wird, der wird selig werden; wer aber nicht glaubet, der wird verdammt werden“* [Mk. 16, 16].

7) *„In keinem anderen ist das Heil, ist auch kein anderer Name unter dem Himmel den Menschen gegeben, darin wir sollen selig werden"* [Apg. 4,12].

8) *„Ich bin die Auferstehung und das Leben. Wer an mich glaubt, wird leben, selbst wenn er sterben würde"* [Joh. 11, 25].

9) *„Solches habe ich euch geschrieben, auf das ihr wisset, dass ihr das ewige Leben habt, die ihr glaubt an den Namen des Sohnes Gottes"* [1. Joh. 5, 13].

*10) „So haben wir doch nur **einen** Gott, den Vater, von welchem alle Dinge sind und wir zu Ihm; und **einem** Herrn Jesus Christus (...)" [1. Kor. 8,63]*

Das sind klare, unmissverständliche Aussagen, dass es außerhalb des Sohnes Gottes **keine** Erlösung und Befreiung gibt!

„Allein in der Person Jesu Christi gibt es den Mittler, Fürsprecher und Vermittler zwischen dem heiligen und dreieinigen Gott und den Menschen" [Vergleiche 1. Timotheus 2, 5].

An einer anderen Stelle sagt die Bibel: *„Wenn jemand andere Mittler kennt zwischen Gott und den Menschen außer Jesus Christus und das Wort anders deutet, die Menschen anders lehrt, als wie Gott gelehrt hat - er sei verflucht!"* [Vergleiche Gal. 1, 8].

Auch die Jünger Petrus und Johannes bekennen einmütig: *„Es gibt keinen Mittler außer Jesus Christus. In ihm allein finden die Menschen das wahre Heil und den Segen für ihr Leben"* [Vergleiche Apostelgeschichte 4, 12].

Zugegeben: An dieser einzigartigen Person Jesus Christus scheiden sich die Geister - damals wie heute.

Dem wahren, aufrichtigen Sucher aber wird sich Gott nicht verschließen. Gerade diese Tatsache belegen die vorliegenden Selbstzeugnisse.

Auch Ihnen gilt die größte Liebeserklärung Jesu: *„Wer zu mir kommt, den werde ich nicht hinausstoßen"* [Joh. 6, 37]. *„Siehe, ich stehe vor der Tür und klopfe an. So jemand* *meine Stimme hören wird und die Tür auftut, zu dem werde ich eingehen und das Abendmahl (Gemeinschaft) mit ihm halten und er mit mir (...)"* [Off. 3, 20]. *„So sehr hat Gott die Welt geliebt, dass er seinen eingeborenen Sohn gab, auf dass alle, die an ihn glauben, nicht verloren werden, sondern das einige Leben haben"* [Joh. 3, 16].

Vielleicht haben Sie, verehrter Leser, ähnliches durchgemacht und erlebt wie die Autoren dieses Buches - oder es ist in Ihrem Leben, durch irgendwelche Umstände, Untreue und Verlassen des einmal eingeschlagenen Weges der Nachfolge Jesu, die Verbindung zu Jesus Christus - zunächst verschüttet - dann eines Tages ganz verloren gegangen.

Kennen Sie eigentlich die Telefonnummer 1383 [Psalm 138, 3]?:

Ich weiß nicht, hörtest Du es schon,
dass von dem Himmelstelefon? -
Nein! - So höre nun gut zu;
dann begreifst Du es im Nu;
Es führt von jedem ohne Vorbereitung
direkt zum Himmel die Telefonleitung.
Der Apparat ist in Dein Kämmerlein gestellt,
gehst Du auf die Knie, hat's im Himmel geschellt.
Und kaum ist die Nummer dort angekommen,
wird schon der Hörer abgenommen.
Dann kannst Du erzählen Deine Geschicht
„Fasse Dich kurz", kennt man dort nicht!
Man weiß dort OBEN auch ganz bestimmt,
wer hier unten den Hörer abnimmt.
Du brauchst Dich auch nicht zu verstellen,
sondern nur einfach schellen und dann,
ich glaube Du weißt es jetzt,
tönt Dir nie entgegen: „Die Leitung besetzt!" -
Oder wie in irdischen Stunden ruft man
Dir zu: „Falsch verbunden!" -
Nein, so etwas gibt es hier nicht! -
Warum? - Weil ein Kind mit dem Vater spricht!
Und sollte trotz eifrigen Schellen

sich keine Verbindung einstellen,
bleibt teilweise oder dauernd die Leitung tot,
was hilft Dir dann in Deiner Not? -
Die Leitung ist bestimmt tadellos,
Dein Apparat, an dem liegt es bloß! -
Vielleicht sind durch Unglaube Drähte verstaubt,
oder gar Hörer entzwei; weil Du nicht geglaubt
oder irgend ein Schräubchen sich gelockert hat,
weil du im Herzen wurdest müde und matt.
Es kann auch sein, dass die Klingel bockt,
weil Dir grad die Welt winkt und lockt,
und weil Du so ein klein wenig,
untreu gewesen bist Deinem König? -
Alles dies ist Grund genug, weil im Himmel
nicht die Klingel anschlug. -
Bring's schnell in Ordnung! -
und ruf noch einmal an.
Nimm doch recht oft den Hörer zur Hand,
besonders wenn Du Dich sehnst nach dem
anderen Land.

(Verfasser unbekannt)

Jetzt sind Sie gefragt, ganz persönlich.

Wollen Sie das auch erleben, was die Berichterstatter erlebt haben?

Dann handeln Sie jetzt und zögern Sie Ihre Entscheidung für Jesus Christus nicht länger hinaus. Seien Sie getrost und zuversichtlich, weil Gott auch Sie liebt und Ihnen verheißen und zugesagt hat: *„Fürchte dich nicht, denn ich habe dich erlöst, ich habe dich bei deinem Namen gerufen, du bist mein!“* [Jes. 43, 1].

In Lukas 13, Vers 22 ff. berichtet der Evangelist von Jesu Lehrtätigkeit, u. a. in Jerusalem. Dabei wurde er von einem der anwesenden Hörer mit den Worten angesprochen: *„Herr, meinst du, dass wenige selig werden?“* Jesu Antwort lautete: ***„Ringet danach, dass ihr durch die enge Pforte eingeht, denn viele werden, das sage ich euch, danach trachten, wie sie hinein kommen, und werden's nicht tun können“***.

Damit drängt sich für uns alle unweigerlich die Frage auf: **Gibt es wirklich ein Zuspät?**

In dem **Gleichnis von den zehn Jungfrauen**, die dem Bräutigam entgegen gingen, heißt es in Matth. 25, Vers 10-12: *„Und da die törichten Jungfrauen hingingen um Öl einzukaufen* - nachdem der Mitternachtsruf ertönt war: der Bräutigam kommt - *da kam der Bräutigam, und die bereit waren, gingen mit ihm hinein zur Hochzeit, und die Tür ward verschlossen. - Zuletzt kamen auch die anderen Jungfrauen und sprachen: „Herr, Herr, tu uns auf!" - Aber Jesus antwortete und sprach: „Wahrlich, ich sage euch: Ich kenne euch nicht!"*

Demnach gibt es doch Versäumnisse, die nie mehr gutzumachen sind. Es heißt: „Und die Tür ward verschlossen!"

Es gibt also ein Zuspät! Es gibt ein Draußensein vor der Türe!

Es könnte sein, dass Gott am Ende einmal unter dem Roman unseres Lebens schreiben müsste: „Eine großartige Leistung, interessant, faszinierend, atemberaubend, aber - Thema verfehlt! -, doch dann ist der Roman eben zu Ende! Dann kann er nicht noch einmal umgeschrieben werden!" - Die Tür ward verschlossen!

Wo die Pforte einmal geschlossen ist, da hilft auch kein „Herr, Herr-Sagen" mehr!

„Wer nicht ward gefunden, geschrieben im Buch des Lebens, der ward geworfen in den feurigen Pfuhl!", sagt die Offenbarung [Off. 20,15].

Im Gericht gibt es keine Gnade mehr! Dann ist es für immer zu spät!

Ich vergesse nicht jenes Erlebnis, das uns **Pfarrer Paul-Walter Schäfer**, der Sohn des bekannten Zeltevangelisten Daniel Schäfer, einmal erzählte.

In einer gläubigen Familie verunglückte das zehnte Kind. Es war ein tragisches Geschehen. Den Eltern brach schier das Herz, als sie hörten: Schädelbasisbruch. Große Sorge kehrte ins Haus ein. Ob das Kind noch durchkommen wird, ob wir‘s noch einmal gesund und fröhlich wiederbekommen?

Die größte Sorge aber war die: Das Kind hatte die Tür noch nicht gefunden. Der Vater klagt sich an und macht sich Vorwürfe. „Ich bin schuldig geworden. Ich habe es versäumt. Das Kind muss doch noch die Tür finden!“

Acht Tage liegt das Kind bewusstlos im Krankenhaus. Bange Tage folgen: Tage des unsagbaren Herzeleides.

Der Vater sitzt nun die ganzen acht Tage an dem Krankenbett seines Kindes. Unrasiert, struppig und bleich schaut er sein Kind an. Noch einmal betet und ringt er darum, dass sein Kind das Bewusstsein wieder erlange. Die ganzen acht Tage sind ein einziges Schreien zu Gott, mit der Bitte, dass sein Kind doch noch die Türe zum ewigen Leben finden möchte.

Und Gott gewährt ihm die Bitte, um das Versäumte nachzuholen und gutzumachen.

Und was dann folgt, das ist einfach herzbewegend. Dann hat der Vater seinem Kind Jesus groß gemacht.

Herrlich! - Ergreifend! -

48 Stunden später bekommt das Kind noch das Bewusstsein wieder geschenkt. Es findet die Tür, noch in letzter Minute. Verspätet, aber nicht zu spät.

Und dann hält der Vater, unrasiert und struppig, mit den Tränen in den Augen sein Kind in den Armen und singt die Strophe:

„Weil ich Jesu Schäflein bin,
freu‘ ich mich nur immerhin,
über meinen guten Hirten,
der mich wohl weiß zu bewirten,
der mich liebet, der mich kennt
und bei meinem Namen nennt.“

Als der Vater die letzte Strophe singen will, da schlägt das Kind noch einmal die Augen auf, schaut mit großen, leuchtenden Augen den Vater an und singt plötzlich zu Ende:

„Denn nach diesen Erdentagen
werden Engel heim mich tragen

in des Hirten Arm und Schoß!
Amen! - Ja, - mein Glück ist groß!"

„Herr, meinst Du, dass wenige selig werden?"

„Ringet danach, dass **Ihr** durch die enge Pforte eingeht!"

Sie fragen, wie man es macht?

So: „Herr Jesus, ich möchte nicht mehr länger draußen bleiben!
Ich will draußen lassen, was mich gefangen hält.
Ich möchte Dir jetzt alles bringen, was mich so unglücklich gemacht hat.
Leben möchte ich: für dich und durch dich!
Verzeih mir, dass ich verspätet komme.
Aber nun komme ich, wirklich und für immer."

Quellennachweis

(in der Reihenfolge der Beiträge)

Den nachstehenden Verlagen sei für die freundliche auszugsweise Abdruckerlaubnis herzlich gedankt:

1. Aus: „Zwei Millionen Kilometer auf der Suche - Mein langer Weg zum Glauben",
   Klaus Kenneth, Paulusverlag, Freiburg Schweiz,
   3. korrigierte Auflage, 2003

2. Aus: „Dein ist der Tag und Dein ist die Nacht – Von der Astrologie zum christlichen Glauben"
   Sabine von der Wense, Ernst Franz Verlag,
   Metzingen/Württemberg, 4. Auflage, 2002

3. Aus: „Von Rom zu Christus",
   Richard Benuett/ Martin Buckingham (Hrsg.), Band 1,
   Hiska/Infoka

4. Aus: „Unter seiner liebenden Hand",
   (Aus dem Englischen übersetzt und im Selbstverlag herausgegeben von K. Frei, Winterthur/Schweiz,
   3. Auflage, 1965)

5. Aus: „Ich kämpfte für Allah – Eine Frau auf der Suche nach der Wahrheit",
   Johanna Al-Sain und Ernst Schrupp, R. Brockhaus Verlag, Wuppertal, 2. Auflage 2004

6. Originalartikel des Verfassers

7. Aus: „Ich war ein Mormone“,
   Einar Anderson, übersetzt und bearbeitet von
   Kirchenrat a. D. Dr. Kurt Hutten,
   Christliche Verlagsanstalt Konstanz, 1. Auflage, 1967

8 Originalartikel des Verfassers

9 Aus: „Evangelisch-Katholisches Forum, Zeitschrift für kirchliche und konfessionelle Fragen
Luther-Verlag, Heft 2 (April-Juni 1963)

Ein besonderer Dank gilt auch den Autoren, die sich spontan und unterstützend für die Veröffentlichung Ihrer Beiträge bereit erklärt haben:

Dr. Klaus Kenneth
Sabine von der Wense
Ernst Schrupp

Es ist geplant einen zweiten Band herauszugeben.

Weiterführende Literatur

Zum Thema Katholizismus

Ben Iman, Nassim	Der wahre Feind...warum ich kein Terrorist geworden bin, Leuchter Edition GmbH, Erzhausen, 1.Auflage 2002
Bennett, Richard/ Buckingham, Martin	Von Rom zu Christus, P. & A. Tschui-Verlag, 2001
Brüning, Erich	Der fremde Agent, Freimaurerei, Vatikan und die Evangelikalen, Verlag für Reformatorische Erneuerung Wuppertal, 2003
Dalliard, Gregor	Ich konnte nicht mehr Priester sein, CLV-Verlag, Bielefeld, 1.Auflage 1998
Deppe, Hans-Werner	Sind Sie auch katholisch?, CLV-Verlag, Bielefeld, 1996
Gassmann, Dr. Lothar	Was kennzeichnet die katholische Kirche?, Reihe AUFKLÄRUNG, Bd. 4, Logos-Verlag, 2000

Gassmann, Dr. Lothar	Was ist Kirche? – Papstkirche, Staatskirche oder Gemeinschaft der Glaubenden?, Verlag für Reformatorische Erneuerung Wuppertal, 1.Auflage 2005
Hislop, Alexander	Von Babylon nach Rom, Der Ursprung der römisch-katholischen Religion, CLV-Verlag, Bielefeld, 1997
McCarthy, B.G.	Das Evangelium nach Rom, CLV-Verlag, Bielefeld, 1996
Semlyen, d Michael	Alle Wege führen nach Rom – Evangelikale – wohin?, CLV-Verlag, Bielefeld, 1993
Slade, Eva Maria	Maria - die unbekannten Seiten der „Mutter Gottes", Verlag für Reformatorische Erneuerung, Wuppertal, 2003

Zum Thema Buddhismus

Kamphuis Martin	Ich war Buddhist - Das Ende einer Pilgerreise, Brunnen-Verlag, Basel und Gießen, Pattloch-Verlag, München, 4. Auflage, 2002

Kamphuis, Martin und Elke	Buddhismus auf dem Weg zur Macht?, Leuchtturm-Verlag, 2002
Reimer, Johannes	Buddhismus – Der Weg zur Erleuchtung?, Reihe AUFKLÄRUNG, Bd. 23, Logos-Verlag, 1999
Schirrmacher, Thomas	Eugen Drewermann und der Buddhismus, VTR-Verlag, 2000
Trimondi, Victor und Victoria	*Der Schatten des Dalai Lama* - Sexualität, Magie und Politik im tibetischen Buddhismus, Patmos-Verlag, 1999
Trimondi, Victor und Victoria	Hitler, Buddha, Krischna - Eine unheilige Allianz vom Dritten Reich bis heute, Überreuter-Verlag
Varak, Florent	Die Reinkarnation – Prüfung der Argumente und Biblische Perspektive, F-69100 Villeurbanne/ Frankreich, 1995
Waldvogel-Frei	Und der Dalai Lama lächelte..., Die dunklen Seiten des tibetischen Buddhismus, Schwengeler-Verlag, Berneck (Schweiz), 2002

Zum Thema Hinduismus

Reimer, Johannes	Hinduismus – Ewige Lehre oder ewige Täuschung? – Reihe AUFKLÄRUNG, Bd. 22, Logos-Verlag, 1999

Zum Thema Mormonen

Friedrich, Hans-Martin	Die gefälschte Offenbarung - Anspruch und Wirklichkeit mormonischer Glaubenslehren, Brunnen-Verlag, 1997
Leuenberger, Dr. Samuel	Mormonen - Heilige der letzten Tage? Reihe AUFKLÄRUNG, Bd. 45, Logos-Verlag, 2000

Zum Thema Astrologie

Harder, Bernd	Die Sterne lügen nicht – sie schweigen, Brunnen-Verlag, 2004

Staub, Fredy	Horoskope – Hilfe aus dem All? Brunnen-Verlag, Basel, 2001

Zum Thema Islam

Afschar, Moussa	Die letzte Schlacht des Islam um Jerusalem – Juden und Jerusalem aus der Sicht des Islam, Martin-Blaich-Verlag, 2002
Afschar, Moussa	Der Heilige Krieg - Lizenz zum Töten im Namen Allahs, Martin-Blaich-Verlag, 2002
Afschar, Moussa	Jesus, wie ihn der Islam sieht - Eine beispiellose Verfälschung, Martin-Blaich-Verlag, 2002
Afschar, Moussa	Der Islam - wie er wirklich ist, Martin-Blaich-Verlag, 2002
Caner, Ergun M. und Emir F.	Islam ohne Schleier – Ich war Muslim was ich glaubte, Brunnen-Verlag, 2003
Dohnanyi, von, Johannes und Germane	Schmutzige Geschäfte und Heiliger Krieg - Al-Qaida in Europa, Schwengeler-Verlag, 2002

Dokumentation
Geschichte des Islams - geschrieben mit Blut und Terror, Hilfsaktion Märtyrerkirche (HMK), 2003

Efe, Mustafa/ Bolay, Christa L.
Mein Weg zur Wahrheit. Ein türkischer Journalist entdeckt die Bibel, RB Taschenbuch Bd. 626, R. Brockhaus-Verlag, 2003

Gabriel, Mark A.
Islam und Terrorismus – Was der Koran wirklich über Christentum, Gewalt und die Ziele der Djihad lehrt, Resch-Verlag, 2004

Goldsmith, Martin
Islam und Christliches Zeugnis, Verlag CMF-Verlag Fließ, 1993

Kohlbrugge, Hanna
Der einsame Gott des Islam – Was uns nach dem Islam Fragen läßt -, Litt-Verlag, Münster, Okt. 2003

Kotsch, Michael
Gewalt im Islam? – Der Kampf für eine Islamische Weltgesellschaft, Logos-Verlag, 2002

Liebi, Roger
Israel und das Schicksal des Irak, Schwengeler-Verlag, 1998

McDowell, Josh und Gilchrist
Islam auf dem Prüfstand, Licht des Lebens, 1998

Mertensacker, Adelgunde	Geführt von Dämonen - Über das wahre Wesen des Islam, Verlag Christliche Mitte, Liesborn, 1992
Mertensacker, Adelgunde	Der Prophet Allahs, Verlag Christliche Mitte, 1996
Mertensacker, Adelgunde	Muslime erobern Deutschland, Verlag Christliche Mitte, 1998
Mertensacker, Adelgunde	Der Islam im Zeugnis von Heiligen und Bekennern, Verlag Christliche Mitte, 2000
Mertensacker, Adelgunde	Moscheen für Deutschland - Stützpunkte islamischer Eroberung, Verlag Christliche Mitte, 2001
Mertensacker, Adelgunde	Geführt von Dämonen - Mohammed im Urteil seiner Zeitgenossen, Verlag Christliche Mitte, 2003
Mordecai, Victor	Der Islam, eine globale Bedrohung? Hänssler-Verlag, 1999
Newton, P. u. Haqq, M. Rafiqul	Ist Allah Gott? – Frauen im Islam – Toleranz im Islam HMK, Uhldingen, 2. Aufl. 1997
Peters, Bennedikt	Der 11. September – Der Islam und das Christentum, CLV-Verlag, 2002

Price, Randall	Amerika, Israel und der radikale Islam – Unheiliger Krieg – Die Wahrheit hinter den Schlagzeilen, Schwengeler-Verlag, 2002
Raddatz, Hans-Peter	Von Allah zum Terror? Der Djihad und die Deformierung des Westens, Herbig-Verlag, 2002
Raddatz, Hans-Peter	Allahs Schleier – Die Frau im Kampf der Kulturen, Herbig-Verlag, 2004
Raddatz, Hans-Peter	Von Gott zu Allah, Herbig-Verlag, 2001
Reimer, Johannes	Islam – Lehre und Begegnung, Reihe AUFKLÄRUNG, Bd. 24, Logos-Verlag, 2002
Sabatina, James	Vom Islam zum Christentum – Ein Todesurteil, Kleindienst-Verlag, 2005
Sahid, Ibrahim	Christen und Moslems, HMK, Uhldingen, 1997
Schirrmacher, Christine	Kleines Lexikon zur islamischen Familie, Hänssler-Verlag, 2002
Schrupp, Ernst	Die Gewalt endet am Kreuz, Brockhaus-Verlag, 2002
Schrupp, Ernst	Mit Muslimen im Gespräch, Brockhaus-Verlag, 2002

Sookhdeo, Patrik	Der Islam aus christlicher Sicht – Ein kleiner Wegweiser durch die Welt der Muslime, Brunnen-Verlag, 2001
Tibi, Bassam	Die neue Weltunordnung – Westliche Dominanz und islamischer Fundamentalismus, Forier-Verlag, 2003
Troeger, Eberhard	Kreuz und Halbmond. Was Christen vom Islam wissen sollten, R. Brockhaus-Verlag, 2002
Ulfkotte, Udo	Der Krieg in unseren Städten, Eichborn-Verlag, 2003
Zschaler, Wolfgang Othman, Ali (Hg.)	Gesprengte Brücken. Muslime wählen Jesus, Ortrud Karoui-Verlag, 1992 Brunnen-Verlag, 2003

Zum Thema Esoterik, Spiritualität, Mystik, Anthroposophie

Anderson, Neil T.	Der die Ketten sprengt, Logos-Verlag, 1998
Deppe, Werner und Monika	Auswege oder Wege ins Aus? Weltreligionen, Esoterik, Sekten, CLV-Verlag, 2002

Franzke, Prof., Dr. R.	Visualisierung – Hilfe durch innere Bilder?, Reihe AUFKLÄRUNG, Bd. 58, Logos-Verlag, 1999
Gassmann, Dr. Lothar	Wie können wir Zeitströmungen begegnen?, Reihe AUFKLÄRUNG, Bd. 1, Logos-Verlag, 2000
Gassmann, Dr. Lothar	Esoterik als Lebenshilfe? Die Wahrheit über Astrologie, Spiritismus und Zauberei, Verlag für Reformatorische Erneuerung, Wuppertal, 2003
Gassmann, Dr. Lothar	Was ist Anthroposophie? Reihe AUFKLÄRUNG, Bd. 7, Logos-Verlag, 1998
Gassmann, Dr. Lothar Wiese, Lothar	Reinkarnation und Karma – Gibt es viele Erdenleben? Reihe AUFKLÄRUNG, Bd. 39, Logos-Verlag, 1999
Gerber, Daniel	Esoterik – die unerfüllte Suche, Fakten und Erfahrungsberichte von Insidern und Aussteigern, Brunnen-Verlag, 2001
Kotsch, Michael	Chinesische Medizin – Alternative Heilmethoden auf dem Prüfstand (Akupunktur, Feng Shui, Qi Gong, Aikido u.a.), Reihe AUFKLÄRUNG, Bd. 42 + 43, Logos-Verlag, 2000 + 2002

Leuenberger, Dr. Samuel	Transzentale Meditation und die Rettung der Welt, Logos-Verlag, 1999
Leuenberger, Dr. Samuel	Transzendentale Meditation – und die Rettung der Welt, Reihe AUFKLÄRUNG, Bd. 34, Logos-Verlag, 1999
Leuenberger, Dr. Samuel	Hare Krishna – Erlösung durch Mantras? Reihe AUFKLÄRUNG, Bd. 35, Logos-Verlag, 1999
Leuenberger, Dr. Samuel	Scientology – Heilsweg „Dianetik“, Reihe AUFKLÄRUNG, Bd. 32, Logos-Verlag, 1999
Mongalvadi, Vishal	Esoterische Kräfte, Berichte aus der Welt des Gurus, Hänssler-Verlag, Neuhausen, 1488
Regez, Peter	Esoterik – Antwort auf Lebensfragen, Schulte & Gerth, 2002

Zum Thema Ökumene

Dannlowski, Marc	Taizé - Pilgerweg zur Ökumene, Reihe AUFKLÄRUNG, Bd. 55, Logos-Verlag, 2004
Franzke, R., Gassmann, L. Leuenberger, S.	Ökumene der Religionen und die Absolutheit Jesu Christi – Gibt es ein gemeinsames Weltethos? Verlag für Reformatorische Erneuerung,Wuppertal, 2003
Wagner, Rainer	Gemeinde Jesu zwischen Spaltung und Ökumene, Verlag für Reformatorische Erneuerung, Wuppertal, 2003

Zum Thema Magie, Spiritismus, Okkultismus, Satanismus

Franzke, Prof. Dr. R.	NLP – Magie im wissenschaftlichen Gewand? Reihe AUFKLÄRUNG, Bd. 46, Logos-Verlag, 2000
Franzke, Prof. Dr. R.	Magische Rituale und Praktiken in Schule, Gesellschaft und Gemeindc, Reihe AUFKLÄRUNG, Bd. 53, Logos-Verlag, 2001

Franzke, Prof. Dr. R.	Psychotherapien – Werkzeuge des Okkultismus?, Reihe AUFKLÄRUNG, Bd. 47, Logos-Verlag, 1999
Hemminger, Hansjörg	Geister, Hexen, Halloween (Esoterik und Okkultismus im Alltag), Brunnen-Verlag, 2002
Houth, Rüdiger	Hexen, Gurus, Seelenfänger, Brockhaus-Verlag, 1999
Hunt, Dave	Die okkulte Invasion, die unterschwellige Verführung von Welt und Christenheit, Christl. Literatur-Verbreitung e.V. (CLV), Bielefeld, 1999
Koch, Kurt	Okkultes ABC, Bibel- und Schriftenmission Dr. K. Koch, Schwäbisch Gmünd, 1992
Koch, Kurt	Christus oder Satan, Bibel- und Schriftenmission Dr. K. Koch, Schwäbisch Gmünd, 1998
Lesch, Gothardt	Halloween-Rückkehr der Kelten, Reihe AUFKLÄRUNG, Bd. 54, Logos-Verlag, 2003
Levenberger, Dr. Samuel	Transzendentale Meditation, Reihe AUFKLÄRUNG, Bd. 34, Logos-Verlag, 1999

Reddig, Susanne — Die Geister, die ich rief – Mein Weg aus dem Okkultismus, Gerth Medien, Aßlar, 2004

Reimer, Johannes — Satanismus – Antireligiöser Protest oder dämonische Verstrickung? Reihe AUFKLÄRUNG, Bd. 41, Logos-Verlag, 2000

Rust,Heinrich Christian — Und wenn die Welt voll Teufel wär..., Christen in der Auseinandersetzung mit dunklen Mächten, Gerth Medien, 2002

Ruthe, Reinhold — Spiel mit den Geistern, Brockhaus-Verlag, 1994